财 政 学

主 编 朱永德 付 伟
参 编 龚中纯 黄 琼 雷 洪
　　　 李普亮 张艳丽 张绮萍
　　　 庄 核

北京理工大学出版社
BEIJING INSTITUTE OF TECHNOLOGY PRESS

版权专有 侵权必究

图书在版编目（CIP）数据

财政学/朱永德，付伟主编．—北京：北京理工大学出版社，2011.1（2021.8 重印）

ISBN 978-7-5640-3976-9

Ⅰ.①财… Ⅱ.①朱… ②付… Ⅲ.①财政学 Ⅳ.①F810

中国版本图书馆 CIP 数据核字（2010）第 232356 号

出版发行 /北京理工大学出版社
社　　址 /北京市海淀区中关村南大街 5 号
邮　　编 /100081
电　　话 /(010)68914775（总编室）　68944990（批销中心）　68911084（读者服务部）
网　　址 /http://www.bitpress.com.cn
经　　销 /全国各地新华书店
印　　刷 /北京虎彩文化传播有限公司
开　　本 /787 毫米×1092 毫米　1/16
印　　张 /20
字　　数 /466 千字
版　　次 /2011 年 1 月第 1 版　2021 年 8 月第 6 次印刷　　　　责任校对 /周瑞红
定　　价 /39.00 元　　　　　　　　　　　　　　　　　　　　　责任印制 /边心超

图书出现印装质量问题，本社负责调换

前　言

财政学是一门研究政府财政活动的学科，是经济学的一个特殊分支。自亚当·斯密以来，财政学作为相对独立的学科已经有了200多年的历史。特别是自20世纪50年代后期公共选择理论等的不断兴起与发展，进一步推动了现代财政学的健康发展，其影响也越来越大。

社会主义市场经济体制的建立与发展，丰富了经济学的研究领域，也需要有与之相适应的新的财政学理论体系。进入21世纪以来，具有中国特色的财政理论研究成果和实践创新成果不断涌现，进一步丰富了现代财政学的内涵和理论体系。为满足普通高等院校经济管理类专业人才培养目标的需要，结合专业培养方案的要求，在认真吸收和借鉴国内外财政研究领域已有成果的基础上，根据财政学教学实践，我们组织编写本教材。

本书除导论外，共有13章。其中第1章是一般财政理论，第2~5章为财政支出理论与内容，第6~9章为财政收入理论与内容，第10~11章为国家预算与预算体制，第12~13章为财政平衡与财政政策。

本书由朱永德、付伟担任主编。编写组成员分别来自广东省六所普通高校。具体分工为：导论由朱永德负责编写，第1章和第7章由付伟负责编写，第2章由张艳丽负责编写，第3章和第5章由庄核负责编写，第4章由庄核和朱永德负责编写，第6章和第13章由李普亮负责编写，第8章由龚中纯负责编写，第9章和第11章由黄琼负责编写，第10章由雷洪负责编写，第12章由朱永德和张绮萍负责编写。

本书在编写过程中，吸收了大量的财政学研究新成果，参阅了大量文献资料，在此对所参考文献的作者表示真诚的谢意。

因编者水平所限，书中存在不足之处望能得到专家、学者和同学们的批评指正。

编　者

目 录

导 论 ··· (1)
　0.1　财政学的产生与发展 ·· (2)
　0.2　财政概念 ·· (5)
　　0.2.1　财政现象 ·· (5)
　　0.2.2　财政概念 ·· (6)
　　0.2.3　中国不同流派的财政观 ·· (7)
　0.3　财政学科的研究方法 ·· (9)
　0.4　本书框架 ·· (10)

第1章　公共财政理论 ·· (12)
　1.1　公共产品理论 ·· (13)
　　1.1.1　公共产品的定义及特征 ·· (13)
　　1.1.2　公共产品的均衡分析 ·· (15)
　　1.1.3　准公共产品的均衡分析 ·· (19)
　　1.1.4　公共产品的供给机制 ·· (20)
　1.2　外部效应理论 ·· (22)
　　1.2.1　外部效应的含义及类型 ·· (22)
　　1.2.2　外部效应的经济影响 ·· (25)
　1.3　公共选择理论 ·· (33)
　　1.3.1　公共选择理论概述 ·· (33)
　　1.3.2　投票理论 ·· (37)
　　1.3.3　官员、利益集团与寻租 ·· (44)
　1.4　财政职能 ·· (46)
　　1.4.1　资源配置职能 ··· (46)
　　1.4.2　收入分配职能 ··· (47)
　　1.4.3　经济稳定职能 ··· (47)

1

第2章 财政支出理论与方法 (49)

2.1 财政支出的范围和原则 (49)
2.1.1 财政支出的范围 (49)
2.1.2 财政支出效率、公平、稳定三原则 (53)

2.2 财政支出的分类 (54)
2.2.1 按照财政功能分类 (54)
2.2.2 按照支出用途分类 (55)
2.2.3 按照经济性质分类 (55)
2.2.4 按支出产生效益的时间分类 (56)
2.2.5 我国目前的财政支出分类 (57)

2.3 财政支出规模分析 (57)
2.3.1 衡量财政支出规模的指标 (57)
2.3.2 财政支出规模发展变化的一般趋势 (58)
2.3.3 我国财政支出规模发展变化的趋势 (61)
2.3.4 影响财政支出规模的因素 (63)

2.4 财政支出结构分析 (64)
2.4.1 政府职能与财政支出结构 (64)
2.4.2 财政支出的经济性质与财政支出结构 (65)
2.4.3 影响财政支出结构的因素分析 (66)
2.4.4 调整和优化我国财政支出结构 (67)

2.5 财政支出效益和绩效评价 (68)
2.5.1 财政支出效益评价 (68)
2.5.2 财政支出绩效评价 (69)

第3章 社会消费性支出——购买性支出之一 (73)

3.1 社会消费性支出的性质 (74)
3.1.1 社会消费性支出的属性 (74)
3.1.2 社会性消费支出项目 (74)

3.2 一般公共服务支出和国防费 (75)
3.2.1 一般公共服务支出和国防费的属性 (75)
3.2.2 一般公共服务支出 (75)
3.2.3 国防费 (76)

3.3 教育支出 (78)
3.3.1 教育支出的提供方式 (78)
3.3.2 我国教育经费规模及其来源结构 (78)
3.3.3 我国教育支出的结构和效益 (79)

3.4 科学技术支出 (81)
3.4.1 把提高自主创新能力摆在突出地位 (81)
3.4.2 国家的科技投入政策 (82)
3.4.3 财政的科学研究支出 (83)

  3.4.4 国际比较 ……………………………………………………………………… (83)
 3.5 医疗卫生支出 ……………………………………………………………………… (84)
  3.5.1 政府介入医疗卫生事业的理由和范围 …………………………………… (84)
  3.5.2 我国卫生费用的投入情况及国际比较 …………………………………… (86)
  3.5.3 我国当前卫生医疗体系的缺陷和进一步改革的思路 …………………… (87)

第4章 财政投资性支出——购买性支出之二 ……………………………………… (91)
 4.1 财政投资性支出的一般分析 ……………………………………………………… (92)
  4.1.1 投资与经济发展 …………………………………………………………… (92)
  4.1.2 政府（财政）投资的特点、范围和标准 ………………………………… (93)
 4.2 基础设施投资 ……………………………………………………………………… (95)
  4.2.1 基础设施投资的性质 ……………………………………………………… (95)
  4.2.2 基础设施投资的提供方式 ………………………………………………… (96)
 4.3 财政用于"三农"的投入 ………………………………………………………… (98)
  4.3.1 加大对"三农"的财政投入，推进社会主义新农村建设，统筹城乡社会
     经济发展 ……………………………………………………………………… (98)
  4.3.2 财政对"三农"投入的特点 ……………………………………………… (99)
  4.3.3 国家的"三农"投入政策 ………………………………………………… (101)
  4.3.4 财政采取有效措施，加大"三农"投入力度 …………………………… (101)
 4.4 财政投融资制度 …………………………………………………………………… (102)
  4.4.1 财政投融资的概念、意义和特征 ………………………………………… (102)
  4.4.2 我国政策性银行 …………………………………………………………… (104)
  4.4.3 国外政策性银行的借鉴 …………………………………………………… (105)
  4.4.4 我国政策性银行体制有待进一步完善的问题 …………………………… (106)

第5章 转移性支出 …………………………………………………………………………… (109)
 5.1 社会保障支出 ……………………………………………………………………… (112)
  5.1.1 社会保障支出与社会保障制度 …………………………………………… (112)
  5.1.2 世界各国的社会保障制度 ………………………………………………… (114)
  5.1.3 养老社会保险的筹资模式 ………………………………………………… (116)
  5.1.4 我国的社会保障制度 ……………………………………………………… (116)
  5.1.5 我国社会保障制度进一步完善的目标和问题 …………………………… (121)
 5.2 财政补贴 …………………………………………………………………………… (123)
  5.2.1 财政补贴的性质和分类 …………………………………………………… (123)
  5.2.2 财政补贴影响经济的机理和财政补贴效应 ……………………………… (124)
  5.2.3 我国财政补贴存在的问题和进一步完善的措施 ………………………… (126)
 5.3 税收支出 …………………………………………………………………………… (128)
  5.3.1 税收支出的概念与分类 …………………………………………………… (128)
  5.3.2 税收支出的形式 …………………………………………………………… (129)
  5.3.3 税收支出的预算控制 ……………………………………………………… (132)

第6章 财政收入理论和方法 (136)
6.1 财政收入概述 (137)
6.1.1 财政收入的概念 (137)
6.1.2 财政收入的不同形式及其区别 (137)
6.1.3 财政收入的主要来源 (140)
6.1.4 财政收入的分类 (141)
6.2 我国财政收入规模分析 (144)
6.2.1 财政收入规模的含义及其度量 (144)
6.2.2 我国财政收入规模的变动趋势 (145)
6.2.3 影响财政收入规模的因素 (147)
6.2.4 合理的财政收入规模的界定标准及实现条件 (149)
6.3 预算外资金 (151)
6.3.1 预算外资金的概念 (151)
6.3.2 预算外资金的历史沿革 (151)
6.3.3 预算外资金的管理存在的问题及解决思路 (154)

第7章 税收原理 (158)
7.1 税收与税收原则 (159)
7.1.1 税收的概念及特征 (159)
7.1.2 税收的原则 (161)
7.2 税制要素 (164)
7.3 税收分类 (167)
7.4 税收负担与税收的转嫁和归宿 (169)
7.4.1 税收负担分析 (169)
7.4.2 税负转嫁与归宿 (173)
7.5 税收效应 (176)
7.5.1 税收的收入效应 (176)
7.5.2 税收的替代效应 (177)
7.5.3 税收中性 (178)

第8章 国债及管理 (181)
8.1 国债原理 (182)
8.1.1 国债的基本概念 (182)
8.1.2 国债制度要素 (185)
8.2 国债的经济效应和政策功能 (187)
8.2.1 李嘉图等价定理 (187)
8.2.2 国债的经济效应 (188)
8.2.3 国债的政策功能 (189)
8.3 国债市场 (190)
8.3.1 国债市场及其功能 (190)

8.3.2 国债市场发展及存在的问题 …………………………………… (191)
8.4 国债管理 …………………………………………………………… (196)
　　8.4.1 内债管理 …………………………………………………… (196)
　　8.4.2 外债管理 …………………………………………………… (197)
　　8.4.3 我国国债发行的思考 ……………………………………… (200)

第9章　国有资产收益及管理 …………………………………………… (202)

9.1 国有资产管理体制概述 …………………………………………… (203)
　　9.1.1 国有资产的含义和分类 …………………………………… (203)
　　9.1.2 国有资产管理及国有资产管理体制的含义 ……………… (205)
9.2 国有企业利润分配制度 …………………………………………… (206)
　　9.2.1 国有企业利润分配体制的含义及构成 …………………… (206)
　　9.2.2 国家与国有企业利润分配制度的设置 …………………… (207)
　　9.2.3 目前参与国有企业税后利润分配的形式 ………………… (209)
9.3 国有资产管理与资本运营 ………………………………………… (212)
　　9.3.1 国有资产管理的目标 ……………………………………… (212)
　　9.3.2 国有资本运营的意义和作用 ……………………………… (213)
　　9.3.3 国有资本运营的操作方式 ………………………………… (213)
　　9.3.4 进一步深化改革，加强对国有资产的运营管理 ………… (215)
9.4 国有资产监督 ……………………………………………………… (216)
　　9.4.1 《中华人民共和国企业国有资产法》相关规定 ………… (216)
　　9.4.2 地方国有资产的管理与监督 ……………………………… (216)

第10章　国家预算 ………………………………………………………… (223)

10.1 国家预算概述 …………………………………………………… (224)
　　10.1.1 国家预算的定义 ………………………………………… (224)
　　10.1.2 国家预算的形成 ………………………………………… (224)
　　10.1.3 国家预算的原则 ………………………………………… (225)
　　10.1.4 国家预算的作用 ………………………………………… (227)
　　10.1.5 国家预算体系 …………………………………………… (227)
　　10.1.6 国家预算的种类 ………………………………………… (228)
10.2 国家预算的编制、执行与国家决算 …………………………… (230)
　　10.2.1 国家预算的编制 ………………………………………… (230)
　　10.2.2 国家预算的执行 ………………………………………… (231)
　　10.2.3 国家预算的调整 ………………………………………… (232)
　　10.2.4 政府决算 ………………………………………………… (233)
　　10.2.5 监督与法律责任 ………………………………………… (234)
10.3 国家预算管理体制 ……………………………………………… (234)
　　10.3.1 国家预算管理体制概述 ………………………………… (234)
　　10.3.2 分级分税预算管理体制 ………………………………… (236)

第 11 章 　财政管理体制 … (242)
11.1 　财政管理体制概述 … (243)
11.1.1 　财政管理体制的内涵及实质 … (243)
11.1.2 　财政管理体制建立的原则 … (244)
11.2 　财政管理体制的构成 … (246)
11.2.1 　国家预算管理体制 … (246)
11.2.2 　税收管理体制 … (247)
11.2.3 　国有资产收益管理体制 … (249)
11.2.4 　行政事业单位财务管理体制 … (250)
11.3 　我国财政管理体制的历史沿革 … (251)
11.4 　我国现行的财政管理体制 … (255)
11.4.1 　分税制财政体制改革的必要性及指导思想 … (255)
11.4.2 　分税制财政管理体制的具体内容 … (256)
11.4.3 　配套改革和其他政策措施 … (257)
11.5 　我国财政管理体制的改革 … (259)
11.5.1 　我国现行财政管理体制存在的弊端 … (259)
11.5.2 　改革我国现行财政管理体制的原则 … (260)

第 12 章 　财政平衡与风险控制 … (265)
12.1 　财政收支矛盾与平衡 … (266)
12.2 　财政平衡理论的发展 … (267)
12.3 　财政赤字理论 … (269)
12.3.1 　财政赤字的分类 … (269)
12.3.2 　财政结余和赤字的处理 … (269)
12.3.3 　财政赤字的经济影响 … (270)
12.4 　财政平衡与社会总供求平衡 … (271)
12.5 　我国的财政赤字 … (273)
12.6 　财政风险的分类与控制 … (276)
12.6.1 　财政风险分类 … (276)
12.6.2 　财政风险控制 … (279)

第 13 章 　财政政策 … (281)
13.1 　财政政策概述 … (282)
13.1.1 　财政政策的含义 … (282)
13.1.2 　财政政策的功能 … (283)
13.1.3 　财政政策的主体 … (284)
13.1.4 　财政政策的目标体系 … (284)
13.1.5 　财政政策的工具 … (286)
13.1.6 　财政政策的类型 … (289)
13.1.7 　财政政策的效应 … (291)

13.2 财政政策与货币政策的协调配合 ……………………………………………（294）
　　　13.2.1 财政政策与货币政策配合的必要性 ……………………………………（294）
　　　13.2.2 财政政策与货币政策的政策组合 ………………………………………（296）
　　　13.2.3 财政政策与货币政策协调配合模式的国际比较 ………………………（297）
　13.3 我国财政政策的实践 …………………………………………………………（299）
　　　13.3.1 1998—2003年的财政政策 ………………………………………………（299）
　　　13.3.2 2004—2008年的稳健财政政策 …………………………………………（300）
　　　13.3.3 2008年末开始实施的积极财政政策 ……………………………………（301）
参考文献 ……………………………………………………………………………………（307）

导 论

学习目标

通过介绍现实生活中的财政学,财政学的学习对象、学习目的和学习方法,财政学的产生、发展简史,让学生了解学习财政学概论的重要现实意义,并了解财政学的基本研究方法和学科意义。

关键词汇

财政学(Finances);财政概念(the Concept of Public Finance);研究对象(Object of Study);公共财政(Pubulic Finances);实证分析(Positive Analysis);理论分析(Theoretical Analysis)

案例 **关注民生,提高生活质量**

胡锦涛总书记在党的十七大报告中提出:

1. 深化收入分配制度改革,增加城乡居民收入。合理的收入分配制度是社会公平的重要体现。要坚持和完善按劳分配为主体、多种分配方式并存的分配制度,健全劳动、资本、技术、管理等生产要素按贡献参与分配的制度,初次分配和再分配都要处理好效率和公平的关系,再分配更加注重公平。

逐步提高居民收入在国民收入分配中的比重,提高劳动报酬在初次分配中的比重。着力提高低收入者收入,逐步提高扶贫标准和最低工资标准,建立企业职工工资正常增长机制和支付保障机制。创造条件让更多群众拥有财产性收入。保护合法收入,调节过高收入,取缔非法收入。扩大转移支付,强化税收调节,打破经营垄断,创造机会公平,整顿分配秩序,逐步扭转收入分配差距扩大趋势。

2. 加快建立覆盖城乡居民的社会保障体系,保障人民基本生活。社会保障是社会安定的重要保证。要以社会保险、社会救助、社会福利为基础,以基本养老、基本医疗、最低生活保障制度为重点,以慈善事业、商业保险为补充,加快完善社会保障体系。促进企业、机关、事业单位基本养老保险制度改革,探索建立农村养老保险制度。全面推进城镇职工基本医疗保险、城镇居民基本医疗保险、新型农村合作医疗制度建设。

完善城乡居民最低生活保障制度，逐步提高保障水平。完善失业、工伤、生育保险制度。提高统筹层次，制定全国统一的社会保险关系转续办法。采取多种方式充实社会保障基金，加强基金监管，实现保值增值。健全社会救助体系。做好优抚安置工作。发扬人道主义精神，发展残疾人事业。加强老龄工作。强化防灾减灾工作。健全廉租住房制度，加快解决城市低收入家庭住房困难。

3. 建立基本医疗卫生制度，提高全民健康水平。健康是人全面发展的基础，关系千家万户幸福。要坚持公共医疗卫生的公益性质，坚持预防为主、以农村为重点、中西医并重，实行政事分开、管办分开、医药分开、营利性和非营利性分开，强化政府责任和投入，完善国民健康政策，鼓励社会参与，建设覆盖城乡居民的公共卫生服务体系、医疗服务体系、医疗保障体系、药品供应保障体系，为群众提供安全、有效、方便、价廉的医疗卫生服务。

提高重大疾病防控和突发公共卫生事件应急处置能力。加强农村三级卫生服务网络和城市社区卫生服务体系建设，深化公立医院改革。建立国家基本药物制度，保证群众基本用药。加强医德医风建设，提高医疗服务质量，确保食品药品安全。坚持计划生育的基本国策，稳定低生育水平，提高出生人口素质。开展爱国卫生运动，发展妇幼卫生事业。

——摘自党的十七大报告

案例思考题

1. 为何要努力增加城乡居民的收入？
2. 如何实现基本医疗卫生服务的均等化？

0.1 财政学的产生与发展

在1950年以前，财政学科通常被命名为"财政学"（Public Finance），之后，学者们更喜欢用"公共部门经济学"（Public Sector Economics）的名称，也有学者采用"政府经济学"（Government Economics）或"公共经济学"（Public Economics）的名称。从学科发展的情况来看，"公共部门经济学"的名称更恰当些。

财政学的发展和经济学的发展是密切相关的。现代主流经济学是伴随资本主义的发展而发展起来的。从经济学的源流发展来看，把经济学转为"科学"的第一人是亚当·斯密，他于1776年发表的代表作《国民财富的性质和原因的研究》同样被认为是财政学的开山之作。

在学说史的研究中，把斯密的学说称为"古典经济学"。从斯密的《国富论》来看，经济学的研究对象是"什么是财富"和"怎样国富"的问题。斯密创立科学经济学的时期，可以说是属于资本原始积累时期，也即"工业化"的开始时期。这里的"工业化"是指生产方式的资本主义化。"工业"从它来到世间就是以"交换"为前提的，但从起源来看，最初的交换并不是"资本主义方式"的，什么方式最有利于"工业化"是思想家、经济学家必须思考的问题。"工业化"还包括农业生产方式的资本主义化，但从农业经营方式的起源来看，最初却不需要交换。如何把农业纳入交换经济，进而纳入"工业化"的轨道，同样是思想家、经济学家必须思考的问题。上述说明已经隐含了斯密的社会发展观：资本主义方式最有利于"工业化"。因此，在这里，"工业化"和"资本主义化"是可以作为等同的概念来使用的。在工业化的过程中，最突出的现象是大量的农业人口被抛到无产阶级的行列。斯密时期，全球人口只有8亿（1750年），农业人口占整个人口的比例高达95%。在工业化的进程中，农业人口的比例急剧下降，并引起人口爆炸。因此，解决"温饱"问题是社会的当务之急，物质产品的需求是第一位的。但是，当时在"制度"安排上却是不利于"工业化"的。在现有制度中，不利于"贸易自由"的制度障碍很多；在社会意识形态中，贵金属就是"财富"的重商主义观点占统治地位，严重影响"贸易自由"。在这样的背景下，斯密提出"财富"就是"价值"的著名论点，并指出"市场经济"是"国富"的原因。这在当时来说，无疑是振聋发聩的。但斯密的"价值"只限于物质生产领域，并认为只有物质生产领域的劳动才是创造价值的，是"生产性"的。他认为政府公共部门、教育、文艺等部门的劳动是不创造价值的，是"非生产性"的。因此，他的市场经济只是指物质生产领域的生产方式。他倡导"廉价政府"就是在这样的背景下提出来的。

上述表明，斯密经济学的研究范围是比较狭窄的，他的财政学是作为他理解的"市场经济"的外生变量来看待的。他把"国家"拟人化，即把国家行为看做自然人一样的理性行为，重点分析税收对"市场经济"的影响，主张政府对"市场经济""不作为"。这可以称为斯密传统。

西方的"工业化"时期是资本主义原始积累时期，也是工场手工业全面转入机器大工业时期（蒸汽机普及时期），也就是斯密"市场经济"的全面确立时期。这一时期在欧洲起于1750年左右，止于1860年左右，但发展是不平衡的。在英国，大约在1830年就结束了，而欧洲大陆则要晚30年左右。因此，在这一时期的经济研究中，英国和欧洲大陆呈现出明显的不同。这与经济学家的民族感情、社会环境、所关注的经济问题的侧重点不同有关。当时德国相对落后，意识到"国家"对经济发展的重要作用，因此德国的经济学家是反斯密传统的，比如德国的历史学派，代表人物为李斯特（1789—1846年）。但应该说，历史学派在强调国家的经济作用的时候也没有把"国家"作为"市场经济"的内生变量来看待。

"工业化"完成之后，社会关注的问题发生了明显的变化，精神需求处于越来越重要的地位。从学说史的角度看，1890年马歇尔发表的代表作《经济学原理》宣告了古典经济学的终结，同时，马歇尔成为新古典经济学的代表。但实际上，新古典经济学的研究风气在1860年前后就形成了。美国经济学家熊彼特（1883—1950年）在他的《经济分析史》中认为，马尔萨斯的《人口论》（1798年）、马克思的《资本论》（1867年，第一卷）、杰文斯的《政治经济学理论》（1871年）、门格尔的《国民经济原理》（1871年）、社会政策协会的成立（1871年），"是明显标志着另一个时期到来的一些事件"。

马歇尔拓宽了斯密经济学的研究范围，他认为满足人们消费需求的"劳务"也是有价值的，也是"生产性"的。这样，就把斯密的市场经济扩大到非物质生产领域，但他同样认为政府部门的劳动是"非生产性"的。同时，马歇尔也注意到"工业组织"的制度变迁，社会分工更为发达，从生产到消费的环节越来越多，经济研究不应该再从"供给"出发，而应该从"需求"出发。他认为，斯密只强调自由竞争是不够的，竞争也有缺点，合作也有优点。不仅如此，"国富"光凭市场机制的自发调节已经远远不够了，需要人们深入认识，自觉"驾驭"。他认为社会发展不像斯密所说的那样"自然而然"，而有"人为"选择的作用。因此，他认为斯密理论中关于"自然工资""自然利润""自然地租""自然利息"的概念是不贴切的，应把"自然"改为"正常"。这个"正常"的概念一直沿用至今，比如"正常利润""正常利率"等，甚至在此后发展起来的宏观理论中对经济状况的分析也采用"常态"和"非常态"的概念。他认为"纯粹"的经济学只研究可以用货币数量表达的经济问题；不可用货币数量表达的经济问题，尽管对经济有重大影响，比如政治问题，但却不属于"纯粹"经济学的范畴。这就是说，"政治问题""国家问题"对于"纯粹经济学"来说，只是外生变量。从此古典经济学喜欢使用的"政治经济学"的名称被"经济学"替代。这一切就是相对于古典经济学的"新"，并形成"马歇尔传统"，但理论的"本体"仍然是"古典"的。直至今天，可以用货币数量表达的经济研究被列入"主流"的地位，而且不如此就似乎不正宗。

作为"新古典学派"的代表人物，凯恩斯发表了《就业、利息和货币通论》。其中，他创立的宏观理论为政府干预经济提供了根据。

新古典学派把经济学的研究范围拓展到"效率""公平""稳定"三大领域。在"效率"方面，把斯密的"物质生产领域"的"市场经济"拓展到"非物质生产领域"的盈利性部门。经济学研究的三个领域成为经济学理论体系中的三条主线，没有统一的理论模型。

美国经济学家科斯在1937年发表《企业的性质》一文，仅比凯恩斯的《通论》晚了一年，可是在很长时期"默默无闻"，直到20世纪40年代以后才名声大噪，被誉为新制度学派的创始人。科斯的论文实际上把"企业组织"作为经济学的研究对象，回答了"企业组织"的"性质和原因"。在传统的"效率"研究中，"企业组织"历来是作为"价值"的外生变量来看待的，科斯却把它内生化，并提出"交易费用"的著名观点，从而确立了"企业组织"在经济研究中的地位。

与此同时，另一批美国经济学家对"国家组织"进行了微观研究。1938年，马斯格雷夫（Musgrave R. A.）提出"公共经济的自愿交换理论"，提出了税收和政府公共商品供给之间的"自愿交换学说"；1943年鲍温（Bowen H. R.）提出公共商品的需求和投票理论；1949年布坎南（Buchanan J. M.）提出政府财政的纯理论，开了公共选择学派的先河。财政研究的风气发生了明显的变化，以往，英美经济学家研究财政问题时，把"国家"作为一个整体来看待，即把"国家"拟人化，当做自然人一样进行行为分析，财政理论实际上只是税收理论。因此，布坎南批评马歇尔的理论只是价格理论而已。在1930—1950年的研究，则把税收和财政支出结合起来一起考虑，并且在政治程序上探索"政府行为"的根源，打开了政府行为的"黑箱"。值得一提的是，对"国家组织"本身的研究最先发端于北欧学派（瑞典学派）。魏克塞尔（Wicksell K.）、熊彼特称其为"北欧的马歇尔"，早在1880年就开始把财政经济纳入交换结构进行分析，把财政支出和税收结合起来一并考虑，并且把公共部门决策作为政治和集体选择的过程来看待，学术成就是原创性的。这实际上暗含了经济学要研究"政治需求"的问题，即"动机问题"。而这类动机问题在马歇尔看来应该是哲学家研究的问题而不是经济学家应该研究的问题。

此后，北欧学派林达尔（Lindahl E.）在20世纪20年代就提出了公共商品供需均衡的模型，即"林达尔均衡"。但英美经济学家认为，北欧的理论在20世纪50年代已基本被译成英文流传，因而他们的发现是"独立"完成的。学者是有民族感情的，是否由于北欧的"环境"（包括文化）和美国的"环境"类似，因而可以相互"独立"地发现"同样"的"规律"，则是属于另外应该专门研究的问题。这里只是套用主流派的观点来阐述研究对象的变迁问题。研究风气的转变大大拓展了财政学的研究对象和范围，支出问题和决策问题成为普遍关注的对象。20世纪50年代以后，这方面的研究获得飞速发展，并且成为推动整个经济学科发展的主要思想来源之一。也就是从那时开始，财政学家就更喜欢采用公共部门经济学的名称，这可以认为财政学的研究又进入了一个新的时期。1954年，萨缪尔森（Samuelson P. A.）在鲍温的投票理论、布拉克（Black D.）的小组决策原理（1948年）、阿罗（Arrow K. J.）的集体选择的逻辑（1950年）和社会福利函数的基础上提出了公共商品的需求理论，建立了萨缪尔森模型。1962年，布坎南和吐鲁克（Tullock G.）把集体选择、决策规则和投票程序结合成公共选择理论，发表著名著作《同意的算术》（The Calculus of Consent）。与此同时，道恩（Downs A.，1957年）、吐鲁克（1965年）和尼斯卡能（Niskanan W. A.，1974年）展开对政党、官僚的微观行为分析。

科斯的交易费用理论对财政学的研究也产生了重大影响。科斯的发现是从"为什么要有企业"这样的问题入手的。据此，同样可以问："为什么要有国家？"而且，既然企业制度存在交易费用，那么国家制度同样存在交易费用。按照现代财政理论的角度来看，"制度安排"是由"公共选择"决定的，目的是提高效率。但效率不仅取决于价值生产，而且取决于交易费用。这对于公共商品的供给理论是一个很大的改进：如果考虑到交易费用，那么市场失败的商品未必一定要选择公共供给。从目前已有的财政理论来看，称之为"公共部门经济学"也是名不符实的。马斯格雷夫是现代财政理论的集大成者，1959年出版《财政理论》一书，此后多次再版，成为权威教科书，和经济界长期采用萨缪尔森的《经济学》作为经济学入门的教科书一样著名。"财政学"和"经济学"一样，只是把各种研究成果"综合"在一起，并没有形成统一、严密的理论体系，而且也并没有把"公共部门经济"说清楚，这主要是在基础理论方面缺乏有力的证明。

"价值"是经济学说，包括财政学说的理论基石。斯密提出"价值理论"，并认为"土地""资本"和"劳动"是"价值"的三个来源。从西方主流经济学的发展来看，整个学说都是建立在这"三个来源"的基础之上的。这也是马克思的经济学说和西方主流经济学说的主要分歧之点。

0.2 财政概念

0.2.1 财政现象

1. 什么是现象？

现象是事物的外部联系和表面特征，是事物的外在表现。现象是形于外的、表面的东西，一般看得见，摸得着，可以感知；现象是个别的、片面的东西，展现的是事物丰富多彩的个性，而不是事物的共性，它是事物本质的具体表现。

人们对事物的认识，在没有深入本质，形成概念之前，就像盲人摸象，所看到的现象只是事物的局部，是不全面的。

2. 财政现象有哪些具体表现？

财政基础理论方面：财政本质、财政职能、公共产品和公共选择等。

财政收入方面：如税收、公债、国有资产收益、规费、政府基金等。

财政支出方面：如政府投资、政府采购、教育支出、科学技术支出、医疗卫生支出、国防支出、社会保障支出、财政补贴等。

财政管理方面：政府预算、财政体制、国库集中收付制度、收支两条线等。

0.2.2 财政概念

财政的概念问题实质上就是财政的本质问题，被称为财政基础理论的基石问题、核心问题。财政的本质代表了对"财政"最深刻的认识，是对财政的最根本性的理解。财政的概念是对财政认识的思想结晶，是形成一个统一的财政理论和财政思想体系的灵魂，也是解释其他全部财政问题的基础。一个鲜明的财政概念观就代表一种独特的财政观，它积淀了、结晶了、升华了财政学家的全部思想。对任何一个财政学者来说，形成一个独特的财政概念都是最难的，这意味着要把对财政的全部认识用一句话概括起来，要把整个财政理论体系只用一个独特的理念统一起来。

1. 财政概念的定义

在这里我们遇到是任何一门学科都会遇到的元概念问题。所谓元概念，就是用来定义任何一门学科最基本概念的概念，它本身是不能定义的。因为所有的被定义概念都是借助于其他概念来定义的，如果一定要定义，那么我们总是可以从前一个定义追溯到后一个定义，并一直追溯下去。显然为了有一个起点，人类知识必须接受一些最简单的不用定义的概念。财政是什么客观事物？这实际上就是财政的元概念所指何物的问题。

关于财政是什么，从元概念的角度看，有多种认识。"财政"就其汉字字义理解，"财"即金钱、货币、财富、钱财；"政"即行政、政策、政治。财和政合起来，就是理财之政，由于"政"一般与国家、政府密切相关，所以，"财政"是一个专门表示"国家（政府）理财活动"的词，而通常的个人理财、家庭理财和公司理财活动一般只能称为"财务"活动，而不能称为"财政"活动。"财政"就其英语字义 Public Finance 理解，"Public"是"公共"之义，"Finance"是"融资、理财"之义，合起来就是公共理财。这些字义的理解都是对财政的传统认识，现代对财政的认识是从经济的角度讲的，认为财政是公共部门经济、政府经济。若进行中西对比、古今对比，则财政的元概念主要有如下几种。

传统观点：中国认为，财政就是理财之政，即是一种国家理财活动。西方认为，财政就是 Public Finance，即是一种公共理财活动。

现代观点：财政就是 Public Economic、Public Sector Economic（Economic of the Public Sector）、Government Economic，即是一种公共经济活动、公共部门经济活动、政府经济活动。

选择什么样的元概念，将直接影响到对财政基本特征的把握，并最终影响到对财政本质和概念的确定。

2. 财政的定义

所谓财政，就是国家或政府的分配行为。

在这个概念中，财政的内涵是国家或政府的，财政的外延是分配。为什么财政的种差（内涵）是国家或政府的？因为在财政的四个基本特征（国家主体性、强制性、无偿性、非营利性）中，只有国家主体性是财政独有的根本特征或根本属性。为什么财政的属概念是分配呢？因为"财政"是一种特殊的理财活动，而"理财"属再生产的"分配"环节，所以"财政"的属概念就是"分配"。

3. 财政概念的演变

概念不是永恒不变的，而是随着社会历史和人类认识的发展而变化。对于"财政"这个概念，在不同时期具有不同的内涵与外延。在中文"财政"一词出现以前，我国用来概括财政现象的词汇有"国用""国计"等，这两个词的外延虽然略有不同，一个是"财用或用度"，另一个是"计度或计会"，但内涵却是一样的，都确定为"国家的"，可见我国从一开始就将财政的本质属性概括为"国家主体性"。而西方人自 1776 年亚当·斯密首创了财政学之后，就主要采用 Public Finance，而没有采用 National Finance 或 Government Finance 来概括财政现象，这实际上反映了西方人对财政本质的不同理解。英文 Public Finance 的意思是"公共理财"，它清清楚楚地表明西方人将财政的外延认定为"理财"，而内涵则认定为"公共的"。为什么不用"国家的"或"政府的"来界定财政的内涵呢？原因就在于西方人认为财政的本质属性是"公共性"。西方的 Public Finance 随着西洋文化的影响后来传播到了亚洲，日本人将其译为"财政"，中国于 19 世纪末又间接从日本"进口"。"财政"一词自进入中文词汇后，就一直被解释为"国家理财"，这与中国古代的"国用""国计"意思相近，但中国人的"财政"与西方人的 Public Finance 在本质上却发生了变化。中文"财政"一词的外延虽然与西文 Public Finance 一样是"理财"，但内涵却变为"国家的"，这就说明中国人实际上将财政的本质属性概括为"国家主体性"。到了现代，中国财政学又进一步发展出了独特的"国家分配论"学说，但财政的本质属性仍然是"国家主体性"。而 20 世纪 60 年代的西方财政学却出现了新动向，财政被理解为"公共部门经济"，财政概念的外延变为"经济"，内涵则变为"公共部门的"，财政的本质属性又演变为"公共性"。从现代财政学的潮流看，财政的元概念选择公共部门经济、公共经济、政府经济已经成为主流。总之，从财政概念的历史演变看来，由于人类对财政根本特征（本质属性）的认识不同，财政概念大致经历了一个从"国家理财"到"公共理财"，再到"国家分配"，又到"公共部门经济"的曲折演变。

0.2.3 中国不同流派的财政观

财政学最早源于西方，自清朝末年（1903 年）中国借鉴西方财政学创立自己的财政学后，逐步具有了自己的特色。但在学术上始终存在着"现象派"与"本质派""中派"与"西派"之分。新中国成立之前，中国财政学由"现象派"占主导；新中国成立后，中国财政学由"本质派"占主导，而"西派"无论新中国成立前后都始终是世界财政学的主流。

1. 中国财政学各主要流派之分类（流派的划分以财政本质观为标准）：

自新中国财政学"本质派"兴起后，先后出现了价值分配论、剩余产品价值运动论、国家资金运动论、国家意志论、再生产决定论、社会共同需要论、国家分配论、公共需要论、公共分配论、公共产品论、公共经济论等。

2. 中国财政学的主流学派——国家分配论的历史简介

形成期：20 世纪 50 年代后期 60 年代初。在反思苏联"货币关系体系说"的基础上初步建立"国家分配论"。

成熟期：20 世纪 70 年代末 80 年代初。在同其他流派的本质之争中不断发展和完善。

主导期：20 世纪 80 年代至 90 年代。在不同观点的争论中，因论证较为严密，言之较为有理，影响最为广大，故占据了主导地位。

面临挑战期：20世纪90年代以后。在建立社会主义市场经济的过程中，面临新观点的冲击，主要是"西派"理论观点的冲击。

3. 科学的财政观

对于任何一个学习和研究财政的人来说，一个始终无法回避的就是：财政是什么？一个财政学者，不管他研究了多少年财政问题，写了多少篇财政文章，出了多少本财政书籍，如果他不能简洁、清楚地说出一个他所能够认可并接受的财政概念，那么，我们就可以毫不犹豫地说，他没有形成一个的清晰的财政观，他对财政还没有一个根本性理解。

所谓财政观，就是人们对财政的根本观点、根本看法，实际上就是对财政本质的基本理解。而要形成一个科学的财政观，就必须对财政的本质有一个深刻的认识。财政的本质是财政基础理论的核心问题，也是整个财政理论的最重要战略制高点。财政的本质不仅直接决定了财政观的形成，而且直观地反映着财政境界的高低。

财政观的争论实际上就是财政本质观的交锋，如果争论两种不同的财政观却不从财政本质问题上交锋，那么就脱离了主战场，说明财政的境界还不够高。20世纪中国财政学界兴起的"国家财政"与"公共财政"的争论，实际上是一场极其滑稽的理论混战。滑稽的要害在于，争论"国家财政"与"公共财政"的双方居然没有首先争论"财政是什么"。如果连"财政是什么"都弄不清楚，又谈何弄清楚"什么是国家财政"与"什么是公共财政"。"国家财政"与"公共财政"区别的要害恰恰就是财政观（财政本质）的不同。"国家财政"究其本来说应该代表"国家理财观和国家分配论"，而"公共财政"究其本质来说应该代表"公共理财观和公共经济论"，两者明明是两种不同财政观的本质之争，但是令人惋惜的是本应该十分精彩的财政本质交锋并没有出现，关键的原因就是"公共财政论者"缺乏必要的财政境界，连他们自己都认为"公共财政论"实质上并非关于财政本质的理论，而仅是关于财政类型的理论。既然"公共财政论者"自动在本质问题上举手投降了，论战的结果就可想而知了，"公共财政论"虽然可以取得一些战术上的胜利，但是在战略上却是严重失败，其结果就是在中国财政理论中"国家财政论"仍然力压"公共财政论"，在实践中名声很响的"公共财政论"在中国财政基础理论中几乎没有立足之地。实际上，中国的"公共财政论者"要想为中国的社会主义市场经济提供一种新型的财政观，完全可以做得更漂亮些。在战略上，"公共财政论者"应该旗帜鲜明地提出"财政就是公共理财活动，本质上是公共经济"的新财政观，在战术上应该全力以赴地论证"国家分配的深层本质是公共经济，公共性体现着国家分配的深层本质"。

从世界财政学的发展趋势看，公共经济学或公共部门经济学已经成为引领财政观变革的新主流。传统财政学，无论是中国的国家理财观（国家分配论），还是西方的公共理财观（公共分配论），对财政的理解都有局限性，它们都从政府收支管理出发，一个强调国家的主导作用，另一个强调公众的主导作用，两种财政观的境界都不如公共经济观（公共经济论）开阔高远。国家理财观和公共理财观都没有跳出政府收支的圈圈，整个财政理论体系的重点就是处理收支矛盾，他们善于算财政的账，不善于算经济的账。而公共经济观则是一种全新的财政观，它跳出政府收支看财政，视财政为公共经济（公共部门经济），辩证地把财政放在整个国民经济全局之中，注重公共经济与私人经济的联系，既重视公共部门的资源配置，也重视整个经济的资源配置。其出发点和归宿点都是提高整个经济的资源配置，公共经济观不仅善于算财政的账，而且善于算经济的账、社会的账和政治的账，比较有战略眼光，其财政观的境界明显高出国家理财观和公共理财观。从中国财政学今后的发展方向看，走公共经济学之路是一个必然的选择，不仅有助于形成更加科学的财政观，而且可以大大提升中国学者财政观的境界。

0.3 财政学科的研究方法

财政学科是经济学科的一个分支，因此经济学的研究方法似乎"应该"适合财政学。主流经济学派的观点认为，经济学的方法有两种：实证研究和规范研究。前者回答"是"什么的问题，后者回答"应该"怎样的问题。开创实证研究的代表人物是马歇尔，把经济研究纳入可"验证"的轨道，也就是马歇尔所说的"牛顿方法"。开创规范研究的代表人物是庇古，把经济研究纳入"伦理"的轨道。但不论是实证还是规范，都与研究对象有关。

财政学科的研究对象是"时代"赋予的，时代在变化，研究对象也在变化。由"时代"产生的理论只能解释那个时代的情况，没有放之四海而皆准的真理。但社会变化确实有"连续"的一面，但也有不"连续"的一面，研究范围的扩展是建立在原有基础之上的，外延的扩大要求方法的创新。经济学本质上是研究"人"的行为规律的学问，而人类社会本身是由"人"创造的。"人"的行为在拓展，研究范围也在拓展。第二次世界大战以前，主流派把财政问题集中在"税收"，主要研究"政府"的收入行为对"财富"的影响。庇古和凯恩斯把"政府"对"收入分配"和"经济稳定"的影响加了进去。几乎与此同时，一批美国经济学家开始对"国家组织"本身进行研究，把财政研究对象扩展到"政府""决策"和财政支出效率方面，而且把不可用货币量化的经济问题纳入研究的视野。这在第二次世界大战以后的主流派中占有重要地位，尽管早在19世纪末北欧学派已经开始研究那些问题并取得许多原创性成果，但20世纪50年代以前在主流派中的影响并不大。

财政学作为经济学科的分支，自然也要研究"财富"问题。对"财富"研究范围拓展的贡献，之前主要是由新古典经济学家作出的，之后则主要由新制度学派的财政问题专家作出。尤其是"交易费用"的发现，可能与"劳动价值论"有同等重要的地位，但在理论上却并没有把两者真正统一起来。

财政学科的研究方法本质上是"牛顿方法"。从方法论上看，人文社会科学"借用"自然科学的方法比较多。但"方法"本质上是"哲学"的，斯密对于"自由竞争背后"（"看不见的手"，类似于物理学中"形而上"的哲学观点）的揭示隐含了对"社会进步"的基本看法。这可能对达尔文的物种进化思想有启发。在牛顿方法基础上建立起来的各种学科，不论是人文社会科学还是自然科学，都是一组特定的"偏微方程"，都只能在特定条件下解释某些现象。

财政学科和经济学科一样，是建立在"交换结构"的假设之上的。在具体分析上，采取"经济人"假设的方法。但不同时期、不同学派的经济学家和财政学家对"经济人"假设的内涵是不一样的。这只能看做是在学科"大偏微方程组"中的"小偏微方程组"。但到目前为止，还没有一种可以把各种成果统一起来的方法。其实，人文社会科学和自然科学之间并没有不可逾越的鸿沟。因为"人"不仅要获得自身的充分发展，而且这种发展必须和"自然"充分和谐。

财政学科的发展是靠"人"推动的，经济学家和财政学家在学科发展中有重要地位。但经济学家和财政学家是一个具体的人，在经济分析中也只是一个"经济人"，但这个"经济人"的内涵要比所有经济分析中的"经济人"内涵丰富。真正的经济学家和财政学家必须首先是爱国主义者，充满对其自身民族的爱；然后必须是思想家、哲学家和社会学家。但作为一个具体的人总是有局限性的，一方面他是环境的产物；另一方面一个人对复杂问题的处理能力和趋势性问题的敏感能力受其自身的习惯、道德情操、知识、经历，以及年龄的限制。因此，从发展的观点看，任何已有的成果总是不完善的。人类社会步入"交换结构"以后，各种"财富"、各种文化、各种制度都被纳进了交换体系，不可抗拒。但时代强音是：经济一体化、文化多元化和政治多极化。

现代财政学在研究方法上吸取了现代科学哲学的成果，已经形成了一套科学的研究方法。这套科学的研究方法是一个整体，它是由一系列既相区别又密切联系着的方法所组成的。其中发挥重要影响的方法主要有：归纳与演绎、历史与逻辑、实证与规范、定量与定性等。

1. 归纳与演绎

归纳法是从个别事实走向一般概念、结论的思维方法。演绎法是从一般的概念、原理走向个别结论的思维方法。

2. 历史与逻辑

历史法其实就是历史的归纳，是通过对历史的事实和经验的概括与抽象，从而归纳出本质和规律来。逻辑法其实就是逻辑的演绎，是以基本假设或基本概念为前提或起点，通过严密的逻辑分析，推导出一定的结论来。

3. 实证与规范

实证法是一种事实陈述的分析方法，是对客观事物进行描述、分析和阐述，它回答的是"是什么""会怎样"的问题。规范法是一种价值判断的分析方法，是对客观事物作出估价、判断和抉择，它回答的是"应该怎样""必须如何"的问题。实证法如果不能归纳出一般的规律或本质关系来，那么这种分析就不够深入。规范法如果所依据的价值标准不是普遍和客观的，那么它的判断就缺乏说服力。

4. 定量与定性

定量法就是运用数理和统计技术，考察事物的"量"的规定性，从而把握事物性质的一种研究方法。其着眼点在于用数量关系精确地揭示事物的根本特征。定性法就是运用理论分析、历史研究和逻辑演绎，剖析事物的"质"的规定性，从而把握事物性质的一种研究方法。其着眼点在于对事物的表象进行全面的、深入细致的考察和分析，进而揭示出决定这一事物运动、变化和发展的内在规律。

0.4 本书框架

财政学的理论体系是一个有机统一体，各环节之间存在着内在的、有机的逻辑联系。各大理论模块之间的逻辑联系可以表述如下：财政基础理论主要是阐述政府活动的经济理论基础，财政支出理论主要是阐述政府活动的合理范围，财政收入理论主要是阐述如何为政府活动融资，国家预算和预算体制理论主要阐述政府活动的体制，财政平衡和财政政策理论主要阐述政府宏观调控与管理。中国传统财政学大致形成了一个"先收后支"的理论体系，而西方财政学自亚当·斯密以来一直是"先支后收"的理论体系，由于"先支后收"的理论体系包含着比较先进的民主理财思想，即先确定合理的公共支出范围与水平后，再向人民征收相应的公共收入，所以，中国现代财政学也越来越多地采取了"先支后收"的理论体系。本课程内容即按"先支后收"的体系分为五篇："基础理论篇——支出理论篇——收入理论篇——预算管理理论篇——财政政策篇"。

第1章

公共财政理论

学习目标

通过本章的学习，学生应掌握公共财政、公共产品、外部效应、公共选择等基本概念；学习并掌握公共产品的供给和需求的局部均衡和一般均衡原理；学习并掌握外部效应理论，特别是在外部效应所导致市场失灵的情况下如何纠正；学习并掌握公共选择理论，在偏好不同情况下如何通过不同的选择方式实现相对均衡，从而实现公共产品的合理配置并避免利益集团、官僚和寻租所导致的社会资源的浪费。

关键词汇

公共财政（Public Finance）；公共产品（Public Goods）；公共选择（Public Choice）；外部效应（Externalities）；投票悖论（the Paradox of Voting）；寻租理论（Rent-seeking Theory）

公共财政是建立在公共产品理论、外部效应理论和公共选择理论之上的，它们有机地体现在财政运行机制之中，从而规范着市场与政府的范畴，进而决定着国民收入分配关系。因此，要真正把握财政分配机制及内在规律，必须把握这些基本的经济理论。这些基本理论也是财政学的逻辑出发点。

案例 1-1　　　　　　　　　　鲸鱼市场

一个美国人平均每年消费牛肉73磅①，猪肉59磅，鸡肉64磅，但是谁也没有听说过这种消费可能导致对牛、猪或鸡的灭绝。相对而言没有多少美国人吃鲸肉；然而在日本等一些国家，鲸肉被视为佳肴。1986年，由于担心鲸可能灭绝，一项暂停商业猎鲸的国际法规出台。为什么同样一个市场系统可以保证足够的牛、猪和鸡，却偏偏威胁到某些种类的鲸的生存呢？

经济学家从产权着手进行分析。农民拥有他所养殖的食用牲畜，将这些动物视为自己的

---

① 1磅=0.453 6千克。

财产，因此觉得有必要好好照顾它们，增加存栏数量。与此相反，鲸不属于任何国家或个人，换言之，它是世界共有的财产。于是，一方面大家都知道捕鲸可以赚大钱，不少人蜂拥而上；另一方面，保护和繁殖鲸类则由于缺乏直接经济利益而乏人问津。

这个模式称为"公共财产的悲剧"。如果一样东西属于所有人，例如海洋，每个人都有经济上的激励去加以开发利用，却没有人有经济上的激励去保护，结果可能是某些物种消失。

（资料来源：斯蒂格里茨. 经济学小品与案例［M］. 北京：人民大学出版社，1999.）

案例思考题

1. 为什么私人产品能够实现供求均衡？界定清楚产权关系的经济意义是什么？
2. 采取什么方式可以实现公共产品的供求均衡，并避免其外部效应所带来的不良影响，进而实现资源的有效配置？

1.1 公共产品理论

19 世纪末，奥地利和意大利学者将边际效用价值论运用到财政学科研究上，论证了政府和财政在市场经济运行中的合理性、互补性，形成了公共产品理论。公共产品理论规范着财政的基本范畴与职能，因此，公共产品理论就成为财政学最核心的基础理论之一。

1.1.1 公共产品的定义及特征

1. 公共产品的定义

"公共产品"一词由英文"Public Goods"翻译而来，又译为"公共品""公共物品""共用品""公共财货""公共商品""公共财"等。公共产品是满足社会公共需要的产品。在《经济学与统计学评论》1954 年 11 月号上，萨缪尔森的论文《公共支出的纯理论》首次给出了公共产品的定义：所谓的纯公共产品，是指每个人消费这样的产品均不会导致别人对该产品消费的减少。这一定义在现代经济学广为接受。

公共产品是相对私人产品（Private Goods）而言的。私人产品是消费上具有竞争性、排他性和可分割性的产品，一般有明确的产权；而公共产品则是消费上具有非竞争性、非排他性和不可分割性的产品。这也构成了私人产品和公共产品相区别的三大特征。

2. 公共产品的特征

（1）非排他性

所谓非排他性，是指任何消费者都可以不付任何代价消费该产品。包含了三层含义：第一，任何人都不能不让别人消费，即使有些人想独占消费，要么在技术上不可行，要么在技术上可行但成本过高。例如，公路、环境卫生、庞大的公路体系怎么从成本上承担，环境治理谁有可能从技术上和成本上承担。第二，任何人不得不消费它，即使有些是不情愿的，但却又无法拒绝。例如，警察、卫生检疫、义务教育等。第三，任何人都恰好消费相同的数量。例如，国防服务，所有的公民都将得到同等的服务。

（2）非竞争性

所谓非竞争性，是指一个消费者消费公共产品并不影响其他消费者消费的数量或质量，或者可以说增加一个人的消费既不会减少其他任何消费者的收益，也不会增加社会成本，其新增加消费者使用该产品的边际成本为零（如灯塔）。此处的边际成本为零包括两层含义：

第一，在生产方面不需要追加资源的投入；第二，在消费方面也不会减少其他人的满意程度，或者说不会带来"拥挤成本"（如不拥挤的桥梁、未饱和的 Internet 网等）。

(3) 不可分割性

即公共产品或劳务是向整个社会提供的，具有共同受益和联合消费的特点，其效用为整个社会成员所共享，而不能归属于某些个人或厂商享用，消费者不能自主选择消费的数量。

3. 公共产品的分类

市场经济是建立在家庭、企业和政府三大主体之上的，前两者称为私人部门，生产私人产品；后者称为公共部门，提供公共品（公共服务）。从全社会来讲，可以将社会产品划分为私人产品、公共产品（包括纯公共产品和准公共产品）。对社会产品的分类见表1-1。

表1-1 社会产品分类

特征		排他性	
		有	无
竞争性	有	① 私人产品	③ 公共资源
	无	② 俱乐部产品	④ 纯公共产品

(1) 按物品的特征划分，可以分为纯公共产品和准公共产品

如上所述，具有非竞争性和非排他性的产品是纯公共产品，也很容易同私人产品相区分。但是，在很多情况下，这两个特征不一定同时存在。如果某一物品只存在一个特征，可以称为准公共产品。准公共产品是介于私人产品和公共产品之间的社会产品，它具有了私人产品和公共产品的属性。它包括两种：一是消费上具有非竞争性和排他性的"俱乐部产品"，比如公园就是这种类型的准公共产品。在游客没有超过一定人数的条件下，游客的增加并不影响原有游客的效用水平，即公园的消费具有非竞争性；但是，公园可以设置围栏将不买门票者拒之门外，即其消费也具有排他性。诸如影院、高速公路等都属于此类的准公共产品。二是消费上具有竞争性和非排他性的"公共资源"，比如由于草场公有，所以大家都可以到草场放牧，即草场具有非排他的属性。但是，如果超过草场的载畜量，草场的使用就具有竞争性。再如公共的森林、公海的渔业资源、教育等都属于这种类型的准公共产品。此类准公共产品通常被称为公共资源型准公共产品。

(2) 按受益范围即受益面划分，可分为全国性公共产品和地方性公共产品

全国性公共产品是指一国所有公民都能够无成本地享受的公共产品，比如国防、法律制度等；地方性公共产品是指某一地方的居民可以享受的公共产品，比如路灯。在我国，行政及财政意义上的"地方"这一概念首先是指省级行政区划，因此，地方公共产品首先是指省一级的公共产品；受益面覆盖全国或多数省份的则属于全国性公共产品。我国省以下的政权及其行政区划分还有市、县、乡镇三级，因此我国的地方公共产品表现为多层次的特点。公共产品按受益范围划分的层次型对我国的公共财政体制框架的构建具有重要意义。首先，它是我国中央财政即国家财政同地方公共财政以及地方公共财政内部层次性划分的客观依据。其次，公共产品按受益面的划分也是各级公共财政职能的内容及其职能界定的依据。当然，我国地方公共产品的界定、生产和提供所呈现的复杂性，客观上也为地方公共产品的提供及其协调造成相当大的难度。

1.1.2 公共产品的均衡分析

由于公共产品在消费上具有非竞争性和非排他性的特征,使得其生产和供给与私人产品相比有很多不同,庇古和鲍温对此进行了开创性的研究。

1. 纯公共产品的局部均衡

(1) 庇古模型

英国著名经济学家庇古(A. C. Pigou,1877—1959 年)运用功利主义的方法,研究了个人为公共产品交税的问题,因此被称为庇古模型。

庇古分析了个人纳税而消费公共产品的正负效应。一方面,消费公共产品可以获得正效应,但这种效应是边际递减的;另一方面,纳税会给个人带来负效应,也就是不消费私人产品的机会成本。他提出,当正效用和负效用刚好相等时,公共产品的供给就达到了最佳数量。

在图 1-1 中,GG 表示消费公共产品得到的正的边际效应,TT 表示为供给公共产品纳税带来的负边际社会效应,NN 表示二者相抵之后的边际社会净效应。在图中,点 A 代表的是公共产品供给最佳数量。该点满足 $AC = AC'$,此时 NN 为零。

庇古模型表明,一个人对公共产品提供水平需求的决定条件,即个人对公共产品消费的边际效用等于纳税的边际负效用。

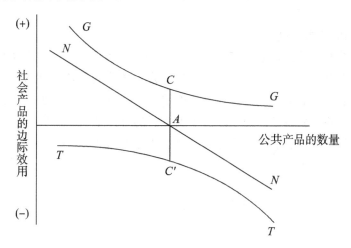

图 1-1 庇古的公共产品提供

(2) 鲍温模型

庇古只分析了个人对公共产品数量的需求,没有分析公共产品与私人产品在需求方面的差别。美国经济学家鲍温则通过局部均衡分析,比较了私人产品和纯公共产品供给的差异,给出了公共产品供给的均衡条件。

1) 私人产品的需求和供给

假定一个社会有 A、B 两人和私人产品、公共产品两种产品。如图 1-2 所示,A、B 对私人产品的需求曲线分别是 D_A、D_B,那么市场需求 $D = D_A + D_B$,用市场需求曲线 DD 表示,私人产品的供给曲线为 SS。SS 和 DD 相交,决定了市场均衡价格 P 和数量 Q,在市场上,个人 A、B 都是市场价格的接受者,在价格为 P 的前提下,A、B 消费的私人产品数量分别为 Q_A、Q_B,且 $Q = Q_A + Q_B$。

16　财政学

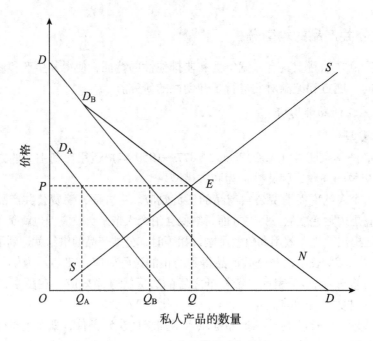

图 1-2　私人产品的需求与供给

2）公共产品的需求与供给

公共产品的需求和供给如图 1-3 所示。个人 A、B 对公共产品需求曲线分别是 D_A、D_B，那么市场需求曲线 $D = D_A + D_B$。需求曲线 DD 与公共产品的供给曲线 SS 相交于一点，并决定了市场均衡价格 P 和数量 Q。在公共产品需求和供给中，每个人都是数量的接受者，这样 A 和 B 所消费的公共产品数量都是 Q，但 A 所支付的价格是 P_A，B 支付的价格是 P_B，且 $P = P_A + P_B$。对于公共产品而言，它等于边际成本，但这个边际成本是 A 和 B 所支付的价格之

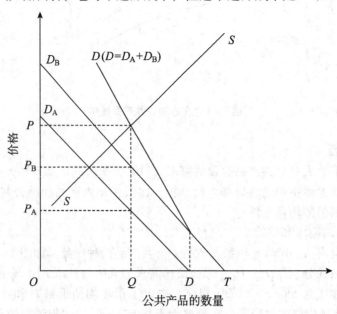

图 1-3　公共产品的需求与供给

和，即 $P = P_A + P_B$。

私人产品和公共产品的市场需求曲线的差别在于：私人产品的市场需求曲线是个人需求曲线的横向相加，而公共产品的市场需求曲线是个人需求曲线的纵向相加。之所以出现这样的差异，是由私人产品和公共产品的基本特征，也就是私人消费性与共同消费性决定的。个人 A 和 B 所消费的公共产品数量之所以一样，是因为一个人对公共产品的消费不会影响其他人对该公共产品的消费。

（3）**威克塞尔－林达尔模型**

这是由瑞典学派的代表人物威克塞尔和其学生林达尔建立的，简称"W－L 模型"。该模型的核心在于说明公共产品的供应是由社会中的个人经过讨价还价和协商决定的。这种分析方法对公共选择理论产生了重要影响。它也是一个局部均衡模型，与庇古模型和鲍温模型的不同之处在于，"W－L 模型"考虑了政治决策过程中对公共产品供给的影响。研究者试图从中找出民主社会里公共产品的合理水平，并分析不同人之间对公共产品的成本分摊机制。

W－L 模型描述的是公共产品供给的虚拟均衡过程。在该模型中，有 A 和 B 两个消费者，也可以把他们分别看做代表不同偏好的两个政党。假定两个人（党）拥有相同的政治权利，他们都准确报告了各自的偏好，通过的预算是两个人（党）都同意的预算。

如图 1－4 所示，纵轴 h 代表 A 分摊的公共产品成本。假定 A 的税收份额为 h，则 B 的份额为 $1-h$。横轴 G 代表所供给的公共产品数量或公共支出量。曲线 AA 和 BB 分别代表个人 A 和 B 对公共产品的需求。

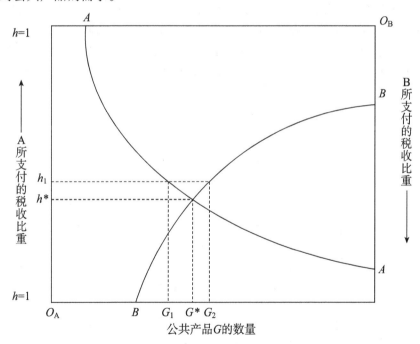

图 1－4　威克塞尔－林达尔模型

A 和 B 消费公共产品 G 和私人产品 X 后的效用函数为

$$U_A = U_A(X_A, G)$$
$$U_B = U_B(X_B, G)$$

其中，X_A 和 X_B 分别为 A 和 B 消费的私人产品；G 为消费的公共产品。

A 和 B 两个人都努力实现预算约束下的效用最大化，用 Y_A 和 Y_B 分别代表 A 和 B 的收入，p 代表私人产品价格，则有

$$pX_A + hG \leq Y_A$$
$$pX_B + (1-h)G \leq Y_B$$

在其他变量不变，只改变 h 时，可得出 A 的需求曲线 AA；同理，可得出 B 的需求曲线 BB。在图 1-4 中，在曲线 AA 和 BB 既定的情况下，任选一个税收份额 h_1，就可以得到 A 愿意得到 G_1 水平的公共产品，B 愿意得到 G_2 水平的公共产品。可见，此时 A 和 B 两人的意见并不一致。为此，双方会进一步协商，直到把税收份额调整到均衡点 h^*。这时，A 和 B 愿意消费的公共产品数量相同，即均衡产出水平 G^*，A 交纳的税收为 h^*，B 交纳的税收为 $1-h^*$。此时的税收 h^* 就是林达尔价格，相应地，此时的均衡被称为林达尔均衡。从博弈论的角度看，这是一种纳什均衡。同时，由于任何个人要改变现状都会损害其他人的利益，因此，林达尔均衡时就实现了帕累托最优。

2. 纯公共产品的最优提供的一般均衡模型

局部均衡分析和一般均衡分析不同。前者仅限于单个公共产品的情况。一般均衡分析通常是以两个人和两种产品经济进行分析。萨缪尔森提出了公共产品最优提供的一般均衡模型。他认为，公共产品的有效提供要求各个社会成员的边际替代率等于其产品的边际转换率。公共产品对私人产品的边际替代率，表示为"为了得到一单位的公共产品，全体社会成员愿意放弃的私人产品的总和"；而公共产品对私人产品的边际转换率，则可以表示为"为了实现帕累托最优，人们愿意放弃的全部私人产品的量"，应等于在现有资源约束下，为多生产一单位的公共产品，人们客观上所必须放弃的私人产品的产量（见图 1-5）。

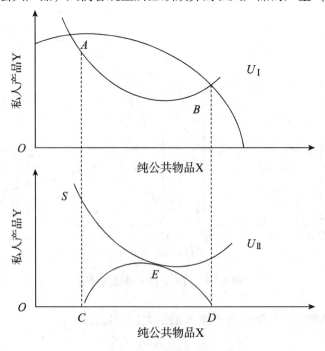

图 1-5 公共产品的最优供给

在图1-5中,假定市场上有两个人(A 和 B)和两个物品(X 为私人物品;Y 为纯公共物品),上半图表示个人Ⅰ的无差异曲线以及生产的约束条件 AB。假定将个人Ⅰ定在无差异曲线 U_I 上;下半部分的 CD（AB 与 U_I 之差）表示个人Ⅱ的生产可能性。显然,帕累托效率要求个人Ⅱ的边际替代率等于曲线 CD 的斜率(即在点 E 处)。这恰好是边际转换率(生产可能性曲线的斜率)与个人Ⅰ的边际替代率(其无差异曲线的斜率)之差。

1.1.3 准公共产品的均衡分析

如前所述,在我们的现实生活中,纯公共产品是很少的。政府提供的产品中更多的还是仅具有公共产品部分特征的产品,也就是准公共产品。特别是随着科学技术的不断进步,许多曾公认的公共产品的非排他性从技术上变得可行,比如有线电视。如此一来,考虑某种产品是否应由政府提供就主要不是看私人提供是否可能,而是看私人提供是否会带来低效率,即是否满足公共产品的第二个特征——非竞争性。

1. 公共资源

公共资源作为公共产品(教育、保健等),属于消费上具有竞争性和非排他性的准公共产品。这类产品所提供的利益的一部分由所有者共享,是可分的,从而具有私人产品的特征;但其利益的另一部分可以由所有者以外的人享用,是不可分的,所以又具有公共产品的特征,这种现象称为利益外溢现象。以教育为例,受良好教育的公民使全社会都受益,且这种利益不可分,但受到教育的公民能够在市场上得到回报,这部分利益又是可分的(见图1-6)。

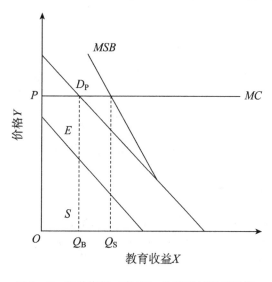

图1-6 公共资源(教育)的配置与供求平衡

在图1-6中,设 X 轴为教育收益,Y 轴为教育价格,这时教育的需求曲线是 D_P,它反映了个人对教育私人收益的评价,个人一般是根据教育所能够带来的收益差异做出选择的,E 是教育给社会带来的利益外溢,将 D 和 E 纵向相加,得到边际社会效益(MSB),可以看出,教育的结果是,社会收益大于私人收益。这也是世界各国政府都参与教育的直接投资,但一般只提供基本的义务教育的原因。因此,对类似这类公共资源的供给,往往采取市场配置与财政补贴相结合的办法提供。

2. 俱乐部产品

俱乐部产品属于具有非竞争性和排他性的准公共产品。俱乐部产品的特征是相对纯公共产品而言的，这使得俱乐部产品消费上的临界点的确定意义重大，否则，其自身的特征（如非竞争性的特征）就会消失。对俱乐部产品来说，消费者从中获得的效用依赖于和他分享利益的其他人数目。因此，俱乐部产品的最优供给需要考虑两个因素：第一，边际生产成本和边际拥挤成本都为零的产品；第二，边际生产成本为零、边际拥挤成本不为零的产品。从图1-7的分析可以看出这种情况。

在图1-7中，设X轴为桥的通过量，Y轴为过桥价格；D_D是需求曲线，Q_C为通过能力线，当价格过低时，拥挤线与需求线相交，产生了拥挤现象。当价格为零时，通过量将达到Q_1，阴影部分表示消费者获得的效用不足以弥补其消费带来的成本，因此引起社会净效益的损失。为了避免过度消费，当供应量短期内无法增加时，就只有收费。

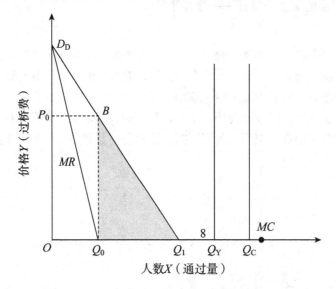

图1-7　俱乐部产品（桥梁）的配置与供求平衡

1.1.4 公共产品的供给机制

公共产品的供给总是与其成本分摊联系在一起。按照自愿程度、经济效益划分，公共产品的供给方式一般有如下几个问题：私人如何提供？"搭便车"的问题怎么处理？"囚徒困境"和政府怎么样提供公共产品？

1. 私人提供——自愿机制与成本分摊

以经典的灯塔例子说明。灯塔作为一种公共产品，长期以来一直被认为只能由政府提供。而科斯在其经典论文《经济学上的灯塔》中认为，从17世纪开始，在英国，灯塔一直是由私人提供的，并且不存在不充分供给的情况，政府的作用仅限于灯塔产权的确定与行使方面。管理灯塔的机构是领港公会即一个对公众负责的私人组织。具体来说，私人从国王那里获得修建灯塔的专利权。国王允许私人向船只收费，费用通过港口代理者（通常是海关关员）来收取。在1820年，英格兰和威尔士共46座灯塔，其中34座由私人建造。虽然后来英国政府规定由领港公会收购所有私人灯塔，但领港公会实际上是一个私人组织，而不是政府部门。因此，英国历史上的灯塔基本上是由私人供给的。

科斯的研究表明，一向认为必须由政府经营的公共产品也是可以由私人提供和经营的。公共产品不一定是由政府提供。根据享用的边际效用的大小来缴纳自己应当分摊的费用，只要解决了成本分摊，私人是愿意投资的，这就形成了自愿投资机制。政府的调节作用主要是从需求与成本补偿的角度建立收费补偿制度。

2. "搭便车"问题

如上所述，如果每一个社会成员都按其所获得的公共产品的边际效用的大小来捐献自己应当分担的公共产品的资金费用，则公共产品供给量可以达到具有最有效率的水平。在西方经济学理论中，这被称为"林达尔均衡"。但是，实现这一均衡，是以如下两个假设为前提的。

第一，每个社会成员都愿意准确地表达自己可以从公共产品的消费中获得的边际效用，而不存在隐瞒或低估其边际效用从而逃避自己应分担的成本费用的动机。

第二，每个社会成员都清楚地了解其他社会成员的嗜好及收入情况，甚至清楚地掌握任何一种公共产品可以给彼此带来的真实边际效用，从而不存在隐瞒个人的边际效用的可能。

显然，这种假设只有在人数非常少的群体中，才有可能存在。而在人口众多、庞大的社会中，人们的偏好不同，依靠道德约束力来实现上述的前提条件是不可能的。而普遍存在的是"搭便车"的情况。

搭便车理论首先是由美国经济学家曼柯·奥尔逊于1965年发表的《集体行动的逻辑：公共利益和团体理论》（the Logic of Collective Action Public Goods and the Theory of Groups）一书中提出的。其基本含义是不付成本而坐享他人之利。

"搭便车"又叫机会主义行为，是指消费者在对非排他性物品的消费中，自己不付费而希望他人为此付费的行为。这种让别人付费而自己享受公共产品利益的动机的人被形象地称为搭便车者。

这种现象主要发生在公共产品领域。这是由于公共物品的非排他性和非竞争性，导致市场在公共物品供给上是无效率所致。公共产品主要面对的是集体的人，不能因为个别人不付费而不提供。但如果任由"搭便车"的存在，那么公共产品的提供将为零。从一定意义上讲，免费"搭车"问题的存在要求政府提供公共产品。政府通过税收强制性特征，然后用于公共支出，根据"谁享受谁纳税"的原则，解决"免费搭车"问题。

3. "囚徒困境"模型

这个模型描述了两个人从个人利益出发的人注定是不会合作的，而且会给双方带来极大损害。见表1-2。

表1-2 囚徒困境

		乙	
		不坦白	坦白
甲	不坦白	(-3, -3)	(-1, -15)
	坦白	(-1, -15)	(-10, -10)

假定甲、乙两名嫌疑犯作案后被警察抓住，分别被关在不同的屋子里受审，双方不能互通消息，每名嫌疑犯都面临坦白和不坦白两种选择。警察告诉他们：在两人都坦白的情况下，各判刑10年；在两人都不坦白的情况下，各判刑3年；在一人坦白另一人不坦白的情

况下,坦白的一方会被从轻处罚,只被判刑 1 年,不坦白的一方则被重判 15 年。我们以他们是否坦白来讨论最终的均衡结果。

如图,在乙不坦白的情况下,如果甲坦白,甲会被从轻处罚,只被判刑 1 年,乙被重判 15 年;如果甲也不坦白,由于证据不足,甲乙都只会被判刑 3 年。在乙坦白的情况下,如果甲也坦白,甲、乙会被判刑 10 年;如果甲不坦白,乙会被从轻处罚,只被判刑 1 年,甲则被重判 15 年。可见,在乙不坦白的情况下,甲最好是坦白,从而可以被从轻处罚;在乙坦白的情况下,因为被判刑 10 年总比 15 年要好,甲最好也是坦白,所以甲会选择坦白。同理,无论甲如何选择,乙的最好选择也是坦白。结果双方都选择坦白,都被判刑 10 年。可见,囚犯两难困境说明个人的理性可能导致集体结果的不妙。在现实社会中,人人都追求完美反而可能会导致社会变得很糟糕。

这个模型说明,在公共产品供给中,如果不合作的人多,"搭便车"问题过于严重,就会导致公共产品供给不充分,所有人的利益都会受到损害。

4. 政府提供——强制机制

显而易见,由于"搭便车"问题的存在,自愿捐献和成本分摊的合作性融资方式,不能保证公共产品的有效供给。既然如此,那么就只好依靠强制性的融资方式来解决公共产品的供给问题了。事实上,政府正是一方面以征税手段取得资金,另一方面又将征税取得的资金用于公共产品的供给。

公共产品的供给方式问题存在很大争议。一种意见认为,公共产品的存在是市场失灵的原因之一。而政府提供公共产品可以解决"搭便车"问题,更符合经济效益原则。另一种意见认为,在某种情况下,政府作为私人提供公共产品的促进者,有可能比政府直接提供公共产品更有效。理论和实践表明,在不完善的现实政府、不完善的现实市场和现实社会之间,应建立一种有效的选择和相互协调机制,根据资源优化配置的经济合理性原则和交易成本最小化原则,努力寻求政府、市场和社会在公共产品供给领域的均衡点,建立公共产品供给的多中心体制和互补机制,以更有效地提供公共产品、实现公共利益。

1.2 外部效应理论

外部效应理论是促进资源优化配置的基本理论,也是财政分配的基本理论之一,它决定着财政职能的界限、政策选择及效率的调节。

1.2.1 外部效应的含义及类型

1. 外部效应的含义

外部效应(又称外部性、外在性)是公共产品研究中的一个重要概念。从文献研究角度看,庇古 1920 年出版的《福利经济学》标志着经济学界对这一概念的重视。但由于其观察到的仅是负的外部效应,因此其概念所界定的内容就显得不够完整。

现代经济学研究中一般从以下两个角度来定义。

第一种是从效用角度。布坎南与斯塔布尔宾(1962 年)和库利斯(1992 年)利用效用函数来对外部效应进行定义,其基本含义为:只要某一个人的效用函数(或某一厂商的生产函数)所包含的变量在另一个人(或厂商)的控制之下,即存外部效应。用公式表

示为

$$U_A = U_A(X_1, X_2, X_3, \cdots, X_n, Y_1)$$

即经济主题 A 的活动不仅受其自身活动的影响，还受到来自于类似 Y_1 这类活动的影响。

第二种是直接描述角度，在一般教科书中将外部性定义为：若一实体（个人、家庭、企业或其他经济主体）的行为对其他实体的福利产生了影响，却没有为之付费或收费，此时就产生了外部性。

如上两种对外部效应的定义的要义是一致的。第一，外部效应是市场机制以外的人与人之间相互的经济关系。在一般的经济交换关系中，人们是通过市场价格中介来进行的，但是外部效应反映的是实体间的相互直接的影响关系，亦即实体 A 直接对实体 B 产生影响，而且不存在一个市场能够使"受益人"给付代价或"受害者"得到补偿。第二，外部效应破坏了福利经济学第一定理，使得均衡没有效率。

因此，外部效应的存在使得私人边际成本和社会边际成本间或私人边际效益和社会边际效益之间呈现了非一致性，相关利益方（或买卖双方）在决策时并没有考虑第三方因此获得的利益或支付的成本，失真的信息导致了资源的错误配置，社会资源没有按照帕累托效率准则达到最佳状态。

2. 外部效应的类型

通过外部效应概念的分析可以看出，它是指未能适当地反映在市场中的经济活动主体间的相互影响，是没有在正常的价格体系运行中得到反映的一个经济活动者对其他活动者福利的影响。换句话说，外部性是一方对另一方的非市场的影响。

这种情况在市场配置资源的情况下广泛存在。外部效应的承受者既有生产者也有消费者，外部效应可能对承受者有利，也可能对承受者不利。因此，按照承受外部效应结果的不同，可以将外部效应区分为正的外部效应和负的外部效应。考虑到生产者和消费者作为承受者以及正负两种效应，外部效应可以分为以下四种。

(1) **生产的外部正效应**

这是指某个企业因为别的企业的生产活动而受益。例如，某企业因为临近知名高校，良好的学术氛围、新的发明的传播和高素质的客流的交往，对其生产形成高素质人力资源、技术带动及企业文化引导的良好影响（见图 1-8）。

在图 1-8 中，设 X 为受教育者数量，Y 为教育价格；S 为供给的私人成本，D 为需求价值，由于教育具有强烈的外部正效应，因此，教育所产生的价值往往高于自身价值（私人价值），形成社会价值。

(2) **生产的外部负效应**

这是指某个人或企业因某企业的生产活动而受损。如制造业销售纸张的企业产生了作为制造过程副产品的化学物质二噁英，科学研究表明，一旦二噁英进入环境，就会增加人们患癌症、生畸形儿以及出现其他健康问题的危险。

在图 1-9 中，设 X 轴为铝的产量，Y 轴为铝的价格，S_0 为铝生产的供给曲线（私人成本），D 为需求曲线，供需曲线焦点为其均衡价格和均衡产量，但是，铝生产会带来空气和水污染，形成负的外部效应，因此，其实质成本为 S_1（私人成本+社会污染治理成本）。

(3) **消费的外部正效应**

这是指某人或家庭因为别人或家庭的消费活动而受益。邻居家拥有一个漂亮的花园，你不

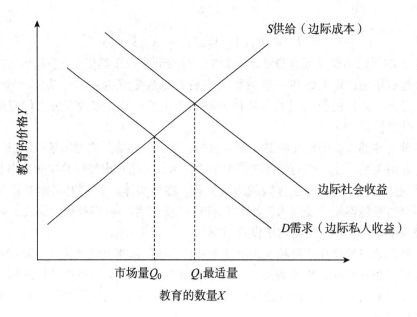

图1-8 教育与社会最适量（正的外部性）

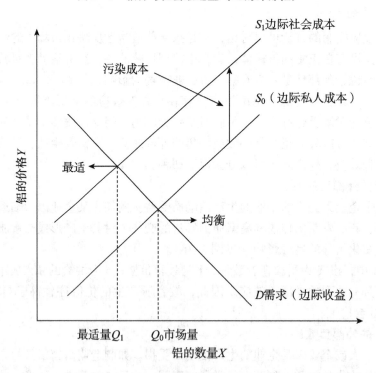

图1-9 污染与社会最适量（负的外部性）

但可以欣赏，而且受其影响，也提高了你的生活情趣。这就是典型的消费的正的外部效应。

(4) **消费的外部负效应**

这是指某人或家庭因为别人或家庭的消费活动而受损。如吸烟者给在场的不吸烟者造成了危害；消费的攀比心理给消费者带来的损害，即为消费的外部负效应。以上几种外部效应的比较见表1-3。

表1-3 外部效应的比较分析

项目	生产的外部正效应	消费的外部正效应	生产的外部负效应	消费的外部负效应
含义	一个生产者采取的行动对他人产生了有利的影响，而自己却不能从中得到报酬	一个消费者采取的行动对他人产生了有利的影响，而自己却不能从中得到报酬	一个生产者采取的行动使他人付出了代价而又未给他人以补偿	一个消费者采取的行动使他人付出了代价而又未给他人以补偿
实例	雇主对雇员培训，然后雇员跳槽	个人保养房屋和草坪；家长教育孩子	企业排放污水、污气；生产扩大造成交通拥挤和破坏风景	公共场合吸烟，乱扔瓜皮果壳
结果	雇主私人利益小于社会利益（新雇主）	私人利益小于社会利益（邻居；社会）	私人成本小于社会成本（下游、临近地区；社会）	私人成本小于社会成本（被动吸烟者；他人、社会）

1.2.2 外部效应的经济影响

外部效应是市场失灵的表现之一，其均衡点是偏离了效率，改变了社会资源的配置效率。本部分主要对经济分析中最常用的正、负外部效应所产生的效用或损害对社会资源的配置进行阐述。

1. 外部正效应对资源配置的影响

外部正效应也称为效益外部化，指的是对交易双方之外的第三者所带来未在价格中得以反映的经济效益。从经济学的角度讲，可以用外部边际效益（MEB）来表示增加一个单位的某种具有正外部效用商品和劳务的生产或消费给第三方所带来的额外收益。它具有两个规律：一是私人边际效益小于社会收益；二是存在外部边际效益递减的趋势。

（1）私人边际效益小于社会收益的资源配置

如图1-10所示，设 X 轴为产量，Y 轴为产量收益成本。在完全竞争条件下，S 为供给

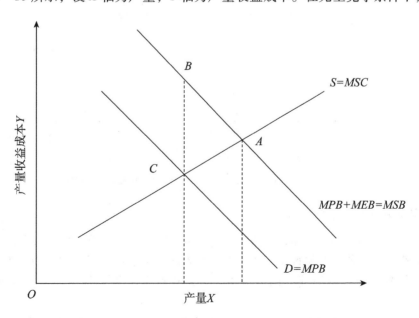

图1-10 正外部效应与资源配置

曲线，D 为需求曲线，供需曲线焦点 C 是市场效率均衡点。消费者或厂商决策的依据是 $D = MPS = MSC = S$，C 不是效率均衡点，市场重新形成效率均衡的条件被改变为 $MPS + MES = MSB = MSC$，A 点为新的效率均衡点，此时社会获得 $\triangle ABC$ 部分的净收益。

（2）外部边际效益递减趋势下的资源配置

由于边际效益递减规律的存在，当产生正外部效应的产品或劳务越来越多时，社会外部边际效益就会趋于下降，即第三者从中获得的收益就越来越小。例如接种疫苗就是一种正外部效应的服务，随着接种的人数增多，疫苗接种服务的边际外部效应趋于下降并最终等于零（因为接种人数越多，疾病传染的概率降低，其他未接种的人感染的概率也因此下降）。如图 1-11 所示，假如边际外部收益逐步下降并能够最终在每年接种人数达到 16 万人时变为零（MPB 为边际收益；MSC 为边际成本；MEC 为边际外部收益；MSB 为社会边际效益），则在接受数量达不到 16 万人时，$MSB > MPB$ 才可能出现。随着接种人数增加，MSB 与 MPB 曲线间的距离变得很狭小并在 16 万人时重叠在一起，那么如图 1-11 所分析的那样，在完全竞争市场条件下，市场在 A 点形成均衡，此时均衡数量为 10 万人，价格为 25 元，但此时 A 点是无效率的均衡点，因为社会边际收益高于社会边际成本。按照 $MPB + MEB = MSB = MSC$ 的均衡法则，新的效率均衡点落在 B 点才被认为是效率均衡点，此时价格高于 25 元，均衡数量为 12 万人。

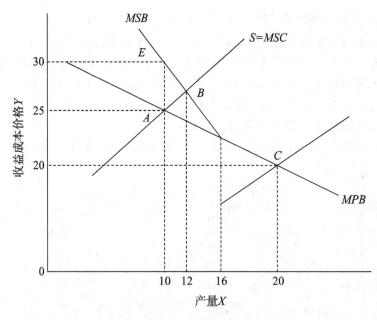

图 1-11　正外部效应与资源配置——边际收益递减的情况

2. 外部负效应对资源配置的影响

外部负效应也称为成本外部化，指的是交易双方之外的第三者所带来的未在价格中得以反映的成本费用。这种资源配置及生产会形成私人成本小于社会成本的态势，如果企业大量生产产品，却要由社会承担其一部分成本，从某种程度上导致社会福利的损失、环境污染等。

从理论上讲，边际外部成本对其他实体造成的额外成本增加可以分为外部边际成本不变、外部边际成本递增和外部边际成本递减3种情况。必须看到,如果出现外部边际成本递减现象,则外部效应就不存在了。因此,我们只针对前两种情况进行分析。

(1) 边际外部成本不变的情况

如图1-12所示,假定外部边际成本固定不变,即 MEC 在图1-12(a)表现为一条直线,这就说明外部效应所导致的成本以不变比例上升;在图1-12(b)表现为一条直线,斜率为 $\Delta TEC/\Delta Q = MEC = 10$,外部总成本将随着产量的变化而变化。

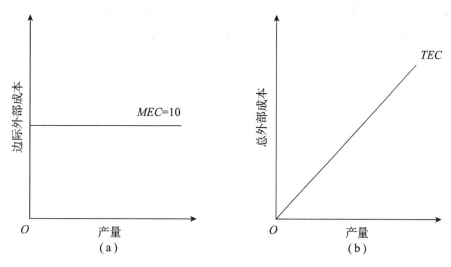

图1-12 边际外部成本与总成本的关系——边际外部成本不变
(a) 边际成本;(b) 总成本

(2) 边际外部成本递增情况

如图1-13所示,MEC 是一条向右上方倾斜的曲线,意味着高水平产量比低水平产量对第三者带来的边际损害更大,总外部成本(TEC)不仅随着产量的增加而增加,而且增加的速度是递增的。

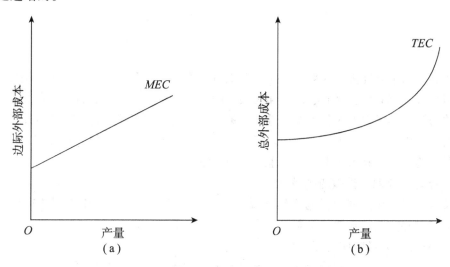

图1-13 边际外部成本与总成本的关系——边际外部成本递增
(a) 边际成本;(b) 总成本

(3) 外部负效应与资源配置

如图 1-14 所示，假定在完全竞争市场中，即价格不受操作，市场将自动在 A 点形成效率均衡点，它由需求曲线 MSB（社会边际效益）与供给曲线 MPC（私人边际成本）共同决定。假定外部边际成本不变，厂商的产量决策中并没有考虑外部边际成本，形成均衡点 A 的依据是 $MSB=MPC$，但由于外部负效应的存在，此时边际成本等于边际私人成本与边际外部成本之和，即 $MSC=MPC+MEC$。从全社会的角度看，效率均衡点应该在 B 点，因为要实现资源配置效率，厂商的生产必须满足均衡条件 $MSC=MPC+MEC=MSB$。此时，避免了 △ABG 外部负净效应的发生。因此，相对 B 而言，A 点所决定的产量是无效率的。

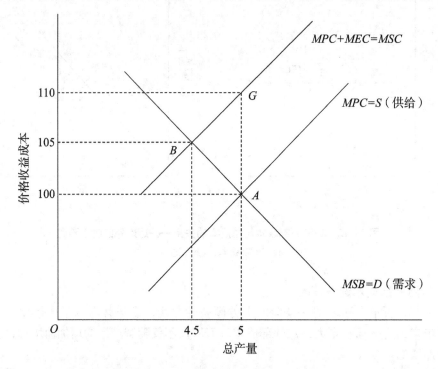

图 1-14 外部负效应与资源配置

3. 外部效应的矫正

从供给和需求角度讲，外部效应使社会效率均衡点难以形成，导致了资源配置的低效。因此，对外部效应的矫正就成了理论和实践中的一个重要问题。一般而言，在出现外部负效应时，将边际外部成本加入私人成本进行决策，在出现外部正效应时，将边际外部收益加入私人收益中加以考虑，实现外部效应内部化，这实际上是对外部性的边际价值进行定价。在内部化的过程中，既有市场性矫正，也有政府性矫正。

(1) 市场机制对外部效应的矫正

外部效应是市场经济运行的必然结果。尽管市场存在失灵，但如果创造市场交易的条件，它本身存在克服外部性的机制。其手段主要有如下几种。

1) 一体化与外部效应矫正

当存在外部效应时，初始的交易双方表现为一方受益，另一方受损。一体化的做法是通过将受利益影响的双方全部纳入利益框架内，将外部成本或收益内部化，从而矫正外部效应带来的效率损失。

最初是英国经济学家詹姆斯·E·米德对其进行了比较系统的研究。他认为外部效应是某个人未参与某项决定的决策，但他的利益却受到该决定的或好或坏的影响。因此，矫正的最明显的一个方法就是对社会的组织制度进行重组使利益受到某项决定影响的人，在作出决定的时候能够作为参议者发挥作用，如调整公共产品价格之前（公共交通工具的调价、水资源的调价等），邀请受影响者参与价格听证会，这时政府与公民以同一利益的身份、平等地商议价格问题。

2）科斯定理与外部效应矫正

20世纪60年代前，经济理论界认为在处理外部效应过程中应该引入政府干预，对外部效应不经济行为予以课税或惩罚；对受外部效应侵害者则给以补偿。

外部效应传统校正理论被美国著名经济学家、1991年诺贝尔经济学奖获得者科斯（R. Coase）于1960年发表的一篇重要论文《社会成本问题》所打破，从而充实和正式确立了其在1937年的重要论文《企业的性质》中所提出的"交易费用"概念。这两篇论文所要解决的重要问题之一就是"外部侵害"即外部不经济性（外部负效应）问题。科斯教授在《社会成本问题》中提出了著名的"科斯定理"。

科斯认为使用规定财产权的办法也可以解决外部性问题。在许多情况下，外部性之所以导致资源配置失当，是由于财产权不明确。如果财产权是完全确定的并得到充分保障，则有些外部性就可能不会发生。

以河流污染为例来对科斯定理进行简单的阐述。假定河流上游有一家造纸厂，下游有一家水产厂，其效率均衡点如何实现？如图1-15所示。

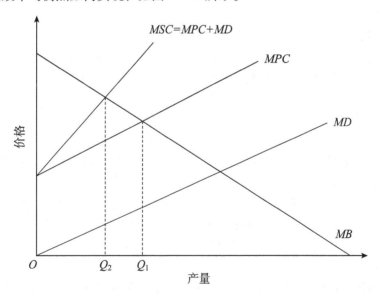

图1-15　科斯定理图解

假如河流产权属于造纸厂，则如果造纸厂能够得到一笔款项，而且这笔款项大于它生产边际单位产品带来的净收益（$MB-MPC$），那么它就愿意放弃对这一边际单位产品的生产。此外，只要水产厂付出的款项小于它的边际损害（MD），那么它就愿意为造纸厂放弃单位产量的生产而付款。还有，只要水产厂愿意支付的款项大于造纸厂放弃的生产导致的损失，双方交易的可能性就存在,用 $MD > (MB - MPC)$ 综合表示上述条件。如图 1-15 所示,产量为 Q_1 时,$MB - MPC = 0$,MD 为正数,因此满足条件 $MD > (MB - MPC)$,双方交易的可能性存在。因此,在效率均衡点 Q_2 右边的任一产量,水产厂愿意支付的款项大于 $(MB - MPC)$,而且在 Q_2 左边的任一产量,造纸厂愿意削减产量而向水产厂所要的钱财大于水产厂愿意支付的款项。因此,双方最后交易的结果就在 Q_2 形成效率均衡点。

假如河流的产权归属水产厂,如果这样,那么造纸厂要排放污水入河流就必须向水产厂支付费用,而且只要水产厂得到的款项大于污水对其水产厂造成的损害 MD,水产厂就愿意接受造纸厂的排污请求。当然,当造纸厂支付的款项小于边际产量 $(MB - MPC)$ 的价值时,它会认为为生产权而付费是值得的。同理,双方也在 Q_2 点上形成均衡。

以科斯定理来解释和分析上述问题,只要产权关系清晰,那么政府就没有必要再进行干预,市场中交易的双方将自动形成均衡。然而,科斯定理所阐述的解决外部性的方法是有条件的,比如交易双方的交易成本为零,资源所有者能够分清楚对其财产损害的来源而且能够合法地阻止损害。简单来说,科斯定理只适用于在外部交易成本为零的情况下的少数外部效应。

尽管科斯定理被人们认为有上述局限性,但是,总的说来,他主张利用明确的产权关系来提高经济效益,解决外部性给资源最优配置造成的困难,尤其是解决公共资源中出现的严重外部性问题,具有不可低估的重要意义,启发了一代经济学家,使外部性理论的研究有了长足的发展。

(2) 政府对外部效应的矫正

与市场机制相比,世界各国普遍重视政府对外部效用的矫正作用。其中既包括直接的管制手段,也包括基于市场的措施和手段。

1) 政府直接管制

政府管制是指政府通过适当的管制机构进行直接的管制和控制,违法者要受到相关法律的制裁。其基本要义是标准必须由政府立法制定,一旦制定后企业和个人就形成一致遵守的管制环境。见图 1-16 两个厂商被管制情况下的图解。

如图 1-16 所示,横轴为产量,纵轴为价格。MB_X 和 MB_Z 分别为 X 和 Z 的边际收益曲线,依据各自的决策原则,它们在 $X_1 = Z_1$ 处形成均衡,实现了利润极大化。假定在社会总产出达到效率总产量时,造成的边际损害为 d,政府要求削减产量,各自按照效率原则,X 厂和 Z 厂分别在 Z^* 和 X^* 处形成效率均衡。显然,因为政府的要求,Z 厂削减的数量大于 X 厂。因此,政府削减产量的政策应该根据不同厂商的不同边际收益线和边际成本线来制定,统一的管制标准未必有效率。这样往往使政府制定管制标准的成本非常高,执行中的矛盾和冲突也很大。它使得规制经济理论显得十分重要,成为政府管理的政策指南。

2) 矫正性税收

解决外部性还可以用政府征税或发放补贴的办法。基本的思想是英国的经济学家庇古在他的《福利经济学》中讨论过的对污染征收庇古税的思想。通过适当的增税或补偿使得总产量达到社会最优产量。

矫正性税收是实现外部效应内在化的一种重要手段,其核心思想是用税收来弥补私人成本和社会成本之间的差额,如图 1-17 所示。

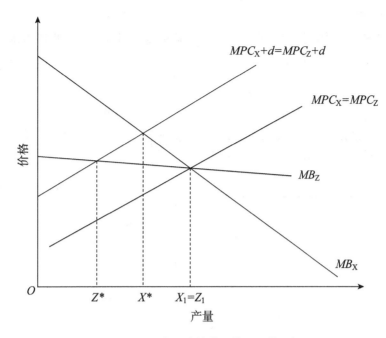

图 1-16 两个厂商被管制情况下的图解

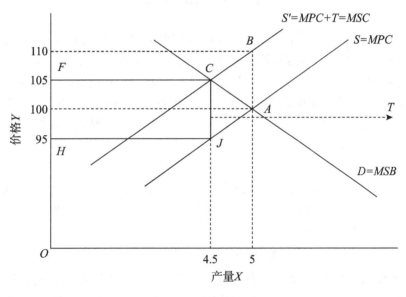

图 1-17 矫正性税收

仍然以造纸厂的污染为例进行说明。假定单位产出的边际外部成本 $MEC=10$,矫正性税收 $T=MPC=10$。因为税收的作用,生产者在生产决策时将面临边际成本上升的情况,因此供给曲线将由 $S=MPC$ 上升到 $S'=MPC+T=MSC$,市场效率均衡点也由 A 点移动至 C 点。这时,纸的市场价格为 105,数量由此前的 5 降为 4.5,图中 $FCJH$ 为税收总额,恰好等于外部成本。就是说,由于效率均衡产量下降到 4.5,污染成本的价值也下降了,其总额恰好等于外部总成本,此时污染降为零,社会获得 $\triangle ABC$ 的净收益。

3）矫正性补贴

矫正性补贴是政府为消费者在进行决策时将边际收益或外部边际成本考虑进来而采取的一种支付行为，如图1-18所示。

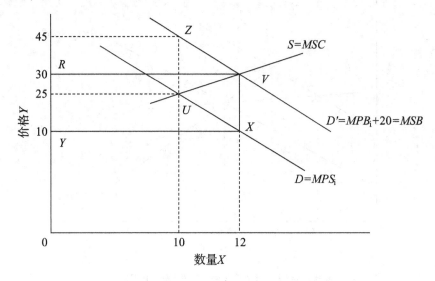

图1-18 矫正性补贴

以疫苗接种为例来说明矫正性补贴。图1-18表明对接种疫苗的矫正性补贴是如何实现效率均衡的。假设每个人接种疫苗接种的边际外部收益为20单位，政府要对这一行为进行财政补贴，这样使每支疫苗的边际私人收益增加了20单位，对疫苗的需求由 $D=MPB_i$ 移动到 $D'=MPB_i+20=MSB$，市场均衡点由 U 点移至 V 点，价格变为30单位，但对于个人而言则降为10单位，12单位的数量为效率均衡数量，$RVXY$ 部分是因为财政补贴而增加的福利，以达到提高资源配置效率的目的。

4）法律措施

法律措施也是政府纠正外部效应的重要手段。政府根据外部正负效应的变化规律及趋势，不断优化调整政府、市场的分配界限，建立经济秩序和减少经济活动中的不确定性，发挥财政分配对经济的调节作用。

4. 政府与市场对外部效应矫正的协同作用

经济理论和实践研究表明，市场存在失灵，当外部效应发生时，市场也不一定能够实现资源最优配置，它需要政府补充。同时，政府行为也可能存在失灵，而且有可能直接导致外部效应的发生。因此，对待外部效应问题，合理的策略是政府与市场协同作用，在以市场为基础的前提下，发挥政府的功能，包括优化政府与市场资源配置范畴、政府要尽可能地控制成本外部化、政府要合理地进行产权界定以及合理地进行制度安排等。

仍然以环保和污染为例进一步分析这一问题，如图1-19所示。

在图1-19中，横轴为排污权数量，纵轴为排污权价格。D_0 与 S_0 处于均衡状态（政府排污许可证的发放在一定时期内是不变的，因此供给几乎无弹性），Q_0 为均衡数量。假设有排污企业加入，使得 Q_0 外移到 Q_1，则排污价格从 P_0 上升到 P_2，P_2P_0 是新企业必须支付的成本，如果政府进一步缩小许可证的发放，则其成本越来越高（达到 P_3P_0）。

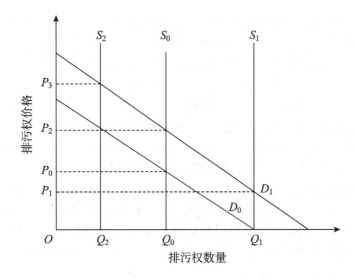

图 1-19 排污权供给和需求变动对价格的影响

外部效应理论规范着财政调节的判断标准,实际上规范着财政支出、税收、公债、财政体制及财政政策的调节方向,从实践的角度看,矫正外部性所应使用的工具依赖于各种可能的政策工具进行评估和比较。

1.3 公共选择理论

选择可以由个人做出决定,也可以由集体做出决定。由集体做出的决定称为集体选择或公共选择。公共选择(Public Choice)指在市场经济条件下,以个人利益最大化为内在动力,通过民主程序投票等实现的对公共经济的理性决策。公共选择的目的就是保证政府按大多数社会成员的意愿来提供公共产品的数量和质量。

公共选择理论是对政府决策过程的经济分析,其核心是对投票及其相关决策程序的研究。在市场经济条件下,公共产品的供给必然是一个公共选择的过程。这使得公共选择理论成为经济学的一个重要的分支学科,同时也是公共财政学中重要的基础理论之一。

1.3.1 公共选择理论概述

公共选择理论产生于20世纪40年代末,并于五六十年代形成了公共选择理论的基本原理和理论框架。当时凯恩斯主义主宰西方经济学界,但到20世纪70年代,凯恩斯主义无法合理解释西方经济的滞胀。公共选择理论同与它同根同源的货币主义及另外几个重要学派都具有明显的批判凯恩斯主义的色彩,它的学术价值和实际意义也逐步为人们所认识。

1. 什么是公共选择理论

美国马里兰大学教授丹尼斯·缪勒为公共选择理论下的定义曾广为引用:"公共选择理论可以定义为非市场决策的经济研究,或者简单地定义为把经济学应用于政治学","像经济学一样,公共选择理论的基本行为假设是,人是一个自利的、理性的、追求效用最大化的人。"[1]

---

[1] 缪勒. 公共选择 [M]. 张军译. 上海:三联书店上海分店出版社,1983:1-2.

这表明，它是从政府决策的角度研究经济，又运用经济学的假设和方法研究政府决策。财政恰好属于这一交叉领域。公共选择理论的代表人物、1986 年诺贝尔经济学奖得主詹姆斯·布坎南说："公共选择是政治上的观点，它以经济学家的工具和方法大量应用于集体或非市场决策而产生。"① 萨缪尔森和诺德豪斯在《经济学》十六版中把公共选择理论概括为一种政府决策方式的经济学和政治学。丹尼斯、布坎南、萨缪尔森和诺德豪斯为公共选择理论所下的定义中均指明或包含了公共选择理论的研究对象、基本假设和基本研究方法。

从如上定义我们可以概括地说，公共选择理论是一门介于经济学和政治学之间的新兴交叉学科，它是运用经济学的分析方法来研究政治决策机制如何运作的理论。

从经济学理论角度来看，公共选择理论运用的是经济学的逻辑和方法；而从政治学、行政学的角度来看，它分析的是在现实生活中同我们密切相关的政治个体（包括选民和政治家）的具体行为特征，同时包括由此引起的政治团体（尤其是政府）的行为特征。因此，公共选择理论也被称为"新政治经济学""政治的经济学"，有时候又叫"官僚经济学"。

2. 公共选择理论的产生和发展

公共选择理论其思想源远流长，最早始于 18 世纪法国数学家、哲学家和经济学家孔多塞（Marquis De Condorcet，1743 年 9 月—1794 年 3 月），他对"投票悖论或投票循环"进行过研究，而这些构成了后来实证公共选择理论的重要内容。公共选择理论和公共财政学的奠基人维克塞尔，他把"政府看做是公民之间交换的某种补偿"②，以至于公共选择学派的代表人物詹姆斯·布坎南认为"公共选择学派的每一次发展，都是在反思和推敲维克塞尔的理论观点基础上实现的"③。

公共选择理论产生于 20 世纪 40 年代末，然而使公共选择理论真正成为一个经济学流派、并且不断扩大其影响的则是"公共选择"之父詹姆斯·布坎南（J. M. Buchanan）。

（1）公共选择理论形成和发展的几个重要时期

第一时期：兴起阶段（20 世纪 40 年代至 50 年代末）

英国经济学家邓肯·布莱克（D. Black）于 1948 年发表的《论集体决策原理》一文（载于《政治经济学杂志》，1948 年 2 月），为公共选择理论奠定了基础，并成为公共选择理论兴起的开端；他在 1958 年发表了《委员会和选举理论》，在这篇文献里，他分析了投票程序对公共选择的影响，这篇文献被认为是公共选择理论的代表作，并成为公共选择理论兴起的标志。

第二时期：形成和影响扩大阶段（20 世纪 60 年代至 70 年代）

布坎南与戈登·塔洛克在这一时期为公共选择理论的最终形成做出了突出的贡献。他们主张在经济分析时将政治因素纳入其中考虑。

公共选择理论的领袖人物为美国著名经济学家詹姆斯·布坎南。布坎南是从 20 世纪 50 年代开始从事公共选择理论研究的，他发表的第一篇专门研究公共选择的文章是《社会选择、民主政治与自由市场》（载于《政治经济学杂志》第 62 期，1954 年 4 月）。布坎南与戈登·塔洛克二人合著的《同意的计算——立宪民主的逻辑基础》被认为是公共选择理论的经典著作。布坎南因在公共选择理论方面的建树，尤其是提出并论证了经济学和政治决策

---

① 布坎南. 自由、市场与国家 [M]. 吴良健译. 北京：北京经济学院出版社，1988：18.
② 缪勒. 公共选择 [M]. 张军译. 上海：三联书店上海分店出版社，1983：3.
③ 王志伟. 现代西方经济学流派 [M]. 北京：北京大学出版社，2002：261.

理论的契约和宪法基础，而获得1986年度诺贝尔经济学奖。此外，著名经济学家阿罗和唐斯为公共选择理论的建立和发展也做出了重要贡献。1969年，布坎南和塔洛克来到弗吉尼亚理工学院，创办了"公共选择研究中心"，并创办《公共选择》杂志，至此公共选择理论在形成之后在国际上的影响逐步扩大。

布坎南在1972年所著的《公共选择理论》一书中，明确指明这个组织的目标："……我们将把40年来人们用来研究市场失灵的所有方法，原封不动地用来研究国家和公共经济的一切部门。"这种"政府失灵"的思想很快得到人们的认可，因为在20世纪70年代，美国的经济深受"滞胀"之苦，人们开始质疑凯恩斯主义干预经济的正确性和必要性。

第三时期：鼎盛时期（20世纪80年代）

1982年，弗吉尼亚理工学院做出决定，将"公共选择研究中心"作为一个单位（包括教员、职员、设施和学生）全部移交给了乔治·梅森大学，布坎南开始在乔治·梅森大学任教。从此时开始，乔治·梅森大学成为公共选择学派的大本营。在这个时期以后，公共选择理论的研究取得了长足的进展，最重要的标志是布坎南因为在公共选择理论方面的贡献和传播，获得了1986年的诺贝尔经济学奖。从此，很多经济学教科书在分析财政政策、市场失灵和政府失灵时，都开始运用公共选择理论。在有关公共财政的教科书和学术文章中，也大量出现了公共选择理论的论述，从而使公共选择理论步入鼎盛时期。

(2) 公共选择理论的主要学派

根据研究方法和主要理论观点上的差别，公共选择理论一般可以划分为以下三个学派。

1) 罗切斯特学派

罗切斯特学派的大多数成员是由于在美国罗切斯特大学工作和生活而得名，被称为罗切斯特学派。其特点是偏好用数理方法来研究政治学内容，并把实证的政治理论与伦理学区分开来。因此，他们的大部分研究内容都是理论性的和抽象的，都试图以中立的态度来讨论政治问题，并认为其中的重要内容和关系可以通过精确的统计方法建立起来的数理政治科学来加以分析，所有这些主张常常被批评者指责远离现实。这一学派的代表人物主要有赖克（William Riker）、奥德舒克（P. H. A. Ordeshook）等。

2) 芝加哥学派

芝加哥学派又称为芝加哥政治经济学。该派提出了"再造市场"或者"市场重建"主张，其宗旨是使政治市场上每个人都能显示其真实偏好，如同在经济市场上必然真实地显示其偏好并做出显示自己意愿的经济决策一样。而显示自己真实的政治偏好就在于投票。公共选择学派把这种政治投票当做是一种制约政府行为、克服政府失灵的公共选择机制。于是，他们提出了各种诱导投票人显示自己真实偏好的方式。这些偏好显示机制除了缪勒的"否决投票"（逐次淘汰法）有较大的可操作性外，其余种种方法连倡议者本人也承认有明显缺点或只是假设。由于公共部门的低效率往往和它的行政性垄断相联系，因此芝加哥学派提出抑制政府活动过度膨胀和政府失灵的另一个思路是将一部分公共部门提供的服务改由私人部门提供，如清除垃圾、邮政、医院、公共运输等。芝加哥学派的诞生以1971年斯蒂格勒发表的《经济规制理论》为标志。

3) 弗吉尼亚学派

弗吉尼亚学派因布坎南和塔洛克所在的弗吉尼亚大学而得名。弗吉尼亚学派提出了著名的"宪法改革"。

弗吉尼亚学派的思路侧重在政府决策机制的改革完善，强调从宪法的高度矫正政府失灵。他们的逻辑是，要矫正政府失灵，必须从能制约政府的地方着手，制约政府的只有宪法和制度——政治制度和决策规则。这两者都是制宪的内容，所以只有从宪法改革入手才能解决政府失灵。因此弗吉尼亚学派这一主张被冠以"制宪理论"或"宪法经济学"。布坎南说过，宪法经济学直接研究规则，如何选择规则，规则如何运行以及个人在其中相互作用的制度，也就是研究政府决策的规则。规则就是决策方式和决策行为规范，规则决定政策，而宪法制约规则。所以，只有通过改革宪法制度才能有效地约束政府权力和政府活动的无效率扩张。布坎南因此主张用他所说的"宪法民主"（Constitutional Democracy）政治来取代美国等西方发达国家的现行民主政治。布坎南的宪法民主是指：维护现行政权和政治秩序、保卫国家的政府行为是合法的；控制和干预纯私人行为和私人选择的政府行为是非法的；介于二者之间的政府行为必须根据其预期成本和预期效益的比较慎重选择。显然，布坎南不主张无政府主义，但主张尽量缩小政府干预经济的活动范围，反对政府超出宪法范围的活动。这样既可以从根本上铲除寻租的土壤，又充分发挥了市场机制的作用。与此观点相联系，布坎南主张在非紧急状态下选择平衡预算；对国债负担也要视国债发行和使用的成本与效益而定，而不是偏执于国债有害或有益。

3. 公共选择理论的特征及方法论

（1）**公共选择理论的特征**

公共选择理论之所以成为经济学的一大派别，是因为它开创了用经济学的观点来研究政治（即行政）过程，也就是说采用经济学的思维方式来研究政治生活的内容，包括国家理论、党派政治、官僚体制、选举规则、选民行为等。

公共选择理论与政治学的区别不在于研究对象，而在于它使用了经济学的研究方法，因此，它成为经济学的一个分支；公共选择理论与传统经济学的区别在于，它研究的是非市场决策，而传统经济学研究的是市场决策。

公共选择理论的特征是，把经济学的研究对象拓展到以往被经济学家视为外部因素而由政治学研究的传统领域；把人类的经济行为和政治行为作为统一的研究对象，从实证分析的角度出发，以经济人为基本假定和前提，运用微观经济学的成本——效益分析方法，解释个人偏好与政府公共选择的关系，研究作为投票者的消费者如何对公共产品或服务的供给的决定表达意愿。

（2）**公共选择理论的方法论**

公共选择理论中所使用的经济学方法，可以归纳为以下三个方面。

1）方法论个人主义

所谓方法论个人主义，就是指把作为微观经济分析出发点的个人同样视为集体行为的出发点，把个人的选择作为公共（或集体）选择的基础。布坎南认为："集体行动被看成是个人在选择通过集体而不是经由个人来实现目的时的个人活动，政治被视为不过是一系列过程，或一种允许上述活动产生的机构。"市场过程与政治过程有相似的地方，在市场中，个人行为通常是经过市场发生相互交换、相互使用行为的，也正是这样产生宏观经济结果的；而在政治过程中也同样是许多个人行动产生了一系列政治结果。因此，政治决策过程与经济运行过程一样，同样可以采用个人主义的分析方法。

2）经济人假说

所谓经济人假说，就是指把个人看做理性的、自私的个人主义行为，同时认为个人天生就是追求利益（或效用）最大化，一直要持续到这种追求受到制约为止。在实际的生活中，经常发现人们的行为并不全是一味地追求自私的目标，而往往具有多样性。一个人表面看来在一些方面可能是个利己主义者，而在其他方面可能是个利他主义者。但是一个人所具有的这种多样性并不会影响到人是经济人的假设以及根据这一假设得出的结论的合理性，并且，将人的自利行为从市场领域扩展到政治领域，还可以体现出对人类行为分析的一致性。在公共选择理论诞生以前，经济学与政治学对人类行为的分析是采取两种完全相反的标准。在经济决策的分析当中，认为人人都是利己主义者，但是在政治决策分析中，同样的人却又变成了利他主义者，这样，对人的分析就陷入了两难的境地，这时候，经济人假说的法则就为解决两难境地提供了途径。

3）经济学的交换范式

所谓经济学的交换范式，就是把经济学视为一门用于交换的科学。用经济学交换范式来对政治活动进行研究，自然就会导致将政治活动归因于复杂的交换、契约或者协议。公共选择理论把政治过程看成是一种与市场交换过程相类似的活动，并且在这个基础上提出了"政治市场"的概念。所谓的政治市场，就是指人们在参与政治活动的时候，同其他政治个体和组织发生相互关系的场所。政治市场与经济市场相类似，它也是由供求双方决定的。需求的一方是选民和纳税人，供给的一方却是政治家和政府官员们。不管是选民还是政府官员，在进行选择的时候首先要对个人的成本与收益进行衡量。如果一项集体活动的决策给他个人带来的收益远远大于他投赞成票时所需负担的实际成本，那么他就会投赞成票支持这项决策，否则他要么弃权，要么投反对票。政治市场交易结构与经济市场的具有相似性，最终由人的自利本性来决定。

1.3.2 投票理论

公共选择理论认为经济学是一门交易科学，是研究人的交易倾向、交易过程、交易秩序和交易规则的科学。经济学就是研究具有不同利益的个人之间的交易和协商的关系，它是一门对约束交易的规则进行选择的科学。政治也是一种交易。市场既包括经济交易市场，也包括政治交易市场。政治交易更多地表现为集体选择，即公共选择。公共品的供给须由非市场决策，是通过政治程序转换为公共选择的结果，这中间的媒介就是选举制度。换句话说，公共选择是通过政治投票实现的。

公共选择模式（也可以称为选举制度或集体决策制度）有两种：直接民主和代议制民主即间接民主。前者是公共决策，由选民直接投票，所有选民每人一票，每个人的决策能力相当，也就是直接投票决策；后者是全体选民通过投票选举出一定数量的代表（如议员、人大代表），再由这些代表代替选民做出公共决策，也就是间接投票法。无论是哪种民主制度，都需要相应的投票规则保证投票机制的正常运作。

1. 投票规则的经济学分析

投票规则不同导致的均衡结果不同。在现代民主制度下，公共选择的投票规则包括如下几种。

（1）一致同意规则

所谓一致同意规则，是指一项集体行动方案，只有在所有参与者都同意，或者至少没有任何一个参与者反对的前提下，才能最后通过实施，也就是说每一个参与者都对将要达成的集体决策享有否决权。有时也可以称为一票否决制。

现实政治制度中，最典型的一个一致同意投票原则是联合国安理会的决议。任何安理会的决议，如果要得到最后的通过，必须得到安理会的五个常任理事国——美国、英国、法国、中国和俄罗斯——的一致同意，这就是所谓的五大国一致原则。一致同意并不意味着每个成员国都投赞成票才能通过一项决议，而是要求没有任何一个常任理事国反对。

经济学家林达尔（E. Lindahl）设计出了一致同意规则的具体操作方法。首先投票有一个主持人，他负责收集每一轮投票的信息，按照既定的规则处理这些信息，修改相应的议案，把新的议案提交下一轮投票，直到所有人都赞成。在公共产品供给的决策中，主持人不断修改并叫出每一位当事人对公共产品应该分摊的税收份额，这一税收份额称为税价。针对每一个税价结构，当事人根据自己的收入和偏好得出对公共产品的需求量，并真实地报告主持人，这一信息只有主持人知道，其他当事人不了解这一信息。这时，每个人对公共产品需求很可能不一，而公共产品的特性决定了每个人的消费量是一致的，所以为了得到全体参与人一致同意，主持人必须修改每个人的税价，当事人再根据修改后的税价，报出自己对公共产品的需求。这个调整过程一直持续下去，最终必然会出现一个税价结构，所有人报出的对公共产品的需求是一致的，这个税价结构就得以通过，并满足一致同意规则。我们称这一结果为"林达尔均衡"。

一致同意规则有如下几个特点。

① 由一致同意规则得出的集体行动方案是帕累托最优的，因而在经济学上是有效率的。当然，这样的结果不是唯一的。

② 在一致同意规则下，每个参与者都拥有否决权，因而任何成员都不能把自己的意志强加于别人，也不能把自己的利益凌驾于其他人的利益之上。所以，在一致同意规则下，参与人的权利是绝对平等的，因而每个参与人都有积极性说出自己的真实意愿，在这种规则下，"说谎"是不能得到任何好处的，因为别人可能因为你的不诚实而一直否决议案。

③ 一致同意规则可以有效避免"免费搭车"行为的发生。如果某个集体行动议案能够使部分成员不付任何代价地从中获益，这项决议就会因为损害其他人的利益而被这些人否决。

④ 一致同意原则需要反复讨论、修改和表决议案，要进行不断的讨价还价，需要花很大的交易成本才能实现。但当事人数目众多时，达成一个议案需要进行马拉松式的谈判。这一点是一致同意规则最大的缺点。

公共选择学派的代表人物都十分推崇一致同意原则，因为这样可以最小化政府的投机行为，从而最能够保证个人的自由和权利。但是，由于一致同意原则实施的成本高得难以置信，所以只具有理论上的意义。因而，布坎南主张使用最优投票规则，即考虑投票成本以后能够产生最大净收益的规则。布坎南还主张，应该尽量减少多数规则的使用，具体的原因见后面的分析。

（2）多数票规则

在多数票规则下，一个议案能否通过取决于能否获得超过某一比例的参与者的支持，这一比例可以是2/3，也可以是1/2，在后一种情况又称为简单多数。所以，最终通过的议案只是反映多数派的利益，而忽略甚至损害了少数人的利益。多数票规则选出的每一项方案都具有内在的强制性，因为决策是根据多数派成员的意志做出的，但是要求所有成员服从。

多数票规则最大的优点在于节省决策做出的交易成本。我们已经论述过一致投票规则的最大缺点是交易成本太大，而多数票规则可以减少这一成本。但是多数票比例不同，决策的成本是不同的。一般说来，比例越高，决策成本越大，因而在现实政治中，一般采用简单多数规则，因为这样的预期决策成本是最低的。

因为单个投票者的行为在多数票规则下是微不足道的，可以忽略不计，因而这种规则助长了选民不重视选举的行为，"既然我的选票对最后的选举结果没有决定作用，那么我为什么费力地去投票呢？"当有很多选民都这么想时，选举的结果就可能受到一些利益集团的操作。利益集团可以通过很小的代价收买不重视选举的选民，使后者按照他们的意志投票。这就是多数票规则带来的最大问题。

下面用一个非常简单的模型来说明选民为什么会放弃选举权，为什么又会受到利益集团的收买。

为了参加选举，选民会收集有关候选人的信息，而且去投票时也会耗费时间和精力，设这项成本为 C；一项集体行动方案的实施，能够给所有的投票人带来好处，比如说选出总统后，就有人帮助选民管理国家机构，不致使国家陷入混乱，设这项共同收益为 D；对于特定候选人当选，对于选民又可以带来额外收益，比如工会希望关心工人福利的候选人当选，这位候选人当选后会增加最低工资，这样可以给某个工会成员带来 B 的收益，但是这位候选人不是必然当选，他当选的概率只有 P ($0<P<1$)。这样参加选举对于选民带来的净收益是：$R=P \cdot B+D-C$。这样，每个投票人只有在 R 大于零的时候才会去投票，否则就会选择弃权。当一个选民在 R 小于零时准备弃权时，如果利益集团的人愿意给予补偿 E，使 $R=P \cdot B+D+E-C$ 大于零，那这个选民就会按照利益集团的利益去投票了。当然，"收买"成功的前提是利益集团的人能够从特定候选人那里获得的好处 B 足够大，使他们可以从收益中拿出一部分补偿给弃权的选民。

按照上面的逻辑分析，选民实际上有很大的动机不参加选举，因为某个候选人当选，对于普通人来说，获得的特定收益微乎其微，而为了了解候选人的人品、政策倾向等信息，投票者不得不花费大量的时间和精力去收集信息，成本非常大。而且，一个个体选民会认为在多数票体制下，自己投票不会影响到选举的结果，这样理性人会因为"搭便车"的原因不投票。如果很多人这么想，那么民主制度就会被利益集团所操纵，离崩溃那一天也就不远了。

解决这一矛盾还需要从模型本身出发。对于不属于利益集团的选民来说，他们从某个特定候选人政策上得到的收益 B，是随着非利益集团并参加投票的选民的人数的增函数，因为只有投票者增加才能避免利益集团操纵选举。所以每个选民都知道，自己参加投票会增加其他投票者的收益 B，也会增加概率 P，如果每个人都这样做，所有人的收益都会上升。所以这可能会使选民去投票。另外，还有的学者认为选民之所以去投票，是因为大家为了避免民主制度崩溃而愿意以短期的代价换来长期的利益。

采用多数投票规则，最重要的选择结果也可能是不唯一的，在某种程度上取决于投票过程的顺序，不同的投票次序会产生不同的结果，我们把这种现象称为周期多数现象，这就是投票的悖论。

（3）加权投票规则

加权投票规则的特点是首先按照利益差别，把投票参与者按重要性分类，根据分类来分配票数,然后对候选方案进行投票,得到最多票数而不是最多人数支持的议案将获得通过。加权投票规则只是多数票规则的一个变体,通常具有和多数票规则一样的优点和弊端。

加权投票规则在现实中有着比较普遍的应用。例如,世界银行是根据各国对其提供的财政援助份额的不同而按比例分配选票的,美国比阿根廷分担的"会费"高,自然在世界银行拥有比阿根廷大得多的发言权。再比如,在欧盟成立之前,欧共体也是采用这种投票规则,其中英国、法国、德国、意大利各有 10 票,比利时和荷兰有 5 票,丹麦和爱尔兰有 3 票,卢森堡仅有 1 票。

(4) 否决投票规则

否决投票规则首先让参与投票的每个成员提出自己认为可供选择的一整套建议或者行动方案,汇总后每个成员再从汇总的方案中否决掉自己不喜欢的那些方案,最后剩下的没有被任何人否决的议案,就是集体选择的结果。

否决投票规则的优点是每个成员都有机会表达自己的偏好情况,同时由于每个成员都有否决其他人提案的权利,因而每个成员为了自己的议案不被别人否决,就会在酝酿议案的时候尽量考虑他人的利益。同一致同意规则一样,这种投票规则下达成的最后结果是帕累托最优的。

否决投票规则的缺点在于它的可实施性。如果所有的参与成员不像几个朋友选择娱乐场所那样,具有某种共同特征,就无法达成协议。

(5) 投票的需求显示法

我们还是通过一个简单的例子来说明需求显示法的含义以及实施过程。

假设有甲、乙、丙三个人,要在 A、B、C 三个议案中选择一个作为集体行动方案。表 1-4 给出了如果三个方案实施能够给三个人带来收益的货币衡量值。

表 1-4 需求显示法示例

选民 \ 方案	A	B	C	税收
甲	30	10	5	20
乙	10	40	20	0
丙	25	5	10	15
社会价值	65	55	35	35

首先加总各个方案的价值,每个方案的合计值称为其社会价值。在这个例子中,A、B、C 三个方案的社会价值分别为 65、55、35,A 方案的社会价值最大,我们认为它对社会是最优的,因而集体的行动方案应该是 A。但是,实施方案 A 显然对乙是不公平的,因为如果实施其他方案,他能够获得更多的利益。所以需要对有些成员征税,来筹集生产公共产品的一部分经费。

对成员征税额的计算,采用下列方法,以甲为例说明。首先计算出只有乙和丙参与时,A、B、C 三个方案的社会价值,社会价值最大的方案就是没有甲参与时社会最佳的行动方案。可知此时是 B 方案当选,其社会价值是 45。然后加入甲对三个方案的评价,社会价值最大的方案就是最终的社会最优行动方案。如果甲加入以后,最优方案没有变化,甲就不需要缴税;如果甲加入以后,最优方案有了变化,那么两个方案的社会价值的差额就是甲应该缴纳的税收额。此例中,由于甲的加入,A 变为最优方案,其社会价值为 65,甲需要缴纳的税收就是 65 - 45 = 20。

同理,乙不用缴税,丙需要的缴税额为15,三个人的总税额是35。如果这个行动提供的公共产品的成本小于35,就不用再进一步分担费用,税收减成本的差额,以一次总付的方式,返还给三个选民;如果公共产品的成本超过35,还需要三个人进一步分担成本。

需求显示法的优点在于它可以激励每个参与者说出对公共产品需求的真实信息,从而可以使投票者得到的公共产品的数量与质量最大限度地接近投票者的偏好结构。其缺点是实施起来比较复杂,当参与人人数过多时,交易成本尤其大。

2. 投票悖论

由于"投票悖论"(the Paradox of Voting)是18世纪法国数学家、哲学家和经济学家孔多赛最早证明在多数规则下的多个备选议案是不可能达成均衡的,而且会出现投票结果循环,故被称作"孔多塞悖论"(Condorcet's Paradox)。下面用示例说明,见表1-5。

表1-5 投票悖论

投票 \ 方案	X 低支出	Y 中等支出	Z 高支出
A	>	>	<
B	<	>	>
C	>	<	>

表1-5中XYZ为三个规模不同的支出方案,ABC为三个(或三部分)投票者。三人的偏好用不等号表示。A的偏好是X>Y>Z,宁可要X;B的偏好为Y>Z>X,宁可要Y;C则是Z>X>Y,宁可要Z。投票结果是循环的,每个方案都可在一次投票中通过。因此,要在3个方案中选择一个大家认同的方案是不可能的,议案X、Y、Z三者陷入了循环状态。

3. 阿罗不可能定理

阿罗不可能定理(Arrow's Impossibility Theorem)是指,通过反映社会中所有个体的偏好而进行的民主投票是不能产生社会福利函数的。这一定理是由1972年诺贝尔经济学奖得主阿罗在1951年所著《社会选择和个人价值》一书中提出的。

阿罗认为,任何建立在个人偏好基础上的公众决策机制必须满足一些基本要求:① 集体理性,即如果所有个人的偏好具备完备性、传递性和自反性,则任何决策机制所导出的集体偏好也必须具备这些特性。② 无限制性,公众决策机制不得排斥任何形式的个人偏好,只要该偏好具备完备性、传递性和自反性。③ 帕累托较优性,如果每个人都认为方案A比方案B优越,那么集体偏好也必须认为A比B优越。④ 偏好独立性,集体偏好对A和B之间的排名只取决于人们对这两选择之间的排名,而跟人们对其他选择的排名无关。

阿罗不可能定理指出,完全满足上述条件的公众决策必然是一个独裁决策,即以一个人的偏好顺序代替所有的社会偏好顺序,而这与也建立在个人偏好基础上的公众决策机制是相违背的。因此说,满足上述四项条件的公众决策机制是不存在的。

4. 单峰偏好与双峰偏好

(1) **峰值、单峰偏好、双峰偏好的概念**

峰值是指把有关公共产品的议案,按照公共产品的数量排序,如果一个议案给投票者带来的满足程度既高于数量较少的公共产品议案，又高于数量较多的公共产品的议案，那么这个议案就处于投票者偏好程度的一个峰值。

如果所有的议案中只有一个议案位于投票者偏好程度的峰值，那么就称投票者的偏好是单峰偏好。在图1-20中，三个投票者都是单峰偏好的。

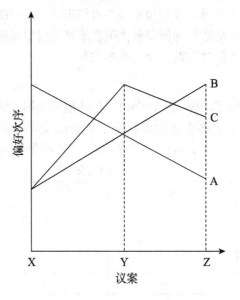

图1-20 单峰偏好

双峰偏好就是指有两个议案位于投票者偏好程度的峰值，从图形上看，投票者的偏好有两个尖点。也就是说，投票者有一个最低偏好的议案，在其附近的任何一个方向的临近议案都能够给投票者带来更高的效用水平。在图1-21中，投票人B就是双峰偏好的。

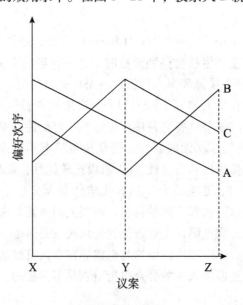

图1-21 双峰偏好

(2) 单峰偏好和多峰偏好的分析

根据如上峰值的定义，可以把一个人的偏好用曲线来表示，把比所有邻近点都高的点定义为"峰"。如果偏离这个人偏好中的"峰"时，不论朝着什么方向其效用都下降，那么这种偏好是单峰的。如果该投票人偏离他最中意的选择，他获得的效用是先下降后上升，那么这种偏好是双峰的。如果重复出现这种偏好的波动，那么这种偏好就是多峰的。

图 1-21 中，A、C 两个投票者的偏好为单峰偏好，其特点是离开偏好程度最高的议案时，其偏好程度是一直下降的；但 B 为多峰（双峰）偏好，因为在离开 X 后，其偏好程度下降，并在 Y 后，其偏好程度开始加强，并在 Z 达到最高（或在离开 Z 后，其偏好程度下降，并在 Y 后，其偏好程度开始加强，最终在 X 达到次高）。表 1-5 所列的投票结果是一个典型的投票循环，其原因在于 B 在双峰（多峰）偏好。显然，如果都为单峰偏好，投票循环或悖论就可以避免了。如图 1-20 所示，按照多数规则，议案将以 2∶1 胜出。

5. 中间投票人定理

把每个投票人最偏好的议案按照公共产品由少到多顺序排列，如果投票人数为奇数，必然有一个人最偏好的议案位于所有议案的中间，则这个人称为中间投票人。如果投票人数为偶数，中间投票人会有两个。因此，中间投票人是对公共产品需求持中间态度的人，他（们）把剩余的投票人分成人数相等的两组。

如果所有投票人都是单峰偏好的，则过半数规则将决定唯一的投票结果，这个投票结果恰恰反映了中间投票人的偏好，也就是中间投票人所偏好的公共产品数量被通过。

中间投票人定理成立的原因在于在比较任何两个议案的时候，每个投票人都会选择最接近自己最有偏好的议案。如果把中间议案与公共产品数量高于它的议案放在一起比较，则中间投票人和希望少消费公共产品的一半投票者会支持中间议案，从而使中间议案得到通过；如果把中间议案与公共产品数量低于它的议案放在一起比较，则中间投票人和希望多消费公共产品的一半投票者会支持中间议案，再次使中间议案得到通过。偏离中间人议案的任何议案，都不能获得过半数支持，所以中间投票人的偏好总能够获得过半数票。

6. 投票交易

投票交易包括两种：一种是买卖选票，投票者在得到足够补偿以后投票赞成于己不利的议案，或者支持与自己无关的议案；另一种就是互投赞成票，即投票者在投票赞成自己强烈偏好议案的同时，也会赞成对自己有损害的议案，以换取别人投票赞成自己偏好的议案，这种情况多出现在同时表决几个议案，或者政党之间进行合作的情况。

下面以一个例子来说明互投赞成票的配置和分配效应。考虑如表 1-6 所示的两个议案 X 和 Y，两个议案单独进行表决，A 和 B 可以通过互投赞成票的方式使两个议案都获得通过，从而得到正的净收益。

表 1-6　互投赞成票

投票人 议案	A	B	C	净收益总额
X	200	-50	-55	95
Y	-40	150	-30	80

在这个例子中，互投赞成票使得在过半数规则下理应被否决的两个议案都得到了通过，并且使互投赞成票的当事人都获得了正的收益。此例中，每个议案都可以给社会带来福利的

增加，因而属于应该通过实行的政策。所以，在这个意义下，互投赞成票提高了社会福利。当然，C是互投赞成票的受害者，他无故承担了-85的成本。所以，政府应该出面，向A和B收税，补偿给C，这样就可以实现帕累托改进。

但是表1-7所示的例子则恰恰相反，互投赞成票只会造成资源的浪费和社会福利的下降。在这个例子中，A、B仍会合谋使X、Y两个议案得到通过，但是他们两个人收益之和也不能抵消C福利的损失，从社会角度看，福利在下降。这种结果对应于现实政治中，就是政府进行了太多本来不应该进行的公共开支项目，造成公共开支的过度，这虽然增加了政府官员以及进行公共工程的人的福利，却是以全体人民赋税的增加为代价的。

表1-7 互投赞成票

投票人 议案	A	B	C	净收益总额
X	200	-110	-105	-15
Y	-40	150	-120	-10

同时，互投赞成票不仅影响到社会经济的配置效率，还影响到人们的收入分配。如果没有互投赞成票现象，C就不用因公共产品的供给而缴税，但由于A、B的行为带来的外部性，他就不得不承担赋税的责任。虽然国家可以通过收入转移办法补偿C，但是，如果C的谈判能力不强，他的利益是不能得到保证的。所以，公共选择学派认为，应该尽量减少过半数规则的应用，以减少多数人压迫少数人现象的出现。

1.3.3 官员、利益集团与寻租

1. 官员及官员政治的无效率

在公共选择理论家看来，官员（Bureaucracy）同司、局等政府部门机构几乎是同义语，后者即人格化的官员。官员的目标是追求和运用权力；薪金、职务津贴、声誉、掌握和运用权力所获得的成就感和满足是官员的效用函数。其中大部分或主要部分都与公共预算密切依存，因此官员追求自身效用最大化必然追求预算最大化。

公共选择学派把官员同政治家相区别，而把政治家同政党几乎等同看待。因为政治家和政党的动机与行为一致。政党是指力求以合法方式在大选中获胜、从而入主政府掌权的人的联合体；政治家就是政党的领袖和代表，如总统、总理或首相，甚至还包括议员。公共选择学派不同意政治家（政党）的目标是追求真理和某种理想这一观点，如社会利益（Social Good）最大化的说法；而认为政治家和政党也是理性经济人，同消费者、厂商的行为动机没有什么两样。所不同的是，在野党追求的是在竞选中击败执政党，当选执政；而执政党则谋求连选连任，继续执政。具体地说，集中表现在政党的目标函数是获得多数选票或选票最大化。公共选择理论家为此建立了两党竞争模型。

与政党并列的是选民。政党与选民组成政治市场的两个基本行为主体，也是政治市场的供求双方。按照公共选择理论始终如一的基本理论假设，即政治市场与经济市场同一的经济人假设，选民追求的是通过参与政治投票获得预期个人效用最大化。

官员政治的无效率，在公共选择理论来看是政府失灵的同一语。其表现为，金钱政治左右政府决策，政策往往代表大财团、大企业、大富翁们等少数人的利益，使政府缺乏广泛代表性；由于政党的竞选政治，使执政党眼光短浅，行为短期化，政党领袖往往受竞选周期制

约，只重视自己的选票和执政地位，很少顾及国家长远利益和人民利益；政治家往往言行不一，竞选时的承诺和执政后的经济社会政策前后矛盾，政策严重地实用主义；由于存在大量的寻租行为和官员追求预算最大化，使政府部门不断扩大，机构臃肿，冗员很多，推动公共支出不断膨胀，抑制市场配置效率等。这就是政府活动的低效率，它是西方民主制度的痼疾。公共选择学派对官员、西方利益集团行为及民主政治制度所作的分析，已经达到了它所能达到的相当深刻的程度。

2. 利益集团

利益集团是指有某种共同利益、共同目标，试图对公共政策施加影响的群体，包括自愿的成员组成的组织和非自愿成员构成的组织，由普通公民、非盈利性组织、公共部门组织以及寻利的厂商等组成。西方发达国家的利益集团十分庞杂，据称美国百分之九十的公民都与利益集团有关。大卫·特鲁曼和罗伯特·道尔认为，由于社会关系的复杂多变，个人力量十分渺小，仅靠个人行动不能有效甚至无法增进个人利益，而通过利益集团的行动，直至迫使政府干预经济，则可以达到通过增进共同利而最终增进个人利益的目的。基于个人利益的差别，不同社会群体的共同利益各不相同，这些相互区别、相互竞争的利益集团汇总成社会多元政治，社会公共选择就是在各大利益集团的相互作用中作出的，从而达成一种各压力集团之间的利益均衡，产生一个为社会满意的决策。

已故美国马里兰州立大学教授奥尔森对上述观点持批评态度。他认为，从理性地追求个人利益的判断出发不能逻辑地推导出社会群体和集团会从集团成员的利益出发而采取统一行动的结论，因为集团与个人之间的政治交易也存在集团为个人提供实际上带有非排他性公共物品的问题。运用成本效益分析，这必然导致集团成员的免费搭车，所以大集团很难增进其成员的共同利益；在这一点上，小集团倒有可能比大集团有效。实际上集团一般不会为争取成员的共同利益而采取行动，而是采取"选择性刺激手段"，如就业、工资、工会内部权益等来驱使单个成员采取有利于集团的行动。

关于利益集团的社会作用，奥尔森认为："各种社会组织采取集体行动的目标几乎无例外地都是争取重新分配财富，而不是为了增加总的产出，换句话说，他们都是'分利集团'。"[①] 这些分利集团通过院外活动游说议员，争取和阻止某种立法，以影响某些价格、工资、税收，以图增进集团及其成员的收入，这就降低了整个经济效率和产出。集团之间的矛盾斗争导致政治斗争，使增长率降低，甚至导致社会不稳定。有些公共选择理论家认为，这是产生"政府失灵"的重要原因之一。因为压力集团的活动往往采用投票联盟、贿赂、政治捐款、"友情交往"等手段，导致大量寻租行为。

3. 寻租

（1）寻租的概念

"租"与"租金"是一个较为古老的概念，它是指超过资源所有者的机会成本的报酬，既包括价格机制中自然产生的租，也包括人为创造的租。寻租是指的后一种情况。那么什么是寻租呢？

寻租理论是公共选择理论中同政府干预经济及政府失灵理论紧密相连的重要范畴。布坎南认为，寻租是"那些本当用于价值生产活动的资源被用于只不过是为了决定分配结果的

---

① 奥尔森. 国家兴衰探源[M]. 北京：商务印书馆，1993：48.

竞争"。① 托利森下的定义为"寻租是为了获得人为创造的收入转移支付而造成的稀缺资源的耗费"。② 斯蒂格利茨的定义则是"通过寻求和维持在行业内的垄断地位来寻求和维持业已存在的租金的活动称为寻租"。③ 他还指出:"政府限制竞争的意愿将会鼓励厂商把资金用于寻租活动,而不是花在生产更好的产品上。……它所愿意花费的数额的上限等于所能获得的全部垄断利润。寻租活动所造成的浪费可能远远大于产量的减少所造成的损失。"④

(2) 寻租产生的原因及结果

公共选择学派认为寻租是政府不恰当地矫正市场失灵、干预经济的一个派生现象。如果由市场主导经济运行,便不会产生寻租现象;但如果政府过多地干预市场经济运行,就必然存在特许经营、审批、授权经营、工程发包、土地批租、颁发许可证或执照、制定配额等,这就会创造出许多有限性、排他性的商机,也就是潜在的利润,从而为寻租创造条件和机会。租金其实就是利润,属于垄断性利润或超额利润。寻租活动有各种形式,如花费代价谋取和寻求公共部门稳定的岗位、优裕的薪金;从政府部门寻取特许经营权、承包权而获得稀缺资源;为保护优厚的既得利益而谋取立法和行政保护,或者阻止对自己利益有损的政策的出台等。寻租者成分复杂,租金形式多样,但主要与政府部门不当地干预市场经济有关。

公共选择理论认为,寻租有竞争,但不同于市场竞争。市场竞争是资源配置的基本方式,但寻租则会导致资源的浪费和福利损失。寻租行为越烈,这种浪费越严重。因为寻租要花费成本、消耗资源。只要寻租者认为他所花费的成本是值得的,他就会去寻租。有人估算,英国的私人垄断所造成的寻租和无谓成本占全部企业总产出的 13%;在肯尼亚,与贸易有关的寻租占 GDP 的 38%。

1.4 财政职能

1.4.1 资源配置职能

在市场经济体制下,经济社会资源的配置有两种实现方式,即市场机制和政府机制。市场对资源的配置起基础性作用,但由于存在着公共品、垄断、信息不对称、经济活动的外在性等情况,仅仅依靠市场机制并不能实现资源配置的最优化,还需要政府在市场失灵领域发挥资源配置作用。

财政作为政府调控经济社会运行的主要杠杆,是政府配置资源的主体。因为,在经济体系中,市场提供的商品和服务数量有时是过度的,有时是不足的,整个社会的资源配置缺乏效率。财政的资源配置职能就表现在对市场提供过度的商品和劳务数量进行校正,而对市场提供不足的产品和服务进行补充,以实现社会资源的有效配置。

资源配置职能的主要内容表现在以下三方面。

① 财政可通过采取转移支付制度和区域性的税收优惠政策、加强制度建设、消除地方封锁和地方保护、完善基础设施、提供信息服务等方法,促进要素市场的建设和发展,推动

---

① 方福前. 公共选择理论——政治的经济学 [M]. 北京:中国人民大学出版社,2000:121.
② 同上.
③ 斯蒂格利茨. 经济学 [M]. 第二版,363.
④ 同上.

生产要素在区域间的合理流动，实现资源配置的优化。

② 财政通过调整投资结构，形成新的生产能力，实现优化产业结构的目标。如交通、能源等基础产业项目的资金和技术"门槛"高，政府就可通过产业政策指导和集中性资金支持，防止规模不经济的产生。除了政府直接投资外，还可利用财政税收政策引导企业投资方向，以及补贴等方式调节资源在国民经济各部门之间的配置，形成合理的产业结构。

③ 市场无法有效提供公共商品，提供公共商品是政府的基本职责。政府一般以税收等形式筹措资金，以不损害市场机制和秩序为原则，提供公共商品。

1.4.2 收入分配职能

财政的收入分配职能是政府为了实现公平分配的目标，对市场经济形成的收入分配格局予以调整的职责和功能。在各种不同的财政手段中，实现再分配的最直接的手段有：

① 税收转移支付，即对高收入家庭课征累进所得税并对低收入家庭给予补助二者相结合的方法。

② 用累进所得税的收入，为使低收入家庭获益的公共服务提供资金。

③ 对主要由高收入消费者购买的产品进行课税，并同时对主要为低收入消费者使用的其他产品给予补贴二者相结合的方法。

④ 完善社会福利制度，使低收入者实际收入增加，个人收入差距缩小。

⑤ 建立统一的劳动力市场，促进城乡之间和地区之间人口的合理流动，这是调动劳动者劳动积极性，遏制城乡差距和地区差距进一步扩大的有效途径。

1.4.3 经济稳定职能

在市场经济中，实现充分就业、稳定物价水平、平衡国际收支是财政的经济稳定职能的三个方面。要保证社会经济的正常运转，保持经济稳定发展，就必须采取相应抉择政策，即根据经济形势的变化，及时变动财政收入政策。如制定积极的财政政策、消极的财政政策、稳健的财政政策以及扩张的财政政策。同时采用"自动"稳定装置，以不变应万变，减缓经济的波动。在政府税收方面，主要体现在累进的所得税上。当经济处于高峰期时，可抑制需求；当经济处于低谷时，刺激需求，促使经济复苏。在政府支出方面，主要体现在社会保障支出上，用以控制在不同经济发展时期失业人口的数量。同时还有政府的农产品价格支持制度。这些都是促进经济发展，实现经济稳定发展的重要措施和手段。

本章小结

公共产品理论、外部效应理论和公共选择理论是公共财政学的理论基础。

1. 公共产品理论

纯公共产品由于其自身的特征即排他性和非竞争性，决定了这类产品必须由政府提供，不能靠市场机制完成。

从局部均衡角度看，公共产品的有效供给须使得社会成员从公共产品中获得的边际收益的集合等于社会边际成本；从一般均衡角度看，要求社会成员消费公共产品的边际替代率之和等于该生产的边际转换率。林达尔均衡则是对公共产品供给的实证分析。社会成员偏好揭示的问题就是公共产品有效供给能否实现的主要障碍。

2. 外部效应理论

外部效应是公共产品研究中的一个重要概念。同时，由于外部性又是市场失灵的表现之一，它的均衡点偏离了效率，改变了社会资源的配置效率。因此，矫正的基本理论是使均衡点回到效率均衡点。当存在外部负效应时，就应当将边际外部成本纳入社会总成本。当存在外部正效应时，就应当使边际外部收益纳入私人总收益之中。特别要注意把市场机制和政府机制结合起来矫正外部性。

3. 公共选择理论

公共选择理论是经济学研究方法在政治学研究中的应用。公共选择中极其重要的一个问题是偏好。就个体居民而言，其偏好的表达就是把已经显示的偏好汇总，较为普遍的具体方式有需求显示法和否决投票法等。政治上的均衡是人们（投票单位）在一定的投票规则下就一种或多种公共产品的供给及其成本分摊达成的一致协议。投票不同规则将形成不同的政治均衡，如一致同意规则导致交易成本过高，多数票规则会出现投票悖论，阿罗不可能定理说明个人偏好不可能与社会偏好一致。

偏好与单峰和双峰相关。在单峰条件下，投票悖论可以避免，而且最终公共选择的结果是中间投票人的选择，即中间投票人定理。

民主制分为直接民主制和间接民主制。在实际社会中，大多是间接民主制。在经济人假设前提下，间接民主制使得政党的目标是选票最大化、官僚的目标是预算最大化，同时现实中存在的利益集团以及各种各样的寻租行为都可能对选举结果产生影响。

复习思考题

1. 怎样理解公共产品的非竞争性和非排他性？
2. 什么是私人产品、准公共产品？
3. 私人产品市场均衡与公共产品市场均衡的不同之处是什么？
4. 简述公共产品优化配置的基本规律。
5. 在供给—需求的框架内分析外部效应的存在是如何影响资源配置的。
6. 市场和政府如何调节外部效应？各自会采取哪些措施？有何利弊？
7. 公共选择理论对我国改革和完善财政决策机制有何借鉴意义？
8. 什么是单峰定理？什么是中间投票人定理？它与单峰偏好有关吗？
9. 如何理解投票悖论？单峰偏好与投票悖论之间是什么关系？
10. 简述阿罗不可能定理的核心思想及实践分析。
11. 简述科斯定理及其理论贡献。
12. 在市场经济条件下如何进一步完善财政职能？

第 2 章

财政支出理论与方法

学习目标

通过本章的学习，要求了解财政支出的范围及财政支出的原则，了解财政支出效益和绩效评价；理解财政支出的分类，掌握财政支出增长的若干理论和影响财政支出规模的因素、财政支出结构等内容。

关键词汇

财政支出（Public Expenditure）；规模（Scale）；财政支出结构（Structure of Budgetary Expenditures）；效益和绩效（Benefit and Performance）

财政支出在西方国家亦被称为公共支出或政府支出，是以国家为主体，以财政的事权为依据进行的一种财政资金分配活动，集中反映了国家的职能活动范围及其所发生的耗费。换句话说，财政支出反映一国政府的政策选择，一旦政府在以什么质量，多少数量向社会提供公共产品方面做出了决策，财政支出实际上就是执行这些决策所必须付出的成本。本章从财政支出的范围界定入手，重点介绍财政支出规模增长理论、财政支出结构、财政支出效益和绩效评价。

2.1 财政支出的范围和原则

2.1.1 财政支出的范围

财政支出的目的是满足政府执行其职能的需要，因此政府职能范围的大小决定了财政支出的范围。在市场经济条件下，政府职能范围是和市场失效联系在一起的。图 2-1 所示为财政支出的范围。

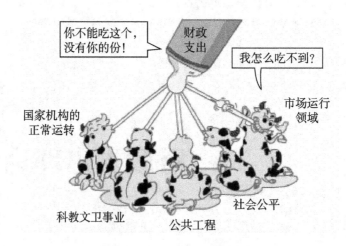

图 2-1 财政支出的范围

（资料来源：http://xmujpkc.xmu.edu.cn/czx/material/finance/8/8.htm.）

1. 政府职能范围限于市场失灵领域

市场是一种结构精巧且具有效率的经济运行机制，这已被几百年来市场经济发展的实践所证实，然而，市场并不是万能的，在现实中，存在广泛的市场失灵和许多不适当的政策实施，使经济效益难以达到最高状态。市场机制缺乏效率的主要情形有两种：一种是来自市场体系本身的因素，这些因素不会因为政府不干预而消失，如垄断、外部性、公共产品、信息缺乏等，这就是通常意义上的市场失灵；另一种原因是来自政府部门不适当的政策，如行政定价、信贷配合、高估利率、实物补贴等，这就是通常所说的"政策扭曲"。"政策扭曲"可以随着市场自身的调整逐步减少以至消失，但市场内部的问题却使得完美的市场经济形态不复存在。在市场失灵的地方，市场机制对资源的配置是低效率的。因此，在市场失灵的地方，由政府根据非市场偏好（由政治程序产生的公共偏好）来代替市场偏好（以个人选择为基础的）实现资源配置，也许是更为有效的。政府的职能就在于弥补市场的缺陷和纠正市场失灵，保证市场运行的有效性。

但是，如果政府职能范围越过市场失灵这一领域，进入市场机能能够有效运转的领域，就有可能出现另一种失灵：政府失灵。政府政策的扭曲同样会造成资源配置的低效率，从而要求限制政府在这方面的干预。政府的职能范围包括且只能包括市场失灵的领域，从而决定了财政支出的范围也只限于市场失灵领域，才能最大限度地发挥市场和计划对社会资源的配置作用。

案例 2-1　"非典"流行过程中的市场失灵与政府职能

非典型肺炎流行过程中，我们看到了典型的市场失灵。

引人注目的首先是商品价格的不正常上涨。以北京为例，起初是与治疗"非典"有关的药品和医疗品械、用品的价格迅速上涨，人们熟知的有中草药板蓝根、医用口罩、消毒剂、体温表等；2003 年 4 月 23 日、24 日，以蔬菜、粮食为主的生活必需品大幅度涨价。一些药品、蔬菜价格的成倍甚至成十几倍上涨缺乏内在理由。为什么这些商品的价格能够扶摇直上，达到平时人们想都想不到的高位？原因主要是信息的不完全，或者说信息不对称。俗话说:"北京到南京,买的没有卖的精。"消费者再善于砍价,最后还是会给商家留下可观的利润空间。但在持续多年的买方市场条件下,这种信息不对称被商家之间的充分竞争甚至过度竞争消弭了。"非典"流行之后,各种谣言在民间流传,在相当程度上扰乱了正常的市场信息传播。尤其是在4月下旬的前几天,有关北京要封城、要戒严之类的谣言满天飞,加剧了人们原本就有的恐慌心理,从而出现波及全市的抢购风潮。一些卖菜的小贩有意趁火打劫,言之凿凿地称"明天就没地儿进菜了",使这种信息的扭曲、失真达到空前高度。

市场失灵的另一个表现是以伪劣商品冒充合格商品。比较典型的案例是一些奸商以碎布条塞进纱布中冒充十六层纱布口罩,也有一些人在药材市场买到假的中草药。与商品涨价类似,商家以假乱真和以次充好的主要原因也是信息不对称。普通消费者几乎没有能力辨别药材之类商品的真伪和好坏。如果商家有意欺骗,而政府有关管理部门又没有提供质量监督的公共服务,消费者将完全处于被动地位。

市场失灵的第三个表现是商家在提供商品和服务时没有考虑其负的"外部性"。负的外部性的典型例子是工厂造成环境污染。污染对于工厂来说是其产生的负面的外部影响,对这种外部影响工厂一般不支付成本或不支付足够的成本,因此在经济学上叫外部性,通俗地说,就是不好的溢出效应。"非典"疫情中,商家的经营活动如果客观上加剧了"非典"流行,对社会来说就是一种负的外部性。前两天有报道说,北京市朝阳区的两家大型网吧在营业时,竟不采取任何预防"非典"的措施——不消毒、不开窗通风还拉上厚窗帘,这两家网吧因此被有关部门查封。显然,如果任这两家网吧不负责任地营业,在这里上网的人很可能在网吧传染他人或被他人传染,并在走出网吧后成为传染其他人的种子——这也是一种负的外部性。政府查封这两家网吧,正是惩罚和遏制其可能带来的负的外部性。

市场失灵意味着看不见的手不能正常发挥作用了。这时,看得见的手就要出面矫正市场失灵,这就是政府调控和管制。"非典"疫情加重以后,政府在这方面做了大量工作,堪称及时、有力,效果显著。

首先是价格管制。如广东省,经省人民政府授权,广东省物价局从4月27日起,在全省范围内对属于市场调节价的防治非典型肺炎的部分医药用品及相关商品实行价格干预措施,规定这些商品的销售利润率、购批差率、批零差率和最高限价范围等,相关生产经营者必须严格执行各级物价部门的有关规定。

在各种管制措施中,直接的价格管制是刚性较强的行政干预措施,在"非典"疫情暴发这样的非常时期是完全应该使用的,但在轻度的市场失灵中则不宜使用,至少不宜较长期、大面积使用。因为它对自由竞争的市场机制有较大的损害作用。

其次是组织货源增加供应。这是一种对市场势力釜底抽薪的做法,这种做法不仅能迅速平抑市场,而且没有副作用。如北京市4月23日出现物价暴涨后的抢购风,在市委市政府的调度安排下,流通主渠道积极组织货源,保障北京蔬菜、粮食市场的正常供应,市场价格很快应声下落。另据报道,商务部采取了五项措施,确保基本生活物资和防治非典型肺炎重要物资的市场供应。商务部负责人还宣布,商务部手中握有数十种与"非典"有关的物资储备,且数量充足。这必将对全国的相关商品价格产生良性影响。

再次是通过官方新闻发布会及新闻媒体的报道澄清事实,消除谣言,这正是改变信息不对称、不完全状况的重要手段。谣言一除,消费者的恐慌心理大大减弱,市场势力有意无意控制信息、利用信息的企图不攻自破。从这个角度说,及时、准确地向公众通报非典信息不仅具有政治意义，而且深具经济意义。当然，政府有关部门帮助消费者鉴别商品真伪和质量的工作还需跟上。

最后是强制交通工具、公众聚集的营业性场所采取消毒、通风等措施，尽可能消除加剧非典流行的因素。前述北京市朝阳区对两家网吧的查封，以及后来北京市做出的从4月26日起暂停全市文化娱乐场所经营活动的决定，都是为了最大限度地遏制和消除这类经营活动给全社会可能带来的负的外部性。当然，这种严厉的管制措施对商家来说损失是极大的，不到万不得已不能采用。但当企业个体的经济效益与全社会的福利相比微不足道时，政府也别无选择。

总之，"非典"流行客观上产生了市场失灵的诸多机会，从而也给政府恰当运用管制措施矫正市场失灵铺开了一份考卷，从全国范围说，这是中国初步建立市场经济体制以来第一份此类考卷。前几道题各级政府应答得当，但更多的考验还在后面。最大的难点在于，如何既有效地医治了市场失灵，又不致伤害市场机制的筋骨——市场经济下的政府管制绝不等同于计划经济下的政府包办。

（资料来源：中国经济时报，2003年4月29日.）

2. 财政支出的范围

由于经济社会发展状况不同和各国国情的差异等，各国政府的职能范围进而政府支出的范围也不完全相同。但是，作为市场经济下的财政支出，其支出范围的基本方面是一致的，主要包括以下几个方面。

第一，为国家机构的正常运转提供经费。现在国家机构主要包括政权机构、行政管理机构、司法机构以及军事武装机构等。为了维持这些机构的运转和履行其职能的需要，财政必须提供人员经费、公用经费等。这些财政支出，无论从巩固国家政权、保卫国家领土完整、维护社会秩序角度，还是从提供市场正常运行所必需的公共服务角度来说，都是必须得到保证的，而且经费开支只能由国家财政来提供。

第二，为科教文卫事业提供经费。政府提供的公共服务，除了由国家各类机构直接完成的以外，还有大量的公共服务，政府仅提供全部或部分经费，是由事业单位甚至是企业单位完成的。在现实中的很多科教文卫事业活动，尽管可以区分这些活动的直接受益者，但是这些活动的社会公益性决定了这些事业难以由市场来提供，因为个人没有从中享受到该服务的全部利益，而是有相当的利益溢散到全社会中去了，作为服务直接受益对象的个人也就不应为这类服务支付全部费用。在市场经济条件下，这类服务如果由企业和个人提供，将难以获得全部的收益。因此，作为经济行为主体的企业和个人就很难为这类活动提供全部费用，而只能由财政提供一部分或全部经费。

第三，为公共工程提供经费。在市场经济条件下，许多公共工程方面的投资对社会经济活动的正常开展是必不可少的，但却很难由市场方式来解决。原因在于，这类工程的建成并不投入使用，在很大程度上是不能收费或不能足额收费的。有些公共工程，从技术上看对使用者进行收费的成本非常高或根本不可能收费，并且从根本上看社会所建造的这类设施所提供的服务是公共的，这类公共工程属于纯公共产品，只能由财政提供全部经费。还有一些公共工程，属于混合产品，其提供的服务分为两个部分，一部分可以向直接受益者收取部分费用的部分，这一部分服务具有"个人产品"的性质，另一部分服务却是一种"公共产品"，是无法实行市场收费服务的。对于这类公共工程，财政应给予一定的财力支持，才能保证在公共工程方面做到资源的有效配置。

第四，为社会公平实现提供经费。在市场经济条件下，市场分配的标准是生产的效率，效率高，收入报酬就高。很明显，如果不加约束，市场机制就有可能会使社会的收入差距拉大、贫富悬殊，出现"马太效应"。收入分配差距过大会严重影响市场经济正常运行，而通过市场制度本身的收入分配机制是无法自动解决的，因而保证社会一定程度的公平就成为政府为市场提供的一类公共服务。这种服务一方面可以通过税收的途径加以解决，另一方面可以通过财政支出加以解决，为社会公平提供的财政支出主要通过社会保障进行。

3. 重新界定我国财政支出范围

改革开放以来，伴随着经济市场化的进程，我国的财政支出范围和资金供应方式相应进行了一些调整，特别是在财政困难的情况下，国家财政尽力筹措资金支持农业、重点建设以及各项社会事业的发展，为推动整个经济体制改革，促进社会经济的协调发展做出了积极贡献。但是从总体上来讲，我国财政支出的改革还存在明显的滞后，财政支出范围基本上还沿袭了改革前计划经济体制时期的统包大揽的格局，财政支出政策和管理还不能很好适应市场经济发展的要求和社会经济发展的需要。目前我国财政支出存在的问题主要表现为两个方面：一是国家财政继续承担着一些本不应由财政承担的开支，即财政支出的"越位"现象；二是一些必需的公共支出却没有到位或没有完全到位，即财政支出的"缺位"现象。财政支出的"越位"和"缺位"反映了我国现行的财政支出范围未能充分体现市场经济运行的要求。

针对我国目前财政支出面临的问题，调整财政支出的范围，使财政支出符合市场经济要求，是当前必须解决的课题。具体地说，财政支出要按照市场有效和市场失效的领域进行区分，对市场能有效配置资源的领域，财政支出不应介入其中，防止政府财政支出出现"越位"现象；对市场不能有效配置资源的领域，财政支出必须承担起优化资源配置的作用，防止政府财政支出出现"缺位"现象。在根据市场要求确定财政支出范围时，应增加财政支出的透明度，增强法规制度约束和程序控制以及社会各方面对财政支出的制约和监督。

2.1.2 财政支出效率、公平、稳定三原则

现代经济理论认为，国家财政的基本任务是满足政府支出需要和调节经济，其中调节经济的职能主要表现在三个方面：一是通过对经济资源的配置，实现对资源的最有效利用；二是通过对社会收入与财富的分配，使社会分配的状况趋于公平；三是通过对社会商品供求关系的调节，使社会经济保持均衡、稳定的发展。财政对经济调节的主要手段之一就是财政支出，因而在进行财政支出安排的过程中，也必须遵循这三个原则。

1. 效率原则

财政支出的效率原则，是指财政支出安排应有助于资源的配置，促进经济效益的提高。由于市场存在失灵现象，使市场的资源配置功能不全，不能有效提供全社会所需要的公共产品和服务，因而就要求政府以其权威实现对资源配置的调节和管理。

2. 公平原则

财政支出的公平原则，是指财政支出安排应有助于社会公平的实现，提高社会大多数人的福利水平。在市场经济条件下，收入的分配取决于能力、职业训练和这些技能的市场价

格；财富的分配则取决于财产所有权和财富积累的分布状况。如果仅仅依赖市场，则这个社会不可避免地会出现贫者愈贫、富者愈富的"马太效应"，不利于社会的长期稳定和市场经济的进一步发展。因而，就要求政府从财政的角度进行社会收入的再分配，实现社会的相对公平。

3. 稳定原则

财政支出的稳定原则，是指财政支出安排应有助于促进社会经济的稳定发展。在市场经济条件下，市场体系无法有效协调其自身的所有活动使之达到平衡，进而使经济呈现出周期性的波动。政府可以利用财政措施进行调节，通过财政支出规模、结构的变化来调节经济，引导经济运行，使经济趋于平稳的发展。

2.2 财政支出的分类

财政支出的范围广、内容多，总是由不同的、具体的支出项目所构成。为了便于理论分析和实际资金管理、分配，西方财政经济学家常常采用不同的方法对财政支出进行分类。主要的分类方法有以下几种。

2.2.1 按照财政功能分类

财政支出的直接目的是满足政府履行各项职能的费用的需要，因而财政支出按财政功能分类，过去也称之为费用类别的分类，这里的"类"就是指政府职能的分别，所以，按财政功能性质的分类，又可称为按政府职能所作的分类。

2007年政府收支分类改革以前，我国依据政府职能的分别，将财政支出分为经济建设费、社会文教费、国防费、行政管理费和其他支出五大类。

① 经济建设费。包括基本建设拨款支持，国有企业挖潜改造资金，科学技术三项费用（新产品试制费、中间试验费、重要科学研究补助费），简易建筑费支出，地质勘探费，增拨国有企业流动资金，支援农村生产支出，工业、农业、交通、商业等部门的事业费支出，城市维护费支出，国家物资储备支出，城镇青年就业经费支持，抚恤和社会福利救济费支出等。

② 社会文教费。包括文化、教育、科学、卫生、出版、通信、广播、文物、体育、地震、海洋、计划生育等方面的经费、研究费和补助费等。

③ 国防费。包括各种武器和军事设备支出，军事人员给养支出，有关军事的科研支出，对外军事援助支出，民兵建设事业费支出，用于实行兵役制的武装警察部队的各种经费，防空经费等。

④ 行政管理费。包括用于国家行政机关、事业单位、公安机关、司法机关、驻外机构的各种经费、业务费、干部培训费等。

⑤ 其他支出。包括债务支出和财政补贴等。

按政府职能对财政支出进行分类，能够清晰地揭示这个国家执行了哪些职能以及侧重于哪些职能；对一个国家不同时期的支出结构做时间序列分析，便能够解释该国的国家职能发生了怎样的改变；对若干国家在同一时期的支出结构做出横向分析则可以揭示各国国家职能的差别。

2.2.2 按照支出用途分类

在发达市场经济国家，财政支出按直接用途的不同可分为以下几项。

① 公共部门的消费性支出。即各级政府按现行市场价格购买商品和服务的支出。包括工资、薪金、公共部门雇员的医疗费用等，它在整个财政支出中占有很大的份额。

② 公共部门投资。指各级政府用于土地、建筑物、车辆、工厂及设备等固定资产的支出。

③ 补贴。主要包括各级政府无偿给予公共和私营企业的补助性支出，这类支出一般通过弥补亏损、提供补助的方式进行，以达到某种政策性的目的。

④ 经常拨款。指政府给予个人的款项的拨付。主要包括养老金、失业救济金和贫困补助等社会保险及社会福利支出。给予外国的开放性援助也往往包含在此类支出中。

⑤ 资本转移支出。指中央和地方政府给予国内及国外私营部门的无偿性投资支出。

⑥ 债务利息支出。

⑦ 对私营部门及国外的贷款。包括本国政府对国内私营部门、外国各种机构的商业性贷款。

按用途进行的支出分类，使财政支出构成了一个由众多内容组成的整体。上述公共部门的消费性支出和投资性支出，表明政府财政对经济资源的占用和耗费；而补贴、经常拨款、资本转移和债务利息支出，表明了政府的转移性资金支付；对私营部门及国外的贷款则反映了政府的金融中介作用。

2.2.3 按照经济性质分类

按财政支出经济性质的不同，即按财政支出是否有商品和服务的等价交换为标准，将财政支出分为购买性支出和转移性支出两类。

购买性支出直接表现为政府购买商品和劳务的活动，包括购买日常政务活动所需的（如政府各部门的事业费）或用于国家投资所需的商品和劳务的支出（如政府各部门的投资拨款）。这些支出的目的和用途有所不同，但却有一个共同点：财政一手付出了现金，另一手相应地购得了商品和服务，并运用这些商品和服务实现国家职能。也就是说，在这样一些支出安排中，政府如同其他经济主体一样，在从事等价交换的活动，因此此类支出称为购买性支出，它所体现的是政府的市场再分配活动。转移性支出则与此不同，它直接表现为资金无偿的、单方面的转移。这类支出主要有补助支出、捐赠支出和债务利息支出。这些支出的目的和用途不同，但有一个共同点，即财政付出了资金，却无任何商品或劳务的所得，在这里，不存在交换的问题。此类支出称为转移性支出，它所体现的是政府的非市场性再分配活动。

按照财政支出经济性质的分类具有较强经济分析意义。

① 购买性支出对社会生产和就业有直接的影响，对收入分配只有间接的影响，而转移性支出正好相反。因为在购买性支出的安排过程中，政府掌握的资金与微观经济主体提供的商品和服务相交换，政府是以商品和服务的直接购买者的身份出现在市场上，因而对社会的生产和就业来说有直接的影响。此类支出当然也影响分配，但这种影响是间接的。而转移性支出所起的作用，是通过将政府所有的资金转移到领受者手中，使资金使用权发生转移，微

观经济主体收入这笔资金以后，究竟是否用于购买商品和服务以及购买哪些商品和服务，已经脱离了政府的控制，因此，此类支出直接影响收入分配，而对生产和就业的影响是间接的。

② 购买性支出下的财政活动对政府有较强的效益约束，转移性支出对政府的效益约束相对较软。在安排购买性支出时，政府必须遵循等价交换的原则，因此，通过购买性支出体现出的财政活动对政府形成较强的效益约束。在安排转移性支出时，政府并没有十分明确和一贯的原则可以遵循，而且，财政支出的效益也很难换算，所以，转移性支出的规模及其结构也在相当大的程度上只能根据政府同微观经济主体、中央政府与地方政府的谈判情况而定。显然，通过转移性支出体现的财政活动对政府的效益约束是软的。

③ 购买性支出对微观经济主体的预算约束是硬的，转移性支出对微观经济主体的预算约束是软的。这是因为，微观经济主体在同政府的购买性支出发生联系时，也需遵循等价交换原则。对于向政府提供商品和服务的企业来说，它们效益的大小取决于市场供求状况及其销售收入同生产成本的对比关系，所以，对微观经济主体的预算约束是硬的。而微观经济主体在同政府的转移性支出发生联系时，并无交换发生。因而，对于可以得到政府转移性支出的微观经济主体来说，他们的收入的高低在很大程度上并不取决于个人的能力和企业生产能力，而是取决于同政府讨价还价的能力，显然，对微观经济主体的预算约束是软的。

由此可以认为：如果购买性支出在财政支出总额中的比重较大，则财政活动对生产和就业的直接影响就较大，通过财政所配置的资源的规模就较大；反之，转移性支出所占的比重较大，财政活动对收入分配的直接影响就大。就财政的职能来看，以购买性支出占较大比重的支出结构的财政活动，执行资源配置的职能较强，以转移性支出占较大比重的支出结构的财政活动，执行收入分配的职能较强。

2.2.4 按支出产生效益的时间分类

根据财政支出所产生效益的时间可把财政支出分为经常性支出和资本性支出。这是现代公共经济学研究财政支出分类的一种主要方法。

1. 经常性支出

经常支出是维持公共部门正常运转或保障人们基本生活所必需的支出，主要包括人员经费、公共经费及社会保障支出。这种支出的特点是，它的消耗会使社会直接收益或当期收益。比如，行政管理费包含公务员的工资、办公费、差旅费、修缮费等，这些费用的消耗就会形成当期服务的公共物品——行政管理、社会秩序、社会安定、经济信息等。由此可见，经常性支出直接构成当期公共物品的成本，按照公平原则当期公共物品的受益应与本期公共物品的成本相对应，如果人们消费了本期公共物品却没有支付相应的代价，则会违背公平原则。因而，从理论上说，经常性支出的补偿方式应为税收，如果以公债方式来对经常支出筹资，实际上就是将本期公共物品的成本递延到未来，这样会使公共物品的受益与公共物品的付费在时间上发生差异。

2. 资本性支出

资本支出是用于购买或生产使用年限在一年以上的耐久品所需的支出，其中有用于建筑厂房、购买机器设备、修建铁路和公路等生产性支出，也有用于建筑办公楼和购买汽车、复印机等办公用品的非生产性支出。这种支出的明显特点是：它们的耗费的结果将形成供一年以上的长期使用的固定资产。所以，资本性支出部门不能全部视为当期公共物品的成本，因为所形成的成本有一部分是在当期受益，但更多的是在以后的较长时间内受益；与此相对应，资本支出的一部分应在当期得到补偿，而大部分应分摊到未来的使用期当中。如果用当年税收去补偿全部的资本支出，就等于将未来公共物品的成本提前到本期，这样也会使公共物品的受益与公共物品的付费在时间上发生差异。这就是说，资本支出的补偿方式有两种：一是税收，意味着本期享用的公共物产品，本期付出代价；二是国债，意味着未来享用的公共产品，未来时期付出代价。

2.2.5 我国目前的财政支出分类

按照2007年1月1日正式实施的政府收支分类改革，我国现行支出分类采用了国际通行做法，即同时使用财政功能分类和支出经济分类两种方法对财政支出进行分类。

按财政功能分类一般分为公共服务、外交、国防等大类，类下再分款、项两级。主要支出功能科目包括一般公共服务、外交、国防、公共安全、教育、科学技术、文化体育与传媒、社会保障和就业、社会保险基金支出、医疗卫生、环境保护、城乡社区事务、农林水事务、交通运输、国债事务、其他支出和转移性支出等17大类，相应设置了17个"类"级科目，类下设置款、项两级科目。比如教育是类级科目，普通教育是款级科目，普通教育下的小学教育就是项级科目。这样，政府提供哪些公共服务，在预算上都能明晰地反映出来，社会公众也可以清楚地读懂政府预算。

功能划分虽然反映了政府公共服务全貌，但公共服务是怎样提供的，需要对各类公共产品的生产、供给进行分析。这就必须对其占用资源类别、最终资产形成等进行细分，这就是支出经济分类，它是对功能分类的细化和补充。比如，仍以小学教育公共服务为例，其支出究竟是盖了校舍、买了设备，还是发了工资，可通过经济分类来反映。新科目中，我国支出经济分类科目设工资福利支出、商品和服务支出等12类，类下设款，具体包括工资福利支出、商品和服务支出、对个人和家庭的补助、对企事业单位的补贴、转移性支出、赠与、债务利息支出、债务还本支出、基本建设支出、其他资本性支出、贷款转贷及产权参股和其他支出。

支出功能分类与支出经济分类相配合，可以更好地了解财政支出的全貌，同时也便于进行国际比较。

2.3 财政支出规模分析

财政支出作为社会资源配置的一部分，它的支出总量占社会资源配置中的比例是否合理，不仅影响着政府职能的实现情况，更会直接制约着社会资源配置的优化程度。因此，对财政支出规模的分析，是对财政支出研究的重要内容。

2.3.1 衡量财政支出规模的指标

1. 衡量财政支出规模的两个指标

衡量财政支出规模的指标通常有绝对指标和相对指标。

绝对指标是指以一国货币单位表示的、预算年度内政府实际安排和使用的财政资金的数量数额。使用绝对指标可以直观地反映某一财政年度内政府支配的社会资源的总量。但是，这一指标不能反映政府支配的社会资源在社会资源总量中所占的比重，因而不能充分反映政府在整个社会经济发展中的地位。绝对指标是以本国货币为单位，也不便于进行国际横向比较。此外，由于绝对指标是以现价反映财政支出的数额，没有考虑通货膨胀因素，因而所反映的只是名义上的财政支出规模，与以前年度特别是在币值变化比较大的年份的财政支出绝对额缺少可比性，故也不便于支出规模的横向分析。

相对指标是指财政支出占 GDP（或 GNP）的比重。它反映了一定时期内在全社会创造的财富中由政府直接支配和使用的数额，可以通过该指标全面衡量政府经济活动在整个国民经济活动中的重要性。由于是相对指标，因此便于进行国际比较，而且由于这种方法是通过计算财政支出占 GDP 的比重来衡量财政支出规模的，剔除了通货膨胀因素的影响，反映的是财政支出的实际规模，与以前年度的财政支出规模进行比较也具有可比性。

研究财政支出规模，不仅要研究其绝对量，更要研究其相对量。两个指标各有所长，各有所短，一般是根据实际需要进行选择。实践中，在分析、研究财政支出规模时，各国主要是用财政支出占 GDP（或 GNP）的比重这个相对指标作为衡量财政支出规模的主要指标。一般来说，在经济发展水平、产业结构等大致相同的条件下，财政支出相对指标越大，说明财政参与国民（内）生产总值分配的比例越高，社会财力越集中，财政支出的规模越大，政府对经济运行的介入或干预程度也就越高；反之，亦反之。

2. 反应财政支出变化的指标

由衡量财政支出规模的上述两个指标又可以衍生出反映财政支出发展变化的指标。

① 财政支出增长率。它表示当年财政支出（G_n）比上年财政支出（G_{n-1}）增长的百分比，即所谓的"同比"增长率。用公式表示为

$$财政支出增长率 = \frac{G_n - G_{n-1}}{G_{n-1}}$$

② 财政支出增长的弹性系数（E_g）。它是指财政支出增长率与 GDP 增长率之比。用公式表示为

$$E_g = \frac{财政支出增长率}{GDP 增长率}$$

弹性系数大于 1，表明财政支出增长速度快于 GDP 的增长速度；反之，则说明财政支出增长速度慢于 GDP 的增长速度；弹性系数等于 1，表明财政支出与 GDP 处于同步增长状态。

2.3.2 财政支出规模发展变化的一般趋势

从世界各国财政支出的历史演变过程来看，财政支出规模总体上呈现出不断扩大的趋势。对于财政支出不断增长的趋势，许多学者做过研究工作，其中有代表性的理论主要有以下几种。

1. 瓦格纳的政府活动扩张论

19 世纪德国经济学家阿道夫·瓦格纳（Adolf Wagner）最早提出了财政支出扩张论，他的研究成果被后人称为"瓦格纳法则"（Wagner's Law）。但瓦格纳关于公共支出增长的含义究竟是指财政支出在 GDP 中的份额上升，还是指它的绝对增长，这一点当时并不清楚。按照美国财政学家马斯格雷夫（R. A. Musgrave）的解释，瓦格纳法则指的是财政支出的相对

增长，于是，瓦格纳法则可以表述为随着人均收入的提高，财政支出占 GDP 的比重也相应随之提高。根据这种解释，瓦格纳法则可以理解为图 2-2 所表示的财政支出与 GDP 之间的函数关系。

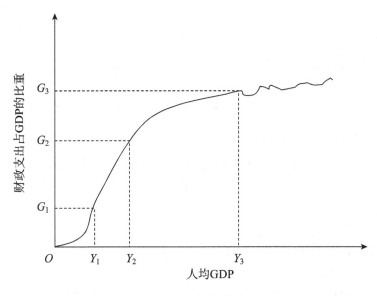

图 2-2　瓦格纳法则

瓦格纳法则的结论是建立在经验分析基础上的，他通过对西方国家（主要是许多欧洲国家）19 世纪公共支出的研究，于 1882 年提出了公共支出规模不断增长的命题，而且把公共支出占 GNP 的比率上升的原因分为政治因素和经济因素。所谓政治因素，是指国家活动的范围和领域不断扩大，政府职能的内在质量也在逐步提高，这要求有更多的公共支出来予以支持和保证。经济因素是指市场机制的先天不足，要求政府出面矫正经济运行的偏差，弥补市场的缺陷，即政府有必要提供市场无法提供的公共产品，以满足社会的需要。而当社会总需求出现失衡和收入分配出现贫富差别时，政府以其大买主的身份和有效的转移支付，来达到协调供求、缓和收入差异的目的。

此外，瓦格纳把教育、娱乐、文化、保健与社会服务的公共支出的增长归因于需求的收入弹性。即随着实际收入的上升（即 GNP 上升），这些项目的公共支出将会超过 GNP 上升的比率。后来，瓦格纳学说的支持者进一步发展了国家职能扩大和公共支出不断增长的理论，认为政府支出增长快于经济增长是由以下原因造成的，即政府消费随国家机器增大而增加，政府对经济的干预随经济发展而逐渐强化；人口增加，社会现代化和城市化所要求的公共设施和公共福利不断扩大；生活水准的提高要求人均支出标准有所提高等。总之，鉴于政治的、经济的、社会的以及人口和人类进步等各方面的原因，公共支出不断增长将是一种必然的规律和长期的趋势。

18 世纪末到现在的 200 多年中，经济发达国家经济发展的实践，证明了瓦格纳的法则符合财政支出发展的一般趋势。尽管各经济发达国家的国情有所不同，财政支出占 GDP 比重的高低以及变化情况也有所不同，但却明显存在一种共同的趋势：在早期的资本经济中，财政支出占 GDP 的比重是比较小的；随着资本主义的发展，财政支出呈现出不断膨胀的趋势，直至相对停滞、相对稳定，目前几个主要的经济发达国家已经达到这个阶段。主要发达国家财政支出占GDP比重的发展变化情况和趋势参见表2-1。

表2-1 主要发达国家财政支出占GDP比重的发展变化　　　　　　　　%

年　份	法国	德国	日本	瑞典	英国	美国
1880	15	10	11	6	10	8
1929	19	31	19	8	24	10
1960	35	32	18	31	32	28
1985	52	47	33	65	48	37

（资料来源：陈共.财政学（第四版）[M].北京：中国人民大学出版社.）

2. 马斯格雷夫和罗斯托的阶段增长理论

马斯格雷夫（R. A. Musgrave）和罗斯托（W. W. Rostow）同样赞成公共支出不断增长的一般规律，并且更进一步地用经济发展的不同阶段所产生的不同要求来解释和论证财政支出增长的具体原因。

根据经济发展阶段理论，公共支出规模不断增长的原因和结构变化表现为三个阶段和三个不同特点。第一，在经济发展的早期阶段，为启动经济、促进经济尽快成长，政府往往会大力增加投资，用于改善交通、教育、卫生和健康、法律和秩序等支出，以便为经济发展、为私人投资者提供良好的外部环境。政府大量增加基础设施投资的结果，一方面本身成为扩张性社会总需求的重要因素；另一方面往往提高了社会总投资中政府投资的比重。第二，在经济发展的中期阶段，政府仍然会继续增加投资，以达到保持经济持续增长，又弥补市场缺陷的目的。经济起飞以后，政府若减少投资，就有可能降低经济增长率，不利于经济持续增长，同时，规模已经增大的经济又会对社会基础设施的进一步扩大提出新的要求。否则，日益拥挤的社会环境将阻碍经济成长。第三，在经济发展达到"成熟"阶段以后，公共投资的比重将会有所下降，但支出总额不会减少，并且公共支出的投向会逐渐由对社会基础设施的"硬件"，转向用于改善教育、卫生保健以及其他直接用于国民福利的"软件"方面，主要直接提高国民素质和经济福利水平。

由此可见，马斯格雷夫和罗斯托的阶段增长理论是关于公共支出的规模和结构在长时间中的变化模型。这个模型是可以按结构主义的方法对时间序列资料与处于不同发展阶段的国家的横截面资料进行分析，并以此判断某一时期财政支出规模和结构是否正常。

美国财政支出结构的发展变化证实了马斯格雷夫和罗斯托的推断，美国1902—1980年间的财政支出结构中社会福利支出由7.1%上升为39.4%，而经济发展和运输支出则由28%下降为13.5%，另外，一般行政支出由12%下降为3.5%，如图2-3所示。

3. 皮考克和怀斯曼的阶梯渐进增长理论

英国经济学家皮考克和怀斯曼（Peacock and Wiseman）在1961年出版的《联合王国的公共支出的增长》中，对英国自1890—1955年间公共部门的增长情况做了研究，提出了导致财政支出增长的内在因素与外在因素，而外在因素是导致财政支出增长超过GDP增长的主要原因。这个外因主要指外部冲突如战争等造成支出不断扩张。他们认为，财政支出在增长过程中，具有"替代效应"：由于战争或经济危机等非常时期，较高的财政支出替代了原来较低的支出，即危急时期，公共支出会替代私人支出，使公共支出比重增加。但危急时期

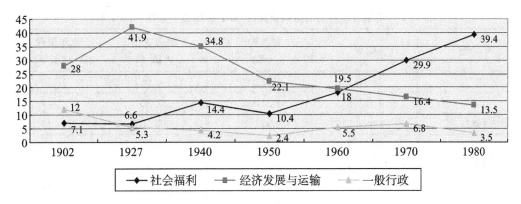

图 2-3 美国财政支出结构的发展变化

（资料来源：陈共．财政学（第四版）[M]．北京：中国人民大学出版社．）

过去后，公共支出并不会退回到危急之前的水平。因为即使战争、灾害等危急时期过去了，一国总有大量的国债、借款，所以公共支出仍然保持高水平。因此，每一次较大的经济和社会动荡，都会导致财政支出水平上一个新的台阶，这种财政支出上升的规律，就形成了财政支出的梯状的发展趋势，如图 2-4 所示。

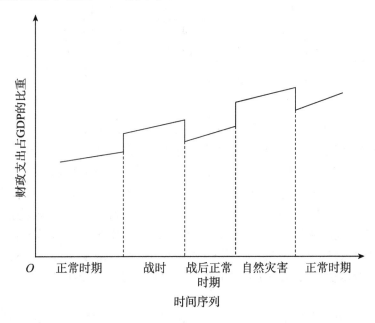

图 2-4 财政支出的梯状发展趋势

2.3.3 我国财政支出规模发展变化的趋势

与发达国家不同的是，改革开放以来，我国的财政支出占 GDP 的比重在波动中呈现出先下降后稳步上升的趋势，见表 2-2。

表 2-2　中国的政府支出总额及其占 GDP 的比重（1978—2007 年）

年　份	GDP	财政支出/亿元	财政支出比重/%	当年财政支出增长率/%
1978	3 624.1	1 122.09	30.96	33
1980	4 517.8	1 228.83	27.20	-4.1
1985	8 989.1	2 004.25	22.30	17.8
1990	18 598.4	3 083.59	16.58	9.2
1995	57 494.9	6 823.72	11.87	17.8
1996	66 850.5	7 937.55	11.87	16.3
1997	73 142.7	9 233.56	12.62	16.3
1998	76 967.2	10 798.18	14.03	16.9
1999	80 579.4	13 187.67	16.37	22.1
2000	88 189.6	15 886.5	18.01	20.5
2001	109 655.2	18 902.58	17.24	19
2002	120 332.7	22 053.15	18.33	16.7
2003	135 822.8	24 649.95	18.15	11.8
2004	159 878.3	28 486.89	17.82	15.6
2005	183 217.4	33 930.28	18.52	19.1
2006	211 923.5	40 422.73	19.07	19.1
2007	249 529.9	49 781.35	19.95	23.2

（资料来源：《中国统计年鉴（2008）》.）

由表 2-2 可以看出，在经济体制改革前，我国的财政支出占 GDP 的比重是比较高的，原因在于这一时期我国实行的是高度集中的计划经济，财政基本上是统收统支，加之实行的是"高就业，低收入"的分配政策，在财政支出的安排上坚持"以收定支，收支平衡"的原则，财政支出的刚性较弱，财政支出规模增长较为缓慢。在经济体制改革后，我国财政支出在经济发展的基础上出现了较快的增长，但是由于受到财政收入总体规模的制约，财政支出占 GDP 的比重呈现出逐年下降的趋势，但近年来又有所回升。具体体现在以下几个方面。

① 财政支出绝对数快速增长。改革开放以来，随着经济发展和财政收入水平的提高，财政支出的绝对数增长较快，2007 年达到 49 781.35 亿元，比 1978 年的增长了 48 659.26 亿元，增长了 43 倍。

② 财政支出占国内生产总值的比重先下降后有所回升。在财政支出绝对数量不断增加的同时，其占 GDP 的比重呈先下降后有所回升之势，从 1978 年的 30.96% 下降到 1995 年的 11.87%。这一比重不仅低于发达国家水平，而且还低于发展中国家的水平。这说明，我国在经济快速发展的同时，政府控制的财政资源却相对减少。从 1998 年起，这一情况有所好转，财政支出占 GDP 的比重从 1998 年的 14.03% 回升到 2007 年的 19.95%。这说明，一方面，在市场化进程中，传统的在国家财政范围内履行的政府职能正逐步削弱；另一方面，在原有的国家财政范围之外新的政府职能如社会保障职能、社区建设职能等又得到了大幅度的加强。这种变化与市场经济在中国的发展是相适应的。

2.3.4 影响财政支出规模的因素

一定时期财政支出规模的变动，涉及多种复杂因素，如社会经济发展水平、经济体制、政府职能的变化、财政支出涉及领域或范围的调整、财政支出效率的高低等，概括起来，主要有经济因素、政治因素和社会历史方面的因素。

1. 经济因素

经济因素对财政支出的规模的影响主要表现在三个方面。

第一，一国在一定时期内的经济发展水平的高低制约着财政支出规模。因为财政主要是对社会剩余产品进行分配，剩余产品越多，能供财政分配的数量也就越多。而经济发展水平高低直接决定着剩余产品率的高低，因而也就制约着财政支出的规模。所以，从这个角度来说，经济发达国家的财政支出规模普遍要比发展中国家的高。

第二，不同的经济体制和制度会对财政支出规模产生较大影响。经济体制对财政支出的影响集中表现在"计划经济"和"市场经济"国家的财政支出规模的不同上。计划经济国家向经济建设领域延伸过多，政府职能范围也比市场经济国家政府的职能范围宽，因而财政支出占 GDP（或 GNP）的比重也比较高。即使经济体制相同，但由于实行不同的福利制度，也会对财政支出规模产生影响。例如，同是市场经济体制的美国和瑞典，由于瑞典实行高福利政策，所以其政府支出占 GDP 的比重远远高于美国。

第三，政府经济干预职能的不断扩大是各国政府财政支出不断增长的重要原因。在自由市场经济条件下，政府只履行着"守夜人"的角色，政府职能主要集中在维持政权机器运转、维护国家安全、防御外来入侵和维护司法公正等方面，对私人生产和私营企业的经营活动不加干涉。随着资本主义基本矛盾的激化和经济危机的周期性爆发，使人们认识到市场失灵的存在，认识到政府干预的重要性。20 世纪 30 年代资本主义世界普遍发生的经济危机更强化了人们关于政府应该干预经济的意识，政府逐渐加强了对经济的宏观调控。在第二次世界大战后，为了防止社会动荡，缓解社会矛盾，政府又不得不设法提高人民的生活水平并提供基本的社会保障，政府职能的扩大，导致了财政支出规模的扩大。随着社会的发展和人民生活水平的提高，社会对公共产品的要求越来越多，对其质量要求也越来越高。公共产品的社会需求不断提高，从而使政府提供的公共产品的范围扩大，又进一步推动了财政支出规模的不断增长。

2. 政治因素

政治因素对财政支出规模的影响表现在以下两个方面。

第一，政局是否稳定。当一国政局不稳定，出现内乱或外部冲突等突发性事件时，财政支出的规模必然会超乎寻常地扩大。如美国联邦政府的支出，在南北战争时期，第一次突破 10 亿美元，在第一次世界大战的 1919 年，政府财政支出高达 185 亿美元，在第二次世界大战期间的 1944 年和 1945 年，联邦政府的支出超过 1 000 亿美元。第二次世界大战后，联邦政府支出在 1948 年下降到 360 亿美元。

第二，政体结构设置和行政效率的高低。政府工作的效率对财政支出规模也有很大的影响，政府工作效率高，则设置较少的政府职能机构就能完成政府职能，较少的支出就能办较多的事，因而财政支出的规模也就相对会小一些；如果政府工作效率低下，机构臃肿，人浮于事，则办同样的事就需较多的支出，因而会加大财政支出的规模。

3. 社会与历史因素

社会因素，如人口状态、文化背景等，也在一定程度上影响政府财政支出规模。在发展中国家，人口基数大，增长快，相应的教育、保健以及社会救济支出的压力较大；而在一些发达国家，人口老龄化问题较为严重，公众要求改善社会生活质量、提高社会福利等，也会对政府财政支出提出新的要求。世界银行的研究报告表明，随着经济的发展，政府以转移支付和补贴形式安排的支出呈现较快增长的势头，而且越是市场经济发达的国家，其用于转移支付和补贴的支出占政府总支出的比重就相对越大。在 OECD 国家中，政府总支出中的一半以上转移支付给了个人。

2.4 财政支出结构分析

财政支出结构是指各类财政支出占财政总支出的比重，也称财政支出构成。可以依据不同的标准对财政支出进行分类，因而会形成不同的支出组合形式或不同的财政支出结构。通过分析政府财政支出结构，可以了解政府支出的基本内容和各类支出的相对重要性，从而了解特定时期内政府财政支出结构的变化及影响财政支出结构的主要因素。

2.4.1 政府职能与财政支出结构

政府职能可以分为两大类，即经济管理职能和社会管理职能，从而形成经济管理支出和社会管理支出，前者也称为经济建设支出，后者也称为公共支出。在我国，经济建设支出包括"经济建设费"和债务利息支出等；公共支出包括"社会文教费""国防费""行政管理费"等。表 2-3 显示了我国财政支出职能结构变化的发展趋势。

表 2-3　我国各个时期财政支出职能结构的变化　　　　　　　　　　　　%

时　　期	经济建设费	社会文教费	国防费	行政管理费	其他
"四五"时期	57.7	10.9	19.1	5.0	7.3
"五五"时期	59.9	14.4	16.4	5.3	4.0
"六五"时期	56.1	19.7	11.9	7.8	4.5
"七五"时期	48.4	23.2	9.1	11.8	7.5
"八五"时期	41.5	25.7	9.5	13.8	9.6
"九五"时期	38.3	27.2	8.3	15.7	10.5
"十五"时期	29.1	26.6	7.6	19	17.7

(资料来源：《中国财政年鉴(2006)》.)

随着我国社会主义市场经济的确立，政府职能逐步转变，政府的经济管理职能逐步弱化，社会管理职能日益加强。从表 2-3 可以看出，伴随着政府职能的这一转变，财政支出结构发生了很大变化：经济建设支出占财政支出总额的比重从改革前（"五五"时期）的平均 60% 左右下降到"十五"时期的 29.1%，下降近 20 个百分点，而社会管理支出则大幅度提高。

在我国各时期的政府支出中，经济建设支出是最大的支出项目。经济体制改革以前，多数年份经济建设支出在财政支出的比重都高于 55%。这主要还是经济体制的原因，计划经济体制是特定历史时期的产物。改革开放以来，随着社会主义市场经济的发展，经济建设支出在财政支出中所占的比重逐渐下降，目前这个比例已降到30%以下，这说明随着我国经济的市场化进程，政府正逐步地退出竞争性领域。但与市场经济成熟的国家相比，我国的经济建设支出比重仍然偏高，显然不符合建立公共财政的要求。

社会文教事业支出是财政支出中的重要项目。这一支出自改革开放以来，在财政支出中所占比重有了较大的提高，体现了我国政府对社会文教事业的重视。今后随着公共财政体系的建立，以及科教兴国战略的实施，国家财政将越来越重视财政支出领域，因此，社会文教支出将呈现稳中有升的态势。

国防支出受国际、国内政治经济形势变化的影响较大，其支出呈现出不同历史时期的特点。从根本上说，国防支出受制于国家经济发展水平和财力水平，但在特定的情况下，如当国家主权受到严重威胁、受到外来侵犯时，国防支出则必然增长较快，因为维护国家主权始终是一个国家的首要任务。在新中国成立初期，我国国防支出比重相对较高，但随着抗美援朝战争的结束，国家转入正常的经济建设，特别是改革开放后，国防支出在财政支出中的比重呈下降趋势，近些年来呈现稳定态势。

行政管理支出在财政支出中占有相当的比重。按照经济学的基本原理和行政管理支出的性质，行政管理支出应尽可能维持在一个较低的水平。长期以来，我国对行政管理支出也奉行"保障供给，厉行节约，从严控制"的方针，但从我国行政管理支出的发展趋势上看，从20世纪80年代到现在，行政管理支出占财政支出的比重在不断增长，其直接原因是机构和人员的急剧膨胀。这在客观上说明，20世纪80年代以来先后进行的几次大规模机构精简改革运动的实际成效并不明显，各级行政人员过多，机构继续膨胀，行政费用持续增长的问题远未得到有效解决，机构改革陷入"膨胀——精简——再膨胀"的恶性循环。同时，行政管理支出在财政支出中的比重居高不下的另外一个重要原因是，由于近年来我国财政支出预算管理的加强，原来不包含在行政管理支出预算当中的一些支出也纳入到行政管理支出中来，例如，近年来在全国各地普遍推广的"阳光津贴"等，也扩大了行政管理费用的支出规模。

2.4.2 财政支出的经济性质与财政支出结构

按支出的经济性质分类，即按照财政支出是否与商品和服务的交换为标准，财政支出可以分为购买性支出和转移性支出。分析购买性支出和转移性支出在财政支出总额中所占比重大小，有助于分析政府公共支出产生的不同经济影响。一般说来，政府的购买支出主要影响的是社会资源配置。一方面，政府购买的商品和劳务的种类不同，生产的公共产品也就不同，从而对资源配置的结构产生的影响不同。另一方面，由于政府购买支出直接成为一种有效需求，其支出的大小必然影响经济总供给和总需求的平衡状况。转移性支出对社会经济的影响主要体现在收入分配上。由于它是政府的一种无偿性支出，因此，转移支出的规模和对象不同，所形成的收入分配格局也就不同。

购买性支出和转移性支出在总支出的比重，各国有所不同。一般来说，经济发达国家，由于政府较少参与生产活动，财政收入比较充裕，财政职能侧重于收入分配和经济稳定，因而转移性支出占总支出的比重较大，与购买性支出平分秋色。发展中国家，由于政府较多地参与生产活动，财政收入相对匮乏，购买性支出占总支出的比重较大，而转移性支出所占比重较低。表 2-4 显示了发达国家与发展中国家购买性支出与转移性支出所占比重的差别。

表 2-4 两类国家购买性支出与转移性支出所占比重　　　　　　　　　　%

类别	发达国家	发展中国家
购买性支出	45.2	61.5
其中:经常性支出	34.9	50.1
资本性支出	10.3	11.4
转移性支出	41	22.5
其中:公债利息	5.6	5.5
补助金	35.4	17.0
其他	13.8	16.0
合计	100.0	100.0

(资料来源:陈共. 财政学(第四版). 北京:中国人民大学出版社.)

2.4.3 影响财政支出结构的因素分析

一定时期的财政支出结构,受政治、经济等多种因素的影响,其中主要有以下几方面。

1. 政府职能及政府活动范围

财政支出结构与政府职能及政府活动范围有着直接的关系。在计划经济体制下,政府职能及政府活动范围比较宽,既承担了社会共同需要方面的事务,也承担了大量竞争性、经营性等方面的事务,所以,在财政支出结构上必然体现出浓厚的计划经济体制的特点,如经济建设支出投入的比重较大,增加了一些本应由市场去办的事务性支出。而在市场经济体制下,政府主要涉足市场不能办的事情或办不好的事情,着力于经济的宏观调控,所以,在财政支出中经济建设支出的比重就相对较小,同时在经济建设中用于基础设施、公用设施等投入的比重大,而几乎没有用于竞争性、营利性领域的支出。

2. 经济发展水平

经济是财政的基础,一方面经济发展的水平决定财政收入及其供给水平,另一方面财政支出的结构受到经济发展水平的影响,因为一定时期的经济发展水平决定着当时社会需要水平及社会需要结构。按照马克思主义的观点,人们首先要解决的是衣食住行这些人类生存的基本需要,而后才能考虑其他更高层次的需要。在经济发展水平不高的情况下,财政供给水平和保障能力也必然不高,财政支出结构也会相应体现出这一时期的特点。以我国为例,我国要建立和发展市场经济迫切需要建立完备的社会保障制度,但限于国家财力,我国社会保障程度和范围十分有限,国家的社会保障支出还不能做到像西方国家那样在财政支出中占有那么大的比重。这只能随着国家经济发展水平和财力水平的提高逐步解决,因而,财政支出结构比较明显地反映出一个国家的经济发展水平。

3. 政府在一定时期的社会经济发展政策

财政支出反映着政府的活动范围和方向,反映着政府的政策取向。政府发展什么、控制什么、支持什么、限制什么,在财政支出结构中反映得十分清楚,因此,政府在一定时期的社会经济发展政策直接会影响到财政支出结构的状况。如为实施"科教兴国"战略,国家规定每年财政对科技、教育投入的增幅要高于财政经常性收入的增幅;在中央级支出中规定,从1998年起连续五年中央级财政教育经费占中央本级支出比重要比上年提高一个百分点。这些政策的实施使我国财政支出结构相应地发生了变化。

4. 国际政治经济形势

在当前世界政治多极化、经济一体化大趋势的形势下,一国政治经济及政府政策受国际形势和环境的影响越来越大,几乎没有任何一个国家可以孤立地存在和发展,都必须通过不同形式与国际社会发生这样或那样的联系中交往,经济一体化既使各国经济形成了紧密的联系,也形成了相互的依赖。因此,各国经济发展不能不受到国际经济形势和政治形势的影响,各国制定本国经济政策也必须充分考虑到国际形势的因素,从而对财政支出的结构产生显著的影响。

2.4.4 调整和优化我国财政支出结构

正确的公共支出结构政策是国家调节经济与社会发展和优化经济结构的强大杠杆。如前分析,针对我国当前面临的矛盾和问题,按照市场经济发展要求,公共支出结构必须进行战略性调整,其核心是解决公共支出"越位"与"缺位"的矛盾,力求通过改革和政策调整,着力建立起一个支出合理增长、内部结构有保有压、能够有效地规范支出行为、管理方式符合现代市场经济要求的支出运行机制。根据这一思路,当前和今后一个时期我国公共支出结构调整、优化的方向和重点为以下几方面。

1. 支持社会公共基础设施建设

国际经验表明,社会公共基础设施是实现工业化的基础,特别是在工业化初期,包括基础设施在内的基础产业,更是推动经济快速持续增长的主动力。大力发展社会基础设施如铁路、公路网的建设,城市化及城市基础设施建设等,也是中国经济发展中不可逾越的阶段。国家财政强化基础设施建设投资,既能有效刺激国内需求,迅速带动经济发展,而且投资风险小,长期经济效益和社会效益好,能为闲散资金找到出路,为下岗职工和农村剩余劳动力创造更多的就业机会,有利于增加城乡居民消费,实现国民经济的良性循环和长期稳定发展。世界银行1994年发展研究报告《为发展提供基础设施》深刻论述了基础设施与经济发展之间的关系,指出基础设施与经济产出是同步增长的——基础设施存量增长1%,GDP就会增长1%,各国都是如此。该报告甚至还认为,基础设施完备与否,一定程度上决定了一国的成功和另一国的失败,无论是在促使生产多样化、扩大贸易、解决人口增长问题方面,还是在减轻贫困及改善环境条件方面,都具有显著作用。因此,借鉴国际经验,特别是考虑到中国当前内需不足、社会公共基础设施总体落后的现实情况,国家财政采取措施,加大基础设施的投资力度,无疑是一项符合我国国情的正确选择。

2. 着力强化农业基础地位

农业是国民经济的基础产业,又是市场竞争中的弱质产业,世界各国大多都把农业作为政府的保护对象,而财政是政府保护农业的一个重要手段。尤其是随着中国履行加入WTO的承诺,降低关税,逐步开放国内市场,而农业由于基础设施差、分散经营造成生产率低下,与国际农产品相比没有竞争优势,因此当前必须强化政府对农业的保护和支持,切实有效地解决农业投入问题。财政对农业投资的重点在于:支持那些风险大、投资经济效益低、对农业发展起着保护性、开发性或者有示范效益的项目,如大中型农业基础设施、农业科研和新技术推广、生态环境保护等方面投资,这是其他农业投资主体所难以承担的,也是政府财政保护农业的重点所在。此外,从市场经济国家的经验及其中央与地方所处的地位看,不同政府级次的财政农业投资应该有所侧重。大体应是:中央财政应主要承担关系国家经济发展全局、属于全国范围或跨地区、地方无力承担或不适宜由地方承担的支出,如大江大河治理,大型生态农业保护工程,带有全局性、方向性的重点农业科技开发及大型粮棉基地建设等;省级财政掌握的投资,应主要包括全省性及跨地市水利工程建设,全省性农林水利事业发展项目,重大科技成果推广应用等;市地县财政应在承担本区域农业工程设施建设与养护的基础上,重点发展优质高效农业、社会化服务体系及推广先进适用的农业技术等。

3. 采取有效措施,加大对公益性社会事业发展的支持力度

当今世界各国都非常重视科学技术的发展,不断调整科技政策和发展战略,以促进科技事业的发展。中国是一个发展中国家,为了加速社会生产力发展,增强国家综合经济实力,实现现代化发展战略目标,今后必须采取措施,切实有效地强化科技投入力度,从而真正发挥科技进步对经济发展的带动作用。

4. 落实科学发展观,进一步优化公共支出结构

当前,在全面建设小康社会、加快推进社会主义现代化的新形势下,为了加快构建较为完善的公共财政体系,应进一步完善和创新财政制度和财政体制,优化公共支出结构,提高财政资金使用的有效性,促进经济社会协调发展、城乡协调发展、地区协调发展、人与自然协调发展。具体来讲,公共财政支出除了要优先保证国家政权建设、社会公益事业、社会保障以及非竞争性和非经营性的公共投资以外,还必须根据我国当前经济社会发展的实际情况优化公共支出结构。

2.5 财政支出效益和绩效评价

2.5.1 财政支出效益评价

1. 财政支出效益的内涵

由于资源是有限的,其政府在配置资源过程中都力求以最少的耗费取得最满意的效果,即讲求财政支出效益的最大化。所谓效益,就是人们在有目的的实践活动中"所费"和"所得"的对比关系,所谓提高经济效益,就是"少花钱,多办事,办好事"。对于微观经济主体来说,提高经济效益,有着十分明确且易于把握的标准:花了一笔钱,赚回了更多的钱,收益大于成本,这项活动便是有效益的。一般来说,财政支出效益与微观经济主体的支出效益是一样的,但是,由于政府处于宏观调控主体的地位上,支出项目在性质上也千差万别,同微观经济主体支出的效益又存在重大差别。首先,两者计算的所费与所得的范围大相径庭。微观经济主体只需分析发生在自身范围内直接的和有形的所费与所得;政府则不仅要分析直接的和有形的所费与所得,还需要分析长期的、间接的和无形的所费与所得。其次,两者的选优标准不同,微观经济主体的目标一般是追求利润,绝不可能选择赔钱的方案;政府追求的则是整个社会的最大效益,为达到此目标,局部的亏损是可能的,也是必要的,所以,在提高财政支出使用效益的过程中,政府需要处理极为复杂的问题。

2. 财政支出效益的评价方法

由于财政支出项目繁多，而且性质各异，对不同项目必须采取不同的评价方法。这里阐述的两种方法，主要用于在预算项目设计时，对财政支出方案的预期效益进行评估，从而选择出适合的方案。

(1) **成本——效益分析法**

成本——效益分析法又称成本——收入分析法，是针对政府确定的建设目标，提出若干实现建设目标的方案，详细列出各种方案的全部预期成本和全部预期效益，通过分析比较，选择出最优的政府投资项目。

成本——效益分析法最早产生于美国《1936年防洪法案》，它可以广泛应用于成本和收益能用货币计量的项目的评价，目前已经在各国的水利电力工程、邮政和运输工程、文化娱乐设施工程等财政支出分析中得到了广泛的应用。但是，如社会保障之类的项目的成本和效益却很难准确计量、有的甚至根本无法衡量，所以其局限性也显而易见，即不能用于这些成本和收益无法用货币计量的支出项目的评价。

(2) **最低费用选择法**

最低费用选择法又称最低成本选择法。这种评价方法与成本——效益分析法基本原理大体相同，只是不用货币单位计量备选项目的社会效益，只计算项目的有形成本，并以成本最低作为择优的标准。西方学者也将此方法称为信息不完备情况下的成本效益分析，或称最小成本法。对于不能运用成本效益分析法的财政支出项目，可以运用最低费用选择法进行分析。因而，最低成本法多用于评价那些成本易于计算而效益不易计量的支出项目，如教育、卫生、文化以及政治、军事等支出项目。

2.5.2 财政支出绩效评价

1. 财政支出绩效评价的内涵

所谓财政支出绩效评价，是指运用科学、规范的绩效评价方法，对照统一的评价标准，按照绩效的内在原则，对财政支出行为过程及其效果进行的科学、客观、公正的衡量比较和综合评判。在市场经济国家，开展财政支出绩效评价工作，已成为政府加强宏观管理，促进和提高政府资金运行效率，增强政府财政支出效果的关键手段。在我国，随着社会主义市场经济的不断完善，以及公共财政框架的逐步建立，推动建立财政支出绩效评价工作体系已成为财政改革所面临的一项重要课题。

财政支出绩效评价作为政府绩效管理的基础和重要组成部分，强调的是"结果导向"，这与通过衡量财政支出效益的一般方法来对各个支出项目进行评估的事前评价是有明显区别的。

2. 建立我国财政支出绩效评价体系的基本思路

为了加强财政支出管理，改革和建立科学、规范、高效的财政资金分配和管理体系，我国近年来进行了财政支出绩效评价的试点工作，根据试点取得的经验，并结合国外发展经验，建立我国的财政支出绩效评价体系的基本思路主要包括以下几个方面。

首先，确立财政支出绩效评价工作的层次。

根据开展财政支出绩效评价工作的主体和客体的不同，可以将财政支出绩效评价工作分为四个层次：财政支出项目绩效评价、单位财政支出绩效评价、部门财政支出绩效评价、财政支出综合绩效评价。

① 财政支出项目绩效评价。财政支出项目绩效评价的主体通常是财政部门、项目实施单位及其主管部门，评价对象是财政支出项目的效益。由于财政支出项目是部门（单位）财政支出的重要方面之一，而且项目支出内容十分广泛，项目间差异大，项目效益不确定性大，因此，对财政支出项目开展绩效评价，对合理安排财政经费、提高财政资金效益具有十分重要的作用。

② 单位财政支出绩效评价。单位财政支出绩效评价的主体通常是财政部门和主管部门，评价对象是主管部门所属二级和基层预算单位的财政支出效益。单位财政支出绩效评价是部门财政支出绩效评价的基础，单位作为财政部门预算管理的基层单位，其支出效益直接反映为财政支出的总体效益，因此是财政部门预算管理的重要内容之一。

③ 部门财政支出绩效评价。部门财政支出绩效评价的主体通常是各级人民代表大会、政府和财政部门，评价对象是各个政府部门（使用财政经费的一级预算单位）的财政支出效益。部门财政支出绩效评价是财政支出综合绩效评价的基础，是财政部门预算管理的重要内容之一。

④ 财政支出综合绩效评价。财政支出综合绩效评价的主体通常是各级人民代表大会、政府监督机构、财政政策研究机构等，评价对象是财政支出的整体效益，是部门财政支出效益的综合反映。综合绩效评价对象具有整体性，其范围可以是整个国家的财政支出，也可以是某一区域内的财政支出。根据我国财政管理级次可将财政支出综合绩效评价进一步划分为国家财政支出效益综合评价、中央财政支出综合绩效评价、地区财政支出综合绩效评价。地区财政支出综合绩效评价进一步又可划分为省、市、县、乡四级财政支出综合绩效评价。

上述评价工作分类共同构成财政支出绩效评价体系，该四类财政支出绩效评价工作的关系可以概括为三点：一是目的相同，四类评价工作都以提高财政资金效益为目的；二是层次分明，项目支出绩效评价是部门、单位评价工作的一个重要方面，部门财政支出绩效评价是单位财政支出绩效评价的总和，而综合绩效评价又要以部门财政支出的绩效评价为基础；三是差异显著，项目支出评价是具体财政支出项目的社会效益和经济效益的总体评价，部门、单位财政支出绩效评价侧重于财务管理效率评价，综合绩效评价是一种政策评价。

其次，适应财政支出绩效评价的要求，对财政支出进行科学分类。

结合我国财政支出管理工作的特点与实际，科学、合理地对财政支出进行分类是建立财政支出绩效评价指标、标准体系和有效组织实施的前提和基础。

由于财政支出内容十分繁杂、覆盖面大、涉及范围相当广泛，按照不同的分类标准，财政支出可以有许多种分类方法。但是考虑到我国财政支出绩效评价工作刚刚起步，建议采用湖北等地试点的分类方法，即按财政支出的功能将单位和项目支出绩效评价划分为经济建设、教育事业、科学事业、文化事业、社会保障、行政管理、国防、农林水、政府采购等九大类，并且根据评价工作的具体情况可以在进一步细分的若干小类下开展评价工作。这种分类的好处在于与财政日常管理的习惯相适应，而且简便易行，也便于基础数据的收集。

再次，建立科学的财政支出绩效评价指标体系。

我国财政支出绩效评价的指标体系设置的目标就是形成一套完整的财政支出绩效评价的指标库，这种指标库的形成不仅需要理论上的探索和研究，更依赖于在实践中逐步完善和健全。根据财政支出绩效评价的层次，在财政支出分类的基础上，应分别建立财政支出项目绩效评价、单位财政支出绩效评价、部门财政支出绩效评价、财政支出综合绩效评价指标库。从指标的适用性角度考虑，各类指标均可划分为通用指标、专用指标、补充指标和评议指标四种类型，并且根据指标的性质不同，可以将各类财政支出绩效评价指标划分为定量指标和定性指标。

根据我国的实际情况，财政支出绩效评价指标体系的建立必须遵循短期效益与长期效益相结合、定量与定性相结合、统一与专门指标相结合的原则。

最后，建立财政支出绩效评价标准。

财政支出绩效评价标准是指以一定量的有效样本为基础，测算出来的标准样本数据，用来衡量和评价财政支出的绩效水平。

财政支出绩效评价标准有定量标准和定性标准。财政支出绩效评价标准是准确衡量绩效的尺度，评价标准的正确选择对财政支出绩效评价结果具有较大影响，所以，评价标准的制定既是财政支出绩效评价体系建立的主要环节，也是财政支出绩效评价具体工作所面临的一个重要工作步骤。在我国要全面推行财政支出绩效评价工作，除要建立科学、合理、规范的指标体系外，必须要对财政支出绩效评价的标准进行总体规划设计，研究指标与标准的对应关系，研究不同评价对象的标准选择，通过各种渠道广泛收集整理各种分类标准数据，在条件成熟时要研究建立绩效评价标准数据库。需要注意的是，这个标准并不是一成不变的，它会随着经济的发展和客观环境的变化不断变化，因此，如何建立和维护更新标准库也是一项非常重要的工作。为提高有关评价标准的权威性，财政部门及有关部门可以效仿企业绩效评价，定期发布有关评价标准。

本章小结

财政支出是政府为履行其职能，以财政收入为来源而发生的提供公共产品和服务的资金耗费。财政支出是财政活动的一个重要方面，它反映了政府活动范围与方向。

财政支出按用途可分为补偿性支出、积累性支出和消耗性支出；按政府职能可分为经济建设费、社会文教费、国防费、行政管理费和其他支出；按经济性质可分为购买性支出和转移性支出。

财政支出规模是由多种因素决定的，社会经济发展水平、经济体制、政府职能的变化、财政支出涉及领域或范围的调整、财政支出效率的高低等都会对支出规模产生重要影响。

财政支出结构的影响因素主要有政府职能及财政资金供给范围、经济发展水平、政府在一定时期的社会经济发展政策、国际政治经济形势等。

衡量财政支出效益的一般方法包括成本效益分析法、最低费用选择法和公共定价法。

所谓财政支出绩效评价，是指运用科学、规范的绩效评价方法，对照统一的评价标准，按照绩效的内在原则，对财政支出行为过程及其效果进行的科学、客观、公正的衡量比较和综合评判。

复习思考题

1. 按不同的分类标准可以将财政支出分为哪些类别？

2. 简述瓦格纳的"财政支出不断增长法则"。
3. 简述皮考克和怀斯曼的"梯度渐进增长理论"。
4. 简述马斯格雷夫和罗斯托的财政支出增长发展模型。
5. 简述衡量财政支出规模的指标及其主要影响因素。
6. 分析我国的财政支出的结构状况及其变化趋势。

第 3 章

社会消费性支出——购买性支出之一

学习目标

了解社会消费性支出的性质，行政管理费和国防费的性质，我国行政管理费的增长变化原因，控制行政管理费的思路和措施，文科卫支出的经济性质，目前我国教育支出的规模和结构，教育支出的提供方式，公共卫生必须由政府提供的理论依据，文科卫支出如何加强管理提高效益。

关键词汇

购买性支出（Exhaustive Expenditure）；一般公共服务（Commonly Public Servings）；国防费（Expenditure on National Defence）；教育支出（Educational Outlay）；科学支出（Scientific Outlay）；卫生支出（Health Outlay）

案例3-1 政府盖楼，欧洲为何如此寒酸

红色的屋顶，陈旧的灰墙，简单得像盒子一样的辅助楼……这就是德国北部城市不伦瑞克的市政厅的外貌。推开一间间官员的办公室，更让人吃惊，看不到现代化的装潢和陈设，而且还没有空调、饮水机等设备。一位官员说，他们要喝什么得自己带。6层高的辅助楼里有一部电梯，是1956年产的，只能乘两人，遇到上下班大家还得跑楼梯。

在一些国人的眼里，这样的市政厅无疑是寒酸的。近年来，一些地方竞建豪华办公楼之风屡屡引起公众关注。在全国比较"耀眼"且造成不良影响的典型事件也时有发生。比如，河南郑州市惠济区，耗费数亿元建造了一个"白宫"式的政府机关办公大楼，办公区域占地149亩①，再加上周边园林绿地，占地总面积为530亩，可谓其中的"典型代表"。

城市政府和城市的"脸面"当然重要，但一个城市政府是否有"脸面"，依据的是行政效率如何，民众满意度怎样，官员是否廉洁，领导是否有较强的公仆意识和法治精神；一个

---

① 1亩=666.67平方米。

城市是否有脸面，依据的是经济是否发展，法治是否健全，社会秩序是否安定，公共设施是否以民为本等。而不在于花了多少钱，修了多么气派的办公楼。正如德国当地市民所说："作为城市日常事务的执行机构，我们没有感觉不方便的地方。更不会因为办公楼的老旧、办公设施的简陋，觉得形象不佳，相反，这值得骄傲。"

还应当看到，欧洲的一些政府大楼之所以"寒酸"，与他们完备的管理与监督机制分不开。比如，在德国新建办公大楼，建设部的工作主要是把关建设标准和基建程序：首先要明确使用部门的功能需求和人员情况，核定所需面积；二是要选址，一般只能在公共财产内；三是要根据选址地区房地产的市场状况，以及政府的财政状况，决定是租还是建，其标准就是要合理和节约。如果新建大楼超过这个标准，财政局有义务处理问题办公楼，相关的官员还必须引咎辞职。如此严苛之下，德国许多镇政府、社区办出于经济的考虑，他们宁愿选择租用民房办公。

而在我们国内当下的权力制度、政绩考核体系之下，一些县市领导认为，自己的所作所为，群众满不满意、有没有意见，没啥大关系，只要哄得上级满意就行。所以，有了钱，可以首先花在豪华办公楼的建设上，而不是花到改善百姓生活的事情上。这种扭曲的政绩观轻则导致改善百姓生活的资金被挤占甚至浪费，重则可能致使党和政府在百姓心目中的形象打折扣。

（资料来源：中国财经报，2007年03月20日.）

3.1 社会消费性支出的性质

3.1.1 社会消费性支出的属性

社会消费性支出与投资性支出同属于购买性支出，但两者之间存在着明显的差异，最大的区别在于前者是非生产的消耗性支出，它的使用并不形成任何资产。然而，两者又有共同之处，即在必要的限制内，它们都是为社会再生产的正常运行所必需的；而且，就其本质来说，社会消费性支出满足的是纯社会共同需要，正是这种支出构成了财政这一经济现象的主要依据。社会消费性支出既然是社会的，它所提供的服务就可为全体公民共同享受，具有明显的外部效应。因为有这一特点，满足这种公共需要以及为全体公民共同享受，就具有明显的外部效应；因为有这一特点，满足这种公共需要以及为此而需要的资金的筹措，就要遵循与一般商品交换有所不同的另外的一种原则。在财政支出安排上，首先保证这些支出项目必要的支出，是财政工作的基本职责。社会消费性支出是国家执行政治职能和社会职能的保证，政府不仅要为公民提供国家防务和社会安定，还要通过法律、行政和社会管理处理和协调公民之间的相互关系，维系正常的社会关系以及商务关系。此外，随着经济的不断增长，政府还必须保证各项社会事业的相应发展，实现经济社会的可持续发展，扩展社会发展空间，不断提高居民的生活质量。

3.1.2 社会性消费支出项目

为了满足这类公共需要，必然形成项目众多而且数量可观的财政支出。在国家财政支出项目中，属于社会消费性支出的有一般公共服务支出、国防费、教育支出、科学技术支出、医疗卫生支出等。在不同国家的不同时期，社会消费性支出的规模也有所不同。如前所述，在自由资本主义时期，强调靠"看不见的手"调节经济，提倡"廉价政府"，因而当时的财政支出主要是社会消费性支出，而且支出规模较小，占GDP的比重较低。随着市场经济的不断发展，国家对经济的干预逐渐强化，也产生了一些新的政府的政治职能和社会职能，相应地社会消费性支出项目不断增加，规模不断扩大。从世界各国的一般发展趋势来看，社会消费性支出的绝对规模总是呈现一种扩张的趋势，相对规模在一定发展阶段也是呈扩张趋势，达到一定规模则相对停滞。当然其中有些项目增长较快，相对规模在上升，而有些项目增长较慢，相对规模在下降。

3.2 一般公共服务支出和国防费

3.2.1 一般公共服务支出和国防费的属性

一般公共服务支出和国防费以及由这些费用支持的各种活动，究竟对经济产生了好的影响还是不好的影响，并不是三言两语就可以说清楚的。对此，可以从以下三个方面观察。

① 从直接的生产和消费社会财富角度来看，这两类费用纯属社会财富的"虚耗"，因为行政活动和国防活动是非生产性劳动，从而与生产性劳动相对立。就此而论，这两类支出越少越好。

② 从财富生产的社会条件看，国防保护了人民生产与生活的安全，行政活动维持了生产与生活的秩序，因而，用于这两类活动的费用又不是在"虚耗"社会财富。

③ 从社会经济的循环来看，生产是产品的创造，消费则是产品的实现，而且，若无消费，生产不仅是一种无实际内容的概念，而且也不能正常进行。行政活动和国防活动正是全社会消费的一个组成部分，因此，当社会的消费需求不足以完全吸收掉同期的产出时，一般公共服务支出和国防费的增加，具有增加消费并促进生产的作用；而当社会的消费需求超过同期产出时（供给不足），增加一般公共服务费和国防费，则具有通货膨胀的效应。

3.2.2 一般公共服务支出

公共服务可以根据其内容和形式分为基础公共服务、经济公共服务、社会公共服务、公共安全服务。基础公共服务是指那些通过国家权力介入或公共资源投入，为公民及其组织提供从事生产、生活、发展和娱乐等活动都需要的基础性服务，如提供水、电、气，交通与通信基础设施，邮电与气象服务等。经济公共服务是指通过国家权力介入或公共资源投入为公民及其组织即企业从事经济发展活动所提供的各种服务，如科技推广、咨询服务以及政策性信贷等。公共安全服务是指通过国家权力介入或公共资源投入为公民提供的安全服务，如军队、警察和消防等方面的服务。社会公共服务则是指通过国家权力介入或公共资源投入为满足公民的社会发展活动的直接需要所提供的服务。社会发展领域包括教育、科学普及、医疗卫生、社会保障以及环境保护等领域。社会公共服务是为满足公民的生存、生活、发展等社会性直接需求，如公办教育、公办医疗、公办社会福利等。

按照大的专业属性，还可以进行如下分类：国防建设、国内与国际公共救助与灾害援助、法律法规政策规范、文化经济产业开发建设、精神文明和物质文明建设、信息化建设、标准化建设、工业化建设、城镇化建设、特色产业建设、金融保险与消费建设、职业化和专业化建设发展等。

所谓基本公共服务，是指建立在一定社会共识基础上，根据一国经济社会发展阶段和总体水平，为维持本国经济社会的稳定、基本的社会正义和凝聚力，保护个人最基本的生存权和发展权，为实现人的全面发展所需要的基本社会条件。基本公共服务包括三个基本点：一是保障人类的基本生存权，为了实现这个目标，需要政府及社会为每个人都提供基本就业保障、基本养老保障、基本生活保障等；二是满足基本尊严和基本能力的需要，需要政府及社会为每个人提供基本的教育和文化服务；三是满足基本健康的需要，需要政府及社会为每个人提供基本的健康保障。随着经济的发展和人民生活水平的提高，一个社会基本公共服务的范围会逐步扩展，水平也会逐步提高。

中国政府提出了基本公共服务均等化的目标，但在操作层面必须明确界定基本公共服务的内容。从中国的现实看，可以运用基础性、广泛性、迫切性和可行性四个标准来界定。所谓基础性，是指那些对人的发展有着重要影响的公共服务，是人所必需的公共服务，它们的缺失将严重影响人的发展。所谓广泛性，是指那些影响到全社会每一个家庭和个人的公共服务供给。所谓迫切性，是指事关广大社会最直接、最现实、最迫切利益的公共服务。所谓可行性，是指公共服务的提供要与一定的经济发展水平和公共财政能力相适应。

从上述标准判断，义务教育、公共卫生和基本医疗、基本社会保障、公共就业服务，是广大城乡居民最关心、最迫切需要的公共服务，是建立社会安全网、保障全体社会成员基本生存权和发展权必须提供的公共服务，是现阶段我国基本公共服务的主要内容。

3.2.3 国防费

1. 我国国防政策

中国坚持走和平发展道路，统筹国内、国际两个大局，妥善应对复杂的国际安全形势。中国依据发展与安全相统一的安全战略思想，对内努力构建社会主义和谐社会，对外积极推动建设和谐世界，谋求国家综合安全和世界持久和平；统筹发展与安全、内部安全和外部安全、传统安全与非传统安全，维持国家主权统一，维护国家发展利益，维护国家发展的重要战略机遇期；努力构建互利共赢的合作关系，促进与其他国家的共同安全。

我国奉行防御性的国防政策。我国的国防，是维护国家安全统一，确保实现全面建设小康社会目标的重要保障。建立强大巩固的国防是我国现代化建设的战略任务。新世纪新阶段我国的国防政策主要包括以下内容：维护国家安全统一，保障国家发展利益；实现国防和军队建设全面、协调、可持续发展；加强以信息化为主要标志的军队质量建设；贯彻积极防御的军事战略方针；坚持自卫防御的核战略；营造有利于国家和平与发展的安全环境。

2. 我国国防费规模和构成

我国国防费始终坚持严格控制、严格管理、严格监督的原则，建立完善的管理体制和法规制度。政府依据《中华人民共和国国防法》，保证国防事业的必要经费，将国防费全部纳入国家预算安排，实行财政拨款制度，按《预算法》实施管理，国防费预、决算由全国人民代表大会审批，由国家和军队的审计机构实施严格的审计和监督。

2007年中国增加的国防费主要用于三个方面：一是提高军队人员工资和津贴标准，保证部队官兵及离退休干部收入水平随着经济社会的发展得到相应提高；二是提高军队公务事业费和伙食费标准，改善部队官兵训练、生活条件；三是适度增加装备建设经费，提高军队在信息化条件下的防卫作战能力。

中央军委委员、总后勤部部长廖锡龙说，从绝对值上看，我国国防费换算成美元只有约351亿，只大约相当于世界上国防费最多国家的7%；从军人人均国防费看，我国军人均只有1.5万美元左右，还不到世界上国防费最多国家军人的1/20；从占GDP的比例看，目前世界主要国家和地区的国防费占GDP的比重大多维持在2.5%~5%，而我国2009年国防费开支预算预计占GDP的比重仅为1.4%左右，如图3-1所示。

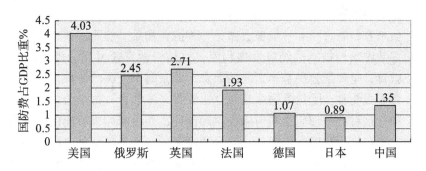

图3-1 世界主要国家的国防费占GDP的比重

新增加的国防经费将重点保障好三方面的需求：一是保障养兵过日子；二是保证我军信息化建设推进；三是增加新型军事人才建设投入。

关于国防的合理规模，必须从国际与国内安全形势进行战略性思考的一个重大政策问题，当然，从理论研究的角度来说，也可以寻求一定的可遵循的规律性。近年来，理论界发展起一门名为"国防经济学"的学科，此学科对这个问题有所研究。国防的目的是保卫国家不受侵犯，侵犯之敌或可能的侵犯之敌位于何方，可能动员的侵犯力量有多大，有效地遏制这些侵犯所需的军事力量要有多大，都是可以估计出来的，而且可以量化为若干指标，这就为确定国防费奠定了基础。一国可以首先确定所需的军事打击力量规模；其次，为此制定军事计划；再次，为执行各个计划项目拟定各种可以替代的实施方案；最后，根据被选定的方案所需的资金编制国防支出的预算。这样的制度一般称为"计划—方案—预算"模式，按照所需资金来编制国防支出的预算。这种制度最早由美、英等国在第二次世界大战期间使用。很多学者以为，上述制度可以广泛运用于军费预算上，一是可用于重大军事行动的资源配置，例如，面对核战争或常规战争，面对全面战争和局部战争，如何安排支出最有效率；二是在战役安排上，可用于进行军事配置，如选择作战武器、军事基地、作战人员、供应通道、通信联络系统等；三是用于安排各种武器和军事工程的研究和发展。比较这三种用途，前两种受不确定因素影响较大，因而只能预算出约数，后一种则可较精确地做出。尽管这一制度尚有缺陷，但它毕竟为制定国防预算提供了若干可以遵循的规则。

我国国防支出项目包括人员生活费、训练维持费和装备费，其构成基本上是各占1/3。国防费的保障范围既包括现役部队，又包括民兵和预备部队，并负担部分退役军官供养、军人子女教育、支持国家经济建设等方面的社会性支出。每年增加的国防费主要是用于改善军人工资待遇和部队生活条件、加大武器装备和基础设施建设投入、支持军事人才建设、平抑物价上涨因素、增加非传统安全领域国际合作费用等。

3.3 教育支出

3.3.1 教育支出的提供方式

"百年大计,教育为本",教育发达程度、教育投入水平常常是衡量一个国家,一个民族素质、文明程度的主要标准。教育支出在各国财政支出中占有重要的地位,体现了各国发展教育事业、提高国民素质的战略目标。

从经济性质来看,教育服务一般被看做是一种混合物品。然而,教育是分初、中、高几个层次的,而多数国家根据本国经济发展程度,对初级教育通过宪法规定若干年的义务教育。所谓义务教育,是保证公民基本素质的教育,既是每个公民的一种权利,也是每个公民的一种义务,带有强制性。既然是国家通过立法安排义务教育,每个公民都可以无差别地享受这种教育,那么这种服务理应由政府来提供和保证,而政府如果不能保证开展义务教育具有足够的经费,则应视为政府的失职。从这个角度来看,义务教育并非混合物品,而是纯公共物品。至于义务教育以外的高层次教育,主要有高等教育、职业教育和成人教育等,则具有两面性:一方面,高层次教育可以提高公民素质的教育,可以为国家培养建设人才,从而促进社会经济的发展,因而也属于公共物品的范畴。另一方面,受教育者可以从高层次教育中获得更多、更专业的知识和技能,为将来从事相应的职业、获得较高的收入、拥有较多的晋升机会奠定基础。也就是说,个人从高级教育中得到的利益是内在化和私人化的,而且一些人接受高级教育,就会减少另一些人接受高级教育的机会。因此,按照公共物品理论,义务教育以外的高层次教育,不属于纯公共物品,而是属于混合物品。这也就不难解释为什么教育不能像国防和国家安全一样,完全由政府免费提供,它可以向受教育者收费,也可以由私人举办。

但从实际来看,各国政府特别是发展中国家的政府一般在提供教育服务方面发挥主导作用。之所以如此,是因为教育具有三个特点:一是当今社会已经进入知识经济时代,科技进步已经成为经济增长的主要动力,而科技进步又源于教育。二是避免因收入差距而形成受教育机会的不公平。如果教育服务主要由私人部门提供,学费必然被抬高,则收入较低家庭的子女即使天真聪颖也会被拒之于校门之外。而如果主要由政府提供教育服务,就可以为所有社会成员提供同等的受教育机会,从而保证教育机会的公平,并避免流失优秀的人才资源。三是教育资本市场的不发达和不完善。对于家庭来说,用于教育的支出是一种人才资本投资,如果低收入家庭暂时无力支付学费,照理可以向金融部门申请贷款。问题是人才资本市场是一个不完善的资本市场,在这个市场中,金融部门与借款者之间的信息不对称,人才资本投资究竟有没有回报或者回报率有多高,事先是难以确定的,因而金融部门不愿轻易发放贷款,由政府主办教育服务并为教育贷款提供担保,则有助于弥补教育资本市场的不足。

3.3.2 我国教育经费规模及其来源结构

我国教育经费来源构成的基本特征是,仍以政府投入为主,2004年国家财政性教育经费占全部教育经费的60%以上,占GDP的比重为2.8%;预算内教育经费占全部教育经费的比重为55.6%,每年均大幅度增长,占财政支出的比重为14%左右。而2009年这个比例

（财政性教育经费占全部教育经费）下降到 64%，其原因是其他教育经费由 3% 上升到 13%，社会团体和个人经费从低于 1% 上升到 6%。学杂费的比重由 8% 上升到 16%。由此看出，我国已由主要依赖国家财政资金投入的经费来源渠道，发展成教育经费来源渠道多元化局面。自 1998 年以来，连续 5 年中央本级财政支出中教育经费所占比重每年增加 1 个百分点。除政府投入外，目前已经形成政府投入、社会团体和公民个人办学、社会捐资和集资办学、收取学费和杂费及其他经费等多种形式、多元化的教育资金来源。近年来，收取的学杂费和社会团体及公民个人办学经费的比重增长较快，但是国务院于 1993 年在《中国教育改革和发展纲要》中提出逐步将国家财政性教育经费提高到占 GDP 的 4% 的目标仍未实现。

2004 年我国全部教育经费占 GDP 的比重虽然已达到 4.5%，国家财政性教育经费占 GDP 的比重已达到 2.8%，但同世界发达国家和某些发展中国家相比，仍然存在差距。根据 1995 年的数据，世界平均水平为 5.2%，高收入国家为 5.5%，中等收入国家为 4.5%，低收入国家为 5.5%。若按在校学生人均教育经费来比较，显然差距则更大。

3.3.3 我国教育支出的结构和效益

理论和实践都证明，一国财政支出的规模和结构是影响教育经费效益的主要因素。我国目前不仅教育经费规模仍然偏低，而且教育经费在初等教育、中等教育和高等教育之间分布的级次结构也不尽合理。重视高等教育，忽视初级教育，特别是农村的普及教育长期处在落后的困境。有关国际组织调查研究表明，初等教育投资比中等教育投资，更有效率，更加公平，而中等教育的效率和公平性则优于高等教育的。因此，对于那些初等教育入学率低于 75% 的国家，初等教育应是公共教育投资的优先项目。从总体上看，发展中国家已经开始增加初等教育和中等教育的投入，但是初等教育的入学率离普及水平还相差很远，而且教学质量仍很低。然而，对高等教育的补贴水平依然很高，最突出的例子是非洲，高等学校中的人均公共支出约为初等教育的 44 倍，最极端的例子是坦桑尼亚，这一比例甚高达 1:2 381。巴西在 20 世纪 90 年代早期，大学的人均公共支出为 6 000 美元（总额将近每年 10 亿美元），在拉丁美洲属于最低的一类。由此可见，发展中国家当前教育支出体制改革的关键在于加大对初等教育的投资，提高初等教育经费在教育经费中的比重。

根据《世界银行：世界发展报告》提供的数据，世界各类型国家三级教育的人均教育经费之比的公共特征是逐级升高，但级差别则与经济的发达程度呈反向关系，即经济越发达，极差越小。我国各级教育人均经费的极差则远高于世界平均水平。三级教育人均教育事业支出差距的大小与人均收入水平的高低呈反向关系，我国差距较大的这种状况，从客观方面来说，与我国目前的经济实力、居民收入水平低而且接受初级教育的生源众多有直接关系；但从政策方面来说，我国教育投资体制改革迟滞以及长期忽视初级教育投入的倾向，也难辞其咎。近年来，由于政府加大初级教育的投入，差距已经在逐步缩小。但是，这样大的差距是长期积累的结果，需要逐步化解，短期内难以达到预期的目标。

附：2005 年全国教育经费执行情况统计公告

1. 全国教育经费情况

2005 年，全国教育经费为 8 418.84 亿元，比 2004 年的 7 242.60 亿元增长 16.24%。其中，国家财政性教育经费（包括各级财政对教育的拨款、教育费附加、企业办中小学支出以及校办产业减免税等项）为5 161.08亿元，比2004年的4 465.86亿元增长15.57%。

2. 落实《教育法》规定的"三个增长"情况

① 中央和地方各级政府预算内教育拨款（不包括城市教育费附加）为4665.69亿元，比上年的4027.82亿元增长15.84%。其中，中央财政教育支出349.85亿元，比上年的299.45亿元增长16.83%，高于中央本级财政经常性收入15.42%的增长幅度。

② 各级教育生均预算内教育事业费支出增长情况

2005年全国普通小学、普通初中、普通高中、职业中学、普通高等学校生均预算内教育事业费支出情况如下。

a. 全国普通小学生均预算内事业费支出为1 327.24元，比2004年的1 129.11元增长17.55%。其中，农村普通小学生均预算内事业费支出为1 204.88元，比2004年的1 013.80元增长18.85%。普通小学生均预算内事业费支出增长最快的是山西省（33.41%）。

b. 全国普通初中生均预算内事业费支出为1 498.25元，比2004年的1 246.07元增长20.24%。其中，农村普通初中生均预算内事业费支出为1 314.64元，比2004年的1 073.68元增长22.44%。普通初中生均预算内事业费支出增长最快的是湖南省（33.99%）。

c. 全国普通高中生均预算内事业费支出为1 959.24元，比2004年的1 758.63元增长11.41%。普通高中生均预算内事业费支出增长最快的是宁夏回族自治区（34.12%）。

d. 全国职业中学生均预算内事业费支出为1 980.54元，比2004年的1 842.58元增长7.49%。职业中学生均预算内事业费支出增长最快的是新疆维吾尔自治区（45.27%）。

e. 全国普通高等学校生均预算内事业费支出为5 375.94元，比2004年的5 552.50元下降3.18%。普通高等学校生均预算内事业费支出增长最快的是新疆维吾尔自治区（51.70%）。

③ 各级教育生均预算内公用经费支出增长情况。

2005年全国普通小学、普通初中、普通高中、职业中学、普通高等学校生均预算内公用经费支出情况如下。

a. 全国普通小学生均预算内公用经费支出为166.52元，比2004年的116.51元增长42.92%。其中，农村普通小学生均预算内公用经费支出为142.25元，比上年的95.13元增长49.53%。普通小学生均预算内公用经费支出增长最快的是海南省（448.10%）。

b. 全国普通初中生均预算内公用经费支出为232.88元，比2004年的164.55元增长41.53%。其中，农村普通初中生均预算内公用经费支出为192.75元，比上年的125.52元增长53.56%。普通初中生均预算内公用经费支出增长最快的是海南省（261.10%）。

c. 全国普通高中生均预算内公用经费支出为363.54元，比2004年的290.31元增长25.22%。普通高中生均预算内公用经费支出增长最快的是海南省（127.64%）。

d. 全国职业中学生均预算内公用经费支出为336.66元，比2004年的267.70元增长25.76%。职业中学生均预算内公用经费支出增长最快的是新疆维吾尔自治区（438.06%）。

e. 全国普通高等学校生均预算内公用经费支出为2 237.57元，比2004年的2 298.41元下降2.65%。普通高等学校生均预算内公用经费支出增长最快的是新疆维吾尔自治区（173.83%）。

3. 预算内教育经费占财政支出比例情况

按预算内教育经费包含城市教育费附加的口径计算，2005年全国预算内教育经费占财政支出 33930.28 亿元（2006 年《中国统计年鉴》公布数）比例为 14.58%，比 2004 年的 14.90% 下降了 0.32 个百分点。从全国情况看，有 23 个省、自治区、直辖市预算内教育经费占财政支出比例比 2004 年有不同程度的下降。

4. 国家财政性教育经费占国内生产总值比例情况

据统计，2005 年全国国内生产总值为 183 084.80 亿元，国家财政性教育经费占国内生产总值比例为 2.82%，比 2004 年的 2.79% 增加了 0.03 个百分点。目前我国国家财政性教育经费统计口径尚不能完全反映我国政府安排教育经费的总量。

2005 年全国教育经费执行情况监测结果表明，政府教育投入总量继续增加，国家财政性教育经费占 GDP 的比例比 2004 年有所增加，但预算内教育经费占财政支出比例比 2004 年有所下降，有一些省、自治区、直辖市没有达到《教育法》规定的教育投入增长要求。

2006 年研究生教育招生 40 万人，在学研究生 110 万人，毕业生 26 万人。普通高等教育招生 540 万人，在校生 1 739 万人，毕业生 377 万人。各类中等职业教育招生 741 万人，在校生 1 809 万人，毕业生 476 万人。全国普通高中招生 871 万人，在校生 2 515 万人，毕业生 727 万人。全国初中招生 1 930 万人，在校生 5 958 万人，毕业生 2 072 万人。普通小学招生 1 729 万人，在校生 10 712 万人，毕业生 1 928 万人。特殊教育招生 5 万人，在校生 36 万人。幼儿园在园幼儿 2 264 万人。

3.4　科学技术支出

3.4.1　把提高自主创新能力摆在突出地位

科学技术是对历史起推动作用的革命力量。进入 20 世纪以后，科技进步与扩散的速度和方式都发生了巨大的变化，科技对经济、社会发展的作用日益突出，尤其是自 20 世纪 90 年代以来，科技作为生产力中最关键因素的作用日益明显，知识密集型产业成为经济增长中长期稳定的主导因素。关于科技进步对经济增长贡献的研究，在柯布-道格拉斯生产函数中，开始考虑技术进步对产量的影响，但它无法解释对科技进步的意义。在哈罗德-多马模型中，技术水平是假设不变的，只有在考虑经济长期波动时，技术进步才与人口增长一起作为影响经济波动的因素。而索洛-斯旺模型则将技术进步作为经济增长的外在因素。从 20 世纪 80 年代开始，以罗默、卢卡斯为代表的新经济增长理论突破性地将技术进步内生化，提出在技术进步条件下，资本边际效益递减规律可以避免，经济增长的持续性也可得以保持。

1929—1978 年，美国经济增长率的 40% 来源于科技进步；到了 20 世纪 80 年代，经济发达国家的技术贡献由 20 世纪初的 5%~20% 提高到了 60%~80%；20 世纪 90 年代以来，高增长、低失业、低通胀的美国经济中以网络技术、生物工程技术等为代表的"知识经济"占了 60% 以上。科技进步作为一个连续不断的过程，其生产及扩散所具有的波状乘数效应，可放大其他生产要素的作用。由于科技进步对经济增长与社会进步的这种促进作用，极大地激发了人们对科技投入、制度创新与文化转型的热情和动力。如何在不断增加科技投入的同时，界定政府投入和私人投资的边界，确定合理的政府投资规模和结构，提高投入的效益，不仅关系到科技水平和国际竞争力的提高，更关系到经济增长和社会进步的进程。

提高自主创新能力，建设创新型国家。2006年初召开全国科学技术大会的前夕，国务院发布了《国家中长期科学和技术发展纲要（2006—2020）》。这一纲要立足国情，面向世界，以增强自主创新能力为主线，以建设创新型国家为奋斗目标，全面规划和部署了我国未来15年科学和技术的发展。全面落实科学发展观，构建社会主义和谐社会，要求加快转变经济增长方式，提高自主创新能力，其核心就是尽快实现从资源依赖型向创新驱动型转变，实现从对外技术依赖型向自主创新型转变，使科技创新成为经济社会发展的内在动力和全社会的普遍行为，依赖制度创新和科技创新实现经济社会持续、协调发展，从而确保实现2020年全面建设小康社会的宏伟目标。

我国人口众多和资源、环境"瓶颈"制约的国情，决定了我国必须遵循创新型国家的发展道路。人口众多，在加快发展过程中必然面临就业的压力；我国还面临着城市人口迅速膨胀、水资源等重要资源占有量严重不足，生态环境脆弱等问题，这些都成为快速发展的日益突出的制约条件。要解决这种客观存在的矛盾，根本的出路就是实施科技创新、建设创新型国家的战略。否则，就不可能从容应对国际竞争中所面临的机遇和挑战，甚至可能丧失科技进步和国际安全的战略主动权。

当前，我国科技总水平与发达国家和新兴工业化国家相比仍然存在较大差距，主要表现在关键技术自给率低、发明专利数量少、科研质量不高、尖子人才匮乏、科技投入不足等方面。但也要看到，工业化和现代化的过程也就是不断自主创新的过程，在这个方面我国已经具备了诸多的有利因素，如全国现有科技人才总数达8 460万人，研发投入已跃居世界第三位，生物、纳米、航天等重要领域的研发能力已跻身世界先进行列，具有较完整的学科布局，具有对创新需求的巨大市场，越来越多的企业开始形成市场导向的自主创新机制等，这些条件已经为着力自主创新、建设创新型国家提供了巨大的潜力和广阔的空间。可以预期，在不远的将来，我国将以创新型国家的雄姿屹立于世界之林。

3.4.2 国家的科技投入政策

国务院关于实施《国家中长期科学和技术发展规划纲要（2006—2020）》的若干配套政策对我国的科技投入和激励政策做出了明确的阐述，其中有关财政政策的内容主要有以下三个方面。

1. 科技投入机制

建立多元化、多渠道的科技投入体系，大幅度增加科技投入，提高全社会研究开发投入占GDP的比重；确保财政科技投入的稳定增长，预算及其执行中超收的分配都要体现法定增长的要求，"十一五"期间财政科技投入的增幅要明显高于财政经常性收入的增幅；财政科技投入的重点是支持基础研究、社会公益性研究和前沿技术研究；发挥财政资金和激励企业自主创新的引导作用；创新财政科技投入的管理机制。

2. 税收激励

加大对企业自主创新投入的所得税税前抵扣力度，如允许企业按当年实际发生的技术开发费用的150%抵扣当年就纳税所得额；允许企业加速研究开发仪器设备折旧，如单位价值在30万元以下的可一次摊入管理费，30万元以上的可采取适当缩短固定资产折旧年限或加速折旧政策；完善促进高新技术企业发展的税收政策、完善促进转制科研机构发展的税收政策、支持创业风险投资企业的发展、扶持科技中介服务机构、鼓励社会资金捐赠创新活动。

3. 政府采购

建立财政性资金采购自主创新产品制度，认定政府采购自主创新产品目录，加强预算控制，优先采购；改进政府采购评审方法，给予自主创新产品优先待遇；建立激励自主创新的政府首购和订购制度，建立本国货物认定制度和购买外国产品审核制度，发挥国防采购扶持自主创新的作用。

3.4.3 财政的科学研究支出

科研活动可以由个人或某一集体去完成，一般而言，科学研究的成果也可以有偿转让。但是，有一些情况会使科研成果的交易十分困难，因为科学研究是一种社会共同需要，科研的成本与运用科研成果所获得的利益不易通过市场交换对称起来。所以，用于那些外部效应较强的科学研究活动，主要是基础性、公益性以及高新科技的科研经费，必须由政府来承担，而那些可以通过市场交换来充分弥补成本的科学研究，主要是应用性的科研经费，则可由微观主体承担。

我国财政用于科学研究的支出是逐年增长的，特别是"十一五"时期的增长幅度较大。但值得注意的是，虽然科研经费逐年增长而其占财政支出的比重却没有明显的提高，这种现象在一定程度上反映了财政政策的指导思想，仍然没有完全从数量型增长观念的桎梏下解脱出来。当然，财政拨款的科研支出只是财政科研投入的一条渠道，财政还通过科技三项费用、税收优惠和财政补贴等多种渠道，带动和鼓励民间科技的投入，采取相应的政策激励广大企业扩大自主积累，增加科研费用，推动企业成为技术创新的主体。

3.4.4 国际比较

世界经济合作与发展组织（OECD）每年出版的《主要科学技术指标》为分析世界各国 R&D 投入规模、结构和变化情况提供了基础数据，下面根据 OECD《主要科学技术指标（2005）》所提供的数据，对我国 2009 年 R&D 经费支出的规模、结构及其发展变化与其他国家进行比较分析。

① 我国 R&D 经费支出总额已跃居世界第六位。2003 年美国和日本的 R&D 经费总额分别以 2 846 亿美元和 1 353 亿美元居世界第一位和第二位；德国、法国和英国分别以 613 亿美元、385 亿美元和 340 亿美元居世界第三位至第五位；我国的 R&D 经费已达 186 亿美元，居世界第六位；加拿大和韩国分别以 166 亿美元和 160 亿美元居世界第七位和第八位。从增长速度来看，1998—2003 年的 5 年间，我国的 R&D 经费支出额以年均 15.8% 的速度增长，增速在 38 个国家中居第一位，这使我国的 R&D 经费支出总额从 1993 年世界第十四位上升到 2003 年的世界第六位。1993 年，美、日、德、法、英五国 R&D 经费支出总额分别为我国的 39 倍、29 倍、11 倍、7 倍和 5 倍，到 2003 年则下降到分别为我国的 15 倍、7 倍、3 倍、2 倍和 1.8 倍；加拿大和韩国也分别为我国的 2 倍和 1.8 倍下降到为我国的 89% 和 86%。

② 我国 R&D 经费占 GDP 的比重进一步提高。从 R&D 经费投入的强度来看，20 世纪 90 年代，我国 R&D 经费支出总额与 GDP 的比值一直在 0.70% 左右徘徊，1999 年以后这一比值开始迅速提高，2003 年比上年上升了 0.06 个百分点，达到 1.31%，居发展中国家的首位。

我国"十一五"科技发展规划确立的目标是到 2009 年实现 R&D 经费与 GDP 的比值达到 1.5%。借鉴发达国家和新兴工业化国家的相关经验，我国还要继续大力提高 R&D 经费投入强度，以早日实现 R&D 经费与 GDP 的比值超过 2%，从而支撑我国自主创新能力的提高。

③ 企业已成为 R&D 经费的主要来源和 R&D 活动的主要执行部门。2003 年，我国的 R&D 经费中来自企业的资金占 60.1%，来自政府的资金占 29.9%，来自其他方面的资金占 10%，企业已经成为我国 R&D 的投入主体。企业不但是我国 R&D 经费的最大来源，同时也是 R&D 活动的主要执行部门，在我国 R&D 活动中的主体地位已经确立。国际方面，2003 年大多数发达国家企业 R&D 经费占全部 R&D 经费的比重都在 60% 以上，最高的韩国和日本分别达到 76.1% 和 75.0%；美国为 68.9%；加拿大、澳大利亚、意大利这一比重在 50% 左右。企业技术创新、尤其是自主创新必须依赖 R&D 经费的大量投入，企业 R&D 活动的执行主体是一个国家科学技术快速转化为现实生产力的重要前提，这已被发达国家和新兴工业化国家成功的发展历程所证实。以企业资金为主是发达国家 R&D 活动的普遍特征，但在一些国家中，如英国、澳大利亚和加拿大，政府仍是 R&D 经费的重要来源。在澳大利亚，来自政府的资金占全国 R&D 经费总额的比重甚至达到 44.4%，说明这些国家的政府对本国 R&D 活动的支持力度很大。

④ 我国基础研究经费支出接近 10 亿美元，在 R&D 支出中的份额尚需提高。2003 年，我国 R&D 支出总额中用于基础研究的经费为 9.92 亿美元，比上年增长了 1 亿美元，属于中等水平，但仅为美国的 1.8%，日本的 5.8% 及法国（2002 年）的 13%；韩国、西班牙和澳大利亚（2002 年）的基础研究经费也分别是我国的 2.3 倍、1.9 倍和 1.7 倍。我国 2003 年基础研究经费在全国 R&D 经费总额中的比重仅为 5.33%，处于最低水平。发达国家这一比重大多在 20% 左右，相对较低的日本也在 10% 以上，甚至阿根廷等发展中国家也超过了 20%。从历史发展来看，我国这一比重长期稳定在 5% 左右的局面没有改变。基础研究是新知识产生的源泉和新发明创造的先导，是国家长期科技发展和国际竞争力提升的重要基础，我国基础研究投入长期偏低的情况必须引起人们的高度重视。

3.5 医疗卫生支出

3.5.1 政府介入医疗卫生事业的理由和范围

1. 政府介入卫生医疗领域的理论依据

卫生领域中的市场提供存在着广泛的缺陷，为政府在这一领域中发挥作用提供了潜在的理论依据，其中公共卫生被认为是典型的事例。公共卫生领域是具有很大外部效应的纯公共物品，包括安全饮用水、传染病与寄生虫病的防范和病菌传播媒介的控制等。由于这些物品具有非排他性，即不能将不付费者从这种服务的利益排除出去，因而私人根本不会提供或者不会充分提供。公共卫生支出还包括提供卫生防疫一类的活动，而卫生信息是一种具有外部效应和非排他性的公共产品，市场不可能充分提供卫生、免疫、营养以及计划生育等信息方面的免费服务。政府提供公共卫生的另一个重要理由，是公平的收入分配。市场是以个人对劳动和资本贡献的大小来分配收入，而劳动的贡献是以个人的健康为前提的，卫生条件以至于疾病却是对健康和劳动能力的一种极大的威胁。在市场规则下，疾病会使劳动者的收入减少甚至丧失劳动能力，而贫困者又难以抵御疾病风险的侵袭，这样就会陷入"贫困的循环"。现在，人们越来越认为，卫生保健是一种人人应有的权利，而不是一种基于经济基础上的特权。政府卫生政策的目标包括缓解和消除因收入差距对健康造成的不良影响。此外，疾病的风险是最难以确知的，在私人医疗市场上，人们化解风险的方法是购买商业保险，但商业保险的趋利性必然产生"逆向选择"，即选择低风险的保险对象，而政府的公共卫生服务带有社会保险的性质，让疾病的社会风险在更大的范围内由政府承担，高风险者不受排斥，为劳动者提供了可靠的后盾。

以下就是世界银行提出的政府要对卫生事业进行干预的三条理由："第一，减少贫困是在医疗卫生方面进行干预的最直接的理论基础；第二，许多与医疗卫生有关的服务是公共物品，其作用具有外部性；第三，疾病风险的不确定性和保险市场的缺陷是政府行为的第三个理论基础。"通过政府对这些领域的合理介入，可以产生在卫生医疗市场预期的四个结果：健康、低成本、满意度和公平。

2. 卫生医疗领域中的公共服务范围

我国目前整个医疗卫生服务开支占总 GDP 的 4.7% 左右，这个比重在世界范围内是比较低的。比如，发达国家的一般在 10% 左右，而美国则有 16%～17%。根据我国很多历史经济学家的研究，当人类的文明不断推进、收入不断增加的时候，人们会把收入的更多一部分用于维护自己的健康，这是必然的趋势。所以医疗服务占据总的经济资源比例会越来越大，据统计，中国在未来十年间，从目前 GDP 的 4.7% 发展到 7%～8%，甚至 10%，是很有可能的。而政府支出在卫生医疗中占很大份额，各国卫生总费用中平均 60% 是政府提供的公共支出，几乎囊括所有卫生医疗支出项目，并通过各种手段和机制干预私人医疗市场。当然，政府也不是包揽全部卫生医疗市场，而是选择政府应当介入的主要方面：一是提供卫生医疗领域的纯公共物品和部分准公共物品，保证这些公共物品的生产、提供和消费达到最大优化。这些物品包括医疗服务本身、健康保护活动、帮助人们保持健康所利用的服务信息等。二是纠正由于信息不对称造成的市场缺陷，使医疗保险兼顾效率和公平。三是补助穷人，使他们能够负担必要的保险，获得相应的基本医疗服务。

基于此，政府需要和能够对卫生医疗领域提供的服务可以分为两个方面。

(1) **公共卫生服务**

一般意义上，公共卫生项目都具有公共物品的属性，因此提供公共卫生服务项目属于政府的重要职责。根据世界银行的标准，该类服务包括：计划免疫；以学校为基础的医疗卫生服务；计划生育和营养信息及某些服务；减少烟草和酒精消耗的计划；为改善居民环境而采取的行为调控和信息服务；防治艾滋病。就中国而言，公共卫生服务一般概括为卫生监督、健康教育、疾病监控、卫生研究以及医疗救助等。

(2) **基本医疗服务**

从理论上说，提供基本医疗服务属于混合物品的范畴。因为基本医疗服务不具有明显的非竞争性和非排他性，但却具有很强的外部效应。同时，由于具有"拥挤性"的特点，政府在提供基本医疗服务的同时，需要实行一定的收费制度。根据世界银行标准，基本医疗服务至少包括 5 个方面的内容：妇女怀孕方面的治疗服务、计划生育服务；肺结核控制；控制传染性疾病；治疗常见的婴幼儿严重疾病，如腹泻、急性呼吸道感染、麻疹、疟疾和急性营养不良病等；轻微临床上的治疗、小手术以及对不能用现有医疗技术彻底解决的健康问题提供咨询等。我国在卫生医疗改革中，对基本医疗服务应涵盖的内容，目前还没有一个统一的标准，但起码应有以下的共识：基本医疗服务应是基于政府为保障人民最基本的权利——健康权而提供的服务，是个人最迫切和急需的卫生医疗服务，是和一定的社会经济发展阶段相适应的、公共部门能够负担的服务。

3.5.2 我国卫生费用的投入情况及国际比较

20世纪80年代以前，中国在卫生医疗事业上取得了举世瞩目的成就，曾经被世界卫生组织赞誉为"用最低廉的成本保护了世界上最多人口的健康"（WHO，1978）。改革开放后，我国建立了遍及城乡的卫生医疗服务体系，消除了一批危害人民健康的烈性传染疾病，居民平均期望寿命、婴儿死亡率、孕产妇死亡率等主要健康指标达到发展中国家的先进水平。然而，随着市场化改革的不断深入，中国卫生事业的发展却有所松动，滞后于经济和其他社会事业的发展，带来的诸多问题日益积累并暴露出来。从投入水平来看，严重落后于世界各不同类型国家。据《金融与发展》（1993年9月）的资料反映，1992年中国人口占世界总人口的22%，而中国卫生总费用为130亿美元，仅占世界总卫生费用的1%，占我国当年GDP的3.5%，人均仅为11美元，不仅落后于发达国家，而且也严重落后于拉丁美洲国家和亚洲其他国家。就效率而言，尽管全社会的卫生投入有所增加，但是居民综合健康指标却暴露出严重问题，特别是公共卫生领域，健康指标甚至恶化，已经被控制的部分传染病、地方病开始死灰复燃。就卫生医疗体系的公平而言，不同收入阶层社会成员之间卫生医疗需求的实际满足程度被严重分化，贫困阶层的基本医疗需求由于经济原因而很难得到满足。2000年，世界卫生组织对191个成员国的卫生系统绩效进行了评估，中国政府卫生系统的综合效益评级为第144位，而政府卫生支出的公平性评级排在第188位（WHO，2000）。

1997年我国颁布《中共中央、国务院关于卫生改革与发展的决定》，提出"中央和地方政府对卫生事业的投入，要随着经济的发展逐年增加，增加幅度不低于财政支出的增长幅度"，特别是经历"SARS危机"之后，我国政府卫生支出规模有了明显的增加。但是，从与其他国家的对比中，可以明显看出，我国卫生医疗费用的投入与其他国家相比仍然存在较大的差距，目前仍然处于世界的低水平档次。我国卫生总费用占GDP的比重仅与印度持平，均低于其他国家；政府卫生支出占总卫生支出的比重和占财政支出的比重均明显低于其他国家。

近年来，各级财政积极调整财政支出结构，努力增加医疗卫生投入。2003—2007年，全国财政医疗卫生支出累计达6 311亿元，比上一个五年增长1.27倍，年均增长24.6%，高于同期财政支出的增长幅度。同时注意向公共卫生倾斜、向需方倾斜、向基层倾斜，着力支持医疗保障体系、公共卫生服务体系、医疗服务体系和药品供应保障体系建设，逐步解决群众看病难、看病贵的问题。

2008年，全国财政医疗卫生支出2 757.04亿元，比2007年增长38.5%（见图3-2）。中央财政医疗卫生支出826.8亿元，增长24.5%。全面建立新型农村合作医疗制度，全国开展新型农村合作医疗试点的县（市、区）已达到2 729个，参合农民8.14亿人，参合率达到91.4%，成为覆盖人数最多的一项社会保障制度。积极推进城镇居民基本医疗保险制度试点，试点城市由2007年的88个增加到317个，参保人数达1.1亿人。中央财政对中西

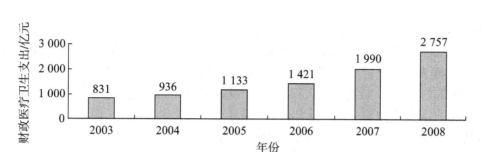

图 3-2 2003—2008 年全国财政医疗卫生支出情况

部地区新型农村合作医疗、城镇居民基本医疗保险的补助标准提高到每人每年 40 元，对东部地区给予适当补助。将地方政策性关闭破产国有企业退休人员纳入当地城镇职工基本医疗保险制度。进一步加大城乡医疗救助力度。积极应对南方部分地区低温雨雪冰冻灾害、"5·12"汶川特大地震、三聚氰胺婴幼儿奶粉事件等重大自然灾害和突发公共卫生事件，支持灾区做好卫生防疫、伤员医疗救治和灾后恢复重建等各项工作，对食用含三聚氰胺婴幼儿奶粉的婴幼儿开展免费筛查。支持重大疾病防控、国家免疫规划实施等公共卫生工作，将农村孕产妇住院分娩补助政策扩大到中西部所有农村，中央财政补助标准提高到西部 400 元/人、中部 300 元/人。加强基层医疗卫生服务体系建设，在继续支持中西部地区农村和城市社区卫生人才培训和"万名医师支援农村卫生工程"基础上，支持中西部地区社区卫生服务中心（站）、乡镇卫生院和村卫生室购置必备的设备，提高医疗服务能力。

3.5.3 我国当前卫生医疗体系的缺陷和进一步改革的思路

改革开放以来，我国卫生医疗事业已经取得了长足的发展，卫生费用的投入已经达到相当的规模，但在卫生医疗服务中仍存在突出的矛盾和问题。这些矛盾和问题集中体现在卫生医疗投入机制和保障制度的缺陷，即政府投入不足，干预不力，市场化过度，导致效率和公平失衡。其主要表现是：

① 政府投入不足，公共卫生体系不健全，基础设施不完善，缺乏应急机制；医疗机构实行创收机制，以药补医，公益性严重淡化。

② 医疗保障机制不健全，还没有建立覆盖城乡居民的基本卫生医疗保障制度，社会医疗保险发展滞后，农村合作医疗保障水平较低，相当多的城乡居民没有基本医疗保障，仍然主要靠自费就医。

③ 城乡、区域和不同阶层之间卫生医疗服务水平的差距较大，优质卫生医疗资源过分集中于城市和大医院，而城市社区和农村严重滞后，广大群众难以就地享受有效和方便的卫生医疗服务。

④ 医疗和医药费用上涨，居民个人负担加重，看病难、医患关系紧张，成为社会关注的热点和影响构建和谐社会的一个突出问题。

《中共中央关于构建社会主义和谐社会若干重大问题的决定》明确提出了卫生医疗深化改革的基本指导方针："坚持公共医疗卫生的公益性质，深化医疗卫生体制改革，强化政府责任，严格监督管理，建设覆盖城乡居民的基本卫生保健制度，为群众提供安全、有效、方便、价廉的公共卫生和基本医疗服务。"

根据这一基本指导方针，进一步改革的基本思路是：

① 改革的目标是建立覆盖城乡居民的卫生医疗保障制度和不同形式的社会医疗保险体系，保证实现人人享有基本卫生医疗服务，提高全国人民的健康水平。

② 坚持政府主导、社会和个人积极参与的基本模式。政府要履行加大投入、加强立法、制定规划和监督管理的职责，在卫生医疗体系建设中发挥主导作用，同时，也要发挥市场机制的积极作用，提供多样化、多层次的卫生医疗服务体系。

③ 建立"三重"保障制度。一是基本卫生医疗保障制度，由政府举办卫生医疗机构，确定适度的医疗技术和基本药品，免费提供，体现卫生医疗的公益性和公平性。二是建立社会医疗保险制度，通过立法强制实施，以家庭为单位参保，保费由雇主和雇员分担，政府资助弱势群体，主要是解决大病风险问题。三是提倡商业医疗保险，公民自愿参保，满足多层次的医疗保障和医疗服务需要。

④ 同时进行卫生医疗和药品公共定价、药品购销制度和卫生医疗机构财务管理制度的改革。

⑤ 建立统一、精简和高效的行政管理体制，保证改革和发展目标的圆满实现。

案例 3-2　　振兴发展中医，造福人类

中医有几千年的历史，积累了十分丰富的经验知识、医术医方，经历了无数疫病灾难的考验，为中华民族的生存发展作出了不可磨灭的贡献，许多文献资料、经典著作已成为人类文化遗产中的宝典。西医主要理论基础是建立在西方近代解剖学、生理学、病理学基础上的医学医术，虽然也为人类生存作出了贡献，但其局限性和副作用已越来越明显地显现出来。主要是误诊率高、副作用大、不能治本、价格昂贵，对许多疑难杂病没有办法。而中医辨证施治、副作用小、能治本、经济实惠，对许多疑难杂病有很好的办法。2000年美国医疗卫生费总支出为1.3万亿美元，占GDP的13%，为世界医疗卫生费支出的43%。美国用去了全球43%的卫生资源，但只解决了占世界人口4.7%的医保问题；而我国过去曾以世界1%的医疗卫生费用解决了世界22%人口的医疗保障问题，被世界卫生组织誉为各国学习的楷模。2003年的全球"非典"，再次证明中医胜过西医，突显了中医药的强大生命力！

过去西方人看不起中医，认为是树皮草根、封建迷信。现在西方人另眼看中医，对中医、针灸、气功十分欣赏，甚至认为"最后希望在中医"，即西医解决不了的病，走投无路，最后找中医就能手到病除，还能妙手回春，他们把中医称为"圣医"。所以中医师进了美国白宫，还得到前总统克林顿授予的特权。英国、法国、德国、加拿大、非洲、大洋洲等许多国家都在学习、研究、推广中医。

本章小结

1. 社会消费性支出的属性

社会消费性支出与投资性支出同属于购买性支出，但两者之间存在着明显的差异，最大的区别在于前者是非生产的消耗性支出，它的使用并不形成任何资产。然而，两者又有共同之处，即在必要的限度内，它们都是为社会再生产的正常运行所必需。

2. 社会消费性支出项目

在国家财政支出项目中，属于社会消费性支出的有行政管理费，国防费，文教、科学、卫生事业费，还有工交商农等部门的事业费等。在不同国家的不同时期，社会消费性支出的规模也有所不同。

3. 行政管理费和国防费的属性

国家的基本职能是对内管理国家，对外巩固国防，因而行政管理费和国防费是国家的两项基本支出，即失去这两个职能和两种支出，国家就不成其为国家了。

4. 行政管理费

① 行政管理支出是财政用于国家各级权力机关、行政管理机关和外事机构行使其职能所需的费用，包括行政支出、公安支出、国家安全支出、司法检察支出和外交支出。

② 行政管理费规模变化的一般规律：行政管理支出的绝对数是增长的，但它在财政支出总额中所占的比重却呈下降趋势，世界各国一般都是如此。

③ 从动态和静态两个方面分析我国行政管理费规模变化与现状。

④ 行政管理费的规模是由多种因素形成的，而且具有历史延续性。直接的影响因素主要有经济总体增长水平、财政收支规模、政府职能、机构设置、行政效率以及管理费本身的使用效率等，因而规范行政管理费的规模以及加强管理必须从多方面着手。

5. 国防费

① 我国国防政策。

② 国防支出是用于国防建设和人民解放军方面的费用，包括国防费、民兵建设费、国防科研事业费和防空经费等。

③ 从国际比较来看，目前国防费的规模，无论是绝对规模还是相对规模，都是偏低的。

6. 文科卫支出的经济属性

究竟是生产性支出还是非生产性支出需要进行多方面的考察。

7. 教育支出

① 根据教育支出特点，各国政府特别是发展中国家一般在提供教育服务方面发挥主导作用。

② 我国教育经费规模，虽然近年来得到大幅的增长，但同世界发达国家和某些发展中国家比较，仍然存在差距。

③ 我国教育经费规模偏低和教育经费级次结构失调的现状，造成了教育经费的效率和效益长期低下。

8. 科学研究费支出

① 科学技术是对历史起推动作用的革命力量。

② 科学研究是社会共同需要的，但由于一部分科学研究的成本与运用科研成果所获得的利益不易通过市场交换对称起来。

③ 我国科学研究投入虽有较快的增长，但与发达国家2%～3%的水平仍存在较大的差距，比某些科技进步较快的发展中国家也有差距。

9. 卫生支出

① 政府对卫生事业进行干预的三条理由：第一，减少贫困是在医疗卫生方面进行干预的最直接的理论基础；第二，许多与医疗卫生有关的服务是公共物品，其作用具有外部性；

第三，疾病风险的不确定性和保险市场的缺陷是政府行为的第三个理论基础。

② 我国卫生费用总规模以及政府投入规模都是偏低的。从投入结构来看也不尽合理。从国际比较来看，在公共卫生支出方面，中国在世界上属于最低一档。

③ 一场沸沸扬扬的"非典型性肺炎"，足以引起全国上下对我国公共卫生的深刻反思，树立全面、协调和可持续发展观，特别是建立突发事件的应急机制，是当前一件刻不容缓的事情。

10. **加强管理，提高文科卫支出的效益**

① 逐步规范财政资金供应范围。

② 改革和完善文科卫事业单位的财务制度。

1997年开始对事业单位实行新的财务制度，即事业单位财务规则、行业事业单位财务管理制度和事业单位内部财务管理具体规定。

③ 改革事业单位管理形式

传统的事业单位管理办法，是依据经费自给率的大小，分别采用以下三种不同的管理办法：

a. 全额预算管理办法。

b. 差额预算管理方法。

c. 经济核算办法。

④ 推行定额管理，改进资金分配办法。

⑤ 多种形式发展事业，多渠道筹集资金，实行收支统一管理。

复习思考题

1. 社会消费性支出的性质是什么？
2. 简要分析目前我国教育支出的规模和结构，简述教育支出的提供方式。
3. 公共卫生必须由政府提供的理论依据是什么？
4. 简要分析科学支出的经济性质。

第 4 章

财政投资性支出——购买性支出之二

学习目标

通过学习本章,了解政府财政投资的特点和范围、财政投融资的基本特征和我国政策性银行的职能和特点,掌握政府投资的决策标准、基础设施投资的属性、基础设施投资的提供方式、农业财政投资的范围和重点。

关键词汇

财政投资(Financial Investment);基础设施(Base Installation);政策性银行(Policy Banks);政府投资(Government Investment)

案例 4-1 中国三大政策性银行改革 2006 年启动

中国三大政策性银行改革 2006 年启动

转型为综合性开发金融机构后,政策性银行如何继续承担原来的政策功能?与其商业化运作之间的区隔如何实现?与现有商业银行的利益冲突朝何种方向演变?

农行整体改制大局已定,国家可能提供 8 000 亿资金

《南华早报》2005 年 6 月 1 日援引未具名人士的话称,中国政府预计将冲销所持农行的 800 亿元人民币的股权,为其最终的首次公开募股(Initial Public Offerings,IPO)作准备。同时,中央汇金公司可能向农行注资 250 亿美元,以改善其资产负债表。

推进国有商业银行改革 坚持国家控股

中国金融改革和风险处置取得突破性进展,金融业发展迈出重大步伐,金融基础设施建设得到加强,金融生态环境进一步改善,金融业对外开放水平不断提高,中国金融体系的稳定性明显增强。央行强调:"坚定不移地推进国有商业银行股份制改革,坚持国家绝对控股。"

政策性银行改革方向明确 向开发性银行转型

我国政策性银行改革的基本方向是向开发性银行转型。应从我国国情和三家政策性银行的具体情况出发，有针对性地设计政策性银行转型方案，对不同性质的项目实行分账管理，完善公司治理结构，深化内部改革，建立现代银行制度。（对于进出口银行改革、董事会改革需政府决策）

国有银行上市：穿"新鞋"期待走"新路"

继中国建设银行、中国银行两大国有商业银行之后，香港和内地的资本市场终于迎来了期待已久的"庞然大物"——中国工商银行。工商银行上市引起了世界瞩目，不仅因为这是2006年以来全球融资金额最大的首次公开发行，更重要的是，这家中国最大商业银行迈出的 A+H 同步上市步伐是中国银行业深刻变革的重要标志。

4.1 财政投资性支出的一般分析

4.1.1 投资与经济发展

投资是经济政策或经济发展的主要因素和主要动力。马克思在谈判货币资本的作用时，把货币资本的投入看做是经济增长的第一推动力，因为任何一项投资或生产活动要从货币资本的投入开始。在现代货币经济条件下，没有货币投入，任何经济投入都是不可能的。凯恩斯不仅认为投资是经济增长的推动力，而且还论述了投资对经济增长具有乘数作用。所谓投资的乘数作用，是指每增加1元投资所引起的收入增长的倍数，乘数与边际消费倾向同向变化，边际消费倾向越大，乘数越大。乘数同边际储蓄倾向呈反方向变化。凯恩斯的乘数原来说的是一种经济过程或经济现象，说明两个变量之间的相互关系，并不涉及社会制度问题。上述经济过程或经济现象，在我国也是如此。从实际生活中也可以直接看出与经济政策之间的关系。首先，社会需求由消费、投资和出口三个部分组成，所以，投资可以直接增加社会总需求，从而刺激经济增长。其次，投资需要建筑材料，需要添置生产设备，所以，增加投资就可以带动钢材、水泥、木材等生产资料或设备生产的增长。再次，投资中的一部分，一般约40%，将转为个人消费和社会消费，所以增加投资又可以刺激消费品生产的增长。这是经济学的一般原理，在任何社会的生产过程中都是一样的。

投资可以刺激需求的增长，同时又可以增加和改善供给；投资过程首先是刺激需求，投资完成后才能增加。凯恩斯乘数理论就是从刺激需求出发，例如增加100亿元投资，这100亿元实际上是被用来购买制造投资品所需的生产资本，因此以工资、利息、利润、租金等形式流入生产要素所有者手中，即居民收入增加10亿元，这是投资刺激需求的第一次增加；假定消费倾向为4/5，居民又会将100亿元的4/5即80亿元又以各种生产要素的收入形式转到生产要素所有者手中，这是第二次增加；依此类推，循环往复，就会产生投资刺激需求的乘数效应。所以，投资也就成了调节供求总量平衡的重要手段。但是，投资是一个过程，从最初的投入到最终的产出要有一个间隔时间，短的一年，长的可能5～10年。在这段时间内，总是只投入不产出，要不断地投放货币，不断地吸收劳动力和生产资料。因此，投资规模既是经济增长的推动力，又要受当前生产和收入水平的制约，所以，凯恩斯主义者又提出了加速原理。加速原理表明的是收入变化如何引起投资的变化。如果说乘数是表示投资增加会引起收入增加到什么程度的系数，那么，加速系数正好与此相反，它表示的是收入或消费增加会引起投资增加到什么程度的系数。因为增加投资要有资金来源，而当前的国民收入是储蓄加消费，所以投资来源受国民收入增长限制，即受储蓄的限制。储蓄与投资恒等是总量平衡的公式，储蓄增长就会加速投资，而投资超过储蓄则会导致通货膨胀。

马克思对投资规模的论述是："社会必须预先计算好，能把多少劳动力、生产资料和生活资料用在这样一些产业部门而不致受任何损害，这些部门，如铁路建设，在一年或一年以上的较长时间内不提供任何生产资料和生活资料，不提供任何有用效果，但会从全年总生产中取走劳动、生产资料和生活资料……在资本主义社会，社会的理智总是事后才起作用，因此可能并且必然会不断发生巨大的紊乱。一方面，货币市场受到压力是因为在这里不断需要大规模地长期预付货币资本；另一方面，社会的可供支配的生产资本受到压力。因为生产资本的要素不断地从市场上取走，而投入市场来代替它们的只是货币等价物，所以，有支付能力的需求将会增加，而这种需求本身不会提供任何供给要素。因此，生活资料和生产材料的价格都会上涨。"所以，研究与安排投资规模时必须考虑三个问题：投资规模要适度；投资结构要合理；要注重投资效益。前两者又是后者的前提条件。在发展中国家，由于科学技术在经济发展中所处的作用还不大，所以，投资在经济增长中具有更大的作用。就我国而言，据有关专家估计，2007—2008年间，我国资本投入、劳动力投入和技术进步对产出增长的贡献份额分别为52%、23%、25%，而发达国家后者占到60%~80%。我国的经济增长在很大程度上是靠投资来推动的，投资波动与经济增长波动具有密切的关系。一般来说，当经济增长缓慢时，往往依靠增大投资来刺激经济的增长；当投资过旺及造成经济过热或出现通货膨胀时，政府往往首先采取措施压缩投资，迫使经济过热的势头减缓。

4.1.2 政府（财政）投资的特点、范围和标准

1. 政府（财政）投资的特点和范围

在任何国家，社会总投资都可以分为政府投资和非政府投资两大部分。一般而言，财政投资即为政府投资，由于我国还有预算外投资的一部分用于投资，因而本书所说的财政投资是指预算内投资，可以称为"政府（财政）投资"。若为基本建设支出，还包括增拨流动资金、挖潜改造资金和科技三项费用以及支援农村生产支出等。基本建设支出也分为生产性支出和非生产性支出两部分，生产性支出主要用于基础产业投资，非生产性支出主要用于国家党政机关、社会团体、文教、科学、卫生等部门的办公用房建设。我国基本建设支出始终是财政支出的一个重要支出项目，基本建设支出规模每年都是增长的，增长率即其占财政支出的比重各年有所波动，但随着经济体制改革的深化和政府职能的转变，总的趋势是增长率逐步减缓，占财政支出的比重逐步下降。

政府投资与非政府投资相比，具有以下自身显著的特点。

① 非政府投资是由具有独立法人资格的企业或个人从事的投资，作为商品生产者，它们的目标是追求盈利，而且，它们的盈利是根据自身所能感受到的微观效益和微观成本计量的。也就是说，追求微观上的盈利性，是非政府投资的第一个特点；由于政府居于宏观调控的主体地位，它可以从社会效益和社会成本角度来评价和安排自己的投资，政府投资可以微利甚至可以不盈利，但是，政府投资建成的项目，如社会基础设施等，可以极大地提高国民经济的整体效益。

② 企业或个人主要依靠自身积累和社会筹资来为投资提供资金，自身积累和社会筹资规模都受到种种限制，一般难以承担宏大的建设项目，而且由于要追求盈利，一般主要从事

周期短、见效快的短期投资；政府财力雄厚，而且资金来源大部分是无偿的，可以投资于大型项目和长期项目。

③ 企业囿于一行一业，投资不可能顾及非经济的社会效益。不难想象，如果一个经济社会完全依靠非政府投资，投资结构是很难优化的；政府由于在国民经济中居于特殊地位，可以从事社会效益好而经济效益一般的投资，而且应该将自己的投资集中于那些"外部效应"较大的公用设施、能源、通信、交通、农业以及治理大江大河和治理污染等有关国计民生的产业和领域。换言之，在投资主体多元化的经济社会中，如果政府不承担这些方面的投资或投资不足，就会导致经济结构失调，经济发展速度就会遭遇"瓶颈"制约。

2. 政府投资（指预算内基本建设支出）在全社会固定资产投资中的地位和作用

各国政府投资占社会总投资的比重存在着相当大的差异，影响这个比重的因素主要有两个：其一，经济体制的不同。一般来说，实行市场经济体制，非政府投资在社会投资总额中所占的比重较大；实行计划经济体制或政府主导型的市场经济体制，政府投资所占的比重较大。其二，经济发展阶段的不同。一般来说，发达国家的非政府投资占社会总投资的比重较大，欠发达国家和中等发达国家的政府投资所占的比重较大。由于存在上述差异，政府投资和非政府投资在一国投资活动中发挥作用的主从次序便有所不同，但在市场经济体制下，属于市场活动的非政府投资在资源配置中起基础性作用，而政府投资主要在基础设施、关系国计民生的基础产业、支柱产业和高新技术产业领域发挥作用。形成这种投资格局的差异，主要不在于政府投资规模的大小，而在于经济运行机制的不同。在实行市场经济体制的国家，社会经济活动主要是由千千万万的独立法人去组织，投资当然也主要由他们去执行，政府的经济职能主要是根据宏观经济目标对非政府部门的经济活动进行调节。经济发达国家的市场机制已经走向完善和成熟，主要通过市场的充分竞争实现经济的有效运行，政府主要通过间接手段进行宏观调控；而欠发达国家和仍处于经济体制转轨时期的国家，仍然需要政府通过政府投资等直接手段培育市场，调整经济结构，并维持适度的经济增长速度。

由以上分析可以得出一个推论：我国在由计划经济体制转向市场经济体制的过程中，政府投资占社会总投资的比重有所下降，是符合一般发展趋势的。

为适应投资主体和投资格局的变化，政府对投资的宏观调控方式也必然发生变化。如果说在传统体制下，政府对投资的宏观调控主要是通过调节自身的投资而进行直接的调控，那么，在社会主义市场经济体制下，政府对投资的宏观调控一般通过间接和直接两种方式进行。所谓间接调控，就是通过产品政策的引导作用，通过政府投资的导向作用，并通过税收、财政补贴、折旧政策等来制约非政府投资的投资条件以及投资的方向、规模与结构。所谓直接调控，就是根据宏观经济政策目标，结合非政府投资的状态，安排政府自身投资的方向、规模与结构从而使全社会都投资达到优化状态。显然在社会主义经济市场体制下，政府投资的宏观调控功能主要体现在两个方面：一是直接调节自身投资的规模，间接调节非政府投资规模，使两者加起来的总量与国民经济稳定增长所要求的投资总量相吻合；二是调节自身投资的结构，纠正非政府投资结构的偏差，使全社会的投资结构符合国家产业政策的要求。如上所述，我国过去一段时间内，由于分散在各地方、各部门的预算外资金急剧增长，中央不能对这些资金统筹安排，灵活调度，严重削弱了政府特别是中央政府在调节社会投资规模和调节产业结构中应有的作用。近些年来对预算外资金的清理整顿，特别是自1998年开始实施积极财政政策以来，加大了预算内投资和调节产业结构的力度，对刺激内需以及国民经济的稳定和持续增长,已经发挥并将继续发挥积极作用。

3. 政府(财政)投资的决策标准

政府(财政)投资的特点,决定了政府(财政)投资的决策标准不同于私人部门投资,而且政府(财政)投资的决策标准取决于政府在不同时期所要实现的政策目标。

政府(财政)投资的主要标准有以下几项。

① 资本—产出比率最小化标准,又称稀缺要素标准,是指政府在确定投资项目时,应当选择单位资本投入产出最大化的投资项目。由于资源是有限的,是相对稀缺的,所以,任何投资,不论是私人投资,还是政府投资,都要奉行这个标准,特别是发展中国家更应如此。一国在一定时期内的储蓄率是既定的,而资本-产出比率是可变的,在投资过程中,只要遵循资本-产出比率最小化标准,就能以有限的资源实现产出的最大化,达到预期的经济增长目标。

② 资本—劳动力最大化标准,它是指政府投资应选择使边际人均投资额最大化的投资项目。资本—劳动力比率越高,说明资本技术构成越高,劳动生产率越高,经济增长越快。因此,这种标准是强调政府应着重投资于资本密集型项目。

③ 就业创造标准,它是指政府应当选择单位投资额能够动员最大数量劳动力的项目。这种标准要求政府不仅要在一定程度上扩大投资规模(外延增加就业机会),而且还要优先选择劳动力密集型的项目(内涵增加就业机会)。换言之,政府在决定财政投资的支出时,要尽可能地估计这种投资支出可能产生的总就业机会。不仅要考虑财政投资支出的直接就业影响,还要考虑间接就业影响,即财政投资项目带动的其他投资项目所增加的就业机会。

4.2 基础设施投资

4.2.1 基础设施投资的性质

1. 基础设施投资的属性

基础设施是支撑一国经济运行的基础部门,它决定着工业、农业、商业等直接生活的发展水平。一国的基础设施越发达,该国的国民经济运行就越顺畅,越有效,人民的生活也越便利,生活质量相对来说也就越高。经济学界对基础设施的概念还没有统一的认识,发展经济学在讨论基础设施时,一般使用"Infrastructure"和"Social Overhead Capital"两个英文词,中文译名分别是"社会分摊资本"和"社会先行资本"。由此可见,基础设施的内涵,可有广义和狭义之分。狭义的基础设施,是指经济社会活动的公共设施,主要包括交通运输、通信、水利、供电、机场、港口、桥梁和城市供水、供气等。广义的基础设施,还包括提供无形产品或服务的科学、文化、教育、卫生等部门。这里讨论的是狭义的基础设施,而狭义的基础设施是政府(财政)投资的主要领域。

在社会经济活动中,基础设施与其他产业相比,具有不同特征。从整个生产过程来看,基础设施为整个生产过程提供"共同生产条件"。马克思曾把生产条件区分为共同生产条件和特殊生产条件,与此相对应,把固定资本也分为两类:一类是"以机器的形式直接进入生产过程的那种固定资本";另一类是"具有铁路、建筑物、农业改良、排水设备等形式的固定资本"。马克思指出后一类固定资本的特点是:"作为生产资料来看,固定资本在这里与机器一类的东西不同,因为它同时被不同的资本当做它们共同的生产条件和流通条件来使用（我们在这里还没有涉及消费本身）。固定资本不是表现为被包含在特殊生产过程中的东西，而是表现为各特殊资本的大量生产过程的联络动脉，它就是由这些特殊资本一部分一部分地消耗掉的。因此，在这种场合，对于所有这类特殊资本及其特殊生产过程来说，固定资本是一种特殊的同它们相分离的生产部门的产品，但是，在这里不能像机器的买卖那样，即一个生产者不能把它作为流动资本售出，另一个生产者也不能把它作为固定资本买进来；相反，它只有以固定资本自身的形式才能出售。"马克思的话隐含着下述含义：作为共同生产条件的固定资产，它不能被某个生产者独家使用，它不是独占性地处在某个特殊的生产过程中，不能被卖者当做商品一次性地将整体出售给使用者。换句话说，它具有公用性、非独占性和不可分性，这些特性决定了它具有"公共物品"的一般特征。公共设施投资所形成的固定资产，无疑具有马克思所指出的后一类固定资产的特征。

基础设施特别是大型基础设施，大都属于资本密集型行业，需要大量的资本投入，而且它们的建设周期比较长，投资后形成生产能力和回收投资的时间往往需要许多年，这些特点决定了大型基础设施很难由个别企业的独立投资来完成，尤其在经济发展的初期阶段，没有政府的强有力支持，很难有效地推动基础设施的发展。在经济发展过程中各国政府均对基础设施实行强有力的干预政策，不过干预的程度在发展的不同阶段有较大的差别。由于经济发达国家经历了工业化的发展过程，基础设施已有了相当的基础，因为政府的干预程度相对较弱。而经济欠发达国家在经济增长过程中常常经受基础"瓶颈"的困扰，由于民间经济的财力有限，政府只能通过财政集中动员一部分资源，以加快基础"瓶颈"部门的发展。实际上，发展中国家的财政，除具有一般弥补"市场失灵"的作用外，还部分地充当着社会资本原始积累的角色。在我国经济发展过程中，在时间内存在着结构性矛盾，基础设施的短缺长期成为社会经济发展的主要制约因素。随着竞技的快速增长，比如能源，供给增长滞后与 GDP 的增长，"瓶颈"作用曾经十分突出，至今仍然存在。1998 年我国实施积极财政政策，主要是通过增发国债，重点用于大江大河的治理、农林水利、交通通信、环境保护、城乡电网改造、粮食仓库和城市公用事业等基础设施，公共设施的滞后状态已经大有改观。

2. 基础设施投资与一般投资的关系

基础设施是处在"上游"的产业部门，基础设施投资是一种"社会先行资本"。它所提供的产品和服务构成其他部门（也包括本部门）所必需的投入品和服务，如供电、供水、道路和交通等。一般来说，基础设施的感应度强，感应度系数较高。感应度系数是反映当各个部门平均增加一个单位最终产品时，某一个部门由此而感到的需求感应程度，即需要该部门为其他部门的生产而提供的产值量。基础设施在产业链中属于这样一类产业，即当基础产业、加工工业和服务业发展时，一般要求适度加大基础设施投资，要求基础设施适度超前发展。从价值构成上分析，基础设施所提供的产品和服务的价格，构成其他部门产品成本的组成部分，因而它们的价格变动具有很强的连锁效应，会引起整个产业成本的波动。

4.2.2 基础设施投资的提供方式

1. 基础设施提供方式的特点

从经济特质来看，基础设施大体上可以归类为混合物品，可以由政府提供，也可以由市场提供，还可以采取混合提供方式。但在发展中国家，关系国计民生的大工程一般是采取以政府为主、吸收社会资本参与的多种形式的混合提供方式。政府在确定基础设施投资之后，通常要对基础设施项目的特点进行具体分析，比如，是否关系到国计民生，是否关系到国家安全，是否具有自然垄断性质，是否具有外部效应等。像农村公路、城市街道等具有很强的外溢性，难以通过收费弥足成本，私人部门通常不会投资这类基础设施，一般要由政府承担。但像电信业中的长途话费服务，具有明显的排他性，可以通过收费弥补成本，也不存在外溢性，因而适宜于民间部门投资。

2. 基础设施的提供方式

从我国的实践来看，基础设施投资的提供方式主要有以下几种。

① 政府筹资建设，或免费提供，或收取使用费。由政府独资建设的项目主要出于三种考虑：一是关系国计民生的重大项目，诸如长江三峡工程、青藏公路、南水北调之类的关系国家社会经济发展以及人民的当前和长远利益的重大项目，只能由政府采取多种渠道集资来提供；二是维护国家安全的需要，如宇航事业、核电站、战备公路等；三是反垄断的需要，垄断排斥竞争，垄断利润可能是以损害社会福利为代价的，例如垄断行业可能提供高的垄断价格和低质服务，因此政府可以通过公共定价对垄断行业严加管理，也可以由政府直接承担投资责任。还有一些基础设施，诸如市区道路、上下水道、过街天桥等，具有明显的非排他性或很高的排他成本，单项投资不大，数量众多，也适于作为纯公共物品由政府投资提供。

长江三峡水利工程投资来源和构成是政府筹资建设的重大工程的典型例证。三峡工程是一座具有防洪、发电、航运、养殖、旅游、保护生态、净化环境、开发性移民、供水灌溉等巨大综合收益的宏伟工程，建设资金量之大，调动资源之多，是新中国成立以来绝无仅有的。三峡工程静态总投资（未含物价上涨及施工期贷款利息），按1993年5月末价格计算，为900.9亿元人民币。其中枢纽工程投资500.9亿元，水库淹没处理及移民安置费用400亿元。三峡工程施工期17年，全部完成建设约需20年，第11年（2003年）开始发电收益，后期工程投资较易解决。因此，工程投资的关键是发电前11年的资金，按1993年5月末价格计算约650亿元。三峡水利工程的资金来源，采用多元化的集资办法，主要有：a. 三峡工程建设基金。国务院确定自1992年开始在全国电网征收0.3分/千瓦·时的三峡工程建设基金（扶贫地区及农业排灌用电除外），1994年起征收标准改为0.4分/千瓦·时，1996年起，在原征收基金的基础上，对三峡工程直接受益地区及经济发达地区，将征收标准提高到0.7分/千瓦·时。截至1995年年底，三峡工程建设基金为工程提供的建设资金，约占整个工程建设资金总需求量的一半左右，是三峡工程建设最主要的资金来源。b. 自有资金，包括葛洲坝水电厂和三峡电站施工期的发电收入。c. 国内外贷款、发行债券及股份化集资。

上述三项资金来源作为国家注入三峡工程建设的资本金，是工程筹资的基础。但三峡工程资金需求量巨大，上述资金不能完全满足工程建设的需求，仍留有较大缺口。不足的资金拟采取下列方式筹资：利用国家开发银行的贷款，每年约30亿元；根据实际情况，结合国外设备采购采取出口信贷方式，选用国外政府贷款、国际金融组织和机构的贷款和商业贷款；在国外发行三峡工程债券及三峡工程自身的股份化集资等。

② 私人出资、定期收费补偿成本并适当盈利，或地方主管部门筹资、定期收费补偿成本。典型的例子是地方性公路和桥梁等公共设施的建设，如"贷款修路，收费还贷"，就是这种提供方式。

③ 政府与民间共同投资的提供方式。对于具有一定的外部效应、盈利率较低或风险较大的项目，政府可以采用投资参股、优惠贷款、提供借款担保、低价提供土地使用权、部分

补贴和减免税收等方式，与民间共同投资，混合提供。如高速公路、集装箱码头及高新技术产业等基础设施建设，适于采取这种提供方式，政府在其中主要发挥资金诱导和政策支持作用。

④ 政府投资，法人团体经营运作。这种提供方式有几个优点：一是政府拥有最终的决策权，又可以使政府从具体的经营活动中解脱出来；二是法人团体拥有经营自主权，责任明确，可以提高成本效益的透明度，提高服务质量。道路、港口以及中小型机场等适于采用这种提供方式。

⑤ BOT投资方式（建设—经营—转让投资方式）。BOT投资方式是近年兴起和发展的一种基础设施的提供方式。它是指政府将一些拟建基础设施建设项目通过招商转让给某一财团或公司，组建项目经营公司进行建设经营，并在双方协定的一定时期内，由项目经营公司通过经营，偿还债务，收回投资并盈利，协议期满，项目产权收归政府。这种投资方式的最大特点是鼓励和吸引私人投资者，特别是外国直接投资者对发电厂（站）、高速公路、能源开发等基础设施进行投资。

4.3 财政用于"三农"的投入

4.3.1 加大对"三农"的财政投入，推进社会主义新农村建设，统筹城乡社会经济发展

农业、农民和农村是相互联系的一个整体，党中央在分析当前国际国内形式和我国发展阶段性特征的基础上，提出了推进社会主义新农村建设的重大历史任务，这是在新形势下加强"三农"工作，全面建设小康社会和构建和谐社会的战略举措。

近年来，贯彻落实科学发展观，按照统筹城乡发展的要求，切实加强"三农"工作，农业和农村发展出现了积极变化。粮食连续两年大幅增产，农业结构调整向纵深发展，农民收入增长加快，农村税费改革取得重大成果，各项社会事业进一步发展。但是，当前农业和农村发展仍然处于艰难的爬坡阶段，农业基础设施薄弱，农业社会事业发展滞后，城乡二元结构和城乡居民收入差距依然明显。因此，社会主义新农村是我国现代化进程中重大而艰巨的历史任务。全面建设小康社会，最艰巨、最繁重的任务在农村，加速现代化必须妥善处理工农关系和城乡关系，构建和谐社会必须促进农村经济社会的全面进步。我国的重要国情是农村人口多，只有发展好农村经济，建设好农民家园，让农民过上宽裕的生活，才能保障全体人民共享经济发展的成果，才能不断扩大内需和促进国民经济持续发展。当前，我国总体上已经进入以工促农、以城带乡的发展阶段，初步具备了加大力度扶持"三农"的能力和条件。"十一五"时期，必须抓住机遇，扎实稳步地推进社会主义新农村建设，加快改变社会经济发展之后的局面。

2006年党中央又下达一号文件和发布《中共中央、国务院关于推进社会主义新农村建设的若干意见》，进一步明确对"三农"投入坚持"多予、少取、放活"的方针，重在"多予"上下工夫，要求加快建立以工促农、以城带乡的长效机制。因此，重视和加大财政对"三农"的投入具有重大的历史意义。首先，农业是国民经济的基础，农业生产为人类提供基本的生存条件，农业劳动生产率的提高是工业化的起点和基础，稳定和发展农业是保

证国民经济持续稳定快速发展的重要因素和前提。其次,促进农民持续增收,缩小城乡居民收入差距,实现工业与农业、城市与乡村的协调发展,是建立国民经济长期稳定快速增长机制的必由之路。最后,加强农村基础设施建设,加快发展农村社会事业,改善农村面貌,建设"生产发展、生活宽裕、乡风文明、村容整洁、管理民主"的新农村。

4.3.2 财政对"三农"投入的特点

1. "三农"投入的一般特点

财政对"三农"的投入是一个综合性项目,其中既含有经常性支出,也含有投资性支出,既具有一般性,也具有我国的特殊性。在市场经济体制下,财政是政府履行弥补"市场失灵"的功能,提供那些市场不能满足的具有"外部效应"的公共物品和公共服务,对"三农"的投入也是如此,而且任何国家都是如此。这是财政对"三农"投入的一般特点。

对农业和农村来说,政府主要是提供以农田水利为核心的基础设施和农民急需生活设施建设、农业科研和科技推广、环境保护、义务教育、技能培训、公共卫生和社会保障等。应当明确,政府对农业和农村投资的必要性,从根本上说,并不在于农业部门生产率低下,自身难以产生足够的积累,而在于某些农业投入只适于由政府来提供,或理应由政府来提供。如长江大河的治理、大型水库和各种灌溉工程等,其特点是投资额大,投资期限长,牵涉面广,投资以后产生的效益不易分割,而且投资的成本及其效益之间的关系不十分明显。由于具有上述特点,农业固定资产投资不可能由分散的农户独立进行。在理论上,似乎存在着一种按"谁受益,谁投资"的原则来组织农户集资投资的可能,但由于衡量农户的受益程度十分困难,集资安排多半很难贯彻。对于此类大型固定资产投资项目来说,按地区来度量受益程度,从而分地区来负担项目费用似乎可以做到,但在这种安排下,地区应负担的费用多半要由地方财政来安排,而这在概念上就已属于政府投资了。又如农业科研活动和推广农业技术进步,也具有同样的特点。改造传统农业的关键在于引进新的农业生产要素,新的农业生产要素必须来自农业科研活动,科研成果应用于农业生产,必须经过推广程序,为了使农户接受新的生产要素,还需要对农户进行宣传、教育和培训。为了完成这一系列任务,需要筹集大批资金。在这里,我们遇到了一种典型的"外部效应"的案例。一项科研成果的推出,将会使全部运用这项成果的农户受益,但从事这项科研活动的单位研究成果的推出,将会使全部运用这项成果的农户受益,但从事这项科研活动的单位却无论如何也不可能将这项科研成果所产生的全部收益据为己有。农业科研单位的研究成果所产生的利益是"外溢"的,但是,科研活动可能失败,研究所需的时间可能经年累月,简言之,科研活动存在着风险,而这些风险只能由科研单位独立承担。

这里不必列出适于由财政进行的农业投资的详细清单,但是,基本原则确实是可以确定的。可以说,凡是具有"外部相应"的牵涉面广、规模巨大的农业投入,原则上都应由政府承担。

2. 我国"三农"投入的特殊性

我国的"三农"投入具有不同一般的特殊性。

首先,我国当前农业生产率和收益低下,自身难以产生满足自身发展的积累。

农业是一个特殊的生产部门。一方面,农产品的生产和供应受气候条件及其他诸多条件的影响,不仅波动大,而且具有明显的周期性;另一方面,农产品的需求弹性较小,需求是相对稳定的。以相对稳定的需求和不规则波动的供给为特点的农产品供求关系，会使农业部门的生产条件经常处于不稳定状态。而这种不稳定，很难依靠自身的力量通过市场加以克服，进而又会强烈地冲击国民经济的正常运行。所以，为了稳定农业，并进一步稳定整个国民经济，政府必须广泛介入农业部门的生产和销售活动，将农业部门的发展置于政府的高度关注之下。

农业发展的根本途径是提高农业生产率，提高农业生产率的必要条件之一是增加对农业的投入，安排好农业投入的资金来源是一个必须解决的重要问题。在社会主义市场经济条件下，从长远来看，农业投入的资金应当主要来自农业部门和农户自身的积累，国家投资只应发挥辅助作用。但要使农业部门和农户自身的积累成为农业投入的主要资金来源，有两个条件是必不可少的：一是农产品的销售收入必须高于农业生产的投入成本，否则，农业部门的积累就无从产生；二是农业投资的收益率必须高于、至少不低于全社会平均投资收益率，否则，农业部门即便产生了利润也不会向农业投资转化，社会资本也不会转向农业投资。在这两个条件中，第一个条件是根本的，因为农产品的销售收入高于农业生产的投入成本是保证农业投资收益率达到较高水平的基本条件。在我国当前农业劳动生产率、价格体系和国民收入分配格局下，上述两个条件都是得不到满足的。一是目前我国农村有 7 亿多人口，尚有大量的剩余劳动力滞留在农村，农业生产率和人均收入仍处于低水平。二是加入 WTO 以后农产品市场遭遇国际竞争的挑战，农产品价格受供求关系的制约，同时又面临生产资料价格上涨的压力，农业自身很难形成有实际意义的利润规模。在这种情况下，如果政府不进行足够的投入，要加快农业和农村的发展几乎是不可能的。从理论上说，金融机构贷款也可以成为农业投入的资金来源，但是，借款是要还本付息的，在农业投资盈利率较低的情况下，不可能将大量信用资金投放于农业部门。除非政府给金融机构的农业贷款以财政补贴，或者专门成立以农业部门为贷款对象的政策性金融机构，否则农业部门难以得到金融部门的支持。但是，如若这样做，仍需要国家财政的支持。

其次，我国已经进入以工促农、以城带乡的发展阶段。

"十一五"时期是构建新型工农、城乡关系取得突破进展的关键时期。从长远来看，工业与农业、城市与农村的协调发展实践是国民经济长期稳定快速增长机制的必由之路。二元结构理论和两部门模型说明，我国当前正处于工业化的中级阶段，是二元结构转变为一元结构的关键阶段，只有实现了这个阶段的飞跃，整个经济才可能保持当前高速的增长势头，避免徘徊和波动，形成长期稳定快速增长的机制。我国由于各种特殊原因，这个阶段的转变，与其他国家比较而言，将更为困难，更为艰巨。这是因为，我国在过去的工业化过程中虽然吸收了一部分农村剩余劳动力，但由于农村人口增长过快，而且由于在城乡之间实行不同的户籍制度、社会保障制度以及各种社会福利制度，形成劳动力转移的樊篱，加大了农村剩余劳动力转移的难度；在过去工业化过程中曾通过工农产品价格剪刀差从农村吸取资金，而且由于人口增长过快，农业收益递减，农民收入增长过慢，形成城乡收入差距的扩大；改革开放后，城市面貌大为改观，而农村的基础设施、教育、卫生医疗、社会保障等方面的发展严重滞后等。建设社会主义新农村，协调城乡发展，是构建和谐社会的重中之重，是一项巨大的系统工程，不可能以农民为主导通过市场机制来实现，只能由政府发挥主导作用，既然是政府起主导作用，自然也就是财政在其中起主导作用。

4.3.3 国家的"三农"投入政策

纵观世界各国的经验，财政对农业的投入一般都采取立法的形式规定投入的规模和环节，使农业的财政投入具有相对稳定性。《中华人民共和国农业法》曾规定：多渠道筹集资金，加大对农业的投入。如确保财政的农业投入的增幅高于经常性收入的增幅，从预算内外筹集资金建立农业发展基金、水利建设基金等专项基金，并对专项资金使用实施配套政策，鼓励和支持引进国外贷款用于发展农业，通过财政支出引导农民、农村经济组织和社会其他方面增加对农业的投入等。2006年又通过下达中央一号文件和发布《中共中央、国务院关于推进社会主义新农村建设的若干意见》，进一步明确了"三农"投入的基本政策，要求加快建立以工促农、以城带乡的长效机制，坚持"多予、少取、放活"的方针，重在"多予"上下工夫，调整国民收入格局，国家财政支出、预算内固定资产投资和信贷投资，按照存量调整、增量重点倾斜的原则，不断增加对农业和农村的投入，扩大国家财政覆盖农村的范围，建立健全的财政支农资金稳定增长机制。2006年，国家财政支农资金增量要高于上年，国债和预算内资金用于农村建设的比重要高于2005年，其中直接用于改善农村生产生活条件的资金要高于2005年，并逐步形成新农村建设稳定的资金来源。要把国家对基础设施建设投入的重点转向农村。提高耕地占用税税率，新增税收应主要用于"三农"。抓紧制定将土地出让金的一部分收入用于农业土地开发的管理和监督办法，加大支农资金整合力度，提高资金使用率。

4.3.4 财政采取有效措施，加大"三农"投入力度

21世纪以来，指导"三农"工作的第7个中央一号文件于2010年1月31日发布。这个题为《中共中央、国务院关于加大统筹城乡发展力度，进一步夯实农业农村发展基础的若干意见》的文件推出了一系列含金量很高的强农惠农新政策，强力推动资源要素向农村配置是其最大亮点。此外，一号文件还把支持农民建房作为扩大内需的重大举措，采取有效措施推动建材下乡。

一号文件全文约12 000字，从健全强农惠农政策体系、提高现代农业装备水平、加快改善农村民生、协调推进城乡改革、加强农村基层组织建设5个方面，着力推动资源要素向农村配置，促进农业发展方式转变，努力缩小城乡公共事业发展差距，增强农业农村发展活力，巩固党在农村的执政基础。

文件强调，2010年的农业农村工作，要把统筹城乡发展作为全面建设小康社会的根本要求，把改善农村民生作为调整国民收入分配格局的重要内容，把扩大农村需求作为拉动内需的关键举措，把发展现代农业作为转变经济发展方式的重大任务，把建设社会主义新农村和推进城镇化作为保持经济平稳、较快发展的持久动力，按照稳粮保供给、增收惠民生、改革促统筹、强基增后劲的基本思路，毫不松懈地抓好农业农村工作，继续为改革发展稳定大局做出新的贡献。

第十一届全国人大常委会第十三次会议中，全国人大常委会对国民经济和社会发展计划执行情况报告审议意见的报告指出，中央财政预算安排"三农"投入达到7 161亿元。健全农业投入机制，通过贴息、以奖代补、民办公助、担保、奖励等多种方式引导银行、企业、农民等各方面增加对"三农"的投入，形成多渠道增加投入的格局。

2009年，中央财政预算安排"三农"投入达到7 161亿元，比2008年增长20%。在有关部门下达的中央基本建设投资中，用于"三农"的投资比重达到49%。这对进一步加强农业基础、改善农业农村生产生活条件发挥了重要作用。下一步，将按照中央要求继续调整财政支出结构，加大"三农"投入。在此基础上，健全农业投入机制，通过贴息、以奖代补、民办公助、担保、奖励等多种方式引导银行、企业、农民等各方面增加对"三农"的投入，形成多渠道增加投入的格局。一是支持农田水利特别是小型农田水利设施建设。继续推进病险水库除险加固、大型灌区续建配套、中部地区大型排涝泵站更新改造等工程建设。继续安排小型农田水利建设补助资金，带动地方政府投入和农民群众投资投劳，推进解决末级渠系残缺、小微型水源紧缺等瓶颈问题。二是支持农村公路建设。认真落实车辆购置税用于一般公路建设项目交通专项资金管理办法的规定，改进农村公路项目审批管理，调动地方政府增加投入的积极性。落实对中西部老少边穷地区提高农村公路中央补助资金标准的政策，加快不发达地区农村公路建设。三是支持解决农民住房、饮水安全、子女入学和农村环境整治等问题。2009年，中央已在这些方面出台了针对性政策，并加大了投入力度，从执行情况看，成效明显。下一步，有关部门将总结经验、完善制度、加大投入，有重点地开展农村危房改造试点，帮助和引导农村贫困危房户、农村受灾群众解决基本住房安全问题；加快农村环境整治、农村饮水安全工程、沼气工程和中西部地区农村初中校舍改造工程建设，努力改善广大农村居民的生活条件和生存环境；积极协调解决进城务工人员随迁子女教育公用经费补助资金和办学条件改善资金，努力保障进城农民工子女平等接受义务教育权力。

4.4 财政投融资制度

4.4.1 财政投融资的概念、意义和特征

1. 财政投融资的概念

财政投融资是20世纪40年代后期产生于日本的一个新概念，是一个财政与金融有机融合的独特的经济范畴，并以其独特的作用受到世界各国政府的重视。按日本学者井手文雄的解释，所谓财政投融资是"以特定的财政资金，对指定特别会计、政府关系机关和各种特殊法人进行投资和借贷，以促进社会资本的形成"。日本大藏省最近出版的《财政投融资》一书，则对财政投融资有如下的定义："财政投融资是以国家制度、信用为基础，以邮政储蓄、年金等各种公共资金为来源，为实现国家的政策目标，并从国家整体的角度，对应由受益者负担的领域，有偿、统一、有效地分配资金的政府投融资活动。"也就是说，它是政府为实现一定的产业政策和其他政策目标，通过国家信用的方式筹集资金，由财政统一掌握管理，并根据国民经济和社会发展规划，以出资（入股）或融资（贷款）方式，将资金投向急需发展的部门、企业或事业的一种资金融通活动，所以它也被称为"政策性金融"。

基础设施建设具有初始投资大、建设周期长、投资回收慢的特征，这些特征决定了它们仅依靠自身的积累来发展，远远适应不了国民经济发展的需要。作为一个经济的整体，经济均衡发展的必要前提条件是投资（I）＝储蓄（S），但就国民经济各部门而言却可能$I \neq S$，有的部门投资超过储蓄，有的部门的储蓄超过投资。而在由储蓄向投资的转换过程中发生部门间的资金转移，从而实现整体经济的均衡发展。在我国，基础部门属于资金短缺部门，它的投资需求

大于本部门的储蓄，而在国民经济中，居民部门属于资金过剩部门，在工业内部，加工部门一般也属于资金过剩部门（表现为设备闲置、开工不足、存货积压）。但由于我国的市场经济正处于市场主体的形成过程，市场机制的调节功能尚不健全，尤其是长期性资本市场尚有待发育，平均利润规律的作用受到限制，这样，部门间的资本转移，资本"过剩"与"不足"的调剂，就缺乏一种自动的利益均衡机制，也就是说，只靠"看不见的手"很难顺利实现。因此，向市场经济体制转换的过程中，政府运用投融资机制保持对基础设施的适度投资水平，对于调整产业结构、提高社会经济效益的作用不可低估。就我国目前基础设施的"瓶颈"状况而言，运用投融资加大对基础设施的投入，其"乘数效应"将是十分显著的。

2. 财政投融资的意义

政府投资并不意味着完全的无偿拨款。国际经验表明，采取将财政融资的良好信誉与金融投资的高效运作有机结合起来的办法，进行融资和投资，即财政投融资，是发挥政府在基础设施投资中的作用的最佳途径。在我国市场经济发展的现阶段，构建财政投融资体制具有重要的现实意义。

① 财政投融资是我国经济发展初级阶段的需要。根据"经济发展阶段论"，在市场经济条件下，一国经济发展的初级阶段，政府财政在国民总投资中占有相当高的比重，为经济和社会发展"起飞"奠定了基础。我国尚处在经济发展的初级阶段，市场化改革的时间还不长，"市场失灵"的问题还相当突出，因而运用财政投融资手段调节资金的运作，是必不可少的。

② 财政投融资的特点在于既体现政府政策取向，又按照信用原则运营，投资的主要领域是先行资本或准公共物品。准公共物品如若完全依赖财政无偿投资，因财力有限势必出现"瓶颈"制约；如若完全依靠企业本身筹资或银行融资，因准公共物品的"外部性"，又会出现供给不足，甚至无人投资。所以，财政投融资和商业投资的空白，填补了准公共物品投资的空白。

③ 财政投融资可以形成对企业和商业银行投资的诱导机制。财政投融资对经济增长的作用不仅表现为短期内"数量的增加"，更表现为长期内"质量的提高"。如我国1996年的经济调整成功地实现"软着陆"后，经济结构失调凸显，当时预算内财力拮据，力不从心，而利用财政投融资作为一个融资体系，直接把资金引入优先领域，形成一种"财政投融资先行——商业银行投融资跟踪——企业投资随后"的连锁反应机制，从而有力地促进了经济结构的调整和经济增长方式的转变。

3. 财政投融资的基本特征

① 财政投融资是一种政府投入资本金的政策性融资。它是在大力发展商业银行的同时构建新型投融资渠道。随着社会主义市场经济体制的逐步建立和完善，市场融资的份额将扩大，专业银行商业化的趋势不可逆转，在这种条件下，构建政策性投融资机制只会加快而不会阻碍专业银行商业化的发展。因为只有把专业银行的政策性业务分离出来，专业银行才可能真正实现商业化的经营目标。

② 财政投融资的目的性很强，范围有严格限制。概括地说，它主要是为具有提供"公共物品"特征的基础设施和基础产业部门融资。随着体制改革的深化，由体制因素形成的"公共物品"应逐步减少，市场商品范围应逐步扩大，许多基础工业产品在条件成熟时，将进入市场，价格放开，并通过组建股份公司和企业集团的形式谋求发展。因此，财政投融资的范围有严格限制，主要是为那些需要政府给予扶持或保护的产品或直接由政府控制定价的

基础性产业融资。

③ 计划性与市场机制相结合。虽然财政投融资的政策性和计划性很强，但它并不是脱离市场，而是以市场参数作为配置资金的主要依据，并对市场配置起补充调节作用，投融资机构在结合范围内拥有经营自主权，实行市场化运营。

④ 财政投融资的管理是由国家设立的专门机构——政策性金融机构负责统筹管理和经营。政策性金融机构既不是一般意义上的金融企业，也不是制定政策的机关，实际上是一种执行有关长期性投融资政策的机构，是政府投资的代理人。财政投融资由政策性金融机构负责统筹管理，可以避免有偿性投资与一般性投资相混淆，提高政府投资运作的总体效率。

⑤ 财政投融资的预算管理比较灵活。在预算年内，国家预算的调整（削减预算或追加预算）需要经过人民代表大会审批通过，而财政投融资预算在一定范围内（比如50%）的追加，无须主管部门的审批。

4.4.2 我国政策性银行

1．"三大"政策性银行概况

我国于1994年成立了三家政策性银行：国家开发银行、中国农业发展银行和中国进出口银行。我国的财政部门乃至各主管部门实际上都存在不同形式的投融资活动，但政府投资的典型代表和主要承担者是"三大"政策性银行。

（1）国家开发银行

国家开发银行是中国三家政策性银行中最大的一家，注册资本500亿人民币，100%由政府拥有，直属国务院领导，银行主要领导人由国务院任命。国家开发银行的主要业务职能包括支持基础设施、基础产业和支柱产业项目建设，支持国家区域发展政策，承担国际金融组织转贷款业务等。国家开发银行的资金来源主要包括政府投入的资本金、人民币债券和外债。国家开发银行除了支持国家产业政策的一般投融资业务（主要包括办理政策性国家重点建设的贷款及贴息业务）外，为了提高盈利能力，还增加了两项一般政策性机构不具备的业务，即作为政府或企业的咨询顾问和对大型企业的债券承销。

（2）中国农业发展银行

中国农业发展银行的主要业务职能是承担国家粮棉油储备和农副产品合同收购、农业开发等业务中的政策性贷款，代理财政支农资金的拨付及监督使用。中国农业发展银行在若干农业比重大的省、自治区设派出机构（分行和办事处）和县级营业机构，资金来源除财政核拨资金外，主要面向金融机构发行金融债券，并使用农业政策性贷款企业的存款。

（3）中国进出口银行

中国进出口银行作为贯彻国家外贸政策的政策性银行，其主要业务职能是为大型机电设备进出口提供买方信贷和卖方信贷，为成套机电产品提供信贷贴息及信用担保。中国进出口银行的信贷业务由中国银行和其他商业银行代理，但可在个别大城市设派出机构（办事处和代表处），负责调查统计、监督代理业务等事宜。中国进出口银行的资金来源除国家拨付资金外，主要以财政专项资金和金融债券为主，其业务活动由有关部门组成监事会进行监督。

2．我国政策性银行的特点

（1）业务职能的政策性

政策银行的政策性是不言而喻的，国家开发银行多年以来为之奋斗的目标正是充当

"配合国家宏观政策,重点向基建设施等发放贷款"的角色。中国农业发展银行与中国进出口银行的业绩也丝毫不逊于国家开发银行。在带动机电新产品、成套设备出口的境外加工贸易和资源合作开发等对外投资项目,以及为对外承包工程项目提供出口信贷、出口信用担保和对外担保等多方面的政策性金融支持,中国进出口银行可谓贡献卓著。中国农业发展银行则在支持国有粮食企业按保护价敞开收购农民余粮,以及农业基建等方面大显身手。

(2) **资金来源的政府性与市场性相结合**

我国政策性银行资金来源结构的演变值得回顾。自 1994 年我国政策性银行成立以来,除财政拨付的资金外,主要是通过人民银行下达指令性派购计划、由商业金融机构定向购买金融债券筹集资金。从 1998 年下半年开始,政策性银行市场化筹资工作开始试点,该年度政策性银行累计市场化发行金融债券 410 亿元,发行试点取得圆满成功。1999 年,中国进出口银行和国家开发银行除小部分资金由邮政储蓄解决外,信贷资金主要通过市场化发行金融债券筹措,全年市场化筹资 2 380 亿元。2010 年,中国进出口银行和国家开发银行信贷资金全部通过市场化筹集,规模进一步加大。可见,我国政策性银行的资金来源正逐步从政府性向市场性迈进。

资金来源的政府性主要体现在三个方面:一是财政借款。即由政府组织资金,再转借给政策性金融机构使用。实际上,财政借款正是政策性银行区别于商业银行的独特手段,它构成了政策性银行长期稳定低成本的资金来源。这些资金的特点主要在于期限较长,一般都在 15 年以上。从日本政策性银行来看,它主要包括政府借款、央行借款和国外借款。二是财政贴息。主要是政府从每年预算中划拨贴息资金,对特殊行业、特殊项目提供低利率贷款。三是税收减免。由于得益于政策性银行的"政策"二字,政策性银行长期享有特殊的税收优惠政策。

与政府性相比,市场化的发行方式则能在市场的调控机制之下,使供求双方在自愿的前提下达到资金供求的均衡,而且市场化可以增加政策性银行经营的透明度。但对市场化方式抱有疑虑的主要是基于融资风险性的考虑,其中主要是市场利率的不确定性。尽管如此,如果综合考虑融资的数量以及融资的供需满足程度和市场融资所带来的后继影响,市场融资可能是一种更佳选择。因此,只有把政府融资和市场化融资的方式结合才能使财政投融资获得有保证的资金来源。

4.4.3 国外政策性银行的借鉴

为了借鉴,在此介绍国外政策性银行运营的特点。国外政策性银行的运营具有五个鲜明的特点:

① 以国家信用为背景。政策性银行具有主权或准主权级信用等级,而享有国家信用的实质是"政府担保"。《德国复兴信贷银行法》的第一章就明确规定了"德国政府的担保"义务。

② 国家财政提供有力支持。政策性银行是国家所有,资本金由财政拨付,并随时追加,资本充足率高于商业银行。如日本政策投资银行(DBJ)为 11%,韩国产业银行(KDB)可以向财政借款或随时向央行借款。

③ 自主决策、自主经营、自担风险。依法设立和运营,是自主决策、自主经营、自担风险的独立法人。

④ 奉行不亏损原则，并保持合理盈利水平。
⑤ 运用多元化金融手段，立足于政策性服务领域，具备较强的专业化水平。

4.4.4 我国政策性银行体制有待进一步完善的问题

随着市场经济逐步完善和金融体制改革的深化，我国的财政投融资体制特别是政策性银行体制暴露出了一些亟待解决的问题，尤其是犯规建设的滞后，功能定位不明等制度缺陷已明显制约了经济和金融体系的发展。如何完善政策性职能，对政策性银行进行规范化改革，已成为当前财政和金融体制改革的紧迫课题，也是完善中国投融资制度的重要保障。

针对现行财政投融资体制存在的问题，进一步完善的思路主要有以下几点。

① 财政投融资体制的法制化。应尽快制定财政投融资法，用法律、法规来规范财政投融资活动，使之纳入法制化管理轨道。

② 融资渠道多元化。除原有资金渠道外，财政投融资的支撑点是国家信用，今后应逐步建立和完善政府担保债券和政府担保的借款制度，除原有融资渠道外，还可以引进外资和吸收社会及个人资金，扩大融资量。

③ 加强财政投融资管理，促进投融资环节的严谨、高效，避免重复建设，盲目上项目，提高财政投融资的效率，是完善财政投融资体制的核心问题之一。

④ 完善财政投融资和市场投融资的协调机制。一是财政投融资体制强调自上而下的政策导向机制，财政投融资活动要严格遵照市场经济的信用原则；二是发挥财政投融资的政策性导向作用，对市场投融资的方向、规模、时间发挥引导效应，使市场投融资纳入国民经济良性运行的轨道。

本章小结

1. 投资与经济增长

投资是经济增长或经济发展的动力，是经济增长的主要因素。马克思的论述和凯恩斯的理论从不同角度论证了这一论断。投资可以刺激需求的增长，同时又可以增加和改善供给；投资过程首先是刺激需求，投产后才增加供给。

2006年，全国固定资产投资增长较快，增幅回落。据初步核算，全年全社会固定资产投资 109 870 亿元，比 2005 年增长 24.0%，回落 2.0 个百分点。

2. 政府财政投资的特点、范围和标准

① 政府投资与非政府投资相比，有自身明显的三个特点。

a. 从投资资金的来源看，财政投资的资金来源主要是通过国家参与国民收入的分配与再分配，大多是无偿的；因此，财政投资可以对社会效益好、经济效益一般的项目投资。

b. 从资金的使用规模来看，财政投资是大规模的、集中性的投资。

c. 从投资领域来看，财政投资主要投资于国民经济薄弱环节及基础产业和新兴产业、具有开发性和战略性、大型长期项目，私人企业无力投资，也不愿投资的领域。

d. 从投资的管理形式来看，财政投资实质上是一种提供资金来源的投资，是一种决策性，把握大方向的投资。

② 政府投资在各国社会总投资中所占的比重存在着相当大的差异，影响这个比重的因素主要有两个：一是经济体制的不同。二是经济发展阶段的不同。我国在由计划经济体制转

向市场经济体制的过程中,政府投资占社会总投资的比重有所下降,是符合一般发展趋势的。

③ 适应投资主体和投资格局的变化,政府对投资的宏观调控方式也将发生变化。近年来对预算外资金的清理整顿,特别是自 1998 年开始实施积极财政政策以来,加大预算内投资和调整产业结构的力度,对刺激内需以及国民经济的稳定和持续增长,已经发挥并将继续发挥积极作用。

④ 政府财政投资的标准主要有:资本-产出比率最小化标准;资本-劳动力最大化标准;就业创造标准。

3. 基础设施投资的性质

基础设施与其他产业相比,具有不同特征。从整个生产过程来看,基础设施为整个生产过程提供"共同生产条件"。

经济欠发达国家在经济增长过程中常常经受基础"瓶颈"的困扰,由于民间经济的财力有限,政府只能通过财政集中动员一部分资源,以加快基础"瓶颈"部门的发展。实际上,发展中国家的财政,除具有一般弥补"市场失灵"的作用外,还部分地充当着社会资本原始积累的角色。

基础设施投资与一般投资的关系:基础设施是处在"上游"的产业部门,基础设施投资是一种"社会先行资本"。它所提供的产品和服务构成其他部门(也包括本部门)必需的投入品和服务,如供电、供水、道路和交通等。基础设施在产业锁链中属于这样一类产业,即当基础产业、加工工业和服务业发展时,一般要求适度加大基础设施投资,要求基础设施的适度超前发展。从价值构成上分析,基础设施所提供的产品和服务的价格,构成其他部门产品成本的组成部分,因而它们的价格变动具有很强的连锁效应,会引起整个产业成本的波动。

4. 基础设施投资的提供方式

从我国的实践来看,基础设施投资的提供方式主要有以下几种形式:

① 政府筹资建设,或免费提供,或收取使用费。

② 私人出资、定期收费补偿成本并适当盈利,或地方主管部门筹资、定期收费补偿成本。

③ 政府与民间共同投资的提供方式。

④ 政府投资,法人团体经营运作。

⑤ BOT 投资方式(建设-经营-转让投资方式)。

5. 财政对农业投资的重要性

① 农业是国民经济基础的原因。

② 农业部门的特殊性和财政投资的必要性。

6. 财政对农业投入的范围和重点

① 以立法的形式规定财政对农业的投资规模和环节,使农业的财政投入具有相对稳定性。

② 财政投资范围应有明确界定,主要投资于以水利为核心的农业基础设施建设、农业科技推广、农村教育和培训等方面。

③ 注重农业科研活动,推动农业技术进步。

④ 凡是具有"外部效应"以及牵涉面广、规模巨大的农业投资，原则上都应由政府承担。

7. 我国财政对农业的投资

① 财政支持农业的力度不断加大。我国当前的农村和农业已经发生根本性的变化，因而农业财政投入的规模和重点也必须适应新的变化做出合理的安排。

② 财政在支持农村建设和农业发展方面仍存在众多薄弱环节，还有待进一步完善和加强。

8. 财政投融资的概念、意义和特征

① 概念。政府为实现一定的产业政策和其他政策目标，通过国家信用方式筹集资金，由财政统一掌握管理，并根据国民经济和社会发展规划，以出资（入股）或融资（贷款）方式，将资金投向急需发展的部门、企业或事业的一种资金融通活动。财政投融资也称"政策性金融"。

② 意义。政府投资并不意味着完全的无偿拨款。国际经验表明，采取将财政融资的良好信誉与金融投资的高效运作有机地结合起来的办法，进行融资和投资，即财政投融资，是发挥政府在基础设施投资中的作用的最佳途径。

③ 基本特征：政府投入资本金的政策性融资；目的性很强，范围有严格限制；计划性与市场机制相结合；由国家设立的专门机构——政策性金融机构负责统筹管理和经营；预算管理比较灵活。

9. 我国的政策性银行

我国于1994年成立了三家政策性银行：中国国家开发银行、中国农业发展银行、中国进出口银行。我国的财政部门以至各主管部门实际上都存在不同形式的投融资活动，但政府投融资的典型代表和主要承担者是"三大"银行。

我国政策性银行的特点：

① 业务职能的政策性；

② 资金来源的政府性与市场性相结合。

10. 我国政策性银行体制有待进一步完善的问题

随着市场经济体制逐步完善和金融体制改革的深入，我国的财政投融资体制特别是政策性银行暴露出了一些亟待解决的问题，特别是法规建设滞后、功能定位不明等制度缺陷已明显制约了经济和金融体系发展，如何完善政策性职能，对政策性银行进行规范化改革，已成为当前金融改革的紧迫课题，也是完善中国投融资制度的重要保障。

复习思考题

1. 如何理解基础设施建设的发展与完善和财政投融资的关系？
2. 如何利用财政投融资制度为我国经济发展服务？
3. 中国发展农业的财政支出政策应如何选择？
4. 如何综合运用各种财政支农方式促进我国农业发展？

第 5 章

转移性支出

学习目标

通过本章的学习,了解市场经济条件下社会保障制度的经济意义,理解我国社会保障制度的主要内容,掌握我国目前养老保险、失业保险和医疗保险制度的基本内容,明确建立适应社会主义市场经济体制要求的财政补贴制度的思路和税收支出的基本理论与方法。

关键词汇

社会保障制度(Social Security System);财政补贴(Grant-in-aid);社会救济(Social Relief);税收支出(Tax Revenue Expenditure)

案例 5-1　　西方社会保障制度的类型

西方各国社会保障制度的内容基本相同,一般包括社会保险、社会救济和社会抚恤三大领域,但在保障制度的起点、理论依据、保障范围、具体项目设立和资金筹集与管理上却各有自己的特征。总体上说,西方各国的社会保障体系可以分为以下三种类型。

自由保险型,又称"自由式"。以美国为代表。基本特点:一是项目多但覆盖面和保障水平不及"公民供给型"高。如在美国投保者每日领取的养老金只相当于原工资的50%。[①] 二是私人保险业起主导作用,国家则处于次要地位,保险基金由雇主和雇员共同交纳,国家主要负责社会救济和公共补贴。该类型的理论基础是凯恩斯主义的"有效需求不足理论",即政府调节重点应放在干预经济生活、摆脱失业和刺激有效需求方面。

强制保险型,又称"保守式"。多数欧陆国家和日本实行的社会保障制度可归入此类型,典型代表是德国。这种类型的主要特点:一是法定的强制性,公民必须参加法定的社会保险,定期交纳社会保险费从而享有申请保险待遇的权利;二是除失业保险外,其他保险均由独立的保险机构经营,实行自治管理,政府只起指导作用,保险基金由雇主和雇员共同承

---

① 范恒山. 瑞典与美国的社会保障体制 [J]. 管理世界,1998,3.

担；三是国家起主导作用。其理论基础在第二次世界大战前是"国家干预主义"，认为政府应该制定社会保险政策缓和劳资矛盾，促进经济发展；第二次世界大战后则是新自由主义理论，主张在新自由主义的社会市场经济条件下，实行经济人道主义，让劳资双方结成伙伴关系。

公民供给型，又称"国家福利型"或"社会民主式"。此种类型最早起源于英国（第二次世界大战前就被称为"福利国家"），后来传到北欧，以及加拿大和澳大利亚等国，瑞典是这种类型的最突出代表。主要特点：一是社会保障内容庞大，覆盖面广，保障水平高。如瑞典的社会保障覆盖了在瑞典居住的所有人（不论其是否具有瑞典国籍，不论其是否就业，只要居住达到一定年限，均可享受）；二是基金的主要来源是各行业的雇主，雇员则基本不交纳，如1995年瑞典企业主负担的养老金和医疗保险等各种法定保险费用占利润的32.9%。① 这种类型的理论基础是福利学派思想，主张对资本主义进行改良，建立合理分配、收入均等的福利国家。政府通过课征高累进税，向全体居民提供"从摇篮到坟墓"的一切社会保障。

社会保障制度建立的根本目的在于，保障全体人民的基本生活需要，巩固政府的统治，同时确保国家经济的稳定增长。因此，它要求既坚持公平原则，又保证效率，两者必须兼顾。

20世纪70年代中期以后，由于经济"滞胀"，失业率居高不下与通货膨胀的长期困扰，以及日益严重的人口老龄化问题，西方各国的社会保障制度均面临不同程度的危机。主要表现在以下方面。

1. 社会保障支出日益膨胀，政府不堪重负。据有关资料显示，世界经合组织成员国1960年用于社会保障的支出占国内生产总值的比重为7%，1990年上升到15.4%，提高了一倍多。② 社会保障支出过度膨胀的主要原因是：第一，人口老龄化问题日益严重使原有保障体制运作不畅。据统计，西方发达国家65岁以上人口所占比例1970年为9.9%，1990年为12.5%，估计到2020年将达17.2%。1950年美国享受养老金的人数与纳税人的比例是1:16，现今已降为1:3。第二，社会保障过滥，各种社会救济和补贴过多。这一方面违背了市场经济的基本原则，使人的生存竞争意识下降；另一方面也造成社会资金的严重浪费。第三，医疗费用上升过快。目前西方发达国家的医疗保健开支一般约占GDP的7%。如美国的医疗保健开支近几年一直以年增加1亿美元的幅度上涨，1994年美国医疗保健开支突破1万亿美元，耗去国内生产总值的1/7。第四，经济长期滞胀，失业率居高不下导致失业救济金大幅增加。如英国1955年失业率为1.1%，1993年上升到10.6%；西班牙1993年失业率更是高达25%，即每4个劳动力中就有1个失业者。③

2. 受益不公，效率受损。高福利和福利平均化造成不劳而获或少劳多得的现象，甚至失业者的收入由于花样繁多的救济和补贴而比在职者还多，致使公众的工作热情减弱，人们对社会和政府过分依赖，职工怠工现象严重，企业经济效益受损，国际竞争力削弱。

3. 保险机构林立，无谓损失增加。随着保障项目的增加，各国政府建立起了庞大的管

---

① Petersen. J. H. Harmonization of Social Security in the European CommunityRevisited [J]. Journal of Common Market Studies, 1991, 19.
② 岳颂东. 呼唤新的社会保障 [M]. 北京：中国社会科学出版社，第157页.
③ 十国社会保障改革课题组. 社会保障制度的国际比较 [J]. 经济学动态，1994, 8.

理机构，雇佣了大批专业技术人员和行政管理人员。这不仅导致了管理费用的增加，而且产生了官僚主义、人浮于事、效率低下等弊端。据经济学家费尔德斯坦估计，美国 1995 年仅社会保障税的无谓损失就达约 680 亿美元。①

在此背景下，西方国家对社会保障制度进行了调整和改革。整改的内容主要有两个方面。一方面，增加社会保障收入，提高社会保障费率。像比利时、荷兰、英国等都提高了雇主和职工交纳的社会保障费率。1995 年 11 月，法国总理朱佩宣布推行社会保险制度改革，扩大保险金的征收范围、限制医疗保险的开支范围、提高国家公务员和国有部门职工退休年龄等；一些国家还对某些保险项目征收所得税，如荷兰自 1983 年起对疾病保险金征收所得税；法国自 1980 年起征收退休金所得税；加拿大提高养老金投保率，规定 1992 年到 2016 年投保费每年增加 0.2 个百分点。另一方面，减少社会保障支出。如美国，1996 年 8 月克林顿签署了《社会福利改革法案》，计划 6 年中削减 550 亿美元的开支；加拿大 1995 年提出改革社会失业保险制度的计划，使联邦政府每年减少失业保险金支出 10%，即节省 46 亿加元；瑞典将失业救济金、疾病津贴和产妇津贴从占最低工资的 90% 减至 75%。从表面上看，整改的重点主要是增收节支，实际上各国政府都对其社会保障职能和管理体制动了或大或小的"手术"。主要有以下措施。

减少国家干预，强调市场机制对社会保障的调节作用，使社会保障制度从"国有化"向"私有化"转变，让私有企业在社会保障体系中发挥重要作用。如英国促使社会保障部分管理职能民营化，将社会保障津贴发放等大量具体业务委托给私营部门办理。荷兰宣布法定的医疗保险私有化。美国自里根上台后，也不断使公共计划的制定权分散化，将私人机构融入社会保障体系。

鼓励发展商业性保险。政府从税收等方面采取一些经济手段支持商业性保险的发展，并给居民创造种种方便条件，促使居民积极参加商业保险。如英国鼓励私人保险，同私人医院订立合同以及由私人承包服务设施。

提倡企业自办保险。英国政府做出规定，凡是有条件的私人企业，经政府有关机构批准后可以自己搞养老保险项目，鼓励效益好的企业为雇员设立更优越的养老保险，并把原由国家设立的"附加养老金"甩给了企业和个人。

改革养老保险制度。针对日益严重的人口老龄化问题，西方各国政府采取了两手做法。一是提高法定退休年龄，以防止社会中劳动者与享受者比例失调。如法国计划将退休年龄从目前的 60 岁提高到 61 或 62 岁；② 意大利计划在 2015 年前将男子退休年龄由目前 60 岁提高到 65 岁，女子由 55 岁提高到 60 岁。③ 二是改革养老金制度，如瑞典规定从 2001 年起养老金由保证收益型（凡在瑞典住满 40 年的人都可领取数额相等的一份养老金）转向保证缴纳型（领取养老金的多少直接取决于从工资中扣缴的养老金的累积数额及其投资收益）。④

---

① 张玉柯. 美国社会福利制度及其改革趋势 [J]. 世界经济，1998，2.
② 十国社会保障改革课题组. 社会保障制度的国际比较 [J]. 经济学动态，1994，8.
③ 美国社会保障署. 世界社会保障制度大全 [M]. 北京：中国物资出版社，1996 年版，第 904 页.
④ 郭林、谈莉敏. 让个人承担更多的责任 [N]. 光明日报，1999 年 3 月 5 日.

5.1 社会保障支出

案例 5-2 　　　　　社会保障的由来与发展

社会保障是工业革命和社会化大生产的产物。简单概括其发展历史，可以说它是起始于德国，形成于美国，发展于第二次世界大战以后的市场经济国家。

19世纪末，德国资本主义迅速发展，工人阶级的劳动状况日益恶化，在马克思主义指导下，工人运动日益高涨，强烈要求政府实施保护工人阶级利益的社会政策。为缓和阶级矛盾和促进经济发展，被称为"铁血宰相"的俾斯麦对工人阶级实行了"胡萝卜加大棒"的政策，一方面残酷镇压工人运动，另一方面进行安抚，主要措施就是建立社会保险。他有一句"名言"，宣称："社会保险是一种消除革命的投资，一个期待养老金的人是最安分守己的，也是最容易被统治的。"1883年，德国颁布《疾病保险法》，标志着以社会保险为核心内容的现代社会保障制度的诞生。之后，德国又先后颁布《工伤保险法》及《老年和伤残保险法》，这些法律的实施在一定程度上缓和了德国的社会矛盾。由此，为德国经济发展营造了稳定的社会环境，使工农业增长速度很快超过了英、法，成为新的世界列强之一。

20世纪30年代，为了对付严重的经济危机，时任美国总统的罗斯福采取了以扩大有效需求为核心的一系列"新政"措施，刺激国内经济发展。新政的主要内容之一，就是建立统一的社会保障制度，实行社会救济。1935年，美国国会通过《社会保障法》，联邦政府设立了社会保障署，促使社会保障制度在美国得到了较全面系统的实施。1936年，凯恩斯发表《就业、利息和货币通论》，掀起了一场政府干预经济的凯恩斯革命。罗斯福新政和凯恩斯理论，不仅挽救了风雨飘摇的美国经济，而且几乎是挽救了垂死的资本主义世界。

第二次世界大战结束到20世纪70年代期间，是社会保障制度发展的鼎盛时期，各国在治理战争创伤、恢复和发展国民经济时，都纷纷建立社会保障制度，制定了较完备的法律体系，并将全部社会成员都纳入进来，尤其像英国、瑞典等欧美国家，竞相自诩建成了"福利国家"，资本主义进入了一个相对稳定繁荣的时期，而所谓"从摇篮到坟墓"的社会保障制度，也成为资本主义炫耀于世界的橱窗。

5.1.1 社会保障支出与社会保障制度

1. 社会保障支出的性质

社会保障支出是与社会保障制度联系在一起的，各国的社会保障制度不同，相应的社会保障支出安排也就存在较大差别。但是，在现代社会中，任何社会制度的任何国家，社会保障支出都是社会公共需要的重要组成部分。在人类社会延续和发展的长河中，随着社会生产力的不断提高和物质财富的不断增加，个人的生活质量不断提高，相应的社会公共需要的内涵和范围也必然在不断扩展，从而满足社会成员的多方面需要，保证有一个安定的社会环境。劳动者除了应享有付出一份劳动得到一份报酬的权利之外，但他们因种种社会的甚至是个人的原因不能就业或暂时不能就业时，还应享有得到一份能满足自己及其赡养家庭人口最低生活需要的收入的权利；劳动者在进行工作时，需要劳动保护；劳动者可能生病、伤残，乃至死亡，发生这些情况时，需要医疗、护理、照顾或者善后；劳动者的子女有得到起码的教育权利，他们自己也有必要随科技进步和社会分工的发展，不断地接受职业和文化的再教育；劳动者退出劳动大军后，有权得到社会的照顾，安度晚年等，都属于必须由政府和社会妥善安排的社会保障的范围。赈济饥民，补助急难，是任何社会都有过的社会抚恤措施，即由法律规定了的、按照某种确定的规则实施的社会保障政策和措施体系。既然社会保障是社会性事业，那么政府介入是政府的一项义不容辞的职责。政府介入，一方面可以弥补市场的失灵和缺陷；另一方面可以减少实施成本，增强抗拒风险的能力，还可以运用社会保障调节经济的运行。

2. 政府实施社会保障制度的重要意义

在市场经济体制下，必须由政府实施社会保障制度的第一个理由是弥补市场机制的失灵。市场经济是一种效率性经济，可以使社会经济资源得到有效的配置，这也是市场为人们称道的原因。然而，市场经济也存在种种缺陷，其中之一就是市场分配机制必然拉大社会成员之间的收入差距，出现分配不公，甚至使一部分人最终在经济上陷入贫困。市场分配承认个人财产的占有和劳动者个人天赋与能力的差别，从经济的角度来看，这种分配机制可以刺激人们不断开拓创新，勇于进取，这对提高经济效益是有益的；但从社会的角度来看，这种分配机制会使财产占有和劳动能力的弱者以及丧失就业机会和丧失劳动能力的老弱病残者，在激烈的竞争中遭到无情的裁决。所以，将市场分配机制所形成的收入差距保持在一定限度内是合理的，也是有利于提高经济效益的，但一旦超过合理的限度，就是社会所不能接受的，也不利于经济效益的提高。现代经济社会中，人们已达成一种共识，即人的生老病死以及人的最低生活需要，不应由市场来裁决，或者说，市场裁决不应该是最终的，政府应该在其中有所作为。在市场经济体制下，政府虽然不能通过行政手段在初次分配领域干预收入分配，但可以采取收入再分配措施来缩小收入差距，矫正市场分配的不公。正像有的学者所说的："社会虽然不能制止老天下雨，但却可以制造雨伞。"这里的"下雨"，是指收入差距的拉大，而"雨伞"则是指政府的社会保障制度。

从政府实施收入再分配的手段来看，税收固然是一个重要工具，如通过开征累进的所得税和财产税，可以把高收入者的一部分收入征收上来，限制收入差距的扩大。但只有税收手段还是不够的，因为税收只能使高收入者"穷"一些，而不能使低收入者"富"一些，更不能从根本上解决低收入者的生活保障问题。所以，政府要实施收入再分配还必须使用财政支出手段，即通过财政支出，向低收入或无收入者转移收入，这样才能使低收入阶层有一个基本的生活保障。

必须由政府实施社会保障制度的第二个理由，是在市场经济体制下社会保障制度还具有"内在稳定器"的作用。由于社会保障的各个方面都是制度化的，实惠保障的收支（特别是支出）便与财政收支以及国民经济的运行构成某种函数关系。基于这种关系，社会保障支出随经济周期而发生的反向变化，可能弱化经济周期的波幅。经济学家津津乐道的社会保障支出的"内在稳定器"作用，也就是在繁荣的年代，不但事业准备基金增长，而且还对过多的支出施加稳定性的压力；相反，在就业较差的年份，事业准备基金使人们获得收入，以便维持消费数量和减缓经济活动的下降程度。

政府之所以必须实施社会保障制度还有一个重要理由，就是私人保险由于存在种种局限，不可能完全向人们提供基本的经济保障。私人保险市场的局限性主要表现在以下几个方面。

① 由于私人保险时常存在逆向选择和道德风险问题，会导致私人保险市场失灵。个人所面临的风险水平是不同的，如果保险费率按平均风险水平确定，则低风险的个人就会选择退出表现计划，这将使计划不得不再次提高保险费率，其结果必然会使更多的低风险个人脱离保险计划。逆向选择问题又是由信息不对称造成的，即每个人可以确实把握个人的风险程度，而保险公司却只能掌握并不完全的信息，如果保险公司根据所观察到的平均风险程度来确定保费，就有可能发生低风险个人向高风险个人收益的再分配，这样低风险者就会退出私人保险计划。一旦出现了这种逆向选择问题，私人保险市场也就很难单纯向高风险的个人提供保险。另外，由于加入了私人保险，个人就可能淡薄风险防范意识，甚至可能出现故意发生受保事故的道德风险问题。

② 私人保险无法解决个人储蓄不足以及"免费搭车"的问题。比如，社会上难免存在一些目光短浅的个人，他们过分注重工作期的消费，而忽视为自己的养老进行储蓄；尽管有私人养老保险市场，也可能不会自愿加入养老保险，而进入老龄时期则会给社会和国家增添负担，借助于"免费搭车"。这种现象实际上是一种储蓄的道德风险问题。为此，政府有必要举办一种强制性的养老保险计划，让每个年轻人都参加进来，保证每个公民老有所养。

③ 私人保险市场难以抵御系统性风险。高通货膨胀时期养老金会发生贬值，而且每个投保人受通货膨胀损失的程度是不同的，显然，私人保险公司低于养老金遭受损失的能力是比较弱的，也不能将损失在个人之间进行风险分摊，而政府却可能保证养老金的实际价值，使受保人免受损失。

④ 私人保险市场无法进行有目的的收入再分配。私人意外保险只能在发上意外事故和没有发生意外事故的受保人之间进行再分配，私人养老保险只能在长寿者和短寿者之间进行再分配，而政府举办的社会养老保险则可以通过种种措施实现高收入受保人和低收入受保人之间的收入再分配（又称实现再分配）。

5.1.2 世界各国的社会保障制度

1. 社会保障制度的建立和发展

实行社会保障的需要是随着生产的社会化而产生和发展的。在自给自足的自然经济中，人们在一家一户的土地上劳动，劳动时间没有严格的规定，劳动的组织不严密，劳动的成果也基本上属劳动者自己所有。那时，人们尚未组织成相互密切联系的社会，因而也没有实行社会保障的需要。随着生产力的发展，劳动者之间形成了分工，"社会"作为一个现实的实体出现在人们之间并制约着人们的活动，这时便有了实行社会保障的需要。西方国家的社会保障制度也并不是进入资本主义社会之始就有的，一般认为，始创社会保障制度的是德国的俾斯麦政府，时间则在19世纪80年代。该政府通过了历史上第一个社会保险法，但并未立即被各国所效法，到了20世纪30年代，当大危机威胁到资本主义制度的时候，各国才纷纷建立社会保障制度。如今发达国家的社会保障制度已形成相当大的规模，且十分完整和稳定，从财政收入一方来看，社会保障税（包括社会保障捐助）业已成为仅次于所得税的第二大税类，从财政支出一方来看，社会保障支出也已经超过其他一切项目独占鳌头。

2. 西方国家社会保障制度的不同类型和共同特点

西方各国社会保障制度的资金筹集和实施措施各有不同，大体有以下几种类型。

(1) 社会保险型

社会保险是政府按照"风险分担，互助互济"的保险原则举办的社会保障计划。政府按照保险原则举办的社会保险计划，要求受保人和雇主缴纳保险费，而当受保人发生受保事故时，无论其经济条件如何，只要按照规定缴纳了保险费，就可以享受政府提供给的保险金。

(2) 社会救济型

社会救济是保障计划的一种方式，用资金或物资帮助生活遇到困难的人称为救济，政府在全社会方位内向生活遇到困难的人提供救济称为社会救济。社会救济型的社会保障有两个特点：一是受保人不需缴纳任何费用，保障计划完全由政府从一般政府预算中筹资；二是受保人享受保障计划的津贴需要经过家庭收入及财产调查，只有经济条件符合受保人的资格才享受政府的津贴。目前澳大利亚和加拿大的公共养老金计划，就是采取社会救济的模式。

(3) 普遍津贴型

普遍津贴是政府按照"人人有份"的福利原则举办的一种社会保障计划。在这种计划中，受保人及其雇主并不需要缴纳任何费用，而当受保人发生受保事故时，无论其经济条件如何，都可以享领政府的保障津贴。普遍津贴的资金来源与社会救济一样也完全由政府一般预算拨款，与社会救济不同的是，受保人在享领津贴时并不需要进行家庭生计调查。显然，只有那些经济发达的国家才有条件实行普遍津贴的社会保障计划。例如，目前新西兰的公共养老金计划属于普遍津贴计划；加拿大政府的老年保障计划（OAS）过去也曾采取普遍津贴模式，2001年以后才改为社会救济类型。

(4) 节约基金型

节约基金是政府按照个人账户的方式举办的一种社会保障计划。在这种计划模式下，雇主和雇员都必须依法按照职工工资的一定比例向雇员的个人账户缴费，个人账户中缴费和投资收益形成的资产归职工个人所有，但这部分资产要由政府负责管理。一旦个人发生受保事故，政府要从个人账户中提取资金支付保障津贴；而当职工不幸去世时，其个人账户中的资产可由家属继承。节约基金类型的社会保障计划与社会保险计划相比，其最大的特点是受保人之间不能进行任何形式的收入再分配，因而不具有互助互济的保险功能。这种保障计划虽然没有任何收入再分配的功能，但却具有强制储蓄的功能，所以这种模式对于那些国民储蓄率较低并期望通过居民储蓄提高国民储蓄率的国家有很大的吸引力，它实际上是政府举办的一种强制储蓄计划。目前新加坡、马来西亚、印度等20多个发展中国家的公共养老金都属于这种节约基金型。

西方各国社会保障制度虽各有特色，但也有共同的特点，这些公共的特点可概括如下：

① 保障项目名目繁多。以美国为例，迄今为止，实施的保障计划有300项之多，仅联邦（中央）政府"帮助穷人"的项目就有100多项，而美国在西方国家里还不是社会保障制度最发达的国家。西方学者曾把这样的社会保障制度概括为"从摇篮到坟墓"，也就是说，保障涉及从生到死、从物质到精神、从正常生活到遭受变故的一切方面。

② 社会保障资金有确定的来源。用于提供社会保障的资金主要来自社会保障税，该税由取得工资收入的雇员和雇主各纳一半，采取"源泉扣缴法"课征。社会保障税不足以支付社会保障支出的差额的，将由政府从财政收入中弥补。

③ 社会保障支出依法由政府集中安排。在西方国家，尽管具体管理社会保障项目的机

构很多，既有政府机构（中央的和地方的），也有民间团体和私人企业，但从总的倾向上看，社会保障项目是由政府集中管理的。尤其值得注意的是，实施社会保障制度的一切细节，从资金来源、运用的方向，直至保障的标准、收支的程序，大都有明确的法律规定。

5.1.3 养老社会保险的筹资模式

综观世界各国的养老保险的筹资模式，可分为现收现付式和基金式两大类。

1. 现收现付式

现收现付式是指当期的缴费收入全部用于支付当期的养老金开支，不留或只留很少的储备基金。从资金角度来看，现收现付式的养老保险是一种靠后代养老的保险模式，上一代人并没有留下养老储备基金的积累，其养老金全部需要下一代人的缴费筹集，实际上这种保险靠的是代与代之间的收入转移。

2. 基金式

基金式又分为完全基金式和部分基金式两种。完全基金式是指当期缴费收入全部用于为当期缴费的受保人建立养老储备基金，建立储备基金的目标应当是满足未来向全部受保人支付养老金的资金需要。部分基金式则是介于现收现付式和完全基金式之间的一种筹资模式，即当期的缴费一部分用于应付当期的养老金开支，一部分用于为受保人建立养老储备基金。按照世界银行的标准，当一个非完全基金式的养老保险的储备基金可以满足2年以上的养老金支出需要时，则属于部分基金式。完全基金式是一种自我养老的保险模式，各代之间不存在收入转移，每一代人都是靠自己工作期间缴纳的保险费所累积起来的养老储备基金来维持老年生活；而部分基金式的养老保险则是自我养老和后代养老相结合的一种养老模式。

5.1.4 我国的社会保障制度

1. 我国社会保障制度的建立和发展

（1）传统体制下的社会保障制度

在社会主义社会中实施社会保障自然是政府的一项重要职能。因为，社会保障同人们成为社会的主人在本质上是完全统一的。马克思在《马达纲领批判》中阐述社会总产品的分配问题时，特别强调要在最终进行个人分配之前，扣除一部分社会产品，用来满足社会的保健以及丧失劳动能力者的需要，他在这里所说的实际上就是社会保障。

新中国成立之初就建立了社会保险制度。计划经济时期的社会保险制度是依据1951年政务院颁布的《中华人民共和国劳动保险条例》建立起来的，所以过去又称之为劳动保险制度。在传统体制下，我国的社会保障体系事实上被分为两大块：一是集体所有制单位（包括广大农民及城镇集体单位），其资金来源于集体经营的提留，采取公积金和公益金的形式，其保证对象只限于集体的成员；二是国有制单位，其资金来源从形式上看是来自一个个国有制单位，但在国家对国有企业实行"统收统支"制的大背景下，事实上是无区别地取自全部国有企业和单位，并无区别地施用于全体在国有企业和单位中就业的人员。除此之外，国家财政还面向全社会提供社会保障，但保证项目只有抚恤支出、社会福利救济费和自然灾害救济费三种，支出的金额也不多，多数年份占财政支出的比例不到2%。这样看来，从严格的"社会"意义上说，主要是在国有制单位就业的职工得到了社会保障，也就是说，社会保障制度是同就业制度联系在一起的。只有在国有制企业和单位中谋得了一份职业，便获得了一系列社会保障，凡生老病死、伤残孤寡、衣食住行、工作学习都有人过问。在这中间，最大的保障，无疑首推一经录用便终身就业的"铁饭碗"制度。因为这一制度，国有企业职工产生了极强的安全感，他们有理由对在其他所有制单位就业的机会不屑一顾。在"文化大革命"期间，由于当时主管社会保险工作的各级工会组织被解散，社会保险基金的管理工作陷入瘫痪，从1969年开始，国有企业停止了每月按工资总额的一定比例提取并向上级工会缴纳一部分社会保险基金的做法，企业的退休费用、长期病假工资等社会保险开支改在企业营业外支出列支，实报实销。这样，社会保险就变成了"企业保险"。我国传统体制下社会保障制度在资金的运筹上是"现收现付"制，即在国家财政与各执行社会保障的单位的预算和会计账目上，并无与社会保障支出相对应的收入项目，预算和会计账目上也没有专项社会保障基金，社会保障支出发生多少便支出多少，支出多少便记录多少。

（2）**改革开放后社会保障制度的改革**

随着市场化经济体制改革步伐的加快，各项改革都尖锐地触及社会保障问题。"铁饭碗"被打破，下岗、失业和离退休人员增多，人口老龄化加快，居民收入差距拉大，公费医疗的浪费与低效现象严重，总之，经济改革的深化，把建立一个社会化的社会保障体系的任务，急切地推上了改革的日程。改革开放以后，针对原有社会保险制度的弊端和局限性，国家在社会保险方面进行了一系列的改革和创建工作，形成了当今以养老、失业、医疗三大保险为基本项目，以工伤保险、生育保险、社会救济和社会福利为辅助项目的社会保险体系。截至2005年末，我国已经形成收入达6 968.6亿元、支出达5 401.0亿元、累积结余达6 066.1亿元的巨大的社会保险基金规模。

2. 养老保险

改革开放前，我国养老社会保险起初是以企业为单位的"企业保险"。当时由于老企业退休职工多，新建企业几乎没有退休职工，新老企业之间退休金负担前轻后重，从而形成企业之间不平等的竞争。为了解决新老企业直接按退休负担不平衡的问题，国家从20世纪80年代中期开始实行"退休费用统筹"的改革。所谓退休费用统筹，就是各个企业要按照当地（一般是以县市为单位）社会保险机构规定的统筹比例，以本企业的职工工资总额（或标准工资总额）为基础，按月向社会保险机构缴纳退休费用，企业所需要的退休费用开支则由当地社会保险机构统一拨付，企业不再从营业外支出中列支。显然，实行"退休费用统筹"以后，企业的退休负担不再与本企业退休职工的人数直接挂钩，可以大大缓解新老企业之间退休金负担前轻后重的矛盾。但"退休费用统筹"至多是将"企业保险"改为"地区性保险"，并非真正的社会保险。为了建立和完善符合市场经济体制的企业职工养老制度，国务院先后颁发了《国务院关于企业职工养老保险制度改革的决定》（1991年6月）、《国务院关于深化企业职工养老保险制度改革的通知》（1995年3月）、《国务院关于建立统一的企业职工养老保险制度的决定》（1997年7月）（以下简称《决定》），该《决定》提出在全国范围内实施统一的养老保险方案，于是奠定了现行社会保险制度的基础。现行养老保险制度的主要内容如下。

（1）**保险覆盖范围**

社会养老保险的覆盖面由原来只包括国有企业和一部分城镇集体企业扩大到城镇各类所有制企业，包括国有企业、城镇集体企业、私营企业、股份制企业、外商投资企业的职工以及城镇个体工商户的帮工，都必须参加社会养老保险。城镇个体工商户本人、私营企业主、自由职业者也可以参加社会养老保险，其目的在于破除养老保险在用人单位之间的所有制界限，促进劳动力在各类所有制单位之间的合理流动和优化配置，同时也为各类企业制造一个公平的竞争环境。据统计，截至2005年年底，已有17 487万职工参加了社会养老保险。

(2) 保险费用筹集

养老保险费用主要由企业和职工个人缴费负担，财政负责弥补养老保险计划的赤字。企业要按照本地区（省、自治区、直辖市）政府规定的企业缴费比例向社会保险机构缴纳保险费。企业缴费的比例一般不得超过企业工资总额的20%，确需超过20%的，须报劳动部、财政部审批；个人养老保险的缴费比例1997年不得低于本人工资的4%，1998年起每两年提高一个百分点，最终达到本人缴费工资的8%。目前大多数地区的社会养老保险计划出现了收不抵支的问题，为了确保这些地区养老金能按时足额发放，中央财政给予了大量的资金支持。

(3) 运行模式

养老保险实行社会统筹与个人账户相结合的运行方式。各地要按照职工个人缴费工资的11%为职工建立基本养老保险个人账户，个人缴费全部计入个人账户，其余部分从企业缴费中划入。随着个人缴费比例的提高，企业缴费划入个人账户的比例逐步减小，当个人缴费比例提高到8%的最高限时，企业缴费划入个人账户的比例应降低到3%。企业缴费除去划入个人账户的部分以外，其余部分进入社会统筹基金，用于向已经退休的职工发放各种退休费用。个人账户的存储额每年参考银行同期存款利率计算利息；这部分存储额只能用于职工养老，不得提前支取。职工调动时，个人账户里的存储额全部随同转移；职工或退休人员死亡，个人账户中的个人缴费部分可以继承。

(4) 养老金待遇

在新的养老保险制度实施以后参加工作的职工，如果个人缴费年限满15年，在退休后可按月领取基本养老金。基本养老金由基础养老金和个人账户养老金两部分组成。退休后基础养老金的月标准为省、自治区、直辖市或地（市）上年度职工月平均工资的20%；个人账户养老金的月标准按本人退休时个人账户储蓄额除以120的方法确定。个人缴费年限不满15年的，退休后不能享受基础养老金，其个人账户中的储蓄额一次性地支付给本人。新的养老保险制度实施前已经退休的职工，仍按国家原来的规定发放养老金，同时执行养老金的调整办法。而对于在新的养老保险制度实施前参加工作、实施后退休而且个人缴费和视同缴费年限累计满15年的退休人员，则要按照"新老办法平衡衔接、待遇水平基本平衡"的原则，在发放基础养老金和个人账户养老金的同时，还要发放一定的过渡性养老金。据统计，截至2002年年底，养老金的发放率已近达到99.9%。

(5) 养老基金管理

按照国务院的要求，养老保险的统筹应逐步由县、市级统筹向省级统筹过渡，以便提高统筹的层次，进一步发挥互助互济、风险分担的保险功能，同时这也有利于国家对社会保险的宏观调控。目前做到省级统筹的主要是北京、上海、天津、福建和陕西等少数地区，但大多数地区在县市级统筹的基础上建立了省级资金调剂机制。在资金管理上，养老保险基金实行"收支两条线"管理，即养老保险计划的缴费收入要纳入财政专户储蓄；支出要专款专用，并要经过严格的审批程序。养老保险基金的结余出预留相对于两个月的养老金开支外，其余全部要购买国家债券和存入专户，不能用于其他盈利性投资。

3. 失业保险

在长期的计划体制下，我国的劳动就业一直实行"铁饭碗"制度，企业不倒闭职工也不会失业，因而不需要失业保险制度。到了20世纪80年代中期，我国开始在国有企业中推行劳动用工合同制和国有企业的破产制度，为了配合这两项改革，国家从1986年开始率先在国有企业的职工中实施失业保险（当时称待业保险）。1999年1月，国务院正式颁布了《中华人民共和国失业保险条例》（以下简称《失业保险条例》），将失业保险的实施范围进一步扩大，从而创立了现行的失业保险制度。

现行失业保险制度的主要内容如下。

(1) **失业保险覆盖范围**

根据《失业保险条例》的规定，城镇企业和事业单位均应参加失业保险计划。这里的城镇企业包括国有企业、城镇集体企业、外商投资企业、城镇私营企业以及其他城镇企业。据统计，截至2005年年底，参加失业保险的职工已达10 647.7万人，领取失业保险人数达677.8万人，发放失业保险金136.8亿元。

(2) **失业保险费用筹集**

按照规定，城镇企业、事业单位要按照本单位工资总额的2%缴纳失业保险费；职工个人要按照本人工资的1%缴纳失业保险费，但城镇企业、事业单位招用的农民合同制工人本人不缴纳失业保险费。

(3) **失业保险金的发放**

失业保险金应按照低于当地最低工资标准、高于城市居民最低生活保障标准的水平发放，具体标准由省、自治区、直辖市政府确定，因而地区之间差异较大。失业保险金的发放时限与职工单位和本人的缴费时限关联。按照规定，失业人员失业前所在单位和累计缴费时间不足1年的，不能领取失业保险金；累计缴费时间满1年不满5年的，领取失业保险金的期限最长为12个月；累计缴费时间满5年不足10年的，领取失业保险金最长为18个月；累计缴费时间达10年以上的，领取失业保险金的最长期限为24个月。单位招用的农民合同制工人连续满1年而且本单位已经为其缴纳失业保险费的，其劳动合同期满未续订或者提前解除劳动合同的，由社会保险机构根据工龄的长短一次性支付生活补助。另外，失业人员在领取失业保险金期间患病就医的，可以按规定向社会保险机构申请领取医疗补助金。

4. 医疗保险

长期以来，我国的医疗保险（国有企业的医疗保险称为"劳保医疗"，国家机关的医疗保险称为"公费医疗"）一直以个人免费医疗为主。由于医疗费由国家、企业包揽，缺乏有效的制约机制，因而药品浪费的问题十分突出。另外，由于我国原有的医疗保险制度缺乏合理的医疗经费筹措机制和稳定的医疗费用来源，所以，当企业经营发生困难时，职工便可能失去基本的医疗保障。经济体制虽取得了一定成效，但原有制度根本性的缺陷还没有得到解决。为了彻底解决医疗基本医疗保险制度存在的问题，1998年12月，国务院下发了《国务院关于建立城镇职工基本医疗保险制度的决定》，从而创建了我国现行的社会医疗保险制度。医疗保险制度的主要内容如下。

(1) **医疗保险覆盖范围**

城镇所有用人单位，包括各种所有制企业、机关事业单位、社会团体、民办非企业单位等都要为职工投保医疗保险，称为基本医疗保险；乡镇企业、城镇个体户是否需要为职工投保基本医疗保险,由当地省级政府决定。截至2005年年底,全国已经有10 021.7万人参加了基本医疗保险。

(2) **保险费用筹集**

按照规定,基本医疗保险费要由用人单位和职工共同缴纳:用人单位的缴费应控制在职工工资总额的6%左右,职工个人(一般不含退休职工)的缴费率一般为本人工资收入的2%。从实际情况来看,目前一些地区的单位缴费率已经远远超过了6%,如上海为12%,云南、青海、海南的海口为10%,北京、江苏的苏州和镇江为9%;但也有一些地区的缴费率低于4%。

(3) **运行模式**

我国的基本医疗保险也实行社会统筹与个人账户相结合的运行模式。基本医疗保险基金由统筹基金和个人账户两部分构成:职工个人缴纳的基本医疗保险费全部计入个人账户,用人单位缴纳的基本医疗保险费一部分用于建立统筹基金,一部分划入个人账户,划入个人账户的比例一般为用人单位缴费的30%左右,具体比例由统筹地区根据个人账户的支付范围和职工年龄等因素确定。统筹基金和个人账户有各自的支付范围,并分别核算。统筹基金的起付标准原则上应控制在当地职工年平均工资的10%左右,最高支付限额(封顶金额)原则上应控制在当地职工年平均工资的4倍左右。起付标准以下的医疗费用从个人账户中支付或由职工个人负担;起付标准以上、最高支付限额以下的医疗费用则主要从统筹基金中支付,同时个人也要支付一定的比例。上述标准、限额和比例由各省、自治区、直辖市自行确定。

5. **辅助社会保险项目**

(1) **工伤保险**

2003年4月16日国务院讨论通过了《中华人民共和国工伤保险条例》(以下简称《工伤保险条例》),该条例从2004年1月1日起施行。在此之前,一些地区也试行了工伤保险制度。截至2005年年底,保险费收入为93亿元,支出为48亿元,期末累计结余164亿元。按照《工伤保险条例》的规定,境内各类企业及有雇工的个体工商户均应参加工伤保险计划,境内各类企业的职工和个体工商户的雇工享受工伤保险待遇。工伤保险基金的收入全部由用人单位缴纳的工伤保险费以及工伤保险基金的利息和依法纳入工伤保险基金的其他资金构成,职工个人不缴纳工伤保险费。国家要根据以支定收、收支平衡的原则确定工伤的缴费率。另外,国家在确定工伤保险费率时,还要考虑不同行业的工伤风险程度,并根据工伤保险费使用、工伤发生率等情况在各个行业内确定若干费的费率档次。目前多数地区缴费率为1%。工伤保险基金在直辖市和设区的市实行全市统筹,其他地区的统筹层次由省、自治区人民政府确定。工伤保险基金存入社会保障基金财政专户,用于工伤保险待遇、劳动能力鉴定以及法律、法规规定的用于工伤保险的其他费用的支付。职工治疗工伤应当在签订服务协议的医疗机构就医,情况紧急时可以先到就近的医疗机构急救。治疗工伤所需费用符合工伤保险诊疗项目目录、工伤保险药品目录、工伤保险住院服务标准的,从工伤保险基金中支付。职工住院治疗工伤,由所在单位按照本单位因公出差伙食补助标准的70%发给住院伙食补助费;工伤职工到统筹地区以外就医的,所需交通、食宿费用由所在单位按照本单位职工因公出差标准报销。工伤职工治疗非工伤引发的疾病,不享受工伤医疗待遇,按照基本医疗保险办法处理。

(2) 生育保险

1994年12月劳动部颁发了《企业职工生育保险试行办法》,该办法从1995年1月1日起执行。截至2005年年底,生育保险费收入为44亿元,支出为27亿元,累计结余72亿元。劳动部颁布的《企业职工生育保险试行办法》要求城镇企业及其职工都要参加生育保险。生育保险费由企业按照工资总额的一定比例(不超过1%)向社会保险机构缴纳,职工个人不缴费;对逾期不缴费的企业,按日加收2‰的滞纳金。另外,生育保险费用实行社会统筹。女职工生育按照法律、法规的规定享受产假,产假期间的生育津贴按照本企业上年度职工月平均工资计发,由生育保险基金支付。女职工生育的检查费、接生费、手术费、住院费和药费由生育保险基金支付,超出规定的医疗服务费和药费(含自费药品和营养药品)由职工个人负担。

6. 社会救济和社会福利项目

(1) 社会救济

社会救济是国家财政通过财政拨款,向生活确有困难的城乡居民提供资助的社会保障计划。我国的社会救济由民政部门管理,其内容主要包括:一是城镇居民最低生活保障。这是地方政府实施的确保城镇居民基本生活的救济,即当一家庭人均收入达不到当地规定的"低保线"时,当地政府要对该家庭进行补贴,使其人均收入达到当地的"低保线",计划所需的资金全部为各级财政的拨款。二是下岗职工生活补贴。该项补贴的资金来源从制度上说是由企业、政府和社会三方负担,但实际上基本是由各级政府和当地的失业保险计划出资解决,下岗职工每月可以享受一定的基本生活费。三是农村"五保户"救济。这是指对农村中一部分"五保户"(即享受保吃、保穿、保住、保医、保葬的孤寡老人、残疾人)的分散供养,提供定期定量资助。四是灾民救济。这是向遭受严重自然灾害而遇到生活困难的城乡居民提供必要的资助。

(2) 社会福利项目

国家民政部门提供的社会福利主要是对盲聋哑和鳏寡孤独的社会成员给予各种物质帮助,其资金大部分来源于国家预算拨款。在各项民政社会福利项目中,对社会福利院(孤儿院、敬老院、精神病福利院等)、烈属和残废军人抚恤以及孤老复员军人定期定量补助属于社会保障。

5.1.5 我国社会保障制度进一步完善的目标和问题

1. 进一步完善的目标

从20世纪80年代中期开始,经过近20多年的改革和完善,我国目前已经初步建立起与社会主义市场经济体制相适应的社会保障制度。但从社会经济发展的长远目标来看,我国现行的社会保障制度仍存在诸多不足和缺陷,还需要进一步改革和不断完善。党的十六届六中全会通过的《中共中央关于构建社会主义和谐社会若干重大问题的决定》全面提出了"完善社会保障制度,保障群众基本生活"的方向和要求,这是今后一段时间内完善我国社会保障制度的指导方针,其基本精神和内容如下:

① 进一步完善的目标是:适应人口老龄化、城镇化、就业方式多样化,逐步建立社会保险、社会求助、社会福利、慈善事业相衔接的覆盖城乡居民的社会保障体系。

② 多渠道筹集社会保障基金,加强基金管理,保险制度,强化保险基金统筹部分征缴,

逐步做实个人账户,积极推进省级统筹,条件具备时实行基本养老金基础部分全国统筹。

③ 加快机关事业单位养老保险制度改革;逐步建立农村最低生活保障制度,有条件的地方探索建立多种形式的农村养老保险制度。

④ 在医疗保险方面,完善城镇职工基本医疗保险,建立以大病统筹为主的城镇居民医疗保险,发展社会医疗救助,加快推进新型农村合作医疗。

⑤ 推进失业、工伤、生育保险制度建设,加快建立适应农民工特点的社会保障制度。

⑥ 加强对困难群众的救助,完善城市低保、农村"五保户"供养、特困户救助、灾民救助、城市生活无着落的流浪乞讨人员救助等,切实完善优抚安置政策,发展以扶老、助残、救孤、济贫为重点的社会福利;发扬人道主义精神,发展残疾人事业,保障残疾人的合法权益。

⑦ 发挥商业保险在健全社会保险体系中的重要作用。

2. 养老保险的筹资模式问题

我国实行社会统筹和个人账户相结合的筹资模式,当初设立个人账户的目的是建立一定的养老基金储备,但目前实际上仍属于现收现付式。从实际运行情况来看,由于社会统筹基金缺乏足够的积累,仅靠当前社会统筹的缴费收入远远不能满足当期养老金的开支需要。为了确保养老金的发放,各地不得不把个人账户中的缴费收入也用于支付当期养老金的开支,即便如此,很多地区的养老保险计划仍然入不敷出。所以,我国当前的养老个人账户实际是"空账"运行,只不过是发挥记账的功能,而没有发挥积累基金的功能。由于我国面临严重的人口老龄化趋势,显然目前的现收现付将无法应付未来的养老金开支的需要,因而许多人主张将个人账户做实,不再用个人账户的缴费收入支付当期养老金的开支,也就是将我国的社会养老保险的筹资模式及时地转为部分基金式。但养老保险筹资模式的转制并非轻而易举,主要矛盾是:如果不再用个人账户缴费收入补充当期养老金开支,当期社会统筹基金与当期养老金支付之间会存在很大的缺口,这个缺口实际上是当前养老保险制度的一笔隐性债务,那么这笔隐性债务应当由什么资金来化解?这个缺口应当由谁来补足?这意味着在职职工的双重负担,也就是为了积累养老储备基金,在职职工既要为自己今后的退休生活缴费,又要为已经退休或即将退休的老职工缴费。这种双重负担问题成为养老保险筹资模式转轨的最大障碍。

为了探索养老保险筹资模式转轨的可行性,我国从2001年7月开始选择辽宁省进行改革试点。辽宁省改革的思路是:在保证离退休职工基本养老金支付的基础上,实现社会统筹基金和个人账户基金的分账管理,确保个人账户的有效积累。具体做法是:

① 企业不再为职工向个人账户缴费,企业的缴费全部进入统筹基金,用于支付当期的养老金。

② 职工个人要按工资总额的8%向个人账户缴费,由于企业不再向个人账户缴费,所以个人账户总的缴费率将从过去的11%变为8%。

③ 个人账户中的缴费额不再为当期支付的养老金融资,个人账户将部分"实账"运行,个人账户中的存储额将用于国债投资或存入银行。

④ 改革前职工个人账户中的"空账"将不被填实,这部分"空账"构成对职工的隐性负债。

⑤ 由于个人账户缴费率从11%下降到8%,职工个人账户中的存储额也会相应减少,

为了不影响今后退休职工的养老金水平，基础养老金的支付标准将相应提高。

应当说，上述改革方案确实可以达到将个人账户部分"做实"的目的，但当期社会统筹基金与养老金开支需求之间的资金缺口必须有切实的弥补渠道，辽宁的试点是由中央财政拨款支持的。据有关数据显示，截至2005年年底，全国养老金"空账"已达8 000亿元，因此，填实"空账"措施一旦推广到全国，则必须寻求切实可行的、可靠的资金来源。

3. 开征社会保险税问题

按照1999年国务院发布的《社会保险费征缴暂行条例》的规定，社会保险费既可以由劳动保障部门征收，也可以由税务部门征收。目前已有十几个省市由地方税务部门征收社会保险费。但无论由哪个部门征收，社会保险费目前还不是一种税收。既然不是税收，社会保险费就不适用于税收征管法的相关规定。按照税收征管法，企业如果不缴税，税务部门可以税收保全、强制执行、限制相关人员离境等措施，这样就有利于保证国家税款按时、足额地征收。而社会保险费不适用于税收征管法，企业和单位如果拒不缴费，税务部门也不能根据税收征管法采取执行和处罚手段。而在现实中，企业和单位拒不缴费的现象还比较普遍，从这个角度来看，在我国开征社会保险税更有利于社会保障制度的顺利实施。

4. 广大农村人口的社会保障问题

目前我国的社会保障制度基本还是"只保城镇，不保农村"，而农村人口占我国总人口的60%以上，广大的农村人口不能享受完善的社会保障，说明我国的社会保障制度的"社会性"是不完全的，仍然不是真正的社会保障。而另一方面，农村人口却急需政府社会保障，尤其是养老保障和医疗保障。经济体制改革以后，农村的社会经济条件发生了一系列的变化。传统的以家庭和集体为基础的农村社会保障形式已经不适应农村的现状。尤其是推行家庭联产承包制以后集体经济长期实行的贫困救济、"五保户"供养等农村养老保障形式，在许多地区已受到不同程度的削弱。特别是随着农村搞活经济，农村中越来越多的剩余劳动力流入城镇从事各种非农产业，这部分离土离乡的农民多是年轻人，这就使农村老年人的抚养问题更为突出。另外，经济体制改革后，农村的合作医疗也变成了一种自愿性的民办公助制度，在很多地区实际上已经消失，加之大批农村医疗人员进城务工，这些都加剧了农村居民缺医少药的问题，农民多半是"小病扛，大病躺"。显然，建立健全农村的养老、医疗保障制度，已成为我国发展和完善社会保障制度的当务之急。一个不容忽视的现实是：我国的广大农村目前还十分落后，商品率仍然较低，农村人口总体收入水平还很低，这些因素都在财力和管理上制约着农村现代社会保障制度的建立和开展。建立和开展我国农村的社会保障制度存在着必要性与可能性之间的矛盾。因此，基本思路应是既不可操之过急，也不应任其自然发展，必须在加快新农村建设的过程中，不失时机地有计划、有步骤地开展农村的各项社会保障事业。

5.2 财政补贴

5.2.1 财政补贴的性质和分类

1. 财政补贴的性质

作为一种转移性支出，财政补贴支出同社会保障支出有很多相似性。从政府角度来看，无论是以补贴形式还是以社会保障形式拨付支出，都不能换回任何东西，支付都是无偿的。从领取补贴者角度来看，无论以什么名目得到政府的补贴，都意味着实际收入的增加，因而经济状况都较以前有所改善。然而，这两类转移性支出既然被冠以不同名称，自然就有差别，差别主要体现在同相对价格体系的关系上。财政补贴总与相对价格的变动联系在一起：或者是补贴引起价格变动，或者是价格变动导致财政补贴。因为有这种联系，很多人索性就把财政补贴称为价格补贴。社会保障支出则与产品和服务的价格不发生直接联系，固然人们获得保障收入后用于购买商品，可能使购买商品的价格发生变化，但这种影响既不确定，又是间接的。因为与相对价格结构有直接关联，财政补贴便具有改变资源配置结构、供给结构和需求结构的影响，而社会保障支出则很少有这种影响。根据上述分析，可以把财政补贴定义为一种影响相对价格结构，从而可以改变资源配置结构、供给结构和需求结构的政府无偿支出。

在我国政府的财政统计中，财政补贴主要有物价补贴（在现行财政科目中被称为"政策性补贴"）和企业亏损补贴两大类。每一类补贴又都含若干项目，例如，价格补贴含有粮棉油价格补贴、平抑物价等补贴、内含价格补贴和其他价格补贴。补贴的列收列支方法，各国有所不同。大多数国家直接将补贴全部列为财政支出，我国的价格补贴已经列收列支，而企业亏损补贴是做冲减财政收入处理，也不列为财政支出，这样，财政收支都减少了一块。除了物价补贴和企业亏损补贴以处，政府还提供某些专项补贴、财政贴息，还有税收支出实际上也是一种财政补贴形式。

2. 财政补贴的分类

政府财政统计中的财政补贴项目是一级会计分类，不具有很强的经济分析意义。所以，理论界对于财政补贴还有若干其他分类：从补贴同社会经济运行过程的关系来看，可以区分为生产环节补贴、流通环节补贴和消费环节补贴；从政府是否明确地安排支出来分，补贴可有明补与暗补之别；从补贴对经济活动的影响来看，可分为对生产的补贴和对消费的补贴；从补贴是否与具体的购买活动相关系来分析，又有实物补贴与现金补贴。

5.2.2 财政补贴影响经济的机理和财政补贴效应

1. 财政补贴影响经济的机理分析

（1）财政补贴可以改变需求结构

财政补贴在各国都是被当做一种重要的调节经济手段，之所以有这种作用，是因为它可以改变相对价格结构，而首先是可以改变需求结构。

人们的需求客观有一个结构，决定这个结构的主要因素有两个：一个是人们所需要的商品和服务的种类；另一个是各种商品和服务的价格。一般来说，商品和服务的价格越低，需求越大；商品和服务的价格越高，需求越小。比如居民对消费品的需求以及企业对投入品的需求，就是这样。既然价格的高低可以影响需求结构，那么，能够影响价格水平的财政补贴便具有影响需求结构的作用。不妨举一个大家都十分熟悉而又有切身体会的例子。过去我国城镇居民在住房上享受大量补贴，房租又低，城镇居民消费支出结构中房租支出占的比重也很低，因而对住宅的需求极旺，建筑面积增加再快也难以得到满足。但是，在西方国家，居民租用或购买住宅基本上得不到补贴，租金水平要高很多，居民房租支出占总消费支出的比重达10%以上，因而对住房的需求很少出现过旺现象。目前我国已实行住宅的商业化改革，居民要靠自己的收入租房和买房，城镇居民的住房支出占总消费支出的比重已明显上升，住房需求过旺的势头也明显受到抑制。说起对消费的补贴，苏联、东欧国家曾发生农民购买面包喂牛的事情，原因很简单，面粉、面包的销售价格极为低廉，购买面包喂牛比购买玉米、燕麦等饲料要便宜得多。

（2）**财政补贴可以改变供给结构**

财政补贴可以改变供给结构的作用，是通过改变企业购进产品的价格（供给价格或销售价格加补贴），从而改变企业盈利水平发生的。众所周知，在我国的供给结构中，农产品的供给曾有过若干次反复。探究一下反复的原因不难发现，农产品的供给状况改善的时候，总是有政府向农业部门提供补贴或增加农业部门补贴的时候。提高农产品价格补贴，使从事农业生产有利可图，农产品供给自然增加，而农产品的增加对改善我国的供给结构有着举足轻重的作用。在我国的煤炭生产上，同样也可看到补贴可以调整供给的作用。前些年因受通货膨胀的影响，煤炭部门的生产处于十分不利的地位。政府增加了对煤炭部门的补贴后，当年的煤炭生产便有了转机。现代经济已经进入"知识经济"时代，科技进步成为经济发展的重要动力，因而各国都将财政补贴更多用于科学研究和高新技术的开发，推动基础科研，改造传统产业，发展新兴产业。这种财政补贴对调整产业机构和产业升级的显著作用，已经成为人们的共识，并且得到广泛的应用。

（3）**将外部效用内在化**

对科学研究的补贴就是矫正外部效应的一个典型例证。一般来说，应用科学研究和高新技术开发由私人部门承担更有效率，然而任何一项有突破性的科学研究和高新技术开发成果都会对许多领域产生影响，比如对电子科研与开发的投入很多，成功率却很低，而且从事研究、开发的机构和个人不可能获得全部收益，而财政给予补贴，可以降低研究与开发成本，缓解风险，实际上将外部效用内在化，从而推进科研与开发的开展。

2. 财政补贴的积极效应

（1）**财政补贴的首要意义在于有效地贯彻国家的经济政策**

财政补贴的对象可以是国有企业，也可以是集体企业甚至私人企业，还可以是城乡居民，但不论补贴对象是谁，最终目的都是顺利实施国家的方针政策。比如，对公共交通以及供水、供电和供气等国有企业或事业单位给予适当补贴，是为了平抑物价，减轻居民负担，提高服务质量；过去粮食短缺，给予粮食部门或居民以补贴，是为了促进粮食生产，如今粮食有余了，按保护价格收购，同样是为了保证粮食供给，同时维护农民利益等。

（2）**财政补贴可以以财政资金带动社会资金，扩充财政资金的经济效应**

财政资金毕竟是有限的，一些事业可以由财政出资来办，但一些事业既可以由财政来办也可以由民间出资来办，而凡民间不太热衷的事业，财政给予补贴，只要财政花费少量资金就可以将民间资金调动起来，发挥"四两拨千斤"的作用。特别是在经济低迷时期，这种作用更为显著。

（3）**加大技术改造力度，推动产业升级**

在产业结构优化过程中，财政补贴扮演了十分重要的角色。以我国实施的积极财政为例。从1998年至今，共对880个民品技术改造项目进行了财政贴息，带动了更多的银行配套贷款，调动了企业进行技术改造的信心和积极性，实施了一大批技术改造、高科技产业化和装备的国产化项目，启动了一批对产业结构调整有重大影响的项目，安排了一批可大量替代进口、扩大进口的项目,有力地推动了大中型国有企业的技术改造和产业结构升级。

(4) 排除"挤出效应"

比如,我国实施积极财政政策,采取增加公共工程支出的措施,在货币供应量不变的条件下,公共工程支出的增加,会直接增加对货币的需求量,可能带来市场利率水平上升,从而会加大私人部门的融资成本,导致私人投资的萎缩,这就是所谓的排挤效应。如果对私人部门给予补贴,就可以降低私人部门的融资成本,排除这种排挤效应,增加民间投资意愿,加快民间投资的恢复和增长。

(5) 对社会经济发挥稳定效应

在我国的财政补贴中,稳定社会经济往往是首要目的。如对企业的亏损补贴,在很大程度上是在产业调整过程中,稳定被调整的产业的收入并诱导企业进行更积极的调整;对平抑农产品价格周期波动的部分,显然也是基于稳定这一目的;对居民支付的各类价格补贴,是用于弥补居民因调价所带来的收入损失,基本的功能也是保持社会与经济的稳定。值得一提的是,在 2003 年的 SARS 危机中,中央和地方政府对交通业、餐饮业、旅店业等受到严重冲击的行业进行了相应的补贴和给予优惠政策,从效果来看,对稳定市场和保持经济的持续发展具有非常重要的意义。

5.2.3 我国财政补贴存在的问题和进一步完善的措施

1. 财政补贴在国民经济运行中的地位

财政补贴具有积极效应,政府将财政补贴作为调节经济运行的一种政策手段是理所当然的。然而,财政补贴既然是一种调节手段,使用范围和规模就有一个限度,超过这个限度,其积极作用就可能趋弱,甚至出现消极作用。

要搞清这个道理,有必要对左右国民经济运行的因素及诸因素的主从地位和相互关系有一个正确的认识。国民经济的实际运行都是由一套稳定的经济制度(包括财产制度、价格制度、收入分配制度、财政收支制度等)所规定的运行机制和一套灵活的调节手段体系共同发挥作用的综合结果。从主导方面来说,国民经济的正常运行,主要依赖既定的经济制度及其运行机制的有规律的自主作用,它保证了社会经济能够实现自己的主要社会目标。但是,社会经济所要实现的目标是多重的,有些目标可能居于次要位置,但并非是无关紧要的,而既定的经济制度及其运行制度即便十分完善,也只能实现一个或几个主要的社会目标。就此而论,任何经济制度及其运行制度都存在着固有的缺陷。为了克服这些缺陷,也即为了全面实现社会经济目标,作为宏观调控主体的政府,有必要运用调节手段体系去纠正既定的经济运行机制所产生的不良后果,或部分地修正既定的经济运行机制,财政补贴就是可利用的重要调节手段之一。从这个意义上说,财政补贴有其存在的必然性,是不能也不因被取消的。但是,财政补贴既然是调节手段,就不应当在国民经济的运行中扮演主要角色。在国民经济运行的制度性基础和调节手段之间,调节手段只是辅助性的。也就是说,如果国民经济的运行对财政补贴的依赖过大,以至于没有它,便很难有效组织生产、流通和消费,那就证明,现行的经济体制及其运行机制已经难以实现社会经济的基本目标,对其进行改革已成当务之急。换言之,财政补贴规模急剧扩大和补贴范围急剧扩展的现象,反映出的本质是经济体制及其运行机制的不完善和不合理,因而,扭转财政补贴过多局面的根本出路在于变革经济体制,过多过滥的财政补贴,非但不利于经济改革和经济发展,而且会干扰经济改革和经济发展。

"七五"时期，我国财政补贴规模曾接近财政支出的 1/3，随着经济体制改革的不断深化，财政补贴的规模逐步下降，2005 年下降为 3.5%。下降的主要原因：一是随着国有企业改革的深化，企业亏损的补贴急剧下降，1990 年为 598.9 亿元，到 2005 年下降为 193.3 亿元，15 年间下降近 70%；二是由于 1994 年工商税制和分税制改革后，财政支出增长幅度加大。但是，也可以看出，价格补贴非但没有减少，反而大幅增加，2005 年与 1995 年相比，10 年间增长了 1.7 倍。价格补贴主要是用于农业的政策性补贴，因而价格补贴的增加与近年来加快新农村建设、加大"三农"投入力度有直接关系。

2. 我国财政补贴存在的问题

我国财政补贴制度仍然存在一些需要进一步完善的问题。

① 财政补贴项目仍然偏多，规模仍然偏大，加重了财政负担，甚至是构成了长期存在的财政赤字的重要原因之一。虽然财政补贴从局部来看起到了经济调节作用，却从总体上削弱了国家财政的宏观调控能力。

② 长期的财政补贴不可避免地会使受补单位产生依赖思想，影响经济效益和资源配置效率，人为地加剧企业的不公平竞争，"政策性的亏损"掩盖了企业由于经营不善而引起的亏损。

③ 长期过多过广的补贴，人为地扩大了经济体系中的政府行为，相应地缩小了市场活动覆盖的范围。而且财政补贴成为受补单位的既得利益，易上难下，会演变为经济改革顺利进行的阻碍因素。

④ 某些补贴的不当，扭曲了价格体系，刺激了不合理消费，加大了宏观调控的难度。

3. 财政补贴进一步完善的思路

① 从制度创新入手，提高财政补贴支出效益。在建立社会主义市场经济体系的过程中，从发挥市场配置资源的基础性作用，加强国家宏观调控出发，通过经济体制的深化改革，建立适应社会主义市场经济体制要求的新型财政补贴制度。改革财政补贴制度的基本思路是：在总量上，减少财政补贴的项目，压缩财政补贴规模；在结构上，规范补贴方式，调整分配格局。

② 改变农业补贴方式。取消"三挂钩"补贴（棉粮生产、化肥、柴油和贷款相挂钩）、农产品加价款补贴、地方粮油加价款补贴，建立粮棉生产贷款贴息基金和价格风险基金；取消粮棉储备费用补贴、平抑肉食和蔬菜价差补贴，转换为农产品储备基金。采取粮食直补、良种补贴、农机具购置补贴，探究对种粮收益综合补贴制度和投资参股、专项贴息制度，加强国家储备和实行最低保护价等，实行新的农业补贴政策。

③ 取消绝大部分工业企业亏损补贴。工业企业的政策性亏损补贴基本是由于产品价格受国家控制，销售收入不足以抵补生产成本造成的，目前绝大多数工业产品的价格已放开，通过国有企业的改革，除少数仍需由国家直接控制价格的重要产品和劳务外，其他工业企业的亏损补贴都应取消。

④ 改革公用事业补贴。社会公用事业大多属于非竞争性行业，举办公用事业既要坚持保持微利原则，又要加强政府对收费和使用的监督，不允许依靠垄断地位谋取商业性利润和将所收费用用于维持公共事业外的开支。对于少数难以靠收费维持收支平衡的公用事业，如环境保护、城市公共交通等，财政可适当采取招标的方式提供补贴。

⑤ 增加财政对科研费用的补贴，调动企业研究开发的积极性。目前我国产品的科技含量普遍偏低，而且由于企业研究开发的投入回收期长，成本高，还有失败的可能，国家有必要增加财政补贴，给予政策支持，引导企业本身增加投入，降低成本。可借鉴的经验有：加大企业所得税税前扣除比例，加大技术改造贷款的贴息力度，由政府出资对部分项目进行前期开发等。

⑥ 运用财政补贴，加强环境保护。环境保护问题是当今全人类共同面临的挑战性问题，关系到人类的生存和发展，因此，环境保护问题受到世界各国政府的高度重视，比如，欧盟曾针对环境保护专门调整了财政补贴政策。我国当前在经济发展突飞猛进的大好形势下，运用财政补贴政策保护环境和修复被破坏的环境、引导企业、居民自觉保护环境，已成为当务之急。

⑦ 运用财政补贴政策促进中小企业的加速发展。中小企业在其创业、发展的过程中，普遍面临较高的风险，尽管中小企业的市场前景看好，但出于对风险的考虑，许多投资者和银行却不愿意对中小企业进行投资和贷款。世界各国政府普遍采用财政补贴政策支持中小企业的创业和发展，引导中小企业的投资倾向和扩大投资规模。比如，对处于创业阶段而且属于国家鼓励产业的中小企业投资入股者，政府可以按股金的一定比例配发财政补助，地方政府可以对获得中小企业技术创新基金的项目，参照国家创新基金项目金额发放一定比例的补助。

5.3 税收支出

5.3.1 税收支出的概念与分类

1. 税收支出的概念

经济体制改革以来，随着税制改革的建立和完善，我国对税收优惠措施的运用越来越广泛，国家以税收优惠形式提供的财政补助的数额与日俱增。1978年，我国减免税额仅为6亿元，到1985年短短几年时间里，新增减免税额就高达74亿元。这笔巨额资金在鼓励纳税人的经济活动、减轻纳税人的经济负担以及调节和促进经济发展等方面起到了重要作用。但是，随着税收优惠政策的广泛应用，税收优惠失控问题越发突出：一方面，国家损失大量的税收收入，而企业对这笔资金的使用却漫不经心，效益较差；另一方面，给企业的寻租行为提供了可乘之机，企业依赖思想日趋严重。这种情况不仅在中国存在，也是世界各国的普遍现象。为了既充分发挥税收优惠的调节作用，又防止税收优惠的无效投入，"税收支出"概念于20世纪70年代在美国应运而生，并迅速在西方国家广泛应用。1973年，美国财政部部长助理、哈佛大学教授萨里（S. Surrey）在其所著《税收改革之途径》一书中，正式使用了"税收支出"一词。在萨里等学者看来，美国的所得税制，实际上是由不相同的甚至是矛盾的两部分构成：一部分称为正规的（或基本的）税制结构，包括为完善和严密对净所得进行课税的各项法规，这些法规明确了税基、税率、纳税人、纳税期限以及对各类经济实体的税收待遇等，以便有效地取得税收收入；另一部分则是一些特殊条款，这些条款是政府出于引导、扶持某些经济活动和刺激投资意愿而制定的各种税收优待措施，其目的不是着眼于税收收入，而是为了实现上述目标政府要放弃一些税收收入。这些与正规税制结构相矛盾的特殊减免条款项目，就构成了"税收支出体系"。

此后，西方各国在官方文件中相继引进了这一概念，并利用国家预算对税收支出加以控制，使之不断完善。当然，在不同国家和同一国家的不同时期，税收支出概念的表达方式不尽相同。有的国家，如美国和前联邦德国，从税收收入的损失角度出发，把税收支出定义为：联邦税法条款所允许的从毛收入中不予计列、豁免、扣除、特别抵免、优惠税率、纳税义务延期等而形成的收入损失。有的国家则强调以是否减轻了纳税人的税负来定义税收支出，如法国将税收支出定义为：税收制度的任何立法或行政措施所规定的优惠项目，只要减少了国家的税收收入，并减轻了纳税人的税收负担（与法国税法一般原则所规定的税负相比），就可以视其为税收支出。而有的国家则是从与直接支出相比较的角度来下定义的，如澳大利亚把税收支出定义为：原则是可以由直接支出代替的那些特殊的税收立法。所有这些定义的共同点是：税收支出是与"正规"的、"标准"的、"基础"的或"一般可接受"的税制结构的背离。综观世界各国对税收支出的界定可以看出，税收支出无非是以特殊的法律条款规定的、给予特定类型的活动或纳税人以各种税收优惠待遇而形成的收入损失或放弃的收入。由此可见，税收支出是政府的一种间接性支出，属于财政补贴性支出。

2. 税收支出分类

从税收支出所发挥的作用的角度，税收支出可分为照顾性税收支出和刺激性税收支出。

（1）照顾性税收支出

照顾性税收支出，主要是针对纳税人由于客观原因在生产经营上发生临时困难而无力纳税所采取的照顾性措施。例如，国有企业由于受到扭曲的价格等因素的干扰，造成政策性亏损，或纳税人由于自然灾害造成暂时性的财政困难，政府除了用预算手段直接给予财政补贴外，还可以采取税收支出的办法，减少或免除这类纳税人的纳税义务。由此可见，这类税收支出明显带有财政补贴型性质，目的在于扶植国家希望发展的亏损性或微利企业以及外贸企业，以求国民经济各部门的发展保持基本平衡。但是，需要注意的是，在采取这种财政补贴性质的税收支出时，必须严格区分经营性亏损和政策性亏损，要尽可能地避免用税收支出的手段去支持因主管经营不善所造成的财务困难。

（2）刺激性税收支出

刺激性税收支出，主要是指用来改善资源配置、提高经济效率的特殊减免规定，主要目的在于正确引导产业结构、产品结构、进出口结构以及市场供求，促进纳税人开发新产品、新技术以及积极安排劳动就业等。这类税收支出是税收优惠政策的主要方面，税收调节经济的杠杆作用也主要表明在这里。刺激性税收支出又可分为两类：一是针对特定纳税人的税收支出；二是针对特定课税对象的税收支出。前者主要是针对那些享受税收支出的特定纳税人，不论其经营业务的性质如何，都可以依法得到优惠照顾，如我国对城市知青或伤残人创办的集体企业以及所有的合资、合作经营企业，在开办初期给予减税照顾；而后者则主要是从行业和产品的性质来考虑，不论经营者是什么性质的纳税人，都可以享受优惠待遇，如我国对农、牧、渔业等用盐可减征盐税等。

5.3.2 税收支出的形式

尽管各国对税收支出已做出明确的定义，但在实践中，真正把税收支出项目与正规的税制结构截然区别开来，并非易事。许多国家一般把直接支出作为区分标准：如果能用直接支出替代的减免项目就列为税收支出,否则,就不能算作税收支出。例如,根据所得税制的构成原则,本不属于课税范围的一些扣除和减免项目,诸如个人生活费用的扣除,为取得所得而支出的成本扣除等,就不能列入税收支出的范围。税收支出项目的具体确定虽然困难重重,但还是有一定规律可循。就刺激经济活动和调节社会生活的税收支出而言,其一般形式大致有税收豁免、纳税扣除、税收抵免、优惠税率、延期纳税、盈亏相抵等。

1. 税收豁免

这是指在一定时期内,对纳税人的某些所得项目或所得来源不予课税,或对其某些活动不列入课税范围等,以豁免其税收负担。至于豁免期和豁免税收项目,应视当时的经济环境和政策而定。最常见的税收豁免项目有两类:一类是免除关税与货物税;另一类是免除所得税。免除机器或建筑材料的进口关税,可使企业降低固定资本;免除货物税同样也可降低生产成本,增加市场的价格竞争力。至于免除所得税,一方面可以增加新投资的利润,使企业更快地收回所投资本,减少投资风险,以刺激投资,例如,对企业从治理污染中所得不计入应税所得中,激发企业治理污染的积极性;另一方面可以促进社会政策的顺利实施,以稳定社会正常生活秩序,诸如对慈善机构、宗教团体等的收入不予课税。

2. 纳税扣除

这是指准许企业把一些合乎规定的特殊支出,以一定的比率或全部从应税所得中扣除,以减轻其税负。换言之,纳税扣除是指在计算应课税所得时,从毛所得额中扣除一定数额或以一定比率扣除,以减少纳税人的应课税所得额。在累进税制下,纳税人的所得额越高,这种扣除的实际价值就越大。因为,一方面,有些国家的纳税扣除是按照纳税人的总所得,以一定的百分比扣除,这样,在扣除比率一定的情况下,纳税人的所得额越大,其扣除额就越多;另一方面,就某些纳税人来说,在其总所得中扣除了一部分数额,使得原较高税率档次降低到低一级或几级的税率档次,这就等于降低了这部分纳税人的课征税率。

3. 税收抵免

这是指允许纳税人从其某种合乎奖励规定的支出中,以一定比率从其应纳税额中扣除,以减轻其税负。对于这种从应纳税额中扣除的数额,税务当局可能允许也可能不允许超过应纳税额。若在后一种情况下,它被称为"有剩余的抵免";若是在前一种场合,即将没有抵尽的抵免额返还给纳税人,就称为"没有剩余的抵免"。在西方国家,税收抵免的形式多种多样,其中最主要的有两种形式,即税收抵免和国外税收抵免。投资抵免,因其性质类似于政府对私人投资的一种补助,故也称为投资津贴。其大概意义是指政府规定凡对可折旧性资产投资者,可由其当年应付公司所得税税额中,扣除相当于新投资设备某一比率的税额,以减轻其税负,借以促进资本形成并增强经济增长的潜力。通常,投资抵免是鼓励投资以刺激经济复苏的短期税收措施。国外税收抵免,常见于国际税收业务中,即纳税人在居住国汇总计算国外的收入所得税时,准予扣除其在国外的已纳税款。国外税收抵免与投资抵免的主要区别在于:前者是为了避免国际双重征税,使纳税人的税收负担公平;后者是为了刺激投资,促进国民经济增长与发展,它恰恰是通过造成纳税人的税收负担不平等来实现。

税收抵免与纳税扣除的不同之处在于,前者是在计算出应纳税额后,从中减去一定数额,后者则是从应税收入中减去一定金额。由于税收抵免可以减轻纳税人的税收负担,增加其税后所得,它通常作为一种政府的政策工具在实践中加以应用,以实现政府的某些政策目标。因此，美国的外交政策影响税收规定，美国纳税人在支持恐怖主义的国家缴纳的税收，一概不得进行税收抵免，而且，即使纳税人的收入是在第三国获得的，但该笔收入的原始来源地是支持恐怖主义的国家，那么这笔收入在第三国所缴纳的税收也不能得到抵免。

4. 优惠税率

这是指对合乎规定的企业课以比一般较低的税率。其适用的范围，可视实际需要而予以伸缩。这种方法，既可以是有期限的优惠，也可以是长期优惠。一般来说，长期优惠税率的鼓励程度大于有期限的优惠税率，尤其是那些需要巨额投资且获利较迟的企业，便可从长期优惠税率中得到较大的利益。在实践中，优惠税率的表现形式很多，例如，纳税限额即规定总税负的最高限额，事实上就是优惠税率的方式之一。

5. 延期纳税

这种方式也称"税负延迟缴纳"，是指允许纳税人对那些合乎规定的税收，延迟缴纳或分期缴纳其应负担的税额。这种方式一般可适用于各种税，且通常都应用于税额较大的税收上。在施以这种办法的场合，因可延期纳税，相当于纳税人得到一笔无息贷款，能在一定程度上帮助纳税人解除财务上的困难。采取这种办法，政府的负担也较轻，因为政府只是延后收款而已，充其量只是损失一点利息。

6. 盈亏相抵

这种方式是指准许企业以某一年度的亏损抵消以后年度的盈亏，以减少其以后年度的应纳税款；或是冲抵以前年度的盈余，申请退还以前年度已纳的部分税款。一般而言，抵消和冲抵前后年度的盈余，都有一定时间限制，例如，美国税法曾规定，前后可以抵冲的时间是前3年后7年内；我国台湾则有前4年后5年的规定。这种方式对具有高度冒险性的投资有相当大的刺激的效果。因为在这种方式下，如果企业发生亏损，按照规定就可从以前或以后年度的盈余中得到补偿。当然，正因为这种方式是以企业发生亏损为前提，它对于一个从未发生过亏损但利润确实很小的企业来说，没有丝毫的鼓励效果；而且，从其应用的范围来看，盈亏相抵办法通常只适用于所得税方面。

7. 加速折旧

这是指在固定资产使用年限的初期提列较多的折旧。采用这种折旧方法，可以在固定资产的使用年限内早一些得到折旧费和减免税的税款。例如，1954年美国税法规定企业可按放宽了的条款来计算折旧费，使得企业在一项新的固定资产使用年限的前一半时间内收回投资，要比按直线法计提折旧时能收回的投资多出将近50%。加速折旧是一种特殊的税收支出方式。虽然它可在固定资产使用年限的初期提列较大的折旧，但由于折旧累计的总额不能超过固定资产的可折旧成本，所以，其总折旧额并不会比一般折旧额高。这就是企业的一项费用，折旧额越大，企业的应纳税所得就越小，税负就越轻。从总数上看，加速折旧并不能减轻企业的税负，政府在税收上似乎也没损失什么。但是，由于后期企业所提的折旧额大大小于前期，故税负较重。对企业来说，虽然总税负未变，但税负前轻后重，有税收递延缴纳之利，也相当于政府给予一笔无息贷款；对政府而言，在一定时期内，虽然来自这方面的总税收收入未变，但税收收入前少后多，有收入迟滞之嫌，政府损失了一部分税收的"时间价值"。因此，这种方式同延期纳税一样，都是税收支出的特殊形式。

8. 退税

这是指国家按规定对纳税人已纳税款的退还。退税的情况有很多，诸如多征误征的税款、按规定提取的地方附加、按规定提取代征手续费等方面的退税。这些退税都属于"正规税制结构"范围。作为税收支出形式的退税是指优惠退税，是国家为鼓励纳税人从事或扩大某种经济活动而给予的税款退还。其中包括两种形式：出口退税和再投资退税。出口退税是指为鼓励出口而给予纳税人的税款退还：一是退还进口税，即用进口原料或半制成品加工制成成品后，出口时退还其已纳的进口税；二是退还已纳的国内销售税、消费税、增值税等。再投资退税是指为鼓励投资者将分得的利润进行再投资，而退还纳税人再投资部分已纳税款。

5.3.3 税收支出的预算控制

如前所述，用来贯彻国家政治经济政策的税收减免，之所以逐渐被称为"税收支出"，一方面是强调在鼓励效果上各项税收减免措施与直接政府支出相类似；另一方面是确认各项税收减免措施和其他政府支出一样，必须经过国家预算控制程序方可实施。因此，早在20世纪70年代初，萨里提出"税收支出"概念时，其目的就在于把大量的税收优惠以预算形式管理控制起来，将各种税收支出列入国家预算，以明其得失，并赋予其同直接预算支出一样的评估和控制程序。后续的问题是，如何对税收支出进行预算控制，或者说税收支出预算控制采取哪些方式。纵观世界各国的实践，尽管做法不一，但仍可归纳为三种类型，即非制度化的临时监督与控制、建立统一的税收支出账户以及临时性与制度化相结合的控制方法。

1. 非制度化的临时监督与控制

所谓税收支出的非制度化的临时监督与控制，是指政府在实施某项政策过程中，只是在解决某一特殊问题时，才利用税收支出并对此加以管理控制。例如，政府给某一地区、某一部门或某一行业提供财政补助，可能要用税收支出或者现金支付。当决定用税收支出时，才把它作为一项措施加以利用，并对其放弃的税收收入进行估价。因此，在经济合作与发展组织（OECD）的许多国家中，对税收支出的监督与控制是临时的，没有形成制度。与前一种情形截然相反，有些国家规定了严格的统一税收支出账户，建立了规范的税收支出预算。在这些国家中，前联邦德国和美国最早设立统一的税收支出账户（20世纪70年代初）。到1983年，澳大利亚、加拿大、奥地利、法国和西班牙等国家也先后定期检查税收支出。统一税收支出账户是对全部税收支出项目编织成定期报表（通常按年度编报），连同主要的税收支出成本的估价，附于年度预算报表后。在加拿大和美国，这些账目实际上被合并于国家预算分析过程之中，构成整个国家预算分析的一部分。

2. 建造统一的税收支出账户

之所以要编制统一的税收支出账户，主要出于以下考虑：

① 税收支出是政府实施其各项政策的手段之一，应该像政府通过直接支出所提供的各种补助一样，赋予其同样的估价和控制程序；

② 有了统一的税收支出账户，政府就能以相同的预算方法来衡量税收支出的成本，就能据此比较各种政府干预措施（如直接支出、税收支出、规章制度等）在实现不同政策目标过程中的效率高低，择其最优者；

③ 如果轻易地用直接支出取代税收支出，政府的直接支出项目将明显扩大，数额将明显增加，对政府的开支范围和规模就难以控制，因此对税收支出也要加强预算控制。

3. 临时性和制度化相结合的控制

意大利、葡萄牙和英国等少数几个国家，采用介于前两种方法之间的一种折中方法，即临时性与制度化相结合的控制方法，只对那些比较重要的税收减免项目，规定编制定期报表，纳入国家预算程序，但并不把那些被认为是税收支出的项目与"正规的"或"基点的"税收结构区分开来，也即并不建立独立的税收支出体系。赞成使用这一方法的理由是：对于一项特定的税收减免，是属于税收支出还是属于正规的税制结构，很难区别开来；在实践中，连续、完整地估价税收支出成本也是不大可能的，即使是在税收支出统一账户之内，对于一些项目的归类也非易事。这些困难，尤其是在区别正规的税制结构和税收支出上存在的困难，使某些国家宁愿公布一个明确的税收减免项目目录，也不愿将这些税收减免项置于特别开支方案中，因此，列入目录的减免项，并不列入一般预算过程，也没有必要把包括在目录中的所有项目都称为税收支出。

为了实现我国税收支出的预算控制，我们目前亟待完成的工作是研究分析实行税收法规，对各种税收优惠项目进行归类，形成与预算支出项目的对照关系。

① 对现行税法条款进行认真梳理和分析，将那些出于优惠目的而制定的可能减少税收的法令条款开列出来。

② 在此基础上，划分确定出正规的税制结构，进而确定税收支出的范围和内容。在我国，全部的税收减免大致可分为三类，即固定普遍性减免、补贴照顾性减免和经济调节性减免。固定普遍性减免虽然在我国也包含在所谓的减免税中，但它不能算作税收支出，因为它基本上属于"正规税制结构"，如"免税额"即是。

③ 对认定为税收支出的各种减免项目进行归类，建立税收支出的控制体系。

本章小结

1. 社会保障支出和社会保障制度

（1）社会保障支出的性质

社会保障制度，是指由法律规定了的、按照某种确定的规则实施的社会保障政策和措施体系。社会保障支出，一方面是出于弥补市场的失灵和缺陷；另一方面可以减少实施成本，增强抗拒风险的能力，还可以运用社会保障调节经济的运行。

（2）市场经济体制下社会保障制度经济意义

① 矫正市场分配的不公。正如有的经济学者所说："社会虽然不能制止老天下雨，但却可以生产雨伞。"这里的"下雨"，是指人们的收入差距拉大，而"雨伞"则是指政府的社会保障制度。

② 发挥"内在稳定器"的作用。

③ 补充私人保险市场存在的种种局限。由于私人保险市场存在逆向选择和道德风险问题，会导致私人保险市场失灵；私人保险无法解决个人储蓄不足以及"免费搭车"的问题；私人保险市场难以抗御系统性风险；私人保险市场无法进行有目的的收入再分配。

（3）世界各国社会保障制度的建立和发展

西方各国社会保障制度的实施及运筹资金的方式各有特色，共同的特点可概括为如下几点：保障项目名目繁多；社会保障资金有确定的来源；社会保障支出依法由政府集中安排。

2. 我国的基本社会保障制度

（1）养老保险

养老保险是社会保障制度的重要组成部分，是社会保险五大险种中最重要的险种之一。所谓养老保险（或养老保险制度），是国家和社会根据一定的法律和法规，为解决劳动者在达到国家规定的解除劳动义务的劳动年龄界限，或因年老丧失劳动能力退出劳动岗位后的基本生活而建立的一种社会保险制度。

（2）失业保险

失业保险是指国家通过立法强制实行的，由社会集中建立基金，对因失业而暂时中断生活来源的劳动者提供物质帮助的制度。它是社会保障体系的重要组成部分，是社会保险的主要项目之一。

1999年1月，国务院正式颁布了《失业保险条例》，将失业保险的实施范围进一步扩大，从而创立了现行的失业保险制度。

3. 我国的辅助社会保险项目

（1）工伤保险

工伤保险是社会保险制度中重要组成部分。是指国家和社会为在生产、工作中遭受事故伤害和患职业性疾病的劳动及亲属提供医疗救治、生活保障、经济补偿、医疗和职业康复等物质帮助的一种社会保障制度。

2003年4月16日国务院讨论通过《工伤保险条例》，该条例从2004年1月1日起施行。

（2）生育保险

生育保险是通过国家立法规定，在劳动者因生育子女而导致劳动力暂时中断时，由国家和社会及时给予物质帮助的一项社会保险制度。

我国生育保险待遇主要包括两项：一是生育津贴，用于保障女职工产假期间的基本生活需要；二是生育医疗待遇，用于保障女职工怀孕、分娩期间以及职工实施节育手术时的基本医疗保健需要。

生育保险的法律依据是：1994年7月5日颁布的《中华人民共和国劳动法》；原劳动部于1994年12月14日发布的《企业职工生育保险试行办法》（劳部发[1994]504号）。相关规定有：1988年7月21日颁布的《女职工劳动保护规定》（国务院令第9号）；原劳动部于1988年9月4日发布的《关于女职工生育待遇若干问题的通知》（劳险字[1988]2号）。

（3）社会救济和社会福利项目

包括：城镇居民最低生活保障；下岗职工生活补贴；农村"五保户"救济；灾民救济以及具体社会福利项目。

4. 我国社会保障制度进一步改革方向和有待完善的问题

总的方向：党的十六大报告（2002年11月）指出："建立健全同经济发展水平相适应的社会保障体系，是社会稳定和国家长治久安的重要保证。"党的十六届三中全会（2003年10月）还提出了"要加快建设与经济发展水平相适应的社会保障体系"的迫切要求。

需要解决的问题有：养老社会保险的筹资模式问题；开征社会保险税问题；广大农村人

口的社会保障问题。

5. 财政补贴的性质和分类

影响相对价格结构,从而可以改变资源配置结构、供给结构和需求结构的政府无偿支出。

在我国政府的财政统计中,财政补贴主要有物价补贴(在现行财政科目中名之曰"政策性补贴")和企业亏损补贴两大类。除了物价补贴和企业亏损补贴以外,政府还提供某些专项补贴、财政贴息,还有税收支出实际上也是一种财政补贴形式。

6. 财政补贴经济影响的机理及其实际经济效应

① 对财政补贴经济影响机理的分析可从以下这四方面着手:财政补贴可以改变需求结构;财政补贴还可以改变供给结构;将外部效应内在化;财政补贴运用的限度。

② 财政补贴的经济效应在于:有效地贯彻国家的经济政策;少量的财政资金带动社会资金,扩充财政资金的经济效应;加大技术改造力度,推动产业升级;消除"排挤效应";对出口贸易和外资财政补贴的效应;社会经济稳定的效应。

7. 我国现行财政补贴存在的问题及完善的思路

① 目前存在的问题:补贴过多过滥,财政负担严重;长期的补贴使企业产生依赖思想,影响经济效率和资源配置效率,而且人为地加剧了企业的不公平竞争;不利于经济体制改革的顺利进行;某些补贴的不当,扭曲了价格体系,刺激了不合理消费,加大了宏观调控的难度。

② 建立新型财政补贴制度、提高财政补贴的支出效益:提高财政补贴支出效益,必须从制度上创新入手;改革补贴方式,重新规范财政补贴的重点和范围;改革财政补贴制度的配套措施。

8. 税收支出的概念与分类

税收支出是以特殊的法律条款规定的、给予特定类型的活动或纳税人以各种税收优惠待遇而形成的收入损失或放弃的收入,是政府的一种间接性的支出,属于财政补贴性支出。

从税收支出所发挥的作用来看,它可分为照顾性税收支出和刺激性税收支出。

9. 税收支出的形式

就刺激经济活动和调节社会生活的税收支出而言,其一般形式大致有税收豁免、纳税扣除、税收抵免、优惠税率、延期纳税、盈亏相抵等。

10. 税收支出的预算控制

税收支出预算控制采取的方式:综观世界各个国家的实践,尽管做法不一,但仍可归纳为三种类型,即非制度化的临时监督与控制、建造统一的税收支出账户以及临时性与制度化相结合的控制方法。

复习思考题

1. 你认为我国政府应怎样合理安排与使用购买性支出与转移性支出?为什么?
2. 请以实例说明税收支出的现实意义。

第6章

财政收入理论和方法

学习目标

通过本章学习,掌握财政收入的概念和形式,了解不同形式的财政收入之间的区别,了解财政收入的来源及分类,掌握财政收入规模的度量及影响因素,了解我国财政收入规模的变化趋势,了解合理财政收入规模的实现条件,掌握预算外收入的概念,了解我国预算外收入的历史沿革,熟悉我国预算外收入存在的问题及改革思路。

关键词汇

财政收入(Fiscal Revenue);财政收入规模(Scale of Financial Revenue);预算外财政收入(Extra-budgetary Fiscal Revenue)

案例6-1　"小金库"的治理

2009年4月,中共中央办公厅、国务院办公厅印发了《关于深入开展"小金库"治理工作的意见》(中办发〔2009〕18号)和中央纪委、监察部、财政部和审计署联合印发的《关于在党政机关和事业单位开展"小金库"专项治理工作的实施办法》(中纪发〔2009〕7号),4月24日中央治理"小金库"工作领导小组在北京召开全国"小金库"治理工作电视电话会议,对在全国党政机关和事业单位开展"小金库"专项治理工作进行全面的动员部署。要求通过此次专项治理,坚决查处和纠正各种形式的"小金库",建立和完善防治"小金库"的长效机制。

从各地审计机关近年来审计结果情况来看,私设"小金库"的问题在一些部门、一些单位确实仍然存在,而且是屡禁不止,这不仅造成国家和单位收入的流失,导致乱支滥用行为的大量发生,扰乱了经济秩序和财务会计秩序,而且诱发和滋生了各种腐败现象,败坏了党风和社会风气。因此,必须重拳出击,治本清源,综合治理,坚决取消"小金库"。

案例思考题

"小金库"形成的原因是什么?如何消除"小金库"?

6.1 财政收入概述

6.1.1 财政收入的概念

财政收入是政府为满足支出的需要,依据一定的权力原则,通过国家财政集中的一定数量的货币或实物资财收入。它通常有两个含义。

① 财政收入是一定量的公共性质货币资金,即财政通过一定筹资形式和渠道集中起来的由国家集中掌握使用的货币资金,是国家占有的以货币形式表现的一定量的社会产品价值,主要是剩余产品价值。

② 财政收入是一个过程,即财政收支中组织收入、筹集资金的阶段,它是财政分配的第一阶段或基础环节。

财政收入是衡量一国政府财力的重要指标,政府在社会经济活动中提供公共物品和服务的范围和数量,在很大程度上取决于财政收入的充裕状况。

6.1.2 财政收入的不同形式及其区别

1. 财政收入的形式

目前我国财政收入的形式主要包括税收、国有资产经营收益、国债、政府收费和其他收入。

税收是国家依据其政治权力向纳税人强制征收的收入。它是古老的也是最主要的一种财政收入形式。税收具有强制性、无偿性和固定性三大特征,它们统一于税法,因而税收的"三性"集中体现了税收的权威性。每一个公民都应当自觉维护税收的权威性,增强依法治税、依法纳税的意识。除组织收入外,税收对经济社会运行、资源配置和收入分配都具有重要的调节作用。

国有资产通常是指国家依照法律所拥有的自然资源及由于资金投入、资产收益及接受馈赠而形成的资产,包括国家依法拥有的土地、森林等资源性国有资产,国家以投资方式形成的经营性国有资产,以及国家向行政事业单位拨款所形成的非经营性国有资产。因此,与税收和其他收入形式不同,国有资产收益是指国家凭借其对国有资产的所有权所取得的收入。目前我国国有资产的收益表现为股息、红利收入、上缴利润收入、租金收入、其他收入形式等。按照与市场的关系,我国目前的国有资产可以分为经营性国有资产收益、非经营性国有资产收益和资源性国有资产收益。非经营性国有资产不具有保值增值、创造盈利的功能,因而不构成国有资产收益的主要来源,国有资产收益主要来源于经营性国有资产收益(利润上缴、股息、红利等)和资源性国有资产收益(土地出让金、矿产资源使用补偿费)。

国债是中央政府以国家信用的方式取得的一种收入。一般来说,债务收入应作为国家财政收不抵支时,用于弥补财政赤字的主要手段。其产生和发展需要两个条件:一是正常财政收入不能满足财政支出的需要,二是社会上存在可供借贷的资金。国债具有有偿性、自愿性、灵活性和广泛性等特点,在弥补财政赤字、筹集建设资金、调节经济运行等方面发挥着十分重要的作用。

政府收费包括规费、使用费和特许权使用费三种。规费指政府部门为公民个人或单位提供某种特定服务或实施特定行政管理所收取的工本费和手续费,如工商执照费、商标注册费、户口证书费、结婚证书费、商品检验费等。规费是对政府提供服务的一种补偿,与政府提供的服务数量密切相关。政府提供的服务种类很多,但只有从政府提供的服务中获得了特定利益的居民,才能对其收取规费。使用费指政府部门对其所提供的公共设施的使用者按一定标准收取的费用。如高速公路使用费、桥梁通过费以及一些非盈利性的公共事业的收费等。这类收费项目的一个突出特点是,进行收费的项目是受益对象比较明确,受益的数量能在一定程度上进行计量的公共设施和公共服务。特许收费是指获得政府某些特别许可的权力所支付的价格,如建筑许可、烟草专卖许可、资源开发许可等。包括各种罚没收入、公产收入及杂项收入。罚没收入是指国家行政执法机关依据国家法律、法规及规章规定,对当事人的违法行为进行罚款、没收非法所得、没收非法财物所形成的收入。公产收入是指国有山林等公产的产品收入、政府部门主管的公房和其他公产的租赁收入及变价出售收入等。杂项收入包括国际组织援助捐赠收入、对外借款归还收入等。

此外,财政收入的形式还可包括铸币收入(铸币税)和通货膨胀收入(通货膨胀税)。铸币税(Seigniorage),也称为"货币税",是指发行者凭借发行货币的特权所获得的纸币发行面额与纸币发行成本之间的差额。简单地讲就是发行货币的收益。一张 100 美元的钞票印刷成本也许只有一美元,但是却能购买 100 美元的商品,其中 99 美元差价就是铸币税,是政府财政的重要来源。

在一般情况下,纳税人应缴纳的税收取决于他们的货币收入,而他们适用税率的等级是按货币收入水平确定的。在经济出现通货膨胀时,由于受通货膨胀的影响,人们的名义货币收入增加,导致纳税人应纳税所得自动地划入较高的所得级税,形成档次爬升,从而按较高适用税率纳税。这种由通货膨胀引起的隐蔽性的增税,也被称为"通货膨胀税"。

2. 不同财政收入形式的区别

(1)税收与国有资产收益的区别

① 适用范围不同。税收以政治权力为依据,凭借法律形式进行强制分配,因此,它对国家政权管辖范围内的任何单位,对各种不同的所有制,不同的企业均可采用,直至对个人征税。而利润上缴只适用于国有企业。因为国有企业的固定资产和一部分流动资产属国家所有,国家可凭借其对财产的所有权参与国有企业利润的分配。相反,国家对集体企业、外商投资企业、外国企业、私营企业、个体工商户则无权利用利润上缴形式参与利润分配,因为国家对这些企业不具有财产所有权。

② 分配的特征不同。税收体现了国家强制扣除一部分社会产品和国民收入的分配关系,它具有强制性、无偿性和固定性的特征,可以保证财政收入的及时、稳定与可靠。相反,一方面利润上缴只是发生在国家和国有企业之间,两者存在着"软约束"的经济关系。另一方面,利润上缴以企业实现利润为依据,它在很大程度上取决于企业经营管理水平和市场因素的变化,故它在强制性和规范性方面都不如税收那样明显。

③ 调节效应不同。税收既能为国家取得财政收入,又能用于调节经济,还可以发挥监督职能。国家通过规范化的税收引导企业行为,通过公平税负,促进不同企业的公平竞争,所以,税收调节具有统一性和规范性。而利润上缴虽然也可以作为调节经济的手段之一,但它的调节范围只限于国有企业。而且,由于决定国有企业的因素千差万别,因此,利润上缴参与国有企业利润分配的形式是多变的,具有非规范性的特点。

（2）税收与国债的区别

① 国债的特点是有借有还，按期支付利息。国债是政府以债务人身份，运用信用方式筹集财政资金的手段。有偿让渡货币或商品是国家信用的基本特征。国家发行公债或国库券，从企业或居民手中取得资金在一段时期内的使用权，但这些资金的所有权并未发生变化，到期必须还本付息。相反，税收凭政治强制力征收，用于满足国家职能和社会公共需要，对于个体纳税人而言，它具有非直接偿还性。国家向纳税人征税后，一部分收入从纳税人向国家发生了单方面转移，国家不需要直接归还纳税人，可以在一定时期内根据需要安排使用。

② 国债信用必须坚持自愿原则。国债以国家（政府）为债务人，向企业单位和居民个人借款，必须坚持自愿的原则。即政府发行的公债必须由企业或居民自由认购，如果强制摊派，势必会影响企业的流动资金周转或居民的正常支付能力，并对社会的生产生活产生不利影响。税收则是国家依法向纳税人征收的，它对纳税人具有法律的强制力。只要纳税人发生税法规定的纳税行为，就必须及时、足额地完成纳税义务，而不论纳税人是否愿意。否则，就要受到处罚，触犯刑律的还要依法追究刑事责任。

③ 国债收入具有不稳定性。国家信用筹措资金的数额不完全取决于计划发行额，还取决于企业、居民的认购额，而后者要受当时国家的政治经济状况、企业、居民收入水平、消费行为及社会心理等诸多因素的影响，其中的不确定性因素较多。而税收则具有相对稳定性。因为每一种税的出台都要预先估计它的税源大小及开征后可能取得收入的状况，且社会经济生活通常处于正常状态，因此，当纳税人、课税对象、税率确定后，相应的税收收入就有了法律保证。

（3）税与费的区别

① 征收主体不同。税通常由税务机关、海关和财政机关收取，如增值税、消费税、关税、契税等。费通常由其他行政机关和事业单位收取，如公安、民政、卫生和工商行政管理部门，为颁发证、照、薄、册而收取的工本费、手续费、化验费及各种管理费等。

② 遵循的原则不同。税收是纳税人对国家应尽的义务，是国家按照法律规定的标准，无偿征收的；费是收费主体提供公共劳务与交费主体享受公共利益之间的交换与补偿，是有偿征收的。

③ 特点不同。税收是政府取得财政收入的主要形式，其法制性和规范性强，有利于立法监督和行政管理，而收费的法制性和规范性相对较差，容易诱发滥收费现象，因而法制性不强的发展中国家应避免收费项目过多，并强化管理。

④ 管理方式不同。税收收入是政府的主要收入，必须纳入预算内统筹使用，而收费可以有所不同，全国性收费要纳入预算内，部门性收费或地方性收费可以作为预算外收入，按预算管理程序，形成政府性基金或由部门和地方自收自支。

⑤ 用途不同。税收取之于民，用之于民，体现着国家、集体、个人之间根本利益的一致性，主要用于发展文化、卫生、科学、教育事业，社会保险，社会救济事业，国防建设事业及重点建设项目等，即用于发展维护人民整体利益的公共事业；费一般采用专款专用的原则，定向收取，定向使用，即收取哪些方面的费用，就用于哪些方面。

⑥ 收款的收据不同。征收税款，必须开具统一印制、盖有当地税务机关印章的正式完税凭证；而"费"的收据则不同，它盖的不是税务机关的印章而是收取费用的有关行政部

门或事业单位的公章。

（4）税收与罚没收入的区别

罚没收入是对违反有关法律或法规的行为处以的经济、法律制裁措施。如税法规定对偷税者的罚款、工商行政管理部门对无照经营者的罚款，以及卫生防疫部门对不合卫生标准的有关单位的罚款等。罚款也是财政收入的一种形式，特别是海关对走私品的罚没，财务检察机关对违纪行为的罚没，其数额较为可观。

罚没收入同税收一样具有明显的强制性与无偿性。在战争时期，罚没收入是保障战争需要的一个重要措施。但是，罚没收入缺乏筹措财政资金的稳定性。因为罚款没收是对被罚人的一次性处分，而被罚款或没收行为的出现又是随机的。所以，罚没收入不具备固定、连续取得收入的特性，难以稳定、可靠地取得财政收入，因而不能像税收那样作为经常性的筹资手段。

6.1.3 财政收入的主要来源

财政收入是货币形态的社会产品价值，它由 C、V、M 三部分组成。C 是补偿生产资料消耗的价值部分，V 是新创造的价值中归劳动者个人支配的部分，M 是新创造的归社会支配的剩余产品价值部分。在社会总产品价值一定时，它们之间存在着此消彼长的关系，同时 M 构成财源主要因素。在社会总产品一定且 V 不变时，降低物化劳动消耗即 C，是降低生产成本、增加 M 和增长财政收入的主要途径。

剩余产品价值 M 包括税金、企业利润和用剩余产品价值支付的费用（如利息等）。其中主要是税金和企业利润。在统收统支的计划型财政条件下，国有企业所创造的 M 绝大部分均由国家集中分配用于扩大再生产和社会共同需要，形成财政收入。另外，国家以税金形式取走非国有企业的一部分纯收入形成财政收入。在社会主义市场经济体制下，国家赋予国有企业经营自主权，具有相对独立的经济利益。根据事权与财权相一致的原则，国家不能取走国有企业的全部 M，只能参与一部分企业纯收入的分配，即国家以行政管理者身份参与分配，向企业收取税金，同时以资产所有者身份参与企业利润分配。在国民经济中，影响 M 增减变化的因素主要有三个：生产、成本和价格。在成本和价格一定的情况下，扩大生产、增加产量和产值必然同时也增加 M。在产品产量和价格不变的情况下，成本和 M 呈反比例变化。因此，要增加财政收入，根本的途径是增加生产，厉行节约。

V 是财政收入的补充。V 是指以劳动报酬的形式付给劳动者个人的部分。就现实的经济运行来看，目前我国来自 V 的财政收入主要有以下几个方面：直接向个人征收的税（如个人所得税、企业所得税等）；向个人收取的规费收入（如结婚登记费、护照费、户口证书费）和罚没收入等；居民购买的国库券；国家出售高税率消费品（如烟、酒、化妆品等）所获得的一部分收入，实质上是由 V 转移来的；服务行业和文化娱乐业等企事业单位上缴的税收，其中一部分是通过对 V 的再分配转化来的；随着社会主义市场经济体制的逐步建立和发展，人民生活水平的不断提高，以及个人所得税制的改革和完善，财政收入来自 V 的比重将逐渐提高。西方资本主义国家，普遍实行高工资政策和个人所得税和工薪税为主体税的财税制度，其财政收入有相当部分直接来自 V。从我国目前来看，V 虽构成财政收入的一部分，但它在全部财政收入中所占的比重很小。这是因为我国长期以来实行低工资制度，劳动者个人的收入普遍较低，国家不可能从 V 中筹集更多的资金。不过，随着我国经济的又好又快发展和国民收入分配结构的调整，劳动者的工资待遇会逐步提高，来源于 V 的财政收入也会相应提高。

补偿价值 C 中的基本折旧基金在计划经济体制下构成财政收入的一部分，在市场经济中一般已不适宜将折旧基金列为财政收入，但是，由于实行国民生产总值型的增值税，仍有一部分 C 通过增值税成为财政收入。

6.1.4 财政收入的分类

所谓财政收入的分类，是指从不同的角度，按照一定的方法，对财政收入进行科学、系统的排列和组合。之所以要对财政收入进行分类，一方面是为了满足财政管理的需要；另一方面则有利于对财政收入的结构进行分析，揭示财政收入增长的特点和趋势，分析财政收入政策制定和推行中的经验和问题，了解国民经济各部门的发展变化，掌握各种财政收入形式的实践效果及其对整个财政收入的影响，为完善政府财政管理制度服务。世界各国对财政收入有各种分类法。由于采取的分类标准不同，分类的结果也有很大差异。如有的国家将财政收入分为直接收入、间接收入、预期收入；有的国家将财政收入分为公营经济收入和私营经济收入；有的国家将财政收入分为经常性收入和临时性收入；还有的国家将财政收入分为强制性收入和自由收入等。根据我国实际操作情况和理论研究的需要，一般可以将财政收入进行以下分类。

1. 按财政收入形式分类

财政收入的形式是指国家财政收入的具体方式，即来自各个方面、各个部门、单位和个人的财政收入通过什么方式上缴给国家。按照这一分类，我国财政收入可以分为税收和非税收入。税收是财政收入的基本形式，在国家财政收入中占据举足轻重的地位。它包括国家税法规定的各种税收，是征收面最广、最稳定可靠的财政收入形式。非税收入是政府财政收入的重要组成部分，是政府参与国民收入分配的一种重要形式，是政府实施宏观调控的一种重要工具。在税收收入以外，政府之所以还要征收非税收入，是因为政府非税收入在弥补市场缺陷、提供准公共产品、调节经济运行等方面具有税收所不能替代的作用。这种不可替代的作用主要表现在收费与政府性基金的经济效应方面，即收费在提供准公共产品的生产和提高经济效益等方面具有独特的作用。由于其他章节对税收进行了专门论述，此处重点对非税财政收入进行阐述。

对于非税收入，尽管各国的界定不尽相同，但这类收入都是一国政府财政收入体系的重要组成部分，虽然在其数量规模上远不如税收重要，但由于形式多样，性质和来源不同，所以，无论从经济分析还是管理的角度，非税收入都是不可或缺的一个重要内容。长期以来，我国政府非税收入作为一种财政收入资金，一直使用"预算外资金"的概念和口径，即采用预算外方式进行管理的财政资金。直到 2001 年在《国务院办公厅转发财政部关于深化收支两条线改革进一步加强财政管理意见的通知》（国办发［2001］93 号）文中首次使用了非税收入的概念。2004 年 7 月，财政部发出了《财政部关于加强政府非税收入管理的通知》（财综 2004（53）号）规定："政府非税收入是指除税收以外，由各级政府、各级机关、事业单位、代行政府职能的社会团体及其他组织依法利用政府权力、政府信誉、国家资源、国有资产或提供特定公共服务、准公共服务取得并用于满足社会公共需要或准公共需要的财政资金。"同时指出："政府非税收入管理范围包括行政事业性收费、政府性基金、国有资源有偿使用收入、国有资本经营收益、彩票公益金、罚没收入、以政府名义接受的捐赠收入、主管部门集中收入以及政府财政资金产生的利息收入等。社会保障基金、住房公积金不纳入政府非税收入管理范围。"因此，从管理范围看，我国政府非税收入既不包括政府税收，也不包括政府发行的债务收入。不过，非税收入按照其管理方式的不同还可进行更具体的划分。一是预算内管理的非税财政收入。由于我国目前预算按一般预算和基金预算编制，因此，预算内管理的非税收入还可再分为一般预算管理的非税收入和基金预算管理的非税收入。其中，纳入一般预算管理的非税收入包括专项收入、彩票资金收入、行政事业费收入、罚没收入、国有资本经营收益、国有资源（资产）有偿使用收入和其他收入。纳入基金预算管理的非税收入主要是土地有偿使用的收入、地方财政税费附加收入及各项政府基金。二是预算外管理的非税财政收入。主要是指预算外资金，这将在本章第三节专门论述。三是制度外收入。它是指未纳入财政（包括预算内和预算外）的各种基金、集资和各类型的行政事业性收费。这类收入的取得缺乏法定的程序和政府有关部门的正式批准，由政府及其所属机构凭借行政权力或垄断地位取得，如各种乱集资、乱摊派、乱罚款等。制度外收入虽然作为政府收入的一项重要组成部分，不但来源渠道不规范，而且增长速度迅猛，造成诸多负面影响。制度外收入造成了我国财政预算体系的分散性，而预算体系的分散性与社会主义市场经济客观上要求的预算的完整性是格格不入的，它肢解了完整统一的财政体系，扰乱了正常的分配秩序；强化了部门和地区利益，滋生和加剧了腐败现象；加重了企业和农民的负担。此外，制度外收入的取得并不能代表政府的利益取向和收入愿望，制度外收入从表面上看增大了政府财力，但由于制度外资金的管理方法不同于预算内资金的管理，大量的资金实际上处于财政控制之外。各项收费分别由不同的政府部门自收自支、自行管理，财政不仅难以进行有效的调剂，也难以控制其使用方向和使用效益，实际上处于一种管理失控状态。据统计，近年来我国财政收入绝对额增长趋势明显，但制度外收入规模也十分庞大，近13年来一直占GDP的10%以上。有些学者对我国2005年和2006年制度外收入的规模进行了测算（见表6-1）。

表6-1 2005年和2006年我国制度外财政收入规模测算

年份	GDP/亿元	政府收入/亿元	财政收入/亿元	预算外收入/亿元	制度外收入/亿元	制度外收入占GDP比例/%
2005	183 867.90	55 968.69	31 649.29	31 649.29	18 775.24	10.21
2006	210 871.00	67 028.89	38 760.20	6 206.60	22 062.09	10.46

（数据来源：由刘涵、毕美家根据2005年、2006年《中国统计年鉴》计算得出。）

制度外收入规模的庞大和不规范性已成为我国转轨经济时期出现的特殊国情，据有些学者的估算，其成为了目前双轨制经济运行的一大特色。

2. 按取得收入的稳定程度分类

从这一角度可将财政收入分为经常性收入和临时性收入。经常性收入是指在每个财政年度都能连续不断、稳定取得的财政收入。经常性财政收入由两部分构成，即本级一般预算收入（剔除城维费、罚没收入和专项收入，行政事业性收费由各地自定是否列入）以及上级税收返还、转移支付、调整工资补助等较为固定的上级补助收入。经常性财政收入是财政收入的主要组成部分，它反映的是以税收收入和上级补助收入为主的财政收入，即不包括非税收入部分的财政各项收入。临时性收入是指在财政年度内不经常或不很规律地取得的财政收入，如国债收入、出卖公产收入、罚款、捐款等。

3. 按收入的管理权限分类

按照管理权限，财政收入可分为中央财政收入和地方财政收入。中央财政收入和地方财政收入是指按照财政预算法律和财政管理体制规定，分别由中央政府和地方政府筹集、使用的财政资金。考虑到中央政府的特殊地位和职能需要，按照财权和事权相结合的原则，单一制国家（如法国）一般把财源稳定、充裕和涉及宏观调控的税收及非税收入划为中央财政收入；联邦制国家（如美国）一般通过联邦宪法，规定联邦政府拥有征税优先权和举债优先权，以保证中央（联邦）政府在财政收入分配中的主导地位。

4. 按收入来源分类

按收入来源，中国政府将财政收入又分为所有制来源、部门来源和产业来源三大类。

以财政收入来源单位的所有制形式为标准，可将财政收入分为国有经济收入、集体经济收入、中外合资经济收入、外商独资经济收入、私营经济收入、个体经济收入等。我国所有制结构的形式是，以公有制为主体多种经济成分并存。由于国家与不同所有制的经济实体之间的关系不同，相应地取得财政收入的集中量也不同。对国有企业，国家不仅凭借政治权力和社会管理身份通过征税取得收入，而且凭借经济权力和生产资料所有者身份参与国有企业利润分配，因而国家财政集中程度较高。对集体经济、私营企业、中外合资企业、外商独资企业、城乡个体工商业户等非国有经济，国家只能通过政治权力以征税形式取得收入，因此相对而言，财政集中程度则较低。改革开放以来，我国非国有经济发展迅速，但它们提供的财政收入却增长缓慢，究其原因，主要是财政收入制度没有及时地随国民经济结构的变化作相应的调整，从而出现了国有企业税负重于集体企业，集体企业税负重于其他经济成分的不合理现象。这样，既不利于国有经济发挥主导作用，也不利于增加财政收入，导致我国财政收入占国内生产总值比重下降。研究财政收入的所有制构成，是国家制定财政政策、制度，正确处理国家同各种所有制经济之间财政关系的依据。

以财政收入来源单位的部门结构作为标准，可将财政收入分为工业、农业、商业、交通运输业、建筑业、服务业等部门的收入。按照现代产业结构分类，将财政收入分为来自第一、第二、第三产业的收入。国民经济的部门和产业构成是影响财政收入的重要宏观因素，正确处理国民经济各部门之间的比例关系，特别是农轻重之间，以及能源交通、原材料工业同其他工业部门之间的比例关系，使国民经济各部门、各产业得到合理的、协调的发展，是从宏观上增加财政收入的根本途径。

进行这种分类的目的是体现财政收入从何处取得，反映各种收入的经济性质，同时，通过纵向比较可以反映各种收入来源单位的历史变化及其发展趋势。

5. 按价值构成，财政收入来自 C、V、M 三部分

C 是补偿生产资料消耗的价值部分，V 是新创造的价值中归劳动者个人支配的部分，M 是新创造的归社会支配的剩余产品价值部分。将 V 作为财政收入来源主要出于两方面的原因：调节劳动者之间收入差距的需要；政府增加财政收入、提高公共服务质量的需要。

财政收入的分类方法除了上述四种外，还有其他方法。如将财政收入按地区分类，可以将其分为各省、自治区、直辖市的财政收入，沿海和内地的财政收入，国内和国外的财政收入；以征收权力为标准分类，可以将财政收入分为强制性财政收入和非强制性财政收入。强

制性财政收入主要包括税收收入、罚款收入、强制公债等；非强制性财政收入主要包括公产收入、自由公债收入、捐款收入、国家货币发行收入等。

案例 6-2

政府收入分类改革

为完整、准确地反映政府收支活动，进一步规范预算管理、强化预算监督，经国务院同意，财政部制定了《政府收支分类改革方案》，决定自 2007 年 1 月 1 日起全面实施政府收支分类改革。此处仅介绍收入分类的改革方案。

收入分类主要反映政府收入的来源和性质。根据目前我国政府收入构成情况，结合国际通行的分类方法，将政府收入分为类、款、项、目四级。其中，类、款两级科目设置情况如下。① 税收收入。分设 20 款：增值税、消费税、营业税、企业所得税、企业所得税退税、个人所得税、资源税、固定资产投资方向调节税、城市维护建设税、房产税、印花税、城镇土地使用税、土地增值税、车船使用和牌照税、船舶吨税、车辆购置税、关税、耕地占用税、契税、其他税收收入。② 社会保险基金收入。分设 6 款：基本养老保险基金收入、失业保险基金收入、基本医疗保险基金收入、工伤保险基金收入、生育保险基金收入、其他社会保险基金收入。③ 非税收入。分设 8 款：政府性基金收入、专项收入、彩票资金收入、行政事业性收费收入、罚没收入、国有资本经营收入、国有资源（资产）有偿使用收入、其他收入。④ 贷款转贷回收本金收入。分设 4 款：国内贷款回收本金收入、国外贷款回收本金收入、国内转贷回收本金收入、国外转贷回收本金收入。⑤ 债务收入。分设 2 款：国内债务收入、国外债务收入。⑥ 转移性收入。分设 9 款：返还性收入、财力性转移支付收入、专项转移支付收入、政府性基金转移收入、彩票公益金转移收入、预算外转移收入、单位间转移收入、上年结余收入、调入资金。

6.2 我国财政收入规模分析

6.2.1 财政收入规模的含义及其度量

财政收入规模是一国政府在一定时期内（通常是一个财政年度），通过税收等多种形式获得的财政收入总水平。财政收入规模的衡量指标可分为绝对量指标和相对量指标。前者是指一定时期内财政收入的实际数量，如财政总收入。后者是指一定时期内财政收入与有关经济指标的比率，通常用财政收入占国内生产总值的比重来表示。一般而言，财政收入的相对量比绝对量更能反映一个国家或地区财政集中程度和政府在社会经济生活中的职能大小。按照国际惯例，衡量一个国家财政收入规模的大小通常采用财政收入占国内生产总值（GDP）的比重指标，它既能反映政府的规模、集中程度和财政能力，又能反映国家宏观税负水平。这一指标过大，财政收入的超额负担较重，经济发展缺乏动力；这一指标过小，政府宏观调控的能力不足，经济发展缺乏保障。因此，财政收入相对 GDP 来说，应该保持合理增长。财政收入规模反映政府对社会资源的控制能力，其大小不仅影响着政府职能的发挥，也会影响企业和居民的生产积极性以及社会经济的发展。

需要说明的是，由于我国存在大量的预算外资金，考察财政收入规模时出现了不同的口径：一是小口径的财政收入规模，即一般预算收入占 GDP 的比重；二是大口径的财政收入规模，即广义的财政收入占 GDP 的比重。

6.2.2 我国财政收入规模的变动趋势

1. 改革开放以前的财政收入（1949—1978 年）

这一时期中国处于高度集中的计划经济时期。生产和消费都按国家计划进行，政府几乎包揽了一切。在收入分配方面，政府收入集中度较高，社会资金主要由国家集中安排和使用，并基本上都进入财政预算。

除个别年度外，财政收入的绝对额都是逐年递增的，但各年的增长速度则有较大差别。中国 1953—1978 年间财政收入占国民收入的平均比重为 34.3%，财政收入对国民收入的弹性值为 1.111。这说明财政收入的增长速度高于国民收入的增长速度。

2. 改革开放后的财政收入（1978 年以后）

1978 年以来，我国财政收入的规模随着经济的不断增长而增长，发生了翻天覆地的变化。从绝对规模看，财政收入由 1978 年的 1 132.26 亿元到 2008 年的 61 330.35 亿元，增长了 53.17 倍，年均增长 14.2%，如图 6-1 和图 6-2 所示。

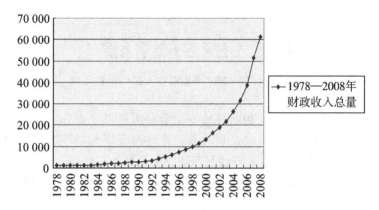

图 6-1 1978—2008 年我国财政收入总量增长图

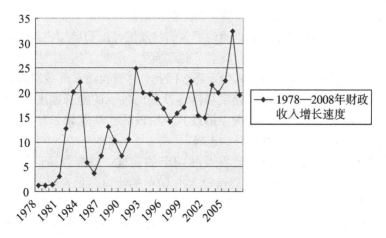

图 6-2 1978—2008 年我国财政收入增长速度

回顾 30 年的发展历程，我国财政收入绝对数的增长又可以分为三个阶段：第一阶段是水平徘徊阶段，财政收入由 1978 年的 1 132.26 亿元上升至 1982 年的 1 212.33 亿元，年均增长率仅为 1.72%；第二阶段是缓慢发展阶段，财政收入由 1983 年的 1 367 亿元上升至 1992 年的 3 483.37 亿元，年均增长率为 10.95%；第三阶段是高速增长阶段，财政收入由 1993 年的 4 348.95 亿元上升到 2008 年的 61 330.35 亿元，年均增长率为 19.29%。值得一提的是，2008 年下半年以来，受国际金融危机的影响，我国财政收入增长速度明显放缓，2008 年为 19.5%，2009 年进一步下降为 11.7%。

从相对规模看，我国财政收入占 GDP 的比例由 1978 年的 31.24% 降至 1995 年的 10.71%，然后又逐步回升至 2008 年的 20.4%，如图 6-3 所示。

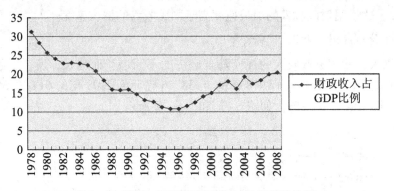

图 6-3 1978—2008 年财政收入占 GDP 的比例

结合图 6-3，可以对财政收入相对规模变化的原因进行简要分析。在纵向上，从 1978 年开始，政府多次对企业进行了放权让利改革，在处理国家与企业之间的利润分配关系方面，向企业倾斜。但由于国有企业运行状况不佳，微观效益不理想，而不得不加大放权让利的力度，以激励企业行为。这使得财政预算内收入占 GDP 的比重不可避免地呈直线下降的趋势。再加上这一时期税务部门征管不严，偷税漏税现象严重。这都是造成财政收入在 GDP 中的比重下降的原因。在横向上，通过改革经济主管部门的财务管理体制，扩大了部门财务自主权，把一些本应纳入国家预算内管理的财政收入和支出交给各个部门，实行自收自支，形成了大量的预算外管理资金，调动了各部门发展经济和增加收入的积极性。但另一方面，预算外资金挤占了预算内收入，肢解了财政预算，分散了国家财力，增加了宏观调控难度。放权让利造成了财政预算内收入的下降。因此，尽管自改革开放以来中国预算内财政收入的绝对规模逐年递增，但其增长速度显然不及国民收入的增长速度。1995 年以后我国经济进入了飞速发展的时期，以税收为主的预算内财政收入快速增长。1996 年财政收入占国内生产总值的比重开始出现止跌回升的态势。

不过，从国际上看，西方国家财政收入占 GDP 的比重一般都较高，不仅高于我国一般预算收入占 GDP 的比重，也高于广义财政收入占 GDP 的比重，见表 6-2。根据国际货币基金组织《政府财政统计年鉴（2007）》公布的 2006 年数据计算，全部 51 个国家的财政收入占 GDP 比重平均为 40.6%，21 个工业化国家的平均水平为 45.3%，30 个发展中国家的平均水平为 35.9%。其中，税收收入占 GDP 比重的世界平均水平为 25.4%，工业化国家的平均水平为 29.5%，发展中国家的平均水平为 21.3%。这主要是因为西方国家政府理财注重预算的完整性原则，即政府部门依赖国家的行政权威，资产所有权或通过某种特殊服务向企业和个人征收的各种收入,都视为财政收入,没有预算内和预算外之分,更无制度外的收入。政府收入要向议会和公众交代,自觉接受纳税人的监督,实行公开化、透明化,防止政府部门出现各种腐败和浪费现象。

表6-2 1991—2008年OECD国家税收和非税收入占GDP的比重   %

国家＼年份	1991	1995	2000	2005	2006	2007	2008
澳大利亚	33.0	34.5	36.1	36.3	36.0	35.4	35.5
加拿大	43.9	43.2	44.1	40.8	40.7	40.5	39.9
法国	47.6	48.9	50.1	50.5	50.3	49.7	49.6
德国	43.3	45.1	46.4	43.6	43.8	43.9	43.4
意大利	42.6	45.1	45.3	43.8	45.4	46.6	45.9
日本	33.4	31.4	31.4	31.7	34.6	33.4	35.0
韩国	22.7	24.6	29.3	31.9	33.8	35.2	35.7
荷兰	52.3	47.2	46.1	44.5	46.2	45.6	46.0
西班牙	39.5	38.0	38.1	39.4	40.5	41.0	38.2
瑞典	61.0	58.0	60.7	56.1	55.3	54.9	54.0
英国	39.8	38.2	40.3	40.8	41.6	41.7	41.9
美国	32.9	33.8	35.8	33.4	34.2	34.5	33.3
欧元区	44.7	45.6	46.3	44.9	45.4	45.5	44.9
全部OECD国家	37.6	38.1	39.3	38.0	38.9	38.9	38.5

(数据来源:OECD Economic outlook(2008年11月),2008年数据为OECD预测数。)

6.2.3 影响财政收入规模的因素

1. 经济发展水平对财政收入规模的制约

一个国家的财政收入规模多大,财政收入增长多快,不依赖于政府的主观意愿,而是由经济、政治、社会以及历史文化传统等多种因素综合决定的,但根本上还是受到经济条件的制约和影响。经济决定财政。一般说来,经济发展水平高,社会产品丰富,GDP总值大,财政收入规模相应增大。即社会总产品价值量中,在C保持不变时,$W = C + V + M$,由于W变大,$V + M$(国民收入)增多,财政收入主要来自国民收入,自然相应增大。应该说,经济发展水平对财政收入的影响是基础性制约,二者之间存在源与流、根与叶的关系,经济发展水平的高低,直接影响和制约着一国的财政收入规模水平。从世界各国的现实情况看,发达国家的财政收入规模大都高于发展中国家,而在发展中国家,中等收入国家又大都高于低收入国家,绝对数是如此,相对数也是如此。

科学技术是第一生产力。任何一个国家的经济发展水平总是与一定的生产技术水平相适应,较高的经济发展水平往往是以较高的生产技术水平为支撑的,生产技术水平内含于经济发展水平之中,因此,生产技术水平也是影响财政收入规模的重要因素。对生产技术水平制约财政收入规模的分析,事实上是对经济发展水平制约财政收入规模研究的深化。生产技术水平是指生产中采用先进技术的程度,又可称为技术进步。技术进步对财政收入规模的制约可以从以下两个方面分析:一是技术进步会使生产速度加快,质量提高,从而使社会产品和国民收入增速加快，为财政收入增加提供财源；二是，技术进步必然带来物耗比例降低，经济效益提高，产品附加值所占的比例扩大。由于财政收入主要来自产品附加值，在其他条件不变的情况下，随着剩余产品价值率的提高，相应地会使财政收入占国民收入的比重提高，因而技术进步对财政收入的影响更为直接和明显。国际上一些经济学家测算，在发达国家经济增长诸因素中，技术进步所占比重已从20世纪初的5.2%上升到20世纪中叶的40%，70年代进一步上升到60%以上，其中美国和日本等国高达80%左右。据粗略测算，技术进步对财政收入增长的贡献是其他因素的2.8倍，它所带来的每100元国民收入可提供50元财政收入，而其他因素仅可提供13元。当然，财政收入的增加可以使得一个国家拥有更充足的财力用于科技研发和推广，进而进一步提升科学技术对经济发展和财政增收的贡献。

2. 政府职能范围的制约作用

政府的职能范围是决定财政收入规模的直接因素。因为政府是财政活动的主体，是公共产品和社会公共需要的直接提供者，政府职能的范围越大，需要的财政支出和财政收入的规模也就越大，无论绝对额还是相对额均是如此。

3. 收入分配政策和分配制度

经济发展水平是收入分配的一个客观条件，而在客观条件既定的条件下，还存在通过分配进行调节的可能性，相应的分配政策和制度决定着国民收入在政府、企业和个人之间的分配。因此，在不同的国家和一个国家的不同时期，财政收入规模也是不同的。

我国在1978年以前，实行高度集中的计划经济体制，对国有企业实行的是统收统支的财务管理体制，对居民个人实行的是低工资、低收入政策，由此导致的结果是国民收入主要集中于政府。1953—1978年，财政收入占GDP比重平均为34.3%。改革开放以来，我国财政收入占GDP的比重出现逐年下滑的趋势，直接导因是经济转轨过程中GDP分配格局的急剧变化。GDP分配格局变化的显著特征是向居民个人倾斜。改革初期，这种倾斜是带有补偿性的。原因在于，在过去的计划经济体制下，分配模式是"先扣除，后分配"，长期实行低工资、低收入制度。当时财政收入占GDP的比重最高年份曾高达47%。从1979年开始，我国对分配政策开始进行调整，当年采取了三大措施：多次提高农副产品的收购价格；调整国家与企业主要是国有企业之间的分配关系；提高职工收入水平。这三大措施的实施对财政收入产生了巨大的影响，1979年、1980年两年的财政收入平均只增长了1.2%，财政收入占GDP的比重急剧下降。1980年比1978年下降了5.6%，是下降幅度最大的两年。此后，随着改革的不断深入，我国继续实行了一系列的减税让利措施，这使得财政收入占GDP的比重继续下滑。

GDP分配格局变化的原因是复杂的，是国民经济运行中各种因素综合作用的结果。首先是经济体制转轨的必然结果。分配体制和分配模式是由经济体制决定的。计划经济体制下的统收统支体制，显然是和市场经济体制不相称的，经济体制转换带来的必然是分配体制的转换。实际上，我国的经济体制改革就是以分配体制改革为突破口的。实践证明，分配体制的改革加快了经济体制的改革，促进了经济的快速增长。

另外，GDP分配向个人倾斜，财政收入比重下滑，与分配制度不健全以及分配秩序混乱有直接的关系。我国政府的分配制度和分配政策是明确的，即以按劳分配为主体，多种分配形式并存，把按劳分配和按生产要素分配结合起来；效率优先，兼顾公平；保护合法收入，取缔非法收入，调节过高收入。但在改革过程中，对这个政策的贯彻并不是十分有力。

居民的收入可以被分成两个部分：一是制度内收入或称为正常收入，主要是工资、奖金、经营收入和财产收入；二是制度外收入或称为非正常收入，即所谓灰色收入或黑色收入，这部分收入的特征是透明度差，其收入的来源渠道、所采用的收入形式、在个人收入中所占比重大小等，并不明确，这使得这些收入带有很大的隐蔽性。而制度外收入的急剧增长，又是造成居民收入差距急剧扩大并形成收入分配不公的主要原因。

由以上分析可以看出，在经济体制改革过程中调整收入分配政策和收入分配制度是十分必要的，但存在的主要问题是，分配政策的调整缺乏有序性，存在着过急过度的弊端，使财政收入占国民收入的比重下降过多。因此，在提高经济效益基础上，整顿收入分配秩序，调整收入分配格局，适当提高财政收入占 GDP 的比重，是不断深化经济体制改革的重要课题。

4. 价格对财政收入规模的制约

财政收入是一定量的货币收入，是按一定价格体系下一定时间的现价计算，那么价格的变动就能直接或间接影响财政收入的规模，在物价上涨（下跌）的情况下，同量的财政收入只能代表较少（较多）的商品物资（包括劳务）量。价格对财政收入这种客观影响使得财政收入具有名义收入和实际收入之分。实际财政收入即为名义财政收入与 GDP 平减指数之商。

只有因物价上涨形成名义增长而无实际增长的情况下，财政收入增长才是通过价格再分配机制实现的。因此，这时的财政收入增量通常可以分为两部分：一是 GDP 正常增量的分配所得；二是价格再分配所得，也即通货膨胀税。

价格还可以通过国家的税收制度对财政收入产生影响。当一个国家的财政收入制度主要采用累进制所得税的征收方式时，由于以货币计值的各种收入会随着价格的升高而增大，其纳税所得的税率也会随之升高，这就必然起到提高财政收入分配比率的作用。即出现所谓"档次爬升"效应，其结果使财政收入的增长速度快于价格水平的上升幅度，反之，价格水平的下降会使财政收入的下降幅度快于价格水平的下降幅度，起到一个降低财政收入分配比例的作用。如果一个国家实行的是以比例税率的流转税为主体的税制，就意味着当税收收入的增长等同于物价上涨率，财政收入只有名义上的增长而不会有实际增长。如果一个国家实行的是定额税制，税收收入的增长总要低于物价上涨率，即使财政收入有名义上的增长，实际也必然是下降的。

市场价格随市场供求关系而上下浮动，主要是在买卖双方之间发生再分配。而随着价格的上下浮动也会进一步影响到财政收入的增减。既然价格是影响财政收入状况的重要因素，那么，国家在有计划地进行价格体制改革的过程中，就必须考虑到财政的承受能力。也就是说，财政的状况也是影响价格体制改革的重要因素。

从上述制约财政收入规模的因素分析中可以看出，财政收入作为政府的理财活动，受到多方面因素的制约，是各种因素综合作用的结果。这些因素可以概括为经济因素、体制因素和社会因素。上述因素在很大程度上决定了财政收入的规模，但影响财政收入规模的因素却不止于此，财政收入的征管效率、财税人员的业务素质等也都在不同程度上影响着财政收入的规模。

6.2.4 合理的财政收入规模的界定标准及实现条件

一个国家的财政收入规模取决于政治、经济、社会以及各国的历史文化传统和特殊国情等多种因素，没有一种统一的和绝对的标准，也不可能有一种精确的模型来测算每个国家的财政收入规模的合理水平。不过，我们仍然可以从一般意义上给出确定合理财政收入规模的标准。

1. 合理的财政收入规模的界定标准

财政收入规模既非越大越好，也非越小越好，从理论上讲，合理的财政规模应当满足如下标准。

① 财政收入增长与经济增长协调、同步。财政收入来源于经济，只有经济发展了，财政才会有充足的来源。在税收作为政府财政收入主要来源的情况下，使税收收入增长与经济增长保持协调、同步是问题的关键。

② 满足政府最低支出标准。在政府职能既定的前提下，财政收入规模的大小应以所取得的财政收入能够维持政府正常行使职能的经费支出及公共产品的最基本供给的资金需要。在这里需要科学地确定一般社会公共需要量，包括纯公共品和需由政府提供的非公共品的需要量。明确了一般社会公共需要量，就可以明确财政资金的使用方向及其必要量，进而确定财政收入规模。

③ 公平与效率标准。公平标准要求在确定财政收入规模时必须充分考虑社会的平均支付能力，公平地分配财政负担。其基本要求是：具有相同经济条件的人应承担相同的财税负担，具有不同经济条件的人应承担不同的财税负担。效率标准要求在确定财政收入规模时必须充分考虑是否有利于社会资源最佳配置、经济稳定增长、人们生活不断改善。

2. 合理的财政收入规模实现的条件

当然，合理的财政收入规模的实现是需要条件的，一般来说这些条件包括以下几项。

① 必须具备能够充分反映社情民意的社会民主制度。只有在民主制度的保障下，社会居民才能充分反映自己的意愿和要求，才能按照集合民意、体现民愿的集体表决方式，以真实性的社会公共需要来界定政府的公共职责范围和政府公共职责的具体内容，将政府应该履行的公共职责建立在真实、客观的基础上。同时，社会居民才能充分行使自己的民主权力，自觉监督政府行为，督促政府依法行政、公共行政和努力提高其行政效率，才能使政府按照公共化、法制化和高效率的要求，真实履行其公共职责，为社会提供高质量的公共产品，满足社会公共需要。也只有在这种状态下实现的财政收入分配规模，才能达到或接近"最优"状态。

② 必须按照政府履行公共职责的预算公开、透明原则，将政府预算的公共收支规模、财政收入来源的结构和财政支出的具体用途等，向社会成员公布，通过社会成员或社会成员代表的集体表决，行使社会成员的审议权、否决权、批准权和实际监督权。将财政收入分配规模，真正置于合乎社会民意选择的基础上，使其符合社会经济发展的客观要求。通常而言，政府预算安排得越详细、反映的财政收支内容越具体，其透明度越高，越能体现社会居民的意愿和要求，更好地接受社会成员的审议和监督。也只有在财政预算公开、透明的条件下，社会成员才能真正行使财政民主决策和民主监督权利，才能使财政分配规模满足其追求利益最大化的需要。

③ 必须按照市场经济发展的内在要求，不断改进财政支出方式，提高财政资金的使用效果。由于实践中的财政收入规模的高低，使国家对财政收支关系权衡的结果，总要受到财政支出规模的影响，而财政支出规模的大小又会受到财政资金使用方式所体现的财政资金使用效果的影响，因此，从"财政支出方式—财政资金使用效果—财政支出规模—财政收入规模"传递性影响过程来看，通过改进财政支出方式，有利于提高财政资金使用效果，有

利于控制财政支出规模和提高政府服务于社会的公共经济运行效率,进而通过对财政收支规模的权衡,使财政收入规模处于优化状态。而社会经济发展过程中伴随技术进步而出现的某些公共产品向私人产品的转化现象,又使得财政支出方式的调整与改进不仅十分必要,而且具有其可实现的条件。

④ 必须改进财政收入征收管理方式,提高财政收入的征管效率。财政收入征管效率的高低,是从征收管理的实际执行方面影响财政收入规模的一个重要因素。财政收入征管效率越高,越有利于提高财政资金的使用效果和公共经济的运行效率,使公共经济与私人经济发展过程中的社会资源配置处于相对均衡状态,实现最优财政收入规模分配。提高财政收入征管效率,不仅要做到依法组织财政收入,还必须不断改进财政收入征收管理方式,努力降低财政收入征管成本。

6.3 预算外资金

6.3.1 预算外资金的概念

预算外资金,是指国家机关、事业单位和社会团体为履行或代行政府职能,依据国家法律、法规和具有法律效力的规章收取、提取和安排使用的未纳入国家预算管理的各种财政性资金。其范围主要包括法律、法规规定的行政事业性收费、基金和附加收入等;国务院或省级人民政府及其财政、计划(物价)部门审批的行政事业性收费;国务院以及财政部审批建立的基金、附加收入等;主管部门从所属单位集中的上缴资金;用于乡镇政府开支的乡自筹和乡统筹资金;其他未纳入预算管理的财政性资金。

尽管世界各国政府的预算范围不断扩大,但都不能排除预算外活动的存在。对于预算外活动和预算外资金的概念,世界通行观点和我国目前流行的说法是有差别的。市场经济国家的预算外活动主要有两种形式:一种是税式支出,指税收豁免、税收饶让、税收信贷或用于支持某一特定活动的税收减免;另一种预算外活动是政府贷款和贷款担保。政府贷款实际上是政府将一种财政资金支出;同样,政府贷款担保是一种可能的负债,而这种负债只要求在违约的情况下支付,因而把它排除在预算之外。与国际惯例的预算外资金概念比较,中国的预算外资金不是基于公共部门概念上的制度性分类。与国际货币基金组织的标准分类不同,中国预算外资金是根据财政资金集中控制程度差别所定义的,实际上指的是不由中央政府直接占有和直接控制使用的财政资金。预算外资金虽然不由中央政府直接占有和直接控制,但从其实质来说仍是政府性资金,因而成为政府公共收入的重要组成部分。

6.3.2 预算外资金的历史沿革

新中国成立以来,我国预算外资金的发展经历了由少到多、又通过清理整顿逐步减少的过程。预算外资金的发展大体分为以下几个阶段。

1. 1950—1957 年:预算外资金的初步形成

在国民经济恢复时期,由于实行高度集中的财政体制,预算外资金很少,主要项目是机关生产收入(也称为"小公家务")和地方附加公粮。各地区、各部门对预算外资金自行管理,没有统一的制度。1952 年 2 月,当时的政务院规定:取消各机关单位的"小公家务",

对农村的乡自筹实行"包、筹、禁"。经过整顿，几乎所有的收支都纳入国家预算，预算外资金相对呈现萎缩状态。1953年进入大规模经济建设时期，财政体制进行了改革，实行划分收支、分级管理的体制，许多企业实行经济核算制。为了解决某些特殊需要，预算外项目逐渐增多，主要是由企业管理的专项基金（企业奖励基金、福利基金、大修理基金）、事业收入（工商税附加、公路养路费、养河费、育林费、中小学校的杂费等）、行政事业单位的零星杂项收入。这一时期预算外收入增加较多。截至1957年，全国预算外收入为26.33亿元，占当年全国财政收入的8.68%。

2. 1958—1977年：预算外资金呈"U"形发展

在"大跃进"时期，国家对工业、商业和财政管理体制作了重大改革：下放了财权和管理权；大批国有企业下划地方，并实行利润留成制度，分成的利润放在预算外管理；各地区、各部门以自筹资金兴建企业的利润在一定时期可以不纳入国家预算管理。由此，预算外资金有了较大的发展。当时的预算外项目主要有工商税附加、农业税附加、城市公用事业附加、养路费、育林基金、勤工俭学收入、企业利润留成、企业的大修理基金、县（市）以自筹资金举办的企业收入、劳改企业收入、社会集资收入等。经过这些重大改革，出现了预算外资金大幅度增加的情况，截至1960年年底，预算外资金已经达到117.78亿元，为1957年的4.47倍。"大跃进"时期经济工作指导上的失误以及自然灾害的影响，使我国国民经济出现了暂时的严重困难。财政体制方面，在扩大企业自主权的同时，一些必要的规章制度也被破坏，财政管理偏松。1961年国家对财政体制进行了调整，对国民经济按"调整、巩固、充实、提高"方针进行调整，重新实行集中统一的经济体制，对预算外资金进行"纳、减、管"，要求地方管理的预算外收支作为整个国家预算的附属部分逐级上报至财政部。1962年开始停止实行企业利润留成制度。经过整顿，预算外资金从1960年的117.78亿元减少到1961年的57.4亿元，预算外收入占预算内收入的比重由20.58%下降到16.12%。"文化大革命"期间，对预算外资金主要有两项新规定：一是从1967年开始，企业折旧基金留给企业用作企业固定资金和设备更新改造；二是从1970年开始，县办五小企业在两三年内将实现利润的40%留作预算外资金管理。这期间由于各项规章制度和财经纪律受到严重破坏，预算外资金迅速膨胀。1975年，预算外收入251.48亿元，占预算收入的比重为30.83%。

3. 1978—1992年：预算外资金迅速膨胀

1978年以后，我国进入了改革开放的新时期，在财政管理体制改革方面，推行以"放权让利"为主要特征的体制改革，改进了预算管理体制，调整了中央与地方财力、财权的划分，又进而在利税分流框架的基础上进行了第一步、第二步利改税改革，推行了承包经营责任制，初步确立了国家与企业的分配关系，并改革了行政事业单位的财务管理制度等。预算外资金的数量迅速增加，规模迅速扩大。这一时期的预算外资金增长变化呈现出了以下特点：预算外资金规模增长过快；预算外资金历年增长速度均超过同年GDP和预算内收入的增长速度；预算外资金结构发生变化，尤其是行政事业单位管理的预算外资金增长较快；化预算内为预算外、化生产资金为消费基金、化公为私等现象有所滋长。按国家财政制度规定，预算外资金的来源和用途基本上是对应的，但在现实中又是可能转化的，如将维持性资金转化为生产发展基金，企业留利中职工福利基金和奖励基金挤占生产发展基金几乎是普遍现象，特别是有些单位将预算外资金转出账外建立本单位的"小金库"，以发给职工奖金和津贴等名义,最终转化为个人消费基金。

为了加强预算外资金管理,进一步健全预算外资金的管理制度,1986年4月国务院发布了《关于加强预算外资金管理的通知》。主要内容:一是界定预算外资金概念、范畴。预算外资金是由各地区、各部门、各单位根据国家有关规定,自行提取、自行使用的不纳入国家预算的资金。主要包括地方财政部门按国家规定管理的各项附加收入;事业、行政单位自收自支的不纳入国家预算的资金;国有企业用其主管部门管理的各种专项资金;地方和中央主管部门所属的预算外企业收入;其他按照国家规定不纳入预算的各种收入。预算外资金具有自主性、专用性、分散性、法定性。二是确定预算外资金管理模式。各地区、各部门对预算外资金的管理,可以在资金所有权不变的前提下,采取不同的方式。各地区、各部门、各单位应编制年度预算外资金收支计划和决算,并按季报送收支执行情况,逐级上报财政部。三是明确预算外资金的使用原则。预算外资金使用要体现专款专用的原则,基本折旧基金应用于企业固定资产更新改造,不得挪用于基本建设;职工福利基金、奖励基金和工资增长基金,必须先提后用,不得用发展生产和发展事业的预算外资金发放奖金、实物和补贴。

4. 1993年至今:预算外资金管理逐步规范

1993年中共中央办公厅、国务院办公厅转发了财政部《关于对行政性收费、罚没收入实行预算管理的规定》,将83项行政收费项目纳入财政预算。同时,1993年实行企业财务与会计制度改革,国有企业折旧基金和税后留用资金不再作为预算外资金管理。预算外资金的范围有所缩小,主要包括法律、法规规定的行政事业性收费、基金和附加收入等;国务院或省级人民政府及其财政、计划(物价)部门审批的行政事业性收费;国务院以及财政部审批建立的基金、附加收入等;主管部门从所属单位集中的上缴资金;用于乡镇政府开支的乡自筹和乡统筹资金;其他未纳入预算管理的财政性资金。社会保障基金在国家财政建立社会保障预算制度以前,先按预算外资金管理制度进行管理。预算外资金的口径调整后,规模有所下降,1993年为1 432.54亿元,比1992年减少2 422亿元。但是1993年以后,预算外资金又呈刚性增长,1996年达3 893.34亿元,超过了调整口径前预算外资金的最高额。

为进一步加强预算外资金管理,1996年国务院发布了《关于加强预算外资金管理的决定》,指出:"预算外资金是国家财政性资金,实行收支两条线管理。"自此,国家逐步明确了对预算外资金要实行"收支两条线"管理。同时国务院决定将养路费、车辆购置附加费、铁路建设基金、电力建设基金、三峡工程建设基金、新菜地开发基金、公路建设基金、民航基础设施建设基金、农村教育事业附加费、邮电附加、港口建设费、市话初装基金、民航机场管理建设费等13项数额较大的政府性基金(收费)纳入财政预算管理。地方财政部门按国家规定收取的各项税费附加,从1996年起统一纳入地方财政预算,作为地方财政的固定收入,不再作为预算外资金管理,这是继1993年后再一次大范围调整预算外资金口径。1997年以后,预算外资金收入项目包括行政事业性收费、政府性基金、乡镇自筹统筹资金、国有企业和主管部门收入和其他收入,其中主要是行政事业性收费。经过调整,1997年全国预算外收入2 826亿元,比上年下降1 067亿元。但是与前次调整一样,至2000年,预算外资金再次反弹到约3 810亿元。

2001年年底,国务院办公厅转发了财政部《关于深化收支两条线改革,进一步加强财政管理意见的通知》,从2002年起选择部分单位进行深化"收支两条线"改革试点。此后,国家深化了以"收支两条线"管理为中心的预算外资金管理改革。2003年中共十六届三中全会作出的《中共中央关于完善社会市场经济体制若干问题的决定》明确要求，清理和规范行政事业性收费，凡能纳入预算的都要纳入预算管理。为推进行政事业性收费改革，促进依法行政，切实减轻企业和社会负担，支持经济平稳较快发展，2008年11月，财政部下发了《关于公布取消和停止征收100项行政事业性收费项目的通知》（财综〔2008〕78号），决定自2009年1月1日起，在全国统一取消和停止征收100项行政事业性收费。预算外资金进一步得以规范。

图6-4和图6-5分别刻画了1978—2007年我国预算外财政资金的绝对规模及预算外资金占预算内资金的比例。

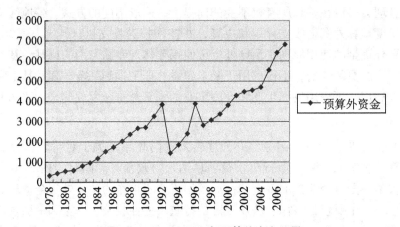

图6-4　1978—2007年预算外资金总量

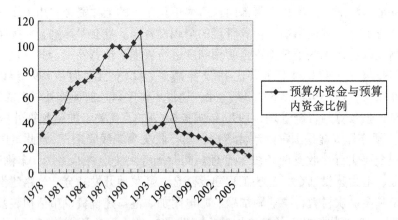

图6-5　1978—2007年预算外资金与预算内资金比例

6.3.3　预算外资金的管理存在的问题及解决思路①

虽然近几年规范政府预算外资金管理取得了不小的进展，但预算外资金的存在，却始终影响着中国政府预算的完整性，造成公共利益部门化。在事前控制不能有效覆盖的情况下，对预算外资金的管理也往往出现鞭长莫及的结果。主要表现为：

---

① 本部分内容吸收了张德勇的相关研究成果，具体内容参见张德勇《中国政府预算外资金管理：现状、问题与对策》，载于《财贸经济》，2009年第10期。

① 人大与公众的监督缺失。尽管预算外资金名义上是财政性资金，但部门单位对其仍有很大的自主权。同时，一些预算外资金未能纳入预算管理，无法像预算内资金那样受到严格管理，即使有某种形式的审批，也常常流于形式。

② 政府理财分散化。包括预算外收入在内的全部政府收入不能由财政部门负责征收，而对包括预算外支出在内的全部政府支出不能做到统筹使用，导致一些部门单位取代财政部门对预算外资金行使具体的管理权，使本应具体落实到财政部门掌握的财权被分割，导致预算外收支实际上由部门单位负责，财政部门只是"走账"，这就造成政府理财的分散化。

③ 预算外资金管理体现了行政主导。目前中国尚未将预算外资金管理上升到法律层次，中央只是出台了一些行政性规章制度，地方绝大多数也是以行政规章制度来管理预算外资金。由于缺乏必要的法律规范，预算外资金管理还不能真正打破部门单位一体化的管理模式，有的部门单位实质上仍集收费政策制定权、征收权、使用权于一身，导致实行的财政专户管理流于形式，进入专户的资金实质上仍归部门所有，财政专户只发挥了往返划转资金的作用。而且，由于缺乏必要的法律规范，对预算外资金的性质、范围、用途、违纪的界限和处罚难以上升到法律层面，造成预算外资金管理的法治性不强，财政管理缺位现象突出。

④ 预算外收支脱钩影响执收单位的积极性。当前对预算外资金的征收，仍是由具体的部门单位负责执收，即目前预算外资金管理中的"单位开票"模式。如果真正实现收支脱钩，将这部分财力从执收部门单位中拿走，那么必然会影响到这些部门单位的执收积极性，从而通常会转向另外一个极端。如果相关支出可以完全通过财政预算得到保障，那么执收部门就很有可能不再去努力执收，甚至出现应收不收的现象。所以，如何在实现收支脱钩的条件下调动执收部门单位的执收积极性，是一个值得考虑的现实问题。

客观地讲，预算外资金不可能在短期完全消失。强化预算外资金管理，近期目标应是将其全部纳入完整统一的预算管理，淡化部门利益；而长期目标则是逐步将预算外资金纳入一般预算资金中，消除部门利益，真正形成可由公共财政统筹安排的综合财力。具体而言，规范预算外资金的管理应重点抓好以下几个方面。

① 实现预算外资金的法治化管理。预算外资金管理的法治化建设可以分为两个层次：第一个层次是在尚未对预算外资金进行立法约束的情况下，所有的预算外资金都应依规进行，不能存在没有规章制度约束的预算外资金，而且规章制度的出台与执行不能以部门单位的利益为优先考虑；第二个层次是在依规的前提下，对于预算外资金，结合当前的非税收入管理改革，都应该像税收一样，由立法机关——人民代表大会制定相应的法律，使预算外资金管理的法治化建设尽快地从第一个层次向第二个层次过渡。

② 实现预算外资金的分类管理。对各种具有专门用途的专项收费和政府性基金等，在保障需要的基础上实行预算编制与统筹调剂相结合的办法；对用于执收部门单位人员支出和公共支出的政府预算外收入，要大力推行收支脱钩管理，并在部门预算中单独反映；对社会公共资源有偿使用招标、拍卖等所得的收入，除安排相应的补偿性征收成本和手续费等必要支出外，其余都应由政府统筹安排使用；对于有规定部门或规定专门用途的政府预算外收入而言，因这部分收入并不构成财政重新分配的财力，为支持和支撑这部分事业的发展，在"来源不变、总量不变、用途不变"的原则下，根据财政预算管理制度和经济事业发展的客观需要，按照资金收支性质的不同，可考虑单独编制政府专项基金预算，进行单独监督管理。

③ 实现完整统一的预算管理。结合部门预算改革的深入，按照"所有权归国家，调控权归政府，管理权归财政"的原则，应将当前的全部预算外资金逐步分期分批地纳入预算管理，编制综合财政预算，并在部门预算中得到完全反映。

④ 实现非税收入管理对预算外资金全覆盖的转变。按照建立国库单一账户管理体系的要求，改革现行政府非税收入拨付方式，推行并完善国库集中支付制度。通过实行集中支付，有助于减少资金拨付的中间环节，提高非税收入的使用透明度。

⑤ 实现预算外资金的公开披露机制。从整体上看，公开披露可以分为三个层次：第一个层次是向立法机构公开披露，第二个层次是向行政机构公开披露，第三个层次是向社会公众公开披露。从目前情况看，在第二个层次上有不小的进展，政府有关部门都会将其预算外资金情况向财政部门公开披露，而在第一和第三层次上则需要大力推进，尤其是在第三层次上的公开披露。中国政府于2008年5月1日起施行的《中华人民共和国政府信息公开条例》（国务院令第492号），将有助于推动包括政府预算外资金在内的财政信息向社会公开，财政部对此也出台了相应措施，以配合《中华人民共和国政府信息公开条例》的施行。

本章小结

财政收入是政府为满足支出的需要，依据一定的权力原则，通过国家财政集中的一定数量的货币或实物资财收入。它是衡量一国政府财力的重要指标，政府在社会经济活动中提供公共物品和服务的范围和数量，在很大程度上取决于财政收入的充裕状况。目前我国财政收入的形式，主要包括税收、国有资产经营收益、国债、政府收费、其他收入。按照分类标准的不同，我国财政收入具有不同的分类。

财政收入规模是一国政府在一定时期内（通常是一个财政年度），通过税收等多种形式获得的财政收入总水平。财政收入规模的衡量指标可分为绝对量指标和相对量指标。前者是指一定时期内财政收入的实际数量，后者是指一定时期内财政收入与有关经济指标的比率，通常用财政收入占国内生产总值的比重来表示。一般而言，财政收入的相对量比绝对量更能反映一个国家或地区财政集中程度和政府在社会经济生活中的职能大小。影响财政收入规模的因素包括经济发展水平、政府职能范围、收入分配政策和分配制度以及价格等。财政收入规模既非越大越好，也非越小越好，从理论上讲，合理的财政规模应当满足如下标准：① 财政收入增长与经济增长协调、同步；② 满足政府最低支出标准；③ 公平与效率标准。

我国的财政收入除包括预算内收入外，还包括大量预算外资金，影响着中国政府预算的完整性，造成公共利益部门化。客观地讲，预算外资金不可能在短期完全消失。强化预算外资金管理，近期目标应是将其全部纳入完整统一的预算管理，淡化部门利益；而长期目标则是逐步将预算外资金纳入一般预算资金中，消除部门利益，真正形成可由公共财政统筹安排的综合财力。

复习思考题

1. 什么是财政收入？财政收入的形式有哪些？
2. 如何对财政收入进行分类？
3. 财政收入的规模如何度量？

4. 财政收入规模的影响因素有哪些?
5. 什么是合理的财政收入规模?
6. 什么是预算外收入?我国财政的预算外收入现状如何?
7. 我国的预算外收入存在哪些问题?如何解决?

第 7 章

税收原理

学习目标

通过本章的学习,学生应掌握税收、税收制度、税负转嫁等基本概念;明确和了解税收的特征,税收原则、税收制度的基本构成要素,税收的分类、税负转嫁以及税收效应的基本理论问题。

关键词汇

税收(Revenue/Taxation);纳税人(Tax Payer);税负的转嫁与归宿(The Shifting and Incidence of Taxation);税收的收入效应(Income Effect);税收的替代效应(Substitution Effect)

从历史发展的角度来看,税收是一个最古老的财政范畴。它是随着国家政权或公共权力的产生而产生的。在中国,赋税的早期形态是"贡"。它在我国奴隶社会初期的夏禹时代(公元前 2070 年)[①] 便出现了。"夏后氏五十而贡,""民耕五十亩,贡上五亩。""贡,税也,上也。"它表明农民必须在耕种五十亩"份地"之外,再耕种五亩"公有地",以其产出作为赋税进行贡纳。"赋"字中的贝是财货,"武"则表明以政权暴力为征收依据。到公元前 594 年鲁国出现了"初税亩"(即现代农业税的雏形),鲁襄公二十五年楚国"量入修赋",对私田课征农业税已经十分的普遍了[②]。在此后漫长的封建社会时期,税收往往又以"赋税""捐税""租税"等面目而出现。在现代社会中,税收是政府部门取得收入的最主要方式。在很大程度上,这与税收的来源稳定、筹资成本较低以及较为规范的财政收入特性是息息相关的。因此,税收理论在财政收入理论以及财政实践活动中具有十分重要的地位和作用。

---

① 夏商周断代工程 1996—2000 年阶段成果报告(简本),世界图书出版公司,2000 年,86 页。
② 白寿彝中国通史,(第三卷)[M]. 上海:上海人民出版社,800—818 页。

案例 7—1　　奥巴马提议结束富人减税，支持小企业

据国外媒体报道，奥巴马2010年2月1日向美国国会提交了3.8万亿美元的财政预算草案，尽管面对日渐庞大的赤字，奥巴马仍然表示加大财政预算的目的是刺激和创造就业机会。奥巴马2011财年的预算将结束布什时代给予富人、石油公司和其他大型企业的税收优惠，但是将给予小型企业减税优惠，以帮助他们重新雇用新的工人。随美国的失业率继续维持在10%的水平，创造就业机会成为了奥巴马的首要任务，奥巴马提出了一项1 000亿美元的刺激就业方案，其中包括了5 000美元的雇用新员工税收抵免。该预算预计2010年美国的财政赤字在开始下降之前将达到1.60万亿美元，白宫已把目光投向富人和大公司以弥补不足。奥巴马提议在今年结束前美国总统布什提出的减税政策。奥巴马的预算将取消每年超过25万美元的减税政策，此举几乎可以肯定将受到共和党和一些民主党人士的反对。石油公司将失去390亿美元的税收优惠，该预算还将在未来10年内关闭一系列的投资管理漏洞，预计能筹集到240亿美元。

奥巴马表示，该预算草案还包括投资于小企业和家庭的减税政策。

（资料来源：国家税务总局网站 http：//www.chinatax.gov.cn/n8136506/n8136548/n8136698/9542508.html.）

案例思考题

1. 怎样认识税收对国民经济的调节作用？
2. 税负的增加或减少对家庭、企业和政府会产生什么样的影响？

7.1　税收与税收原则

7.1.1　税收的概念及特征

1. 税收的定义

古今中外，经济学家和社会学家从不同角度，对税收提出了不同的理解，17世纪英国著名哲学家托马斯·霍布斯把税收解释为人们为享受政府提供的公共事业服务而付出的代价，把税收看做政府与公民之间利益交换关系的体现。这种"利益交换说"经过洛克、休谟以及亚当·斯密等人的发展，对西方各国的税收制度产生了积极而重大的影响。马克思说："赋税是政府机器的经济基础，而不是其他任何东西。"[1] 列宁对税收的理解则是：所谓税收，就是国家不付任何报酬取得的东西。这些描述使我们知道，税收往往与政府或国家联系在一起，税收体现了一种特殊的分配关系。但政府或国家为什么征税的问题仍没得到明确的解答。

20世纪30年代以来，经济学界开始从经济运行的角度重新认识税收，从弥补市场失灵和完善宏观调控功能出发，定义税收的概念，说明其存在的客观性和必然性。

那么，什么是税收？结合现代社会的各种理论观点，我们可以对税收作以下的界定：税收是政府为提供公共产品和维护公共利益，凭借政治权利，按照法律规定，强制无偿地取得

---

[1]《马克思恩格斯全集》，商务出版社，第19卷，32页.

收入的一种形式。

对税收概念的全面理解，应包括以下四个层次的含义：

① 税收是政府存在和实现职能的物质基础。没有税收收入，政府就不可能正常运转。

② 税收是政府参与并调节国民收入分配的一种手段，借助税收的经济功能，政府才可能对分配整个社会的经济成果起到关键作用。

③ 政府运用税收进行分配所产生的分配关系，是社会经济制度和国家性质的体现。

④ 政府征税的目的，是为提供公共产品而筹措资金。

2. 税收的特征

税收特征亦称税收的形式特征，是指税收在不同社会制度下反映的共同特征。税收分配方式与其他分配方式相比具有强制性、无偿性和固定性的特征，习惯上称之为税收的"三性"。

（1）**强制性**

税收的强制性是指税收这种分配是以政治权力为依托，并用法律形式来规定税收征纳双方的权利与义务。政府通过颁布税收法律、法规来征税，是强制性课征，而不受财产所有权归属的限制。税收强制是一种法律强制，具体地讲，它包括两个方面的内容：一是依法征税；二是依法纳税。无论是征税不依法还是纳税不依法，都应受到法律制裁。可见，政府制定的税收法律和制度，任何单位和个人都必须遵守，否则就要受到法律的制裁。

（2）**无偿性**

税收的无偿性是指政府征税以后，税款为国家所有，不再直接归还给纳税人，也不直接向纳税人支付任何报酬，是一种无偿的和不返还的征收。无偿性特征是由义务缴纳规定的，是税收的关键特征，它决定了税收是筹集财政收入的主要手段，并成为调节经济和矫正社会分配不公的有力工具。须指出，对具体纳税人来说，税收的无偿性特征，是由财政支出的无偿性特征决定的。政府为了行使职能，维持政府机器的正常运转，需要大量的无偿性财政支出（政府机器本身并不具备创造财富的能力），因此，只有通过税收这种无偿性的收入方式来取得所需的财政收入。

（3）**固定性**

税收的固定性是指政府征税前必须通过法律形式将课税对象等税制要素加以规定或固定，由执法的税务机关和纳税义务人共同遵守。可以看出，税收的固定性是对税收这种无偿性分配活动的一种必要约束。此外，作为课税对象的各种收入、财产或行为是普遍而大量地存在的，并且课税对象和课征标准是相对固定的，这样税收固定性的特征就有时间上的连续性和征收比例上的限度性两层含义。税收的这种固定性，对纳税人来说，可以依据事先确定的税负，预测生产经营成果，便于做出生产经营的安排；对政府来说，可以保证取得稳定可靠的财政收入，从而保证政府有正常稳定的支出能力。随着社会经济的发展和政治条件的变化，税收的纳税人、课税对象和课征标准都是会不断改变的，但税收制度的改革和调整必须通过一定的法律程序，以法律、法令的形式进行，因而在一定时间内还要保持相对稳定。

总之，上述"三性"是税收的固有特征，是区别于其他财政收入形式的标志。观察一种财政收入形式是不是税收，主要看它是否同时具备这三个特征。只有同时具备"三性"的财政收入形式才是税收，而不论这种收入形式的具体名称是什么；同样道理，凡不同时具有此"三性"特征的，即使叫税实质上也不应是税。税收的"三性"特征之间是相互联系、相辅相成的。

7.1.2 税收的原则

税收原则是政府在税制的设计和实施方面所应遵循的理论准则，也是评价税制优劣、考核税务行政管理状况的基本标准。

1. 税收原则的演变

现代意义上的税收原则理论起源于西方，最早提出税收原则的是英国重商主义前期的霍布斯以及重商主义后期的威廉·配第，史称"税收标准"，但把这一原则系统化的人是亚当·斯密。

（1）威廉·配第的税收原则

17世纪，古典政治经济学的奠基人威廉·配第在《税赋论》中针对当时英国税制存在的混乱、税负沉重却不公平的情况，第一个提出了课税原则，即税收应贯彻"公平""简便""节省"的原则，不能施以重负，要注重税收的经济效果。

（2）亚当·斯密的税收原则

亚当·斯密在其《国富论》一书中，提倡"廉价政府"，主张限制公共部门的规模，将税收限定在政府有限的职能范围之内，从财政角度提出了"税收四原则"。

① 平等原则，是指一国国民，都必须在可能的范围内，按照各自能力的比例，即按照各自在国家保护下获得的收入的比例，向国家缴纳税收，以供维持政府的正常运转之需。

② 确实原则，是指各个国民应当完纳的税收，必须是确定的，不得随意变更。完纳的日期、完纳的方法、完纳的数额，都应当让一切纳税者及其他人了解得十分清楚明白。确实原则要求实现课税的确定性，以便纳税人在事前做出决策。

③ 便利原则，是指各种税收完纳的日期及完纳的方法须给纳税者以最大的便利。

④ 节俭原则，是指税收的课征费用应当最少的原则，换言之，它要求一切税收的征收，须设法使人民所付出的，尽可能等于国家所得的收入。

（3）瓦格纳的税收原则

德国社会政策学派代表人物、财政学家瓦格纳（Adolph Wagner，1835—1917）所处的年代（19世纪中叶），正是自由竞争向垄断过渡的时期。为此，他以税收作为重要的政策工具，倡导政府干预经济。由此，他提出了四项（九目）税收原则。

① 财政收入原则，包括充足原则和弹性原则两方面。这就是说，税收收入应能充分满足国家财政的需要，而且要有弹性，随着财政支出需要的变动而相应地增减。

② 国民经济原则，包括税源的选择和税种的选择两方面。税源的选择要有利于保护资本即税本，税源应该主要是所得，而尽量避免对财产和资本的课税；税种的选择则应考虑到税负转嫁问题，尽量选择难于转嫁或转嫁方向明确的税种。

③ 社会正义原则，包括普遍原则和平等原则两方面。普遍原则要求税收负担遍及社会上的每个成员，每一公民都有纳税义务；平等原则指税收负担应力求公平合理，主张采用累进所得税制，并对最低生活费用免税。

④ 税务行政原则，包括确实、便利、节省三方面。此类原则要求纳税的时间、方式及数量等应预先规定清楚；纳税手续尽量简便，以方便纳税人；征收费用应力求节省。

2. 现代税收原则

现代税收原则是在亚当·斯密和瓦格纳等人的税收原则基础之上发展起来的，它包括税收的财政原则、公平原则和效率原则。

（1）税收的财政原则

所谓税收的财政原则，是指税收制度应当能够取得必不可少的财政收入的原则。它包括两层含义：一是税收的充分性，即税收应当能够充分保证政府提供公共服务的财力需要；二是税收的弹性。由于政府的支出需求不是一成不变的，因而税收制度的设计应当使得税收能够随着政府支出需要的变动，而能够进行一定程度的相应变化。

（2）税收的公平原则

在当代财政学中，税收公平原则（Principle of Tax Equity）是设计和实施税收制度的最重要或首要的原则。当然，税收公平的重要性，在很大程度上取决于政府和纳税人对公平的认知程度。具体地讲，一方面，税收的公平性对于维护税收制度的正常运转必不可少，这直接关系到大家对一个税收制度的信心和态度问题；另一方面，税收在矫正社会收入分配不公或悬殊差距方面起着十分重要的作用，这对社会秩序的稳定也是必不可少的。这也是威廉·配第、亚当·斯密等许多经济学家和财政学家都将"公平""平等"原则置于税收原则之首的重要原因所在。

1）税收公平的含义

税收公平的含义是什么？又如何做到税收对所有纳税人的公平对待呢？通常的理解是，税收公平是指政府征税要使纳税人的负担能力与其经济状况相适应，平等对待所有纳税人，收入多者多纳税，收入少者少纳税。税收公平可从两个方面来把握和体现。

① 横向公平（Horizontal Equity），即指具有相同纳税能力或经济收入的人缴纳相同或相似的税款，也就是说，用同等的税收方式对待条件相同的人，税收不应是专断的或有差别的。

② 纵向公平（Vertical Equity），是指具有不同纳税能力或经济收入的人缴纳不同数额的税款，即以不同的税收方式对待不同的人。不难看出，税收公平是相对于纳税人的纳税条件而言的，而不是单看税收本身的绝对负担问题，也就是说，税收公平不是独立地看税收本身，而是要求税收负担与纳税人的经济收入或纳税能力相适应。

2）税收公平原则的标准

要使税收既做到横向公平，又保证纵向公平，一个关键的问题，是要弄清公平是就什么来说的，即要确定以什么样的标准来衡量税收公平与否。

税收的公平原则的标准可以分为两种：受益说和能力说。

受益说是根据纳税人从政府提供的公共服务中获得的收益多少，来判定应纳税收的多少。获益多则多纳税，获益少则少纳税，不获益则不纳税。这一理论在经济学上是合理的，但存在现实应用上的局限性。所以，个别税种按受益原则来征税是可能的和必要的，但就税收总体来实践受益说是做不到的，即受益说不能解决税收公平中的所有问题。[①]

能力说的核心要义就是"量能负担"，指根据纳税人的纳税能力来判断应纳税的多少。纳税能力大者多纳税，纳税能力小者少纳税，无能力者不纳税。这是一条较为合理又易于实

---

① 《当代西方财政经济理论》，王传纶，高培勇．商务印书馆1995年版，P241.

行的衡量税收公平的标准。但必须指出的是，同意按照纳税能力征税是一回事，怎样测度纳税人的纳税能力是另一回事。

(3) 税收效率原则

1) 税收效率原则的含义

所谓税收的效率原则是指税收制度必须从根本上符合市场效率的要求，尽可能少地损害市场效率的原则。它包括三个层次的内容：第一，税收总量应该体现整个社会资源最优配置的要求；第二，税收对微观经济活动的效率损失应当最小；第三，税收的征收成本最小化，即税收的行政效率问题。

我们把如上三个层次的内容概括为税收的经济效益问题和税收的本身效率问题。

2) 税收的经济效益

税收经济效益旨在研究税收对资源配置和经济运行的影响状况。检验税收经济效益的标准则是税收的额外负担（最小化）和额外收益（最大化）。

① 税收的额外负担。在经济学上，帕累托效率是用来解释经济效率的重要概念。按照帕累托效率，若经济领域的某种措施能使"得者的所得大于失者的所失"，那么，这种经济活动就是相对有效率的。事实上，税收的征收也存在一个"所得"与"所失"的比较问题。若政府在将经济资源通过税收从纳税人手中转移到政府部门的过程中，税收干扰了市场中的私人决策或经济活动的正常运行，因此而造成的社会福利损失就是税收的额外负担（又叫超税负担或税收的效率损失）。显然，税收的额外负担是相对于税收的纳税人负担（正常负担）而言的。不难理解，税收的额外负担越重，税收对社会经济的消极影响就越大，经济就越处于无效率或低效率的状态。

一个典型的例子是18世纪英国政府开征的"窗户税"。当时的纳税人为逃避此税而采取了将窗户用砖堵死的做法。结果是，纳税人因堵死窗户而牺牲了光线、通风等舒适感；政府则因纳税人堵死了窗户而征不到相应的税收，窗户税形同虚设。可见，英国政府征收的窗户税给社会带来的负担损失（代价）远远大于政府的所得好处，也就是说，窗户税的额外负担是很大的（此税开征不久即废止）。

图7-1进一步说明了税收的额外负担问题。

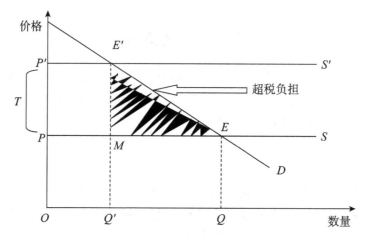

图7-1 税收的额外负担的图示说明

为简化分析起见，假设政府征税之前的某商品供给曲线 S 是一条水平线，与需求曲线 D 相交于 E 点，由此决定了均衡价格 P 和均衡数量 Q，厂商的收入为 OPEQ 的面积部分。再考虑政府征税量为 T 之后的情况。厂商将税款 T 加入价格进行转嫁，该商品价格因而提高到 P′，价格的提高导致需求量的下降，税后的均衡数量为 Q′，此时的厂商收入变为 OP′E′Q′，政府获得的税收收入为 PP′E′M，而阴影部分的三角面积 EME′ 则既没被政府拿到，厂商和消费者更没得到。因政府征税而无形中消耗的这部分收益就是税收的额外负担（Excess Burden of Tax）。衡量税收额外负担的这个三角形又叫哈勃格三角形。这里的超税负担说明，

由于政府的征税，消费者行为发生了扭曲（即人为的价格提高使需求量减少），从而导致消费者剩余的减少量大于政府实际课征的税收量。当然，政府征税也会使生产者的决策行为产生扭曲，从而产生了超税负担。

通常，降低超税负担或税收额外负担的途径，在于尽可能保持税收的"中性"并努力降低税率。税收中性是指税收使社会付出的代价仅以征税额为限，不应让纳税人或社会承受额外负担。关于税收中性的分析见本章第五节内容。

② 税收的额外收益。经济学还用税收的经济调节作用来解释税收的额外收益。即政府的征税不仅可取得相应的财政收入，还会将政府意图体现在税收制度和税收政策中，弥补市场失灵，促进经济稳定增长，从而产生了相应的税收额外收益。由此看来，增强税收额外收益的主要途径是重视税收的杠杆作用。

3）税收本身的效率

税收本身的效率即行政管理效率，它也是税收效率的内容之一。检验税收本身效率的标准，在于衡量税收成本（政府的征税费用和纳税人的缴税费用）占税收收入的比重。也就是说，税收本身效率要求以最小的税收成本征得最大的税收收入，或者说名义税收收入（含税收成本）与实际税收收入的差距是否实现了最小化。降低税收成本占税收收入的比重，提高税收本身效率的途径大体有三种：一是要运用先进科学的方法管理税务，防止税务工作人员贪污舞弊，以节约征收费用；二是要简化税制，使纳税人易于理解掌握，并尽量给纳税人以方便，以压低奉行费用；三是尽可能将纳税人所花费的奉行费用转化为税务机关所支出的征收费用，以减少纳税人负担或费用分布的不公，进而达到压缩税收成本的目的。

7.2 税制要素

税制要素就是指构成税收制度的一些基本和主要的因素。税制要素要解决对什么征税、由谁纳税、征多少税、如何征税等这些基本问题。这些税制基本问题构成了税制要素：纳税人、课税对象、税率、纳税环节、计税依据、违章处理等。税制要素有时也被称为税收术语。

1. 纳税人（课税主体）

纳税人是纳税义务人的简称，是税法规定的直接负有缴纳税款义务的法人和自然人，法律术语称为课税主体。纳税人是税收制度构成的最基本的要素之一，任何税种都有纳税人。从法律角度划分，纳税人包括法人和自然人两种。

负税人是与纳税人截然不同的一个税收概念。负税人（Tax Bearer），即最终负担税款的单位和个人。可以说，负税人是一个经济概念，是研究税收对经济实际影响时经常使用的经

济概念。而纳税人则是一个法律意义上（税法）的概念。税法中并没有负税人的规定，政府在制定税法时，并不规定税款最终由谁负担，只规定由谁交纳税款，但税收制度和税收政策在客观上均存在着谁最终承受税收负担的问题。实际中，有的税种和税目，税收直接由纳税人自己负担，纳税人本身就是负税人；有的税种和税目，纳税人与负税人是不一致的，如消费税的一些税目，纳税人虽是企业，但税款已包括在商品的价格之中，负税人是消费者。由此可见，当税负能够转嫁时，纳税人和负税人是分离的；当税负不能转嫁时，负税人和纳税人就是统一的（即同一个人）。

2. 课税对象（课税客体）

课税对象又称征税对象，是税法规定的征税目的物，即表明对什么征税，法律术语为课税客体。每一种税都必须明确规定对什么征税。例如，消费税是对消费品征的税，其征税对象即消费品，如香烟、酒等。一般来说，不同的税种有着不同的课税对象，不同的课税对象决定着税种所应有的不同性质和不同范围。课税对象首先体现着征税的最基本界限，凡是列为某种税征税对象的，就属于该种税的征收范围，就要征税；反之，没有列入某种税征税对象的，就不属于该税的征税范围，就不该征税。此外，征税对象决定了各个不同税种在性质上的差别，并且通常决定着各个不同税种的名称。例如，消费税、增值税和所得税，由于它们的征税对象不同，税种的名称和性质才不同。就世界各国现行的不同税种来看，有以商品的流转额为征税对象的，有以所得额为征税对象的，有以财产为征税对象的，有以各种行为为征税对象的，这就构成了各种不同性质的税种。税制实践中，课税对象往往是一个税种区别于另一种税种的主要标志，是税收制度的基本要素之一。

税目和课税对象的关系：税目是指课税对象的具体项目。它体现着征税的广度。设置税目的意义在于：根据不同项目的利润水平和国家经济政策，通过设置不同的税率进行税收调控。有些税种不分课税对象的性质，一律按照课税对象的应税数额采用同一税率计征税款，因此没有必要设置税目，如企业所得税。有些税种具体课税对象复杂，需要规定税目，如消费税、营业税，一般都规定有不同的税目。

3. 税率

税率是应纳税额与课税对象之间的比例，是计算应纳税额的尺度，它体现征税的深度。税率的设计，直接反映着政府的有关经济政策，直接关系着财政收入的多少和纳税人税收负担的高低，因此是税收制度的中心环节和核心要素。纳税人、课税对象和税率是税制诸要素中最重要的三个，被称为税制三要素。

我国现行税率大致可分为三种。

（1）**比例税率**

实行比例税率，对同一征税对象不论数额大小，都按同一比例征税。

（2）**定额税率**

定额税率是比例税率的一种特殊形式。它不是按照课税对象规定征收比例，而是按照征税对象的计量单位规定固定税额，所以又称为固定税率，一般适用于从量计征的税种。

（3）**累进税率**

累进税率即随着征税对象数额增大而提高的税率，累进税率的确定是把征税对象的数额划分等级再规定不同等级的税率；征税对象数额越大的等级，税率越高。采用累进税率时，表现为税额增长速度大于征税对象数量的增长速度。累进税率对于调节纳税人收入，有特殊的作用和效果,所以现代税收制度中,各种所得税一般都采用累进税率。

累进税率的形式有全额累进税率和超额累进税率两种。全额累进税简称全累税率,即征税对象的全部数量都按其相应等级的累进税率计算征税率(见表7-1),全额累进税率实际上是按照征税对象数额大小、分等级规定的一种差别比例税率,它的名义税率与实际税率一般相等。全额累进税率在调节收入方面,较之比例税率要合理。但是采用全额累进税率,在两个级距的临界部位会出现税负增加不合理的情况。例如,某甲年收入1 000元,适用税率5%某乙年收入1 001元;适用税率10%。甲应纳税额为50元,乙应纳税额为100.1元。虽然,乙取得的收入只比甲的多1元,而要比甲多纳税50元,税负极不合理。这个问题,要用超额累进税率来解决。

超额累进税率简称超累税率,是把征税对象的数额划分为若干等级;对每个等级部分的数额分别规定相应税率,分别计算税额,各级税额之和为应纳税额,超累税率的"超"字,是指征税对象数额超过某一等级时,仅就超过部分,按高一级税率计算征税。

表7-1 全额累进税率与超额累进税率

级数	所得额的级距	税率/%	速算扣除数
1	所得额在1 000元以下(含1 000元)	5	0
2	所得额在1 000~2 000元部分	10	50
3	所得额在2 000~3 000元部分	15	150
4	所得额在3 000~4 000元部分	20	300
5	所得额在4 000~5 000元部分	25	500

4. 纳税环节

纳税环节是商品在过程中缴纳税款的环节。任何税种都要确定纳税环节,有的比较明确、固定,有的则需要在许多流转环节中选择确定。确定纳税环节,是流转课税的一个重要问题。它关系到税制结构和税种的布局,关系到税款能否及时足额入库,关系到地区间税收收入的分配,同时关系到企业的经济核算和是否便利纳税人缴纳税款等问题。

5. 纳税期限

纳税期限是负有纳税义务的纳税人缴纳税款的最后时间限制。它是税收强制性、固定性在时间上的体现。确定纳税期限,要根据课税对象和国民经济各部门生产经营的不同特点来决定。如流转课税,当纳税人取得货款后就应将税款缴入国库,但为了简化手续,便于纳税人经营管理和缴纳税款(降低税收征收成本和纳税成本),可以根据情况将纳税期限确定为1天、3天、5天、10天、15天或1个月。

6. 计税依据

计税依据是征税对象的计量单位和征收标准。计税依据解决的是征税的计算问题。如税法中规定按照卷烟的销售价格计算征税,这个销售价格就是卷烟消费税的计税依据。

一般地,计税依据或为征税对象的价格,或为征税对象的数量,如资源税目盐的计税依据即为销售盐的吨数。此外,有的税种计税依据和征税对象是一致的,如各种所得税征税对象和计税依据都是应税所得额;有的则不一致,如消费税,征税对象是应税消费额,计税依据则是消费的销售收入。因此,计税依据可分为从价计税(依据价值或价格)和从量计税(实物量)两种。

7. 附加、加成和减税、免税

附加指地方政府在正税以外而附加征收的一部分税款，是地方附加的简称。附加率是自然正整数的百分比，如1%、2%、3%等。加成指对特定纳税人的一种加成措施，是加成征税的简称。按中国的计算习俗，"成"指10%。故加成率一般为10%、20%、30%，分别为加征一成、二成、三成。附加和加成是增加纳税人（最终是负税人）负担的措施。减税是对应纳税额少征一部分税款；免税是对应纳税额全部免征。减税、免税是对某些纳税人和征税对象给予鼓励和照顾的一种措施。减税、免税的类型有一次性减税免税、一定期限的减税免税、困难照顾型减税免税、扶持发展型减税免税等。

8. 起征点与免征额

起征点与免征额是与减税、免税有关的两个概念。起征点是税法规定的征税对象开始征税的数额，征税对象数额未达到起征点的不征税，达到或超过起征点的就其全部数额征税；规定起征点是为了免除收入较少的纳税人的税收负担，缩小征税面，体现税负合理的原则。免征额是税法规定的征税对象中免于征税的数额。免征额部分不征税，只对超过免征额部分征税。规定免征额是为了照顾纳税人的最低需要。例如，我国现行个人所得税，对工资薪金的征税，目前的免征额由1 600元提高到2 000元。

9. 违章处理

违章处理是对有违反税法行为的纳税人采取的惩罚性措施，违章处理是税法不可缺少的要素，体现了税收的强制性，即纳税人必须依法纳税，否则要受到法律制裁。

现代税收制度规定的违章行为一般有以下情形：违反税收征收管理法，欠税，漏税，偷税，抗税等。在这些税收违章行为中，漏税是无意少缴税款的行为，偷税、抗税则是故意违反税法，逃避纳税的行为。偷税、抗税的区别是：前者是采取欺骗、隐瞒的手段，而后者则是采取公开对抗的方式。对违章行为应按相应的规定进行处理。

7.3 税收分类

由于研究的目的和分析的角度不同，税收分类可以有不同的依据，也有不同的分类方法。实际上，如何按一定的标准把具有相同或类似性质和特点的税种加以归类，始终是经济学界所关注的一个问题，并为此提出了许多不同的主张。古典经济学派就多主张以课税主体的收入来源给税种分类；德国新历史学派主张按课税对象给税种分类；现代经济学则倾向于按经济影响的不同对税种分类，并把课税对象的性质与其在资金运动中所处的不同地位联系起来归类税种，这则是当代税种分类理论的重大发展。

1. 按照征税对象划分

按照征税对象划分，可分为流转税类、所得税类、资源税类、财产税和行为税。按征税对象分类是税收分类最重要、最基本的一种分类方法。

流转税类：是指以流转额为课税对象的税种，又称商品税类。我国现行税制中流转税税种主要有增值税、营业税、消费税、关税等税种。这些税种是在生产和流通领域中，按照销售收入或者营业收入征收的。

所得税类：是指以各种所得额为课税对象的税种，亦称收益税。根据主体不同的形式，我国的所得税包括个人所得税、企业所得税。这些税种是对纳税人的净所得和纯收益征收的。

财产税类：是指以纳税人所拥有的或支配的财产额作为课税对象的税种，包括动产和不动产。我国现行税制中的房产税、契税、车船使用税、遗产税、赠与税等都属于财产税。

资源税类：是指对我国境内从事资源开发的单位和个人征收的税种。我国对资源征税范围包括原油、天然气、煤炭、金属矿产品和非金属矿产品。这些税种是对从事资源开发和使用城镇土地者征收的，可以对纳税人取得的资源级差收入进行调节。

行为税类：是指为实现特定政策的目的，以特定行为为课税对象而征收的税种。我国现行税制中，城市维护建设税、耕地占用税、印花税、车辆购置税等属于行为税。

2. 按照税收管理体制划分

按照税收管理体制划分，可分为中央税、地方税和中央地方共享税。

中央税：是指由中央政府征收和管理使用或由地方政府征收后全部上缴给中央政府所有并支配使用的税种。如关税（由海关代征）、消费税、中央企业所得税等。

地方税：是指由地方政府征收和管理使用的税种。如营业税（扣除银行、铁路、保险集中缴纳的部分）、地方企业所得税、个人所得税等。

中央与地方共享税：是指税收的管理权和使用权属中央政府和地方政府共同拥有的税种。如增值税、证券交易税、资源税等。

3. 按税负是否转嫁划分

按税负是否转嫁划分，可分为直接税和间接税。

按税负是否转嫁分类，是西方国家普遍实行的税收分类方法。这里，税负转嫁是纳税人通过一定途径把自己缴纳的税款转移给别人负担，即纳税人与负税人不一致的现象。

直接税：是指纳税人本身承担税负，不发生税负转嫁的税种，如所得税、财产税等。

间接税：是指纳税人本身不是负税人，使得税负转嫁于他人的税种。对商品征收的各种税，如消费税、增值税、关税等往往都是间接税。

4. 按税收计算依据划分

按税收计算依据划分，可分为从量税和从价税。

从量税：是指以课征对象的数量（重量、面积、件数），规定固定数额计征的税种。如资源税、车船使用税。

从价税：是指以课税对象的价格为依据，按一定比例计征的税种。如关税、增值税、营业税。

5. 按税收与价格的关系划分

按税收与价格的关系划分，可分为价内税和价外税。

价内税：是指税款在应税商品价格之内，作为商品价格的一个组成部分的税种，如营业税。

价外税：是指税款在应税商品价格之外，不作为商品价格的一个组成商品的税种，如增值税。

7.4 税收负担与税收的转嫁和归宿

税收负担是伴随税收的出现而产生的,只要有税收,就存在税收负担。这种负担程度视税收的深度、广度而定。而最终税的负担者的确定,这就涉及税收的转嫁和归宿问题。对这些问题的分析有助于把握税收这一调节工具,制定合理、高效的税收制度和政策。

7.4.1 税收负担分析

税收负担是税收制度和政策的核心。全面把握税收负担的含义与衡量方法,有助于社会主义市场经济体制的建立,有助于社会经济持续、快速、稳定的发展。

1. 税收负担的含义与衡量

(1) **税收负担的定义**

税收负担(简称税负)是指在一定时期内纳税人承担的税收额度或税款数额。税收负担是与税收同时存在的经济范畴,它反映了国家和纳税人对社会资源和财富的分配关系。全面认识税收负担的含义,应理解下面几对相关概念。

1) 宏观税负、中观税负和微观税负

宏观税负又称为广义税负,是指纳税总量占国民经济总量指标的比例,比例越高说明对社会经济的负担越重,反之越轻。宏观税负是从整个国民经济的角度来把握税收总量与经济总量的对比关系,把握国家掌握的财力总量与地方、企业掌握的财力总量的对比关系。合理确定宏观税负比例,有利于国家职能的完善与国民经济的繁荣。

中观税负是介于宏观税负和微观税负之间的一个概念,即某个地区、国民经济某个部门或某个税种的税收负担。合理确定地区、行业的中观税负有利于确立良好的经济区域结构和产业结构,推进经济的高速、平稳发展。

微观税负又称为狭义税负,是指具体纳税人缴纳税收的程度。微观税负是从纳税人的角度考察企业、个人等微观经济主体的税收负担水平。合理确定微观税负比例,有利于调动纳税人的积极性,保持合理的利润水平。

2) 名义税负和实际税负

名义税负是指纳税人按照税法规定应该缴纳的税收,从而形成的税收负担;实际税负是指纳税人实际缴纳的税收,即实纳税额与计税依据的比率。正如纳税人不一定是负税人,在现实经济生活中,名义税负也不一定等于实际税负,其原因一是存在减免税等优惠措施,使应纳税额发生变化,造成名义税率与实际负担率不相等;二是计税依据调整得不及时,导致实际税负与名义税负不相等。

(2) **税收负担的衡量指标**

由于税收负担具有广泛的内涵,因此税收负担的衡量指标也具有多样性。这些指标体系主要有以下几种。

1) 宏观税收负担

① 国民生产总值税负率。国民生产总值税负率是一定时期内(通常为一年)国家税收总额占同期国民生产总值(GNP)的比率。

$$国民生产总值负担率(T/GNP) = \frac{税收收入总额}{国民生产总值} \times 100\%$$

国民生产总值税负率反映整个国民经济总量中的税收负担水平,是国际通用的衡量税收负担水平的重要指标。

② 国内生产总值税负率。国内民生产总值税负率是一定时期内(通常为一年)国家税收总额占同期国内生产总值(GDP)的比率。

$$国内生产总值负担率(T/GDP) = \frac{税收收入总额}{国内生产总值} \times 100\%$$

国内生产总值和国民生产总值的差额是国外要素净收入。国内生产总值税负率和国民生产总值税负率一样,是反映宏观税收负担水平的指标,也是国际通用的衡量税收负担水平的重要指标。

2)微观税收负担

微观税收负担是指纳税人个体所承受的税收负担。其度量指标主要有企业税收负担率、个人税收负担率。

① 企业税收负担率。企业税收负担率是指一定时期内企业缴纳的各种税收占同期企业纯收入(即利润)总额的比例。

$$企业税收总负担率 = \frac{各种纳税总额}{同期销售收入} \times 100\%$$

② 个人税收负担率。个人税收负担率是个人一定时期内缴纳税款总额和同期所得的比率。

个人的税收负担来自多方面,如个人所得税、消费税、财产税等。个人在购买消费品时,要负担被转嫁的商品税,如增值税、营业税等。由于税负转嫁的多少和难易程度不同,个人的消费行为不定,再加上统计资料的困难,个人真实的综合税收负担率是无法计算的。可能有实际意义的指标,是个人所得税负担率。

企业(个人)税负率是从微观角度考察税收负担的指标。它反映的是经济活动中各个微观主体具体承受税负的程度,也是在微观主体间进行横向比较分析的重要依据。

2. 影响税收负担的因素

税收负担的轻重,受到经济制度、经济发展水平、体制结构等各种因素的多重影响和共同制约,因此才会产生不同国家、地区之间税收负担各不相同的情况。只有在具体国情下具体分析税负水平及其形成原因,才能合理确定税收负担水平。

影响税收负担水平的因素多种多样,最主要的有以下几个方面。

(1) **经济发展水平**

经济发展水平是税收负担的最根本决定因素,而国民生产总值或国民收入等指标是一国经济发展水平最直观的表现,因此,国民生产总值税负率就成为研究税收和经济增长之间关系的重要数据。

(2) **经济结构**

一国的经济状况对税负的影响,不仅体现在量的制约上,还体现在结构的分布和变迁上。经济结构有丰富的内涵,包括所有制结构、产业结构、企业结构、技术结构等许多方面,其中对税收负担水平及分布影响最大的当属产业结构。产业结构的调整直接造成税源结构和税基大小的变化,从而对税收收入的来源结构及税负结构产生影响。

(3) **宏观经济政策**

国家实行的宏观经济政策也对税负水平具有重要的影响作用。国家为了达到预期的经济目标,往往通过包括财政政策在内的宏观经济政策体系加以综合使用和调整,改变社会资源和财富在社会生产各部门的分配,最终实现经济的协调发展。在这期间不可避免地要涉及各部门和各经济主题的经济利益和税收水平。例如国家实行西部大开发战略,最强有力的措施就是通过政策倾斜减轻西部地区的税收负担,吸引劳动力、生产要素和资本流向西部地区。

(4)其他因素

税收负担还受政府职能、财政状况和国际环境等因素的影响。一国政府承担哪些职能,取决于政府规模的大小和其参与公共事务的程度。大规模的政府肯定比小规模的政府要求更多的财政收入。作为最主要的财政收入来源的税收,必然要提高税负来响应大规模政府对社会公共事务的参与。国家财政状况的好坏也对税负水平产生重要影响。财政收入不平衡的政府收不抵支的情况占大多数,它们可能具有强烈的提税动机,例如面临外债的偿债危机时,税负最终还是落在国内公民身上。平和、良好的国际环境有利于低税负的推行,而战争时期,为支付必需的财政支出,必然会增加税收总量从而增大社会总体税负。

3. 拉弗曲线

宏观税负水平的高低反映政府在国民经济总量中集中程度的大小,反映了政府的社会经济职能和财政职能的强弱。宏观税负水平和经济发展水平的相关性是毋庸置疑的,通过研究宏观税负水平和经济发展水平的相关轨迹,对于寻找最佳税率,进而合理、高效地课税具有重要意义。

(1)拉弗曲线

美国供给学派代表人物阿瑟·拉弗利用"拉弗曲线"(见图7-2)对此作出了理论解释。拉弗认为,从政府税收来看,决定税收收入总额的因素,不只是税率的高低,还有税基(国民收入)的大小。较高的宏观税负水平,即提高税率不一定都会使税收收入增加,有时反而会减少税收收入。因为,税率过高,税收负担加重,经济主体活动的积极性受到限制,会削弱劳动和资金的投入量,造成生产下降趋势。

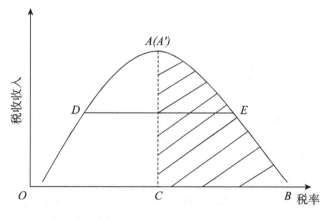

图7-2 拉弗曲线

拉弗曲线说明了税率与税收收入(或GDP)之间的函数关系。在图7-2中横轴代表税率,纵轴代表税收收入。税率从原点开始为0,然后逐级增加至B点时为100%,税收收入从原点向上计算,随着税率的变化而变化。税收收入与税率的函数关系呈抛物线OAB状态,随着税率逐步提高,税收收入也随之增加。税率提高至OC时,税收收入达到峰值,即OA';

税率超过 OC，税收收入反而减少；税率达到 OB（100%）时，税收收入将为零。拉弗把 CAB 部分称为课税的禁区。20世纪80年代初，美国的税率就被认为是处在禁区的部分，因而美国推行了以减税为核心的税制改革，并且带动了世界范围内大规模税制改革浪潮。

拉弗曲线说明了税率与税收及经济增长之间的一般关系，具有至少四方面的经济含义。

第一，高税率不一定能够取得高收入，高收入也不必然要求高税率，两者之间没有必然的相关性。高税率会挫伤微观经济主体的经济性，削弱生产者和经营者的活力，直接导致经济的停滞或倒退。

第二，普遍实行高税率往往导致对减免税等税收优惠的依赖，一是造成对税制完整性、稳定性的冲击；二是容易产生课税的不公平现象。

第三，在同样的收入水平上可以适用两种税率，如图7-2中的 D 点和 E 点处在一点等收入线上，但是体现的税收负担却不一样。D 点的低税负能够刺激劳动力、生产要素和资本投入，从而刺激经济发展，扩大税基，形成良性循环。

第四，既然税率和税收收入、经济增长存在着相关性，那么必然存在一个最优税率，即 OC。这为确定合理、高效的宏观税负提供了理论依据。

（2）**拉弗曲线评价**

1）拉弗曲线的合理性

拉弗曲线是在供给学派较为客观地分析了资本主义经济存在的滞胀现象后，继承古典经济学的某些合理成分，强调供给决定需求，反对国家对经济生活的过多干预，提出来的减税的基本理论依据，使理论和政策主张具有一定的合理性。

① 它创造性地进行了税率与税收之间的相关性考察，用简明的抛物曲线形象地揭示出了两者之间辩证作用的关系，即"高税率未必带来高税收"，而这一点以前往往被直观、机械的思维所忽视。

② 它将税率视为影响总产出的决定性因素，同时认为税率变化导致的要素供给变化最终决定了总产出等宏观经济变量，因而从微观经济因素的角度，为宏观经济控制提供了新的思路。

③ 它将抽象的经济原理引入了一个可以操作，可以量化分析的领域。通过对收入和税率两者数据的估计，可以最终找到一个最佳税率。

2）拉弗曲线的局限性

所有经济理论都同时具有的"时效性"与"相对性"，并不是放之四海而皆准，因此，拉弗曲线理论也具有一定的局限性，特别是在研究其对具有极为特殊国情的中国经济的适用性问题上更应加以注意。

① 拉弗曲线本身有理论缺陷。高度总量化的经济中生产要素供给弹性的不确定性使其微观经济分析的基础并不稳固；影响税收收入的因素很多，拉弗曲线只使用单一变量，过分强调税率使其对众多的宏观经济变量缺乏考虑，所以仅就经济理论自身而言，它既不成熟，也不完善，只能作为解决具体经济问题的特定方法。由于这些原因，当流行供应学派的某些经济学家在20世纪80年代极度夸张减税政策的万能效应时，在现实面前碰壁就在所难免了。在美国进行的减税改革，并没有完全地实现设想中的美国经济的乐观前景。事实上，它在缓解美国经济滞胀危机的同时，也付出了高额赤字的沉重代价。

② 这是我国特殊的市场体制和政府职能所决定的。我国目前还处在向市场经济转型期，

经济体制面临复杂的转轨问题：一方面，市场调节尚不完善，存在各种经济信号失灵、失真的问题，需要政府的诸多干预和引导；另一方面，政府调控经济的方式还未完全从计划经济中转变过来，存在管得过多过死的问题，需要尽快促进市场发育、成长。由于我国在经济发展水平、市场机制、宏观调控手段等方面西方国家有着较大差别，因而简单地利用拉弗曲线，认为我国处在税收的禁区，盲目削弱政府对经济的干预，过度夸大市场的作用只会使经济混乱失控。

③ 拉弗曲线的理论含义强调的是以所得税税率为调节器，刺激总供给的微观经济因素。而我国目前的税制与西方的有很大差别，所得税还不是税收的主体。因此不论从形式上还是内容上，照搬照抄都是毫无意义的。

7.4.2 税负转嫁与归宿

税负的转嫁与归宿（the Shifting and Incidence of Taxation）问题，主要是研究税收负担转移的过程和结果。此问题的讨论最早出现于17世纪的英国，18世纪的法国重农学派则对此进行了理论系统研究。目前，税负转嫁与归宿已成为财政学的重要组成部分，并形成了许多不同的观点和主张，主要有绝对转嫁论和相对转嫁论两种学派观点。前者对税负转嫁问题做出了绝对的结论，或认为一切税收都可以转嫁，或认为某些税收无论如何都不能转嫁；后者则认为税负转嫁总是相对的，而不是绝对的，即税负是否转嫁以及转嫁程度如何，要依据具体税种、课税性质、供求关系以及其他经济条件的不同而异。在财政学界广为流行并占支配地位的是相对转嫁论，本节讨论主要是建立在税负相对转嫁论基础之上的。

1. 税负转嫁的含义

可以用一个现实中的简单例子来说明。假定政府对烟的销售进行征税，具体办法是销售商每出售一盒烟就须纳税一元钱。在不征税的情况下，每盒烟的售价是10元，由于政府的征税，纳税人和负税人的关系可能会出现下述几种情况。

第一种情况：销售商在缴税后仍将烟的售价定为10元。在此情况下，不论购买者是谁，销售商既是纳税人，又是负税人，即不存在税负转嫁问题，税法上规定的纳税人就是税收的负担者（即税负归宿）。

第二种情况：销售商将征税后的烟售价提高至11元。此时，1元钱的税款负担则由购买者承担，销售商虽是纳税人，但购买者（消费者）是负税人。也就是说，此时的税负发生了完全转嫁，税法上规定的纳税人并不是承受税负归宿的负税人。

第三种情况：销售商将每盒烟的售价调整至10.5元。这时的税负是由购买者和销售商共同负担的，且出现了税负AA制，即当事人双方各负担税款的一半。销售商是这时的纳税人，但购买者和销售商都是负税人。在此情况下，税负只是发生了部分转嫁，税法上规定的纳税人仅是税收的部分归宿。

由此可得出税负转嫁和归宿的下列概念。

所谓税负转嫁或税收转嫁，就是指纳税人缴纳税款以后通过一定方式（如提高商品售价或压低商品购买价），将税收负担转移给他人（购买者或销售者）的过程。也就是说，最初缴纳税款的法定纳税人不是或不完全是税款的最终负担者。只要纳税人和负税人不是同一人，就可判定发生了税负转嫁。

税负归宿则是指税收的最后落脚点或税收转嫁的最后结果。税收经过转移过程，最终要将税收负担落在负税人身上,只要税负转嫁过程结束,更可找到税收的归宿所在。可见,财政学是用纳税人和负税人的非一致性,来解释税负的转嫁与归宿问题。

从总体上看,税负转嫁和税收归宿实际上就是税收负担分配的全过程。税负转嫁是税收负担分配和再分配、寻找最终落脚点的过程;而税收归宿则是税负转嫁过程的终点,负税人是税收的最终承担者。许多教材还将税收负担划分为直接负担和间接负担两种情况,这里的直接负担是指纳税人不能实现税负转嫁,而由自己负担;间接负担则是指纳税人可以将税负转嫁给他人,而由别人负担。

从经济学角度讲,研究税收负担的转嫁过程,目的是确定税负的最后归宿点,从而有利于分析各种税收对国民收入分配和实际经济运行的影响。

2. 税负转嫁的形式

按税负转嫁在经济交易过程中的不同途径,通常可把税负转嫁归纳为两种基本方式:前转和后转。

(1) **前转**(Forward Shifting)

前转又称顺转,是指纳税人将所纳税款通过提高商品售价,向前转移给购买者或消费者来负担的一种税负转嫁方式。前转是税负转嫁的最基本、最典型的方式。前转多发生在商品或劳务课税领域,如在产制环节对消费品课征的税款,生产商就可通过提高商品出厂价,将税负转嫁给批发商,批发商再通过提高批发价把税负转嫁给零售商,最后零售商又把税负转嫁给消费者,就是一种典型的前转形式。

(2) **后转**(Backward Shifting)

后转又叫逆转,是指纳税人由于某种原因,无法实现前转,而通过压低商品或劳务的购进价格,把税收负担转移给商品销售者或生产者的一种税负转嫁方式。税负转嫁表现之所以为后转,一般是因为市场供求条件不允许纳税人以提高售价方式向前转嫁税负。例如,由于市场竞争的激烈,生产商难以提高生产商品的市场售价以转嫁税收,但其可以通过压低雇佣工人的工资或原材料的供应价格,将税负向后转嫁给原料供应商和雇佣工人。

在现实经济生活中,完全独立进行的税负前转或后转的发生情况较少,往往是前转和后转同时并行,税负可以通过提高销价前转一部分,再通过压低进价后转一部分。这种情况下的税负转嫁有时称为混转或散转。

(3) **消转**(Diffusedshifting)

消转又叫税收的转化,是指纳税人在所纳税款无法将其前转或后转的情况下,依靠自身努力提高经营管理水平、劳动生产率、改进工艺技术等,使税负在生产发展和收入增长中自行得到弥补和消失。

(4) **税收资本化**(Capitalization of Taxation)

税收资本化又称资本还原,是指在某些资本财产的交易中,商品购买者将所购商品以后应缴纳的税款,从商品购买价格中预先扣除(即降低商品购买价格),把税收负担转嫁给商品的出售者。税收资本化现象主要出现在政府征税后的土地、有价证券、房屋等资本商品的交易过程中,实际上是税负后转的一种特殊形式。

3. 税负转嫁的条件

在市场经济条件下,税负转嫁的程度受到了诸多因素的制约,如商品供求弹性、税种性质、课税范围、市场结构等。

① 商品供求弹性是税负转嫁的关键因素,两者关系可概括为:需求弹性较小、供给弹性较大的商品课税较易转嫁,而需求弹性较大、供给弹性较小的商品课税则不易转嫁。

从税负转嫁的概念可知,税负转嫁主要是依托商品价格的升降来实现的,商品价格主要是由供求关系决定的,而商品的供求弹性则对企业的定价机制具有十分重要的制约作用,税负转嫁自然就与供求弹性有关。一般地,供给弹性较大的商品,生产者可通过调整生产数量来促进商品售价保持在期望水平,从而将税款作为价格的构成部分转嫁出去;反之,生产者的调整余地或可行性小,难以控制价格水平,税负自然难以转嫁。同理,需求弹性较小的商品,价格主动权在于卖方(销售者),也可顺利实现转嫁;反之,需求弹性较大的商品,买方(消费者)可以通过调整购买数量来更大地影响价格水平,税负转嫁自然就难。将供求弹性结合起来考虑,供给弹性大于需求弹性时,税负转嫁就较容易;反之就难。在特殊情况下,供给弹性等于需求弹性,税款往往由供给者和需求者共同负担(即均摊税负),税负实现了部分地转嫁。见图7-3税负转嫁与供求弹性的关系分析。

图7-3说明了供给弹性大于需求弹性的税负转嫁与归宿的情况。图中的S代表税前供给曲线,S'代表税后供给曲线,D代表需求曲线,P代表价格,Q代表供给量或需求量,$P_2 - P_3$代表了政府征收的税收总额。显然,此图说明了供给弹性大于需求弹性情况下的税负转嫁与归宿情况。由于供给弹性大于需求弹性,税后的购买者支付价格由P_1上升至P_2,供给者的供给价格则由P_1下降至P_3,$P_2 - P_3 = (P_2 - P_1) + (P_1 - P_3)$,这意味着税款全部由购买者和供给者共同来负担,但在供给弹性大于需求弹性的情况下,$(P_2 - P_1) > (P_1 - P_3)$,即税负大部分转嫁给了购买者(或消费者),只有小部分由供给者负担。读者可自行证明需求弹性大于或等于供给弹性情况下的税负转嫁情形。

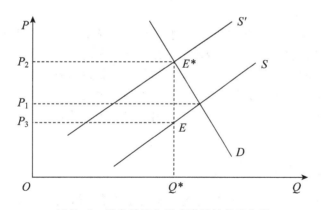

图7-3 税负转嫁与供求弹性的关系分析

② 税负转嫁与课税范围的关系:课税范围越宽广,税负转嫁越容易;课税范围越狭窄,税负转嫁越困难。

通常,课税范围越狭窄,商品或商品要素的购买者的替代效应就越明显,从而需求就越具弹性,在此情况下的征税,就越可能驱使购买者改变购买选择,减少课税商品的购买量,增加无税商品或低税商品的购买量,税负转嫁无疑就变得很困难。与此相反,课税范畴越是宽广,购买者的替代效应就越不易发生,需求就越缺乏弹性,购买者的购买选择就越不易因征税而改变,税负也就易于转嫁出去。

③ 税负转嫁与税种性质的关系:商品课税一般易于转嫁,所得课税则难以转嫁。

由于税负转嫁的主要方式是变动商品的售价，因而，以商品为课税对象且与售价关系密切的税种，如增值税、消费税、关税等商品课税就比较易于转嫁。与此相反，与商品价格关系不明显或距离较远的所得课税往往难以转嫁，例如对个人财产、个人所得、企业法人所得额等的课税一般只能降低个人收益水平和消费水平，由于转嫁媒体的缺乏而难以转嫁或转嫁渠道十分不畅通。

④ 税负转嫁与市场结构的关系：市场结构不同，税负转嫁的状况也不同。

现代市场经济条件下的市场结构通常可分为四种类型：完全竞争、垄断竞争、寡头竞争和完全垄断。在完全竞争的市场结构中，企业只能是价格的被动承受者（Price-taker），所以税负的转嫁较难，除非发动整个行业的力量。在完全垄断情况下，整个市场被一个厂商所控制，实际上是独家定价，垄断厂商的税负转嫁并不像想象中的那么随心所欲，转嫁多少要视产品的需求弹性而定，若需求弹性很大，则其价格的提高和税负转嫁的程度就会受到限制。此外，在垄断竞争和寡头竞争的市场结构中，税负往往实现了部分的转嫁，具体情况则要进行进一步具体分析。

目前，我国已经实行了社会主义市场经济体制，而税负转嫁又是与商品经济和市场经济相伴随的一个经济现象，因此，税负转嫁问题在我国是客观存在的，并对社会经济生活产生着广泛的影响和作用（积极的和消极的）。尤其是我国目前的税制是以流转税为主体的，而税负转嫁则又主要发生在商品流转领域，因此，深入地研究税负转嫁问题在我国具有重要的理论价值和实践意义。

7.5 税收效应

税收效应，又称税收的经济效应，是指政府征税对纳税人的经济选择或经济行为所造成的各种影响。重视税收效应有利于研究政府的征税活动对消费者的消费决策或生产者的生产决策的各种可能性影响。根据税收的经济调节作用，税收效应通常可划分为收入效应和替代效应，即可以从这两个方面来研究税收对纳税人的商品购买、投资决策、劳动投入、储蓄选择等方面的经济作用。限于篇幅，这里主要以税收对纳税人的商品购买影响为例进行理论说明和经济解释。

7.5.1 税收的收入效应

税收的收入效应（Income Effect）是指政府的征税使得纳税人的收入降低，从而降低了商品购买量和消费水平。如图 7-4 所示，假定纳税人的收入水平是固定的，且其全部收入都用来购买食品和衣服两种商品，AB 线代表纳税人各种消费商品组合的预算收入线，纳税人对这两种商品的消费偏好则用一组无差异曲线来表示，纳税人在税前的最优消费选择点出现在 AB 与 I_1 的切点 P_1，这样，纳税人消费效应实现了最大化。这时，政府开始征税（如一次性的个人所得税①），税款相当于 AC 乘以衣服价格或 BD 乘以食品价格，于是纳税人的购买选择就由曲线 AB 移至 CD。新预算收入线与新无差异曲线 I_2 的切点为 P_2——这是纳税人的税后消费效用最大化的唯一选择。不难发现，政府的一次性税收而使纳税人的最佳消费

---

① 个人所得税的征收一般不会改变商品的相对价格，所以也就不会改变预算收入线的斜率，此时的税收就只会使得预算收入线发生水平方向的移动.

选择点由 P_1 点移至 P_2，税收对纳税人的影响，只表现在收入水平下降导致的商品购买量的降低，而并不会改变购买两种商品的数量组合比例。

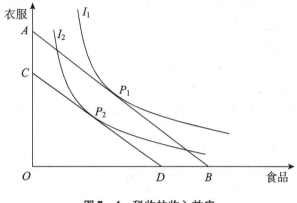

图 7-4　税收的收入效应

7.5.2　税收的替代效应

税收的替代效应（Substitution Effect）是指政府对不同的商品采取区别对待的税收政策，以致征税改变了商品的相对价格，使纳税人以无税或轻税商品替代了征税或重税的商品。实际上，替代效应在纳税人商品购买方面的影响，意味着政府对不同的消费商品实行了征税或不征税、征重税或征轻税的区别对待措施，从而也导致了纳税人的消费选择行为的改变（改变了购买商品的比例关系）。

同样地，我们可以用图 7-5 来加以说明。征税前，纳税人的最优消费选择组合点仍是 P_1。现假定政府只对食品征税（衣服免税），税款为 BC 乘以食品销售价格，在此情况下，食品价格的提高使得纳税人的食品购买量减少，纳税人的消费组合就由 AB 线旋转至 AC 线，并与新无差异曲线 I_3 相切于点 P_3，此切点使纳税人的消费效应实现了最大化，所以是税后的最后消费选择组合。也就是说，只对食品征税而对衣服免税，将使纳税人减少食品购买量而相对增加衣服购买量，消费最优组合由 P_1 点转移至了 P_3 点。可见，替代效应改变了所购买商品的数量组合（因为相对价格发生了变化，食品变得更贵了，而衣服显得相对便宜），从而也使纳税人效应或满足程度下降了（因为无差异曲线内移了）。

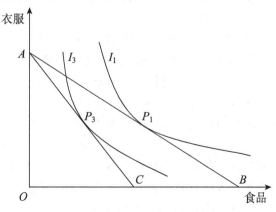

图 7-5　税收的替代效应

事实上，税收的收入效应和替代效应在许多经济领域都不同程度地存在。马斯格雷夫在1959年就提出了税收的"恶意效应"概念，即指政府对所得增加税收，纳税人就通过减少工作的手段对政府进行报复或作为减税主张的支援，而且，纳税人越觉得税收不公平，这种效应就越强烈。不难发现，这里的"恶意效应"就是指税收的替代效应，即政府的所得征税导致了纳税人在工作和休闲之间做出了某种程度的替代选择。

最后，在分析税收经济效应时，特别是研究税收的宏观经济效应及其负担问题时，著名的"拉弗曲线"原理是一个重要的分析工具。如上所述拉弗曲线主要是指政府的税收收入与税率之间存在着一定的函数关系，即税率的提高首先使得政府的税收收入有所增加，但增至某一最高点时，税率的进一步提高反而会导致税收收入的下降。因此，拉弗曲线（Laffer Curve）从财政收入角度描述了最优税率的存在及其意义。"拉弗曲线"原理中，税率存在一个最佳点或最优点（如图7-2中的A点），低于最佳点时政府的税收收入会减少；而高于最佳点时，繁重的税负会扼杀税源的正常增大，也会使税收收入减少，政府通过提高税率的途径来增加财政收入的愿望就会落空。拉弗甚至认为，减税（主要是降低边际税率）并不会造成政府税收收入损失，反而会因供给产量的扩大而增加政府税收收入。当然，降低税率并不会立即增加税收收入，即在税收收入和税率之间存在着"时滞"，但拉弗认为"时滞"并不会太长，经济供给和政府增加收入的目标肯定会实现。

7.5.3 税收中性

所谓税收中性，是指课税不干扰市场对资源配置的基础性作用，或指课税不对消费者的选择和生产者的决策产生干扰作用。

1. "税收中性"理论的产生和发展过程

从"税收中性"理论的产生和发展来看，最早提出并倡导"中性税收"理论的是英国古典经济学派的代表人物亚当·斯密。斯密所处的时代是自由竞争的资本主义发展阶段，他主张政府不应干预市场经济的有效运行，政府对市场经济运行的任何干预，都会破坏市场经济的内在规范和有序运行，阻碍社会资源的合理流动和最佳配置，政府只应承担"守夜者"的角色，履行"夜警国家"的职能。亚当·斯密的这种限制政府职能的主张，同时也限制了政府可能利用经济手段对社会经济的有效调节。他认为征税的唯一目的就是取得财政收入，并认为政府的活动完全是"非生产性"的，主张税种的选择应力求接近最终负担税款的人，倡导税收应站在"中性"立场。

继亚当·斯密之后，19世纪末英国新古典学派的代表人物马歇尔，利用供需曲线的"均衡分析"法，分析了征税的超额负担问题。他认为由于商品税具有转嫁性，会发生对市场经济运行的严重扭曲，且这种扭曲带有很大不确定性，从而必然会给消费者带来一种超额负担。而如果同时课征直接税（要素税），由于具有不转嫁性，消费品的相对价格会保持不变，因而不会产生征税的超额负担问题。因此他主张实行直接税，而反对间接税，这样就能使税收保持"中立"。

此后的一些学者，在马歇尔超额负担理论的基础上，运用税收的"无差异曲线"原理，通过对劳动力商品的供求影响和阻碍私人资本的风险投资选择，得出了直接税也会导致超额负担，也会产生干扰市场经济的不良影响，因而又主张实行商品课税，以保持税收的"中性"。帕累托根据资源配置的最优理论，得到市场充分竞争能使资源配置达到最优状态，任何课税行为都会破坏"帕氏最优"的实现条件,并认为课税本身也是"市场失灵"的一种表现。

2. 税收中性与税收效率、公平原则的联系

所谓税收的中性实质上包含着这样几个约定条件:课税只是实现收入的一种手段,而不具有调节职能;课税不应产生超额负担,即课税不应使纳税人或社会受到额外的损失或牺牲,仅以课税数额为限;市场运行是纯粹自由的,是不受课税行为等干扰的自发运行,市场经济本身在资源配置和经济决策方面具有自我调节和约束能力,不需国家干预。税收非中性是相对于税收中性而言的,指课税行为是国家干预社会经济活动的有力工具,政府通过课税形式直接参与社会资源的配置,以求资源配置效率的最大化。

一般而言,税收的效率和公平原则是设计和评价税制的主要原则,那么税收中性原则又与这两个原则关系如何呢?剖析它们之间的关系是运用它们进行税制建设的前提。首先税收中性原则是效率原则的一部分。在市场能对资源进行有效配置的条件下,经济效率的原则要求税收在微观上对市场保持中性的调节作用,以使市场最大限度地发挥对资源的配置作用。然而实践和理论都证明市场非万能,市场在外部效应、经济周期和公平分配等问题上是无能为力的,这就需要政府从社会整体利益出发,利用税收杠杆的作用对经济进行调节,使社会资源得到更有效的利用。这即是说,经济效率的原则要求税收在宏观上的非中性,消费税的非中性调节作用就是很好的例子。因此,税收的效率原则与中性原则是包含与被包含的关系。其次税收的中性原则亦是税收公平原则的一部分,这是因为税收公平可分为纵向公平和横向公平。税收的横向公平要求税收的中性原则,而纵向公平却要求税收的非中性。因此,从税收的效率和公平原则来看,税收的中性与非中性是符合税制设计要求的。下面通过对税收的中性与非中性关系的分析,来探讨它们各自在税制设计中的作用。

税收中性与非中性即税收调节的关系是对立统一的,对立性表现在对经济行为干预与不干预的分歧上,统一性则是指通过税收的少干预和在特定时期、特定领域的多干预,来对经济进行综合治理,以实现效率和公平的均衡。一般地说,在市场经济的体制下,对市场能有效地发挥作用的领域,税收要尽量保持中性;而在市场失灵的领域,则需要运用财政和货币等宏观调控手段进行调节。一国的税收政策是以税收中性为主还是以税收调节为主,取决于该国当时所面临的政治经济环境条件。而在市场经济体制下,一般是假定市场能对资源起到有效的基础性配置作用的,这就要求税收以发挥中性作用为主,以减少政府对经济的干承。与之相适应的"效率优先,兼顾公平"的思想也要求税收的中性,以使经济效率最大化。总之,税收的中性与非中性是在设计税制时要考虑的两个方面,要使两者相互协调,尽可能做到效率和公平的均衡。

本章小结

1. 税收是一个最早的财政范畴,税收是政府部门取得收入的最主要方式。税收是政府为满足公共需要,凭借政治权力,按照法律规定,参与国民收入分配的一种财政收入形式。税收分配方式与其他分配方式相比具有强制性、无偿性和固定性的特征,习惯上称之为税收的"三性"。

2. 现代税收原则是在亚当·斯密和瓦格纳等人的税收原则基础之上发展起来的,它包括税收的财政原则、公平原则和效率原则。

3. 税制要素就是指构成税收制度的一些基本和主要的因素。它要解决对什么征税、由谁纳税、征多少税、如何征税等基本问题。税制要素包括纳税人、课税对象、税率、纳税环节、计税依据、违章处理等。税制要素有时也被称为税收术语。其中，课税对象、纳税人和税率三者是税制的三个基本要素。

4. 税负的转嫁与归宿问题，主要是研究税收负担转移的过程和结果。税收转嫁就是指纳税人缴纳税款以后通过一定方式转移给他人的过程。税负归宿则是指税收的最后落脚点或税收转嫁的最后结果。税负转嫁方式包括前转、后转、消转和税负资本化。在市场经济条件下，税负转嫁的程度受到诸多因素的制约，如商品供求弹性、税种性质、课税范围、市场结构等影响因素。

5. 税收效应是指政府征税对纳税人的经济选择或经济行为所造成的各种影响。根据税收的经济调节作用，税收效应通常可划分为收入效应和替代效应，即可以从这两个方面来研究税收对纳税人的商品购买、投资决策、劳动投入、储蓄选择等方面的经济调节作用。

复习思考题

1. 如何理解税收的概念、本质和特征？
2. 如何认识和理解税收的原则？
3. 税制要素都包括哪些因素？税制要素的最基本要素是什么？
4. 税负转嫁的条件是什么？
5. 结合现实经济生活，解释税收的经济效应。

第 8 章

国债及管理

学习目标

通过本章的学习,学生应了解国债的基本内涵、功能、种类、结构,国债制度、国债的规模及外债等内容;掌握国债的发行和偿还的方法;重点理解对国债规模的分析和加强国债管理的意义与政策。

关键词汇

国债(National Debt);国债市场(State Treasure Dond Market);国债管理(National Debt Management)

案例 8-1 中国国债余额及结构

2008 年上半年实际发行国债总额为 3 899.93 亿元,扣除上半年国债兑付本金 3 588.25 亿元,上半年国债余额增加 311.68 亿元,即 6 月末国债余额为 51 779.07 亿元。若加上 606.79 亿元主权外债余额,6 月末中央国债余额为 52 385.86 亿元,控制在年末 55 185.85 亿元国债余额限额以内。

2008 年 6 月末国债余额及品种结构

项　目	余额/亿元	比重/%
主权外债	606.79	1.16
储蓄国债	7 088.97	13.53
凭证式	6 809.59	13.00
电子式	279.38	0.53
记账式国债	44 690.10	85.31
普通国债	26 487.82	50.56
特别国债	18 202.28	34.75
合　计	52 385.86	

我国国债结构较为合理。从国债品种结构来看，2008年6月末我国主权外债余额为606.79亿元，占全部国债余额的1.16%；储蓄国债余额为7 088.97亿元，占13.53%；记账式国债余额为44 690.10亿元，其中包括26 487.82亿元普通国债和18 202.28亿元特别国债，占85.31%。

（资料来源：国家财政部网站，2008年10月13日。）

8.1 国债原理

8.1.1 国债的基本概念

1. 国债的含义

在信用经济高度发展的今天，为某种需要而举债已成为十分普遍的经济现象。举债的主体或借债人主要有两类：一是私人和企业；二是政府。私人和企业举借的债务称为民间债务或私债，政府举借的债务称为国债或公债。通常将中央债称为国债，地方债称为公债。国债是整个社会债务的重要组成部分，具体是指中央政府在国内外发行债券或向外国政府和银行借款所形成的国家债务。

国债是一个特殊的财政范畴。它首先是一种非经常性的财政收入，因为国家发行债券或借款实际上是筹集资金，意味着政府可支配的资金的增加，所以，国债作为国家财政收入的一种形式，与其他财政收入形式相比，有其明显的形式特征。

（1）**自愿性**

所谓自愿性，是指国债的发行与认购是建立在资金持有者自愿接受的基础上。认购者买与不买，或是买多少，完全由认购者自己根据个人或单位情况自主决定。政府发行国债，依托的是信用，而不是政府的权利。

（2）**有偿性**

所谓有偿性，是指通过发行国债筹集的财政资金，政府必须作为债务如期偿还。除此之外，还要按事先规定的条件向认购者支付一定数额的对暂时让渡资金使用权的报酬，即利息。

（3）**灵活性**

所谓灵活性，是指国债发行与否以及发行多少，一般完全由政府根据国家财政资金的丰裕程度灵活加以确定，不能通过法律形式预先加以规定。这是国债所具有的一个非常重要的特征。也就是说，国债的发行，既不具有发行时间上的连续性，也不具有发行数额上的相对固定性，而是何时需要就何时发行，需要多少就发行多少。

国债的以上三特征是一个紧密联系的整体。国债的有偿性决定了国债的自愿性，因为如果是无偿的分配形式就不会是自愿认购。国债的有偿性和自愿性，又决定和要求发行上的灵活性。否则，如果政府可以按照固定的数额，不论经济条件及财政状况如何，每年连续不断地发行国债，那么，其结果，或者是一部分国债推销不出去，政府所需资金得不到保证，甚至可能出现国债的发行额远远满足不了财政需要量的窘迫情况，或者是通过发行国债所得到的资金处于闲置，发挥不出应有的效益，政府可能因此而无力偿还本息。所以，国债的有偿性、自愿性和灵活性是统一的整体，缺一不可，只有同时具备三个特征，才能构成国债。

国债的产生离不开商品经济和信用经济的发展，如果社会上没有较为充裕的闲置资金，国债就成为无源之水。国债制度是在私债的基础上发展和演变而来的，产生于奴隶社会。到了封建社会，借债规模有所扩大，但发展十分缓慢，加快发展则是在商品经济和信用经济高度发达的资本主义社会。依照马克思的说法，"殖民制度以及它的海外贸易和商业战争是公共信用制度的温室"。[①] 在今天，国债的发展早已远远超出了发达资本主义国家的范围。不管社会制度怎样，不论经济发展水平如何，几乎所有国家，无不将国债作为政府筹集财政资金的重要形式和发展经济的重要手段。

新中国成立后，我国的国债发行分为三个阶段：第一阶段是新中国刚刚成立的1950年，当时为了保证仍在进行的革命战争的供给和国民经济的恢复，发行了"人民公社折实公债"。第二阶段是1954—1958年，为了进行社会主义经济建设，分五次发行了"国家经济建设公债"。第三阶段是1979年实行改革开放政策以后，从理论上矫正了"既无内债，又无外债是社会主义的优越性"的错误观念，积极完善国债制度，科学地确定国债规模，并按照社会主义市场经济的要求，不断地强化国债的作用。

2. 国债的种类

现代国家的国债不仅包括各种各样的借款，而且有名目繁多的债券，是一个庞大的债务体系。为了便于国债管理，必须首先对国债进行分类。

(1) **按发行期限划分，可分为短期国债、中期国债、长期国债**

短期国债是指发行期限在1年之内的公债，又称为流动公债。短期国债流动性大，因而成为资金市场主要的买卖对象，是执行货币政策、调节市场货币供应量的重要政策工具。

中期国债是指发行期限在1~10年的公债，政府可以在较长的时间内使用这笔资金，因此其在许多国家占有重要地位。

长期国债是指发行期限在10年以上的公债。其中还包括永久性公债或无期公债。发行长期公债，政府长期使用资金，但由于发行期限过长，持有人的利益会受到货币和物价波动影响，因此长期公债的推销往往比较困难。

(2) **按发行地域划分，可分为国内公债和国外公债**

政府在本国的借款和发行的债券为国内公债，简称内债。内债的发行对象是本国的公司、企业、社会团体或组织以及个人。内债的发行和偿还用本国货币结算支付，一般不会影响国际收支。

政府向其他国家的政府、银行或国际金融组织的借款，以及在国外发行的债券等，为国外公债，简称外债。外债的发行和还本付息都要使用外汇。具有合适的外债发行规模和结构，有利于利用外资，引进外国的先进技术设备，促进本国经济的发展；但如果外债发行过多，就会给债务国的国际收支平衡带来沉重的压力，甚至造成经济和政治上的严重困难。

(3) **按公债是否可以自由流通划分，可以分为上市公债和不上市公债**

政府的借款通常是不能流转的，只有债券才有上市和不上市之分。

可以在债券市场上出售，并且可以转让的公债，称为上市公债。上市公债增强了公债的流动性，在推销时比较顺利。多数的公债都是可以进入证券市场自由买卖的。

不可以转让的公债，称为不上市公债。之所以限定某些债券不可出售，往往具有政治、经济方面的特定原因和目的。为了保证发行，政府通常必须在利率和偿还方法上给予某些

[①] 马克思. 资本论（第1卷）[M]. 北京：人民出版社，1975.

优惠。

（4）以发行的凭证为标准，可分为凭证式国债和记账式国债

凭证式国债是指国家采取不印刷实物券，而用填制"国库券收款凭证"的方式发行的国债。凭证式国债具有类似储蓄又优于储蓄的特点，通常称为"储蓄式国债"，是以储蓄为目的的个人投资者理想的投资方式，具有安全性好，保管、兑现方便的特点。

记账式国债是利用账户通过电脑系统完成国债发行、兑付的全过程，称为"无纸化国债"，可以记名、挂失，安全性好，发行成本低，发行时间短，发行效率高，交易手续简便，已成为世界各国发行国债的主要形式。

（5）其他分类方法

除上述方法外，还可以从其他角度分类，如按发行主体可分为中央公债和地方公债；按公债计量单位可分为实物公债和货币公债；按公债用途可分为生产性公债和非生产性公债；按有无利息和利息支付方式划分，可分为有息公债、有奖公债等。政府和公债购买者要充分把握不同种类公债的不同特点，根据具体情况做出发行或购买公债的决策。

3. 国债负担和国债限度

（1）国债负担

各个国家的经济实践已经充分证明，国债不仅存在一个负担问题，而且如何衡量处理国债负担也是财政理论与实践的重要内容。国债负担可以从四个方面来分析：其一，认购人的负担。国债作为认购者收入使用权的让渡，这种让渡虽是暂时的，但对认购者的经济行为会产生一定的影响，所以国债发行必须考虑认购者的实际负担能力。其二，政府负担，即债务人负担。政府借债是有偿的，到期要还本付息，尽管政府借债时获得了经济收益，但偿债却体现为一种支出。借债的过程也就是国债负担的形成过程，所以，政府借债要考虑偿还能力，只能量力而行。其三，纳税人负担。不论国债资金的使用方向如何，效益的高低，还债的收入来源最终还是税收。马克思所说的国债是一种延期的税收，就是指国债与税收的这种关系。当然，在现代普遍实行"以新债还旧债"的国债制度下，虽然可以不需增加当前税收来偿还国债，但持续"以新债还旧债"，就会不断增加债务余额。其四，代际负担。国债不仅形成一种当前的社会负担，而且在一定条件下还会向后推移，形成代际负担。也就是说，由于有些国债偿还期较长，连年以新债还旧债并不断扩大债务规模，就会形成这一代人借的债转化为下一代甚至几代人负担的问题。如果转移债务的同时为后代人创造了更多的财富或奠定了创造财富的基础，这种债务负担的转移在某种意义上被认为是正常的；如果国债收入被用于当前消费，或者使用效率低，留给后代人的只有净债务，那么，债务转移必将极大地影响后代人的生产和生活，这是一种愧对子孙的短期行为。

（2）国债限度

既然存在国债负担问题，也就存在国债的限度问题，国债的限度源于国债的负担。由于国债会形成一种社会负担，必须有一定的限度。国债的限度一般是指国家债务规模的最高额度或指国债适度规模问题。衡量国债绝对规模的指标有三个：一是历年累积债务的总规模，即国债余额；二是当年发行的国债总额；三是当年到期需还本付息的债务总额。对国债总规模的控制是防止债务危机的重要环节，而控制当年发行额和到期偿还额，特别是严格控制未偿还的国债余额，是控制国债规模失控的主要手段。

表示国债的相对规模有三个指标：一是由于国债的应债来源，从国民经济总体看就是

GDP，所以国债规模通常是用当年国债发行额或国债余额占 GDP 的比重来表示，称为国债负担率；二是从个别应债主体看，则以当年发行额占应债主体的收入水平的比重来表示，如居民个人的国债负担率可以当年国债发行额占居民收入扣除消费支出和其他投资后的居民储蓄的比例来表示；三是国债规模还受政府偿债能力的制约，中央政府用于还本付息的来源当然是中央政府的财政收入，但在"以新债还旧债"的情况下，当年的债务负担只是支付到期利息，所以表示中央政府国债当年偿债能力的指标是当年付息额占当年中央财政经常收入的比重，或采用当年国债发行额占中央财政支出的比重，前一指标是直接表示政府偿还能力的，而后一指标表示中央支出对债务的依赖程度，称为债务依存度。

8.1.2 国债制度要素

1. 国债的发行、还本和付息

（1）**国债的发行**

国债的发行是指政府将国债交付给认购者，并将国债收入集中到政府财政的过程。它是国债运行的起点和基础环节，核心是确定国债售出的方式，即国债发行的方式。从世界各国的实践情况来看，国债的发行方式主要有四种方式：公募方式（直接公募、间接公募、公募招标）、包销方式、公卖法和综合方式。

（2）**国债的还本**

国债到期后，就要依发行时的规定，按期如数还本。国债偿还中的一个重要任务，就是慎重地选择偿还方式。国债本金的偿还数额虽然是固定的，但政府在偿还方式上却有很大的选择余地。不论采取哪种偿还方式，国债的还本总是财政的一种负担。同时，还本是否能如约进行，既影响到期国债的行市，也影响其他一切债券的行市，对债券持有者和政府都是利害攸关的。这就要求国债的偿还必须有较为稳定且充足的资金来源。一般来说，可选择使用的国债偿还方式主要有：分期逐步偿还法、抽签轮次偿还法、到期一次偿还法、市场购销偿还法和以新替旧偿还法。

（3）**国债的付息方式**

国债发行后，除短期债券外（已通过折价发行预扣利息），在其存在的期间内必须付息。由于国债在发行时已经规定了利息率，每年支付的利息支出是固定的。政府在国债付息方面的主要任务，便是对付息方式，包括付息次数、时间及方法等作出相应的安排。国债的付息方式大体上可以分为两类：一是按期分次支付法，二是到期一次支付法。由于付息方式的不同，政府在每一年度应付的利息和实际支付的利息并不完全一样。通常情况下，应付额会大于实付额而形成一笔利息上的债务。因此，在国债的付息工作中，政府往往要通过恰当地选择付息方式，安排好应付额和实付额的关系，以期与财政状况和经济形势的需要保持一致。

2. 国债的发行价格

国债的发行价格是指政府债券的出售价格或购买价格。国债的发行价格可以高于、低于或等于其票面金额。按照国债发行价格与其票面值的关系，可以分为平价发行、折价发行和溢价发行三种发行价格。

（1）**平价发行**

这是指政府债券按票面值出售。在债券到期时，国家应依据此价格还本付息。采取平价发行，要求国家信誉好，且市场利率与国债利率大体一致，否则，国债就很难如期足额发行。从财政的角度看，平价发行可以说是最有利的：一方面，政府可按事先规定的票面值取得预期收入，又按此偿还本金，除需按正常的利息率支付外，不会给政府财政带来额外负担；另一方面，不会对市场利率带来上涨或下降的压力，这是有利于经济稳定的；同时，还有助于避免债券的投机行为。

(2) 折价发行

这是指政府债券的低于票面标明的价格出售。国债发行时国家所得收入低于发行总量，但债券到期时国家则需按票面价格还本付息。作为应债人，不仅可以得到本息，还可以得到减价优惠。这种发行方式既不能为财政按票面值带来预期收入，偿还本金支出又要大于实际国债收入，而且还有可能影响到市场利率的稳定，对财政更为不利。

(3) 溢价发行

这是指政府债券以超过票面值的价格出售。国家虽可得到比计划发行量多的收入，但债券到期时，只按债券面额还本付息，这种价格的发行，一般只在债券利率高出市场利率较多的情况下才会出现。这种发行方式虽可在发行价格上为政府带来一些差价收入，但因溢价只有在国债利率高于市场利率的情况下才能办到，财政也要为此承受高利支出，不利于财政收支的计划管理。

3. 国债利率

国债的利息率，就是政府因举债所应支付的利息额与借入本金额之间的比率。国债利率的选择与国债的发行和偿还密切相关，一般来说，国债利率越高，发行也就越容易，但利率升高意味着财政需要支付的利息的增加。因此，利率的选择要考虑发行的需要，也要兼顾偿还的可能，权衡财政的经济承受力和发行的收益与成本之间的对比。通常的情况是，国债利率的高低以保证国债顺利发行为基准，而什么样的利率既可以保证国债的顺利发行，又使政府的负担适宜，主要是参照金融市场利率、银行利率、政府信用状况和社会资金供给量等因素来确定的。

① 国债利率应参照金融市场的利率而决定。具体来说，金融市场利率高，国债利率必须相应提高；金融市场利率低，国债利率也相应降低。否则，如国债利率与金融市场利率相差甚远，便会因国债利率低于金融市场利率致使国债发行遇到困难，难以发行出去，或因国债利率高于金融市场利率致使国家财政蒙受不必要的损失。

② 在我国的经济生活中，银行利率是由国家制定的，国家制定利率水平，考虑了利息负担占成本和利润的适当比重，并体现国家经济政策的要求。国债利率主要是以银行利率为基准，一般应略高于同期银行存款的利率水平。

③ 国债利率也因政府信用的状况而决定。具体地说，政府信用良好，国债利率可相应降低，政府信用不佳，国债利率只能较高，否则，不是加重政府债息负担，就是会阻滞国债的顺利发行。

④ 国债利率还应根据社会资金供应量的大小而决定。社会资金供给量充足，国债利率可相应下调，社会资金供给匮乏，国债利率便需相应上调。否则，有可能使国库承受不必要的利息支出，或是使国债的发行不畅。

在一般情况下，政府确定国债利率就是以上述几个方面的因素为依据的，但是有时政府为了实现某种特定的经济政策，会选择较高或较低的国债利率，以诱导社会资金的流向，刺激或抑制生产和消费。在现代社会中，利用国债利率升降调节证券市场运行和资金运转已成为政府实现宏观经济管理的重要手段。

8.2 国债的经济效应和政策功能

8.2.1 李嘉图等价定理

1. 李嘉图等价定理的含义

分析国债的经济影响，首先要谈谈李嘉图等价定理（Ricardian Equivalence Theorem），"李嘉图等价定理"这一术语，最早出现在1976年詹姆斯·布坎南（James Buchanan）发表的题为《巴罗的〈论李嘉图等价定理〉》的评论中。

李嘉图等价原理认为，政府支出是通过发行国债融资还是通过税收融资没有任何区别，即债务和税收等价，其推理并不复杂。李嘉图学派的核心观点是国债仅仅是延迟的税收，当前为弥补财政赤字发行的国债本息在将来必须通过征税偿还，而且税收的现值与当前的财政赤字相等。

这一原理可以通过下面的例子来加以说明。假定人口不随时间而变化，政府决定对每个人减少现行税收（一次性总付税）100元，由此造成的财政收入的减少，通过向每人发行100元政府债券的形式来弥补（再假定债券期限为1年，年利息率为5%），以保证政府支出规模不会发生变化。减税后的第二年，为偿付国债本息，政府必须向每个人增课105元的税收。面对税负在时间上的调整，纳税人可以用增加储蓄的方式来应付下一期增加的税收。实际上，完全可以将政府因减税而发行的100元的债券加上5%的利息，作为应付政府为偿付国家本息而增课税收105元的支出。这样，纳税人原有的消费方式并不会发生变化。

根据李嘉图学派的观点，消费具有完全理性，能准确地预见到无限的未来。因此，他们的支出不仅根据他们现期的收入，而且也要根据他们预期的未来收入。能完全预见未来的消费者知道，政府今天通过发行国债弥补财政赤字意味着未来更高的税收。此时代际资源转移就会产生，从而抵消债务政策代际效应，使得"挤出"不会发生。代际自愿转移，是指当政府举债时，"老"一代的人会认识到其子孙的情况会变坏，并再假设，老年人关心其后代的福利，因而不想使后代的消费水平下降，老年人增加他们的遗产，使这笔遗产的数量足以支付未来偿债时应缴的额外税款。其结果是每一代恰好会有政府借债前一样的消费量。通过发行国债而不是征税为政府支出筹资并没有减少消费者生命周期内的总的税收负担，它仅仅是重新安排税收，唯一改变的是税收的时间安排。

从本质上看，李嘉图等价定理是一种中性原理，是选择征收一次性总量税，还是发行国债为政府支出筹措资金，对于居民的消费和资本的形成（国民储蓄）没有任何影响。

2. 对李嘉图等价定理的评价

许多学者从不同角度反驳了李嘉图等价定理，主要反对意见：一是李嘉图等价定理的核心假设就是理性预期，这就要求现在的父母都要通晓预期模型，从而能够运用这个模型来测算和调整当前的收入和未来的收入，这显然是不现实的；二是李嘉图等价定理假设人们总是遗留给后代一定规模的遗产，事实上有些父母知道他们的孩子可能生活得比自己更好，毕竟社会在不断进步,因此,这些父母不会把因发债而不增税所增加的收入储蓄起来;三是政府债务没有违约风险,债务的利率在金融市场上是最低的,如果想在金融市场上借钱,支付的利率肯定会超过公债利率,政府发债而不增税就是为这些人提供了成本更低的资金,自然愿意增加投资;四是李嘉图等价定理隐含着个人具有完全的预见能力和充分的信息,实际上,未来的税负和收入都是不确定的,对于个人而言,现在不增税而增加的收入与未来为偿还公债的本息要向本人征收的税收并不必然相等;五是李嘉图等价定理假设所有的税都是一次性总量税,实际上,大多数税并不是一次性总量税,而非一次性总量税会产生税收的扭曲效应,所以,发债而不增税会减少税收的扭曲效应,有利于刺激经济的增长,因而发债而不增加税收,并非等价等。

8.2.2 国债的经济效应

国债的经济效应一般有信用市场效应、产生效应、收入分配效应和物价效应等。

国债的信用市场效应是指在一定的供求弹性下,政府的借债对市场借贷资金和利率的影响。具体包括利率效应、储蓄效应和挤出效应。挤出效应是由前两种效应派生出来的。效应随资金供求弹性的大小而不同,如图 8-1 所示。

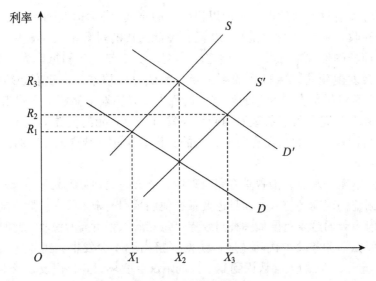

图 8-1 国债的效应

图 8-1 说明,若假定其他条件不变,则在发行国债 ($X_2 - X_1$) 之前,借贷资金市场资金需求曲线为 D,供给曲线为 S,均衡利率为 R_1。国债发行后,需求曲线 D 移至 D',若供给曲线不变,则借贷资金市场均衡利率由 R_1 上升到 R_3。这是由于国债发行改变了资金市场的供求总量,从而产生了国债发行的利率效应。同时,由于市场利率的提高,使得存款者预期收益发生了变化,进而引起人们"支出——储蓄"决策的改变,从而诱导储蓄增加了 ($X_3 - X_2$),引起资金市场供给曲线由 S 移至 S',若资金需求市场不变,则最后的市场均衡利率为 R_2。这就是国债发行的储蓄效应。$R_2 > R_1$ 的同时也意味着国债发行挤占了资金市场其他主体可获得的资金数量。这就是国债的挤出效应。很显然。国债的挤出效应取决于资金市场的供求弹性,特别是供给弹性。弹性小,挤出效应就大;弹性

大，挤出效应就小。

国债的产出效应是指国债对国民产出的影响。这与国债的性质有关。若国债为生产建设性国债，除非机会代价大于效益，一般能增加实际产出，而若国债为弥补财政赤字国债，一般来说，国债的发行与偿还还会直接或间接削减私人投资，从而导致经济总体在未来时期的商品与劳务的生产能力降低，社会生产与国民收入缩减。

国债的收入分配效应是指国债对收入再分配的影响。在国债运作过程的各个阶段都存在收入再分配效应，尤其是对还本付息阶段的影响较复杂。这里主要分析以增税方式偿还国债时，国债还本付息的收入再分配效应。一般而言，若税收制度与国债所有权分配都是累进的，即纳税额与国债持有余额随收入的增高而增高，在两者累进程度相同时，则不会改变收入分配；反之，则会改变。实际上，由于税收制度中存在优惠和减免，高收入者即国债持有额较多的人往往能从持有国债中获得更多的好处。因此，即使税收制度与国债所有权分配的累进程度相同，也会产生收入再分配效应。

国债的物价效应是指国债对物价水平的影响。撇开国债对利率的影响，一般而言，国债的物价效应是通货膨胀型的。这可以从国债的发行和存量两方面来理解。从国债的发行来说，国债发行往往会创造信用，这种信用创造主要表现为：国债由银行承购，一般能创造信用，当国债创造的货币供给大于市场扩展所形成的货币需求时，就会产生通货膨胀。从国债的存量来说，一般而言，国债可以上市流通，在证券市场上，国债往往是一种高度流通的资产，并且国债持有者只会增加其消费倾向，因而也会形成通货膨胀压力，若存在管理上的漏洞，国债的物价效应将更为显著。

8.2.3 国债的政策功能

国债作为一种财政收入的形式，它的出现在历史上要比税收晚得多。从国债的产生和发展的历史角度来分析，国债的功能主要有以下三个方面。

1. 弥补财政赤字

随着社会经济的发展，政府职能不断扩大，财政支出也日益增加，按照以往的做法，仅仅依靠税收已经不能满足政府支出的需要，只能采取借债的方法来补充财政资金的不足，国债由此产生。因此，可以看到，国债本身就是与财政赤字有联系的财政收入形式，是作为弥补财政收支差额的来源而产生的，弥补财政赤字是国债最基本的功能，也是当今各国普遍的做法。从历史的角度考察，引起发行国债的原因很多，如：

① 筹措军费。这是发行国债最古老的原因，无论是战争经费，还是养兵维持费，都构成各国财政支出的重要部分。军费激增导致财政预算经费失衡，是许多国家发行国债的重要原因。

② 调剂季节性资金余缺。在每个预算年度内，财政收入的取得具有不均衡性，而财政支出又需要均衡进行，这一矛盾的结果造成国家财政资金在季节上的不均衡。这种状况不可能依靠行政手段来解决，目前许多国家采取发行短期债券的办法进行调剂，在资金紧张的季节发行债券，在资金有余的季节还本付息。

③ 偿还到期债务，即举借新债偿还旧债。在许多国家每年发行的新债中，以这种目的的发行都占有相当大的比重。

以发行国债的方式弥补财政赤字，一般不会影响经济发展，产生的副作用也较小。这是因为：

① 发行国债只是部分社会资金的使用权的暂时转移，使分散的购买力在一定期间内集中到国家手中，流通中的货币总量一般不会改变，不会导致通货膨胀。

② 国债的认购通常遵循自愿的原则，通过发行国债获取的资金基本上是社会资金运动中游离出来的部分，也就是企业和个人闲置不用的资金，将这部分资金暂时集中使用，当然不会对经济发展产生不利的影响。

当然，国债弥补财政赤字的功能不能绝对化，不能把国债视为医治财政赤字的灵丹妙药。因为：

① 财政赤字过大，形成债台高筑，还本付息的压力又会引起赤字的进一步扩大，互为因果，最终会导致财政收支的恶性循环。

② 社会的闲置资金是有限的，国家集中过多往往会侵蚀经济主体的必要资金，从而降低社会的投资和消费水平。

2. 筹措建设资金

国债既具有弥补财政赤字的功能，又具有筹集建设资金的功能，似乎无法辨别两种功能的不同。其实不然，在现实生活中仍可以从不同角度加以区分。比如，我国财政支出中经济建设资金占50%左右。由于固定资产投资支出的绝对数和比重都较大，如果不发行国债，势必要压缩固定资产投资支出，从这个角度讲，发行国债具有明显的筹集建设资金的功能。有的国家则从法律上或在发行时对两种不同功能做出明确的规定。如我国发行的国库券，没有明确规定其目的和用途，但从1987年开始发行重点建设债券和重点企业建设债券（其中包括电力债券、钢铁债券、石油化工债券和有色金属债券）。又如日本在法律上将国债明确分为两种：一是建设公债；二是赤字公债。

3. 调节经济

随着社会的发展、国家职能的不断扩大，对国民经济实施管理已经成为国家的重要任务。适时适当地利用国债政策，可以有效地调节和影响国民经济的发展。发行国债意味着政府集中支配的财力增加，而国债收入投放方向的不同，对社会经济结构的影响也不同。这部分财力用于生产建设，将扩大社会的积累规模，改变既定的积累与消费的比例关系；用于消费则扩大社会的消费规模，使积累和消费的比例关系向消费倾斜；用于弥补财政赤字，就是政府平衡社会总供给和社会总需求关系的过程；作为中央银行进行公开市场业务操作的重要手段等。国债调节国民经济的作用主要表现在如下一些方面：

① 国债可以调节国民收入的使用结构。

② 国债可以调节国民经济的产业结构。

③ 国债可以调节社会的货币流通和资金供求，是调节金融市场的重要手段。

8.3 国债市场

8.3.1 国债市场及其功能

什么是国债市场？国债是一种财政收入形式，国债券是一种有价证券。证券市场是有价证券交易的场所，政府通过证券市场发行和偿还国债，意味着国债进入了交易过程，而在证券市场中进行的国债交易即为国债市场。毫无疑义，国债市场是证券市场的构成部分，同时又对证券市场具有一定的制约作用。

国债市场按照国债交易的层次或阶段可分为两个部分：一是国债发行市场；二是国债流通市场。国债发行市场是指国债发行场所，又称国债一级市场或初级市场，是国债交易的初始环节，一般是政府与证券承销机构（如银行、金融机构）之间的交易，通常由证券承销机构一次全部买下发行的国债。国债流通市场又称国债二级市场，是国债持有者与政府或国债认购者之间的交易。国债市场又分证券交易所交易和场外交易两类。证券交易所交易是在指定的交易所营业厅从事的交易，不在交易所营业厅从事的交易即为场外交易。

国债既是财政政策工具，又是货币政策工具。国债市场总的来说具有以下两种功能。

一是实现国债的发行和偿还。如前所述，国债通过国债市场发行，而国债市场的发展是国债顺利发行的条件，只有国债市场发展了，债券的流动性得到保证，投资者可以很容易地进入或退出市场，通过频繁的交易为债券合理地定价，国债的发行才能受到社会的认同和欢迎。通过组建承销团制度，使国债发行逐步规范，提高发行的透明度，基本上规范了发行主体和承销机构在国债市场的操作行为，明确了各自的权利和义务，保证了国债发行的平稳进行。从 2000 年开始推行按季公布发债计划，增强了发债的透明度，更便于认购者合理安排投资计划，并扩大了国债投资群体。通过市场发行无纸化的记账式国债，节约了印刷、调运、保管和销毁费用，也杜绝了假券出现的源头。通过市场采取承购包销方式发行凭证式国债，彻底废除了行政摊派方式，而且通过逐步减少招标规则的限制条件，放大了发行人设定的利率区间，使投标人对利率水平和投标数量的选择更加灵活。

二是调节社会资金的运行。在国债二级市场上国债承销机构和国债认购者以及国债持有者与证券经纪人从事的直接交易，国债持有者和国债认购者从事的间接交易，都是社会资金的再分配过程，最终使资金需要者和国债需要者得到满足，使社会资金的配置趋向合理。若政府直接参与国债交易活动，以一定的价格售出或收回国债，就可以发挥诱导资金流向和活跃证券交易市场的作用。

在现代社会，主要发达国家的国债大都是通过国债市场发行的，并有相当部分是通过国债市场偿还的。近几年，随着国债规模的扩大和对社会资金运行调节的必要性的认识的增强，发展中国家也开始重视国债市场的作用，并逐步建立适应本国国情的证券市场和国债市场。

8.3.2 国债市场发展及存在的问题

1. 国债市场的发展

自从 1998 年 9 月我国开始启用财政政策扩张内需以来，国债手段的运用一直是经济学理论界关注的焦点问题之一。在讨论中，经济学理论界和实务界大多将注意力放在国债手段的利用限度、经济效应等问题的分析和评价上，而较少涉及国债市场本身的缺陷及弥补举措。我们认为，国债手段的运用是财政政策市场化调节的具体表现，它的利用限度、调节效果均依赖于一个给定的市场条件，国债市场参与者的行为，也只是这个给定市场条件下的理性经济行为，因此，要强化财政政策效果、充分发挥国债市场的作用，就必须深入研究这个市场，探寻这个市场存在的问题及其产生的原因，并试图提出最佳的解决方案。

我国自 1981 年恢复发行国债之初，主要采取行政摊派方式，由财政部门直接向认购人

（主要是企业和居民个人）出售国债，带有半摊派的性质。中国真正意义上的国债发行市场始于 1991 年 4 月，财政部第一次组织了国债承销团，有 70 多家国债中介机构参加了国债承销。1993 年建立了一级自营商，当时有 19 家金融机构参加，承销了 1993 年第三期记账式国债。所谓一级自营商，是指具备一定的条件并由财政部认定的银行、证券公司和其他非银行机构，他们可以直接向财政部承销和投标竞销国债，并通过分销、零售业务，促进国债发行，维护国债发行市场顺畅运转。

国债发行市场从行政摊派到投资者主动购买的重要转折点是 1996 年，1996 年是国债发行方式改革和国债投资价值被投资者认可的重要一年。这年财政部共发行国债 2 206 亿元人民币。为保证国债的顺利发行，国债发行市场采取了一系列的重要改革，主要包括：引进竞标拍卖机制；一年中分多次发行，共发行了 10 次；国债期限多样化，共发行了 7 个期限各异的债券，最短的 3 个月，最长的 10 年；付息方式多样化，第一次引进了附息券；86% 的国债可以上市流通。在国债发行市场化方面取得了重要的进步。也是在 1996 年，享有信息、资金优势的商业银行、证券公司及其他金融机构持有国债并参与二级市场肆意炒作，其结果是，一方面引起了监管部门对银行资金流入股市的担忧，另一方面也引起了其他机构及个人在降息后从发行市场上买不到国债的抱怨，从而导致了 1997 年 2 500 亿、1998 年 2 700 亿国债的发行方式发生了重大逆转，即所有国债均通过商业银行发行，发行对象主要是个人投资者，国债均不上市流通。

1996 年国债发行市场的革新带动了国债二级市场的发展，表现在：二级市场的容量陡增；国债流动性提高；国债收益率曲线初步显现；人民币基准利率正在形成。与一级市场相同的原因，国债二级市场在经过 1996 年的火爆之后，1997 年建立银行间国债交易市场，随后又建立了商业银行营业网点柜台交易市场。目前，中国国债市场形成了证券交易所国债市场的场内交易和银行间国债市场、柜台国债市场的场外交易并存的格局。记账式国债通过证券交易所和银行间国债市场交易，凭证式国债通过柜台市场交易，目前柜台市场也承担部分记账式国债交易。

起初交易所市场一直是国债二级市场的主体，其中上海交易所的国债交易量占了深沪两市交易总量的 95% 以上，是国债交易的主要场所。目前参与交易所国债市场交易的主要是非银行金融机构，包括证券公司、保险公司和一些养老基金等。商业银行过去一直参与交易所国债市场，并凭借强大的资金实力成为市场资金的主要供给方和国债现券的主要投资人。1997 年 6 月，中国人民银行下令所有商业银行退出交易所市场，并组建了银行间债券市场，市场参与者主要为国有商业银行、股份制商业银行、城市合作银行、保险公司及中央银行。

我国国债市场不仅有现券交易，而且自 1991 年推出国债回购市场。所谓国债回购，是指国债持有人在卖出一笔国债的同时，与买方签订协议，承诺在约定期限后以约定价格购回同笔国债的交易活动。如果交易程序相反，则称国债逆回购。国债回购是在国债交易形式下的一种融券兼融资活动，具有金融衍生工具的性质。国债回购为国债持有者、投资者提供融资，是投资者获得短期资金的主要渠道，也为公开市场操作提供工具。因而国债回购业务对国债市场的发展有重要的推动作用。但国债回购市场的不规范，也会产生副作用。如买空卖空现象严重，回购业务无实际债券作保证，回购资金来源混乱以及资金使用不当等，都会冲击金融秩序。为了有序地发展国债市场，要规范场内回购市场，建立统一托管清算体系，杜绝买空卖空，打击市场分割，同时加大中央银行公开市场操作力度，使国债回购成为公开市场操作的有效工具。我国 1995 年曾对国债回购市场进行整顿，整顿后国债回购市场逐步走向正轨。

2. 我国国债市场的现状

（1）证券交易所国债市场

我国存在上海证券交易所国债市场和深圳证券交易所国债市场两个场内市场。在交易所市场内，参与者包括除商业银行和信用社以外的所有金融内机构、非金融内机构和城乡居民，以及证券公司、保险公司、基金公司等。由于历史原因，深圳证券交易所国债市场的规模比较小，我国交易所国债发行注册托管额和流通市场交易金额的 90% 以上都是在上海证券交易所完成的。就交易量来说，上海证券交易所的国债成交量在 10 亿元以上，回购在 20 亿元以上，大额资金能够自由进出其间，国债的日均成交量相当于深圳证券交易所的 38 倍。因此，上海证券交易所的国债的流动性较好，也即流动性风险较小。上海证券交易所开展现券买卖和回购业务，而深圳证券交易所只有现券买卖业务。在沪、深两证券交易所发行上市的记账式国债通过两交易所各自的登记，结算公司办理债券的托管清算和结算。

交易所采用自动撮合、集合竞价的交易方式，不同于一对一询价、报价的寻找交易对手的程序，免除了关于结算条件的谈判，靠指令就可以完成全部交易过程，效率很高，适合个人和中小投资者的零散交易。同时采用净价结算方式，为债券交易提供担保，投资者不必承担结算风险，也适用于小额交易。交易所国债市场与股票市场相联系，起着股市资金蓄水池和集散地的作用。由于我国目前的债券市场是从交易所国债市场发展过来的，它的运行过程较银行间国债市场更为广大的投资者所熟悉。目前的交易所国债市场是积极的个人投资者购买国债的渠道，同时也是中小企业进行投资的一个重要方向。但是，由于银行间市场功能的逐步扩展与交易所市场的功能相重叠，交易所国债市场的地位逐渐有所弱化。

（2）银行间债券市场

银行间债券市场和柜台交易市场统称为场外市场。发达国家的债券交易大都在场外市场通过一对一询价完成，这是因为债券本身价格波动幅度较小，投机性小，不通过连续竞价也可以形成比较公正的价格；大型金融机构资金势力雄厚，拥有大量国债，如果采用集中撮合竞价，容易以巨量买卖指令影响债券价格；债券种类繁多，发行条件多样，交易所的技术条件难以承担。我国银行间债券市场的发展有利地支持了国债的发行，它的高流动性以及在市场运行基础上确定的国债发行价格，保证了国债在一级市场的销售，对我国财政政策的实施发挥了重要作用，为央行的公开市场业务操作奠定了基础。银行间市场的交易系统是由全国银行同业拆借中心和中央国债登记结算有限责任公司两部分构成，前者为前台部门，负责办理债券交易的清算，后者为后台部门，负责办理债券的托管和结算。从交易模式来看，银行间债券市场采用无形市场、个别询价、个别清算的场外交易方式。多年来，银行间债券市场得到了长足的发展，现券交易量步步跃升，债券回购业务发展迅速。随着金融机构进入银行间债券市场实行准入备案制，推出国有银行记账式国债柜台交易试点，允许 39 家商业银行代理非金融机构债券结算代理业务，全国银行间债券市场已经得到社会各界的认知和管理层的高度关注。参与者以商业银行为主，辅以保险公司、信用社、证券公司、财务公司、基金以及外资银行在华分行等各类金融机构，成员资产总额占全国金融机构的 95% 以上。

（3）柜台交易市场

所谓柜台交易市场，就是通过商业银行营业网点和邮政储蓄网点向居民或企业发行凭证式国债。这种发行方式最大的优点是为广大居民个体投资者认购国债提供便利条件。但是，政府规定凭证式国债不能流通，可以提前兑付，这样就存在一个问题，就是凭证式国债提前兑付需由承销机构垫付资金，财政部只在国债到期时才将本息款项拨付给承销机构，因此提前兑付的风险一直由负责承销的商业银行、邮电储蓄部门承担。比如，我国自1996年5月1日以来，已经连续8次下调银行存款利率，目前利率已降到相当低的水平。如果未来物价上涨了，利率上调了，出现了其他更高收益的金融资产，则可能出现集中提前兑付的问题，一旦出现这种情况，则可能危及商业银行和邮政储蓄部门的正常运行。为了解决商业银行和邮政储蓄部门的流动性风险问题，有必要寻找凭证式国债的替代品，而柜台市场同时交易记账式国债是一种最好的做法，使柜台交易国债既具有凭证式国债的优点，又具有记账式国债的流动性的特点，因此柜台交易国债记账式国债是替代凭证式国债的理想品种。2002年1月，中国人民银行2号令《商业银行柜台记账式国债交易管理办法》颁布实施。2002年6月3日，工、农、中、建四家国有商业银行正式在北京、上海和浙江进行试点，同日，面向柜台的7年期固定利率债券在银行间债券市场招标，6月6日至12日，四家国有商业银行通过其柜台向社会发行7年期固定利率债券。6月17日，此债券在银行间债券市场和商业银行柜台同时交易流通。

柜台交易市场的作用：第一，柜台交易国债业务的开办，对于银行来说，可以利用现有的设备，开辟新的市场，提高银行的设备利用率和人员的劳动效率。第二，柜台交易国债业务作为银行的中间业务，可以为银行增加中间业务收入，为银行带来潜在的客户群体，对于改善银行的经营状况，提高银行的经营效益都有积极作用。第三，可以把银行间债券市场的记账式国债与柜台交易国债市场相连接，使更多的参与者间接进入银行间债券市场，对于提高债券的流动性、活跃债市、扩大市场容量都有不可忽视的重大作用。第四，可以使货币当局主要通过银行间市场进行的公开市场业务所产生的效果直接影响社会，从而提高货币政策的效能。

3. 我国国债市场存在的问题

(1) 国债市场之间不连通

当前我国国债发行市场基本呈现为银行间债券市场、交易所债券市场和凭证式国债发行市场"三足鼎立"的格局，市场之间没有有效连通，不利于市场充分发挥配置资源的基础性作用。市场分割主要表现为：一是市场主体的分割。在目前的体制下，作为海量资金拥有者的商业银行不能进入交易所市场，在交易所市场中的非金融机构还不能直接进入银行间债券市场。因此在两个市场中都存在着交易主体的成分不够丰富的问题，导致市场的价格发现功能难以得到充分发挥。二是交易品种的分割。目前在交易所市场流通的国债和在银行间债券市场流通的国债中，只有几只能够从交易所向银行间债券市场单向转托管，其他债券均处于发行之后就被终身固定托管的状态，在这种情况下，经常出现两市间同券不同价、不同收益的现象。由于投资者不能进行跨市场套利交易，造成两个市场的不同的利益水平，都不能成为市场基准利率，结果，统一的市场基准利率无法形成，降低了市场发现合理价格、优化资源配置的效率。因此，国债市场的这种分割局面在今后一段时期里是国债发行人、投资人不得不面对的现实。

(2) 国债市场的流动性不足

流动性是债券市场的灵魂。具有较强的流动性，一级市场的战略才能得以有效贯彻。国际上衡量流动性一般有两项指标：一是看换手率的高低，二是看大额交易是否会影响市场价格水平。我国交易所国债的换手率（国债交易量/同期国债余额）几年来都在 5 次/年以下，远远低于发达国家 30 多次/年的水平，银行间市场的换手率更低。造成市场流动性低下的原因是多方面的，如交易主体单一、国债期限结构单一、市场参与者的市场操作水平低、金融机构证券投资的会计处理方法和现券交易的税收制度还不够完善等。因此，必须提高国债市场的流动性，使国债投资者看到国债在其现金管理中的作用，这将扩大投资者对国债的需求，国债的利率才会降低。如果总是局限于将国债作为投资品进行对比，是无法降低国债成本的。

（3）市场的基础建设落后于市场规模和交易规模发展的需求

交易所市场采取指令驱动型的集中撮合交易方式，灵活有余而稳定不足，市场容易在短期资金供求变化的影响下剧烈波动，尤其是在交易所内债券与股票同场交易，且缺乏商业银行这样的市场稳定成员的情况下，债券市场由于股票市场的波动，经常出现异常波动，有时价格信号会有所失真。与交易所相比，银行间债券市场采用的是个别询价的场外交易方式，从理论上讲，这种报价驱动型的交易方式效率较高，比较适合大宗交易，但在交易不活跃的情况下，询价交易效率高的优势难以得到充分发挥。目前，银行间债券市场上交易信息的传递是通过外汇交易中心的交易信息平台实现的，交易达成后的债券结算是通过中央国债登记公司实现的。两套系统各自独立，在一定程度上有利于防范和控制交易风险，但是由于两套系统之间不能实现交易信息和债券托管信息的自动生成和传送，任何一笔债券交易达成后，都必须通过人工方式将交易信息转换成债券结算信息发送给中央国债登记公司，不但大大增加了市场成员的工作量，而且大大增加了发生差错的可能性。

（4）尚未形成合理的收益率曲线，存在利率风险

国债收益率曲线的形状反映了长短期（不同期限的）利率水平之间的关系，它是市场参与者对当前与未来经济走势（包括经济增长、通货膨胀预期等）、货币政策走向进行判断的结果。从定性的角度，短期收益率一般受市场即期利率、资金供求的影响较大，长期收益率是在短期利率的基础上，考虑未来经济的增长状况、通货膨胀因素、流动性溢价和未来资本回报率等不确定因素。投资者持有长期债券将要求一定的风险溢价，因为债券到期日越长，未来经济增长、通货膨胀、利率水平就越难以预测，不确定性及风险就越大，这就需要相应的回报。而这点并没有反映在我国的国债收益率曲线上。我国的短期利率水平与长期国债收益率差别不大，对照我国未来的经济和利率走势，这是不正常的。

（5）市场产品过于简单，缺乏衍生产品

目前无论是在交易所还是在银行间债券市场，只有债券现券买卖和质押式回购两个交易品种，没有任何衍生金融产品交易。市场在规避了衍生产品交易的风险的同时，也无法通过衍生产品的交易规避和分散风险。随着经济体制改革的深化，我国国债市场也在进一步完善，主要是扩大银行间市场交易主体，完善国债管理制度，推进市场信息建设和法治建设，加强市场基础设施建设，改进托管清算制度，加快资信评级制度建设，进行国债品种和交易形式的创新，建立国债投资基金，培育专业投资队伍等。这里需要专门谈谈改革国债管理制度问题。

8.4 国债管理

近年来,国债管理与国债市场发展已成为发达国家和发展中国家共同关注的课题。根据世界银行和国际货币基金组织的定义,国债管理是制定和执行政府债务管理策略的过程,以满足政府筹资需要,达到成本和风险管理目标,同时实现其他政府债务管理的目标,例如建立和发展高效、高流动性的国债市场。国债管理的目标包括基本目标与最终目标两个层次。国债管理的基本目标包括债务成本最小化和债务风险最小化两个层面。国债管理的最终目标包括经济增长、物价稳定、收入分配公平、资源有效配置和国际收支平衡,这与财政政策、货币政策的最终目标是一致的。在债务管理目标之间有时也存在冲突,政府需要在筹资成本最小化或风险最小化之间进行选择,实现长期债券与短期债券的最佳搭配。作为金融市场的一个重要债券品种,国债管理政策工具主要包括国债规模的确定、国债期限品种的设计、国债发行对象及方式的选择、国债发行利率的确定、国债买卖和回购、衍生工具的运用等,债务管理者运用上述政策工具来影响金融市场的流动性和利率水平,通过传导机制最终实现宏观调控的目标。同时,国债管理政策与财政政策、货币政策联系密切,也是两大宏观经济政策协调配合的结合点。鉴于国债分为内债和外债,其特点有一定差异,因此以下分别加以讨论。

8.4.1 内债管理

1. 建立适度的内债规模

合适的内债规模是指在一定条件下最合理的内债数量界限,其往往表现为一个区间。这要从两个方面来看。

(1) 从用债的需要来看内债的适度规模

一是国债规模取决于政府预算差额。经济学家瓦格纳指出,凡是属于经营性的财政开支,必须以租税发生解决;凡是属于临时性的财政支出,宜以举借国债的方式解决,因此,国债的发行规模就要取决于财政预算的差额。这一类观点的理论基础,是把国债当作弥补财政赤字的一种工具或手段。

二是国债规模取决于经济发展和宏观调控的需要。凯恩斯主义在对西方20世纪30年代大危机的研究基础上提出,通过扩大政府支出,增加政府投资,能够提高各种有效需求、增加就业,而政府的这些政策,都以大量发行国债为前提。他们还主张,国债的发行可以随着经济的发展而不断增长,国债的发行规模应与各经济指标相联系,是动态的。

(2) 从发债的可能性来看内债的适度规模

第一,国内承受能力。国内承受能力又包括两个方面:一是应债的客体,即承购国债的资金来源,主要取决于一国经济发展速度和经济收益水平,国民收入或GDP越大,应债能力就越强;二是应债主体,即承购国债的企事业单位和城乡居民,其负担能力的高低直接制约着国债规模的大小。

第二,国债偿还能力。国债偿还能力是一个综合指标,由多种因素决定,在一定程度上代表一国的经济实力。国债偿还主要依靠税收,而税收的增加又依赖于国民收入或GDP的增加。一般用国债占国民收入或GDP的比重、当年国债发行额与当年财政收入的比率、当年还本付息额与当年财政收入的比率等指标衡量偿债能力的大小,国家偿债支出不能影响社会再生产的正常进行和人民的正常生活。

2. 建立合理的内债结构

(1) 合理的期限结构

合理的期限结构能够促使国债还本付息的均衡化,避免形成偿债高峰,也有利于国债的管理和认购,满足不同类型投资的需求。国债期限结构的形成是十分复杂的,不仅取决于政府的意愿和认购者的行为趋向,也受到客观经济条件的限制。

(2) 合适的持有者结构

国债持有者结构是政府对应债主体实际选择的结果,合理的持有者结构可以使国债的发展具有丰裕的源泉和持续的动力。

(3) 合适的国债利率水平与结构

利率水平与结构是否合理,直接关系到偿债成本的高低,因此国债利率的选择和确定就成为国债管理的重要内容。制约国债利率的主要因素是证券市场上各种证券的平均利率水平。国债利率必须与市场利率保持大体相当的水平,才能使国债具有吸引力,才能保证国债的发行不遇到困难。

8.4.2 外债管理

1. 外债的主要形式

(1) 外国政府贷款

外国政府贷款是指一国政府利用本国的财政资金向另一国政府提供的优惠贷款。政府贷款是以国家政府的名义提供与接受而形成的,主要使用国家财政预算收入的资金,通过列入国际资本的收入与支出的信贷。因此,政府贷款一般是由各国的中央政府经过完备的立法手段加以批准。政府贷款的形式通常是在政治关系良好的基础上,配合外交活动的一种经济手段。政府贷款的特点是:

① 利率低。一般年利率在2%~3%,有的甚至无息。

② 贷款的期限较长。还款平均年限为20~30年,长者可达50年。

③ 贷款数量有限。贷款一般受到贷款国的国民生产总值、财政收支及国际收支状况的制约。

④ 政府贷款是项目贷款。贷款使用必须是协定所规定的建设项目。

⑤ 政府贷款带有限制性。借款国一般必须购置贷款国的货物,并用贷款国的货币结算。

⑥ 政府贷款的申请程序复杂。借款人先得编制可行性研究报告和项目实施计划书,向贷款国提出申请,经贷款国政府审查认可,作出承诺,最后由两国政府就贷款条件进行双边会谈,达成协议,通过两国政府换文后,签字生效。

⑦ 政府贷款是具有双边经济援助性质的优惠性贷款。按照国际惯例,优惠性贷款一定要含有25%以上的赠与成分。

(2) 国际金融机构贷款

国际金融机构贷款是指由世界银行、国际货币基金组织、国际农业发展基金和亚洲开发银行等国际金融机构提供给其成员国用于进行工业、农业等项目建设的一种优惠性贷款。国际金融机构贷款的特点是:

① 这种贷款有一定的赠予成分。

② 项目投资的成功比率高。因为国际金融机构贷款手续严格，对贷款项目要进行实地考察审定，这就使借款国对项目的选定和实施建立在可靠的基础上，从而减少还本付息的风险。

③ 这种贷款是指定项目，限额贷款，最多只能满足项目所需要投资额的50%，借款国需筹相当数量的资金与之配套。

④ 贷款条件优惠，具有利率低、期限长和附加条件少等显著特点。

⑤ 贷款用途少，且中期贷款一般要有工程项目计划。

⑥ 贷款一般是贷给成员国中较贫困的国家。这种国家也要向国际金融组织缴纳一部分股金，但它以借入为主，是付息的债务人。而富裕的成员国缴纳的股金多，借款受限制，成为食息的债权人。

国际金融机构贷款包括国际货币基金组织贷款、世界银行集团贷款、外国银行贷款、出口信贷、发行国际债券。

第一，国际货币基金组织贷款。这是 IMF 对成员国政府提供的贷款。贷款对象限为成员国政府，不对私人企业和私人组织贷款，它只同成员国的财政部、中央银行、外汇平准基金组织等官方机构往来。贷款用途只限于解决成员国因经常项目收支逆差而产生的国际收支的暂时不平衡。贷款额度与成员国缴纳的基金份额的大小成正比。贷款的方式是借款成员国以本国货币"购买"或"提存"外汇，而不称为借款；还款时，用黄金或外汇买回本国货币，称"购回"。

第二，世界银行集团贷款。世界银行集团包括世界银行、国际开发协会和国际金融公司。

世界银行也叫国际复兴开发银行，只贷给会员国政府或由会员国政府、中央银行担保的国营、私营企业；贷款必须用于世界银行审定批准的工程项目，即项目贷款，只有在特定情况下，才发放非项目贷款，用以解决进口物资、设备，支持生产发展和克服自然灾害发展经济的资金需要；贷款必须专款专用，并接受世界银行的监督；贷款期限一般为 7~30 年，贷款只贷给有偿还能力的会员国，因为贷款的资金来源主要是国际金融市场上的借款，必须确保贷款能收回。

国际开发协会提供的贷款被称为开发信贷，又叫做软贷款。贷款期限为 50 年，头 10 年为宽限期不必还本，从第二个 10 年起每年还本 1%，其余 30 年还本 3%。在整个贷款期限中免收利息，只对已拨付的部分每年收取 0.75% 的手续费，贷款可以全部或部分用本币偿还。

国际金融公司提供的贷款不需要成员国政府提供担保，公司常与私人银行等联合提供，贷款期限一般为 7~15 年，每笔贷款限于 200 万~400 万美元，年利率为 6%~7%，有时为 10%，未提用部分每年收 1% 的承担费。

第三，外国银行贷款。这是由国际商业银行用自由外汇（即硬通货）提供的商业性贷款。它的贷款数额、贷款利率受金融市场各种货币供求关系和银行本身经营条件的制约；贷款用途不受限制，贷款期限以中、短期为主；贷款利率高，不论是固定利率还是浮动利率，一般都按国际金融市场的市场利率计算；信贷方式灵活多样；只要贷款人的信誉良好，借款不需要复杂的程序和手续。

第四，出口信贷。这是指出口国政府为了支持本国商品的出口，加强本国商品的国际竞争力，以利息补贴和信贷担保的形式，鼓励本国银行对本国出口商或外国进口商（或其银行）提供条件优惠的一种中长期融资方式。出口信贷的利率一般低于相同条件资金贷放的市场利率，信贷的发放和信贷保险相结合，信贷资金只限于购买贷款国商品，由国家设立提供出口信贷的专门机构，管理与运用出口信贷资金。包括卖方信贷和买方信贷。

卖方信贷是指在大型机械装备与成套设备贸易中，出口国银行为便于出口商以赊销或延期付款出卖设备，向出口商提供的信贷。

买方信贷是指在大型机械装备与成套设备贸易中，出口商（卖方）所在地的银行贷款给外国进口商（买方）或进口商所在地的银行。

第五，发行国际债券。发行国际债券是国际金融市场筹措资金的一种主要形式，是指一国政府及其金融机构、企事业单位或国际金融机构在国际金融市场上以外国货币为面值发行的债券。其特点是发行国和发行机构的资信要求较高，金额较大，期限较长，资金可自由使用等。

发行国际债券已成为我国进行国际融资的重要形式之一。我国发行国际债券始于1982年1月22日，由中国国际信托投资公司在日本债券市场上发行了100亿日元的私募债券，期限为12年，年利率为8.7%。之后于1984年和1986年由中国银行在东京发行了200亿和500亿日元的公募债券，此后在日本发行的债券仍有多笔。另外，我国还向德国、伦敦、新加坡等地发行了多笔外国债券和欧洲美元、欧洲日元债券。

2. 建立合理的外债结构

建立合理的外债结构意义重大，可以扩大本国借款的能力、维护国际信誉、有效减轻债务负担，避免出现偿债高峰期和在国际环境发生变化时产生债务危机。

① 外债的来源结构。在债务资金来源上，不能依靠某一国或某一机构，而应采取多来源、多渠道、多方式的借债策略，可使债务国有可靠、稳定、均衡的外部资金来源，避免因国际金融市场动荡而出现借入困难和偿还成本的提高。

② 外债的期限结构。合理的外债期限结构要求各种期限债务之间应保持适当的比例，长、中、短期搭配合理，以适应多方位、多层次的需要。

③ 外债的币种结构。这是指借入外债时所作的外币币种选择、不同外币在债务中各自占有的比重及其变化情况。应结合汇率、利率以及所要进口商品的轻重缓急，从总体上安排币种的选择，调整各种币种债务的比重，以降低借债的实际成本。

④ 外债的利率结构。利率是构成债务总成本的主要内容。利率结构要均衡，浮动利率与固定利率的比重需适当控制。对外债利率结构的合理规划，是外债结构管理的重要环节。

我国自恢复国债发行以来，一直采取逐年审批年度发行额的管理方式，这种管理方式不能全面反映国债规模及其变化情况，不利于国债管理，也不利于充分发挥国债的功能。十届全国人大常委会第十四次委员长会议讨论通过，从2006年开始，参照国际通行的做法，改行国债余额管理制度。国债余额是指中央财政历年的预算差额，即赤字和盈余相互冲抵后的赤字累计额和经全国人大常委会批准的特别国债的累计额。基本管理办法是：第一，每年向全国人大作预算报告时，报告当年年度预算赤字和年末国债余额限额，全国人大予以审批；一般情况下，年度预算赤字即为当年年度新增国债限额。第二，年度预算执行中，如出现特殊情况需要增加年度预算赤字或发行特别国债，由国务院提请全国人大常委会审议批准，相应追加年末国债余额限额。第三，当年期末国债余额不得突破年末国债余额限额。第四，国债借新还旧部分由国务院授权财政部自行运作。第五，每年第一季度，在中央预算批准前，由财政部在该季度到期国债还本数额以内合理安排国债发行额。

国债余额管理制度，将对加强国债管理和提高国债效率发挥重要作用。第一，因为国债余额即为中央财政赤字的累积额，也就是中央财政当年收支的逆差或当年国债发行额与还本额的差额，所以余额管理可以更为全面地反映国债余额及其变化情况。第二，因为发行年内到期的短期国债将不增加期末余额，会促进财政部门发行短期国债的动力，有利于改善国债期限结构，也有利于防止长期国债的膨胀。第三，增强了财政部门对国债发行的主动性和灵活性，有望实现短期国债发行规模的突破，展开国债的有序的滚动发行，从而提高财政调配资金运用能力，增强财政政策的灵活性。第四，短期国债规模的增大，提高了国债市场的流动性，将为强化央行的公开市场操作创造条件，而且可以发挥央行票据的替代作用，避免央行票据规模膨胀和成本过高的弊端。第五，国债期限结构的优化，还可以为建立具有市场代表性和参考价值的收益曲线提供前提条件。

随着经济体制改革的深化，我国国债市场也在进一不完善，主要是扩大银行间市场交易主体，完善国债管理制度，推进市场信息建设和法制建设，加强市场基础设施建设，改进托管清算制度，加快资信评级制度建设，进行国债品种和交易形式的创新，建立国债投资基金，培育专业投资队伍等。

8.4.3 我国国债发行的思考

国债是作为中央政府弥补财政收支不敷或组织财政收入的形式而发行的。国债的适度发行，有利于促进我国经济的发展，有利于我国的社会主义建设。因此积极支持国债发行，踊跃认购国债是每个公民应该做的事情。

但是，国债的发放也不能过多，否则会产生消极影响，会造成国家信用风险。所以，应规范和完善国债的发行管理，建立市场经济下国债发行管理机制，使国债管理逐步走向成熟。目前，从我国国债发展的实际情况来看，要使国债能充分发挥作用，必须改进和完善国债管理。

1. 正确评估我国国债的实际规模，建立符合我国现阶段基本国情的国债警戒指标体系

评估国债的指标有国债负担率和债务依存度，从长期看主要是前一个指标，短期主要看后一个指标。指标本身的确定，一是依据经济现实与历史情况，借鉴西方先进国家的实际，着眼未来，未雨绸缪。二是联系我国实际，必须保持一定的经济增长，要求保持一定的社会总需求，不能过大，更不能过小。三是从宏观经济看，是否促进社会总需求扩大尤其是消费需求，是否增加财政收入，增强宏观调控能力。依据以上标准建立符合我国国情的国债警戒指标体系，才能达到我国国债的发行主要用于经济建设的目的，实现经济的高速增长。

2. 全方位设计国债品种

① 调整国债期限结构，合理分配短期和长期国债的比重。国债期限结构的合理化，有助于调整偿债期结构，降低举债成本，避免和缓解偿债高峰的压力。短期国债品种具有短期调剂功能，短期国债的发行要逐步实现制度化、周期化。同时，长期国债品种的发行主要是为了弥补财政赤字、满足重点建设资金的需要，也为了满足部分投资者获取稳定投资收益的

需要，在低通货膨胀时期的有利条件下应多发一些长期国债。

② 调整国债品种结构。增加社会保障专项债券、专项建设债券、可转换债券和储蓄债券等券种的发行，使国债品种结构进一步多样化。在未来一段时间里，国债发行应以可上市国债为主，同时，应进一步实现国债发行无纸化，逐步减少凭证式、无记名式等实物券国债，扩大记账式国债发行，增强国债的流通性。

③ 调整国债持有者结构，充分发挥不同国债持有者对国债市场乃至整个国民经济的不同作用和影响。随着国债市场上国债品种不断创新，发行频率加快，发行方式日趋复杂，国债投资的专业性明显增强，加之市场运作效率的要求，个人直接投资国债将越来越受到客观条件的制约。相比之下，商业银行、证券公司、证券投资基金甚至专门的国债投资基金等机构投资者则大有用武之地。商业银行在实行资产负债比例管理之后，国债作为一种安全性、流动性、收益性高度结合的金融产品，无疑是其资产组合中的理想选择。因而商业银行持有国债的比例将趋于逐步上升，这也会为中央银行公开市场业务的有效实施、从而为货币政策由直接向间接控制过渡奠定基础。而且，在发行市场上，商业银行会凭借其雄厚的资金实力及其星罗棋布的营业网点优势等，在国债承销团中扮演着重要角色。证券公司和作为散户投资者集合的国债投资基金，具有较强的专业性。它们通过在国债市场上进行专业化的投资操作，实现最佳投资组合，并促进市场的高效运行，将成为国债市场上稳定债市、调节供求的重要投资主体之一。此外，随着我国金融市场的进一步开放，特别是将来人民币逐步实现自由兑换以后，外国投资者也将成为我国国债的持有者。

本章小结

1. 国债是指中央政府在国内外发行债券或向外国政府和银行借款所形成的国家债务，具有自愿性、有偿性、灵活性的特点。国债的发行价格可以分为平价发行、折价发行和溢价发行三种发行价格。

2. 国债的经济效应一般有信用市场效应、产生效应、收入分配效应和物价效应等。国债有三个政策功能：弥补财政赤字、筹集建设资金、调节经济。

3. 国债市场是证券市场的构成部分。国债市场分为两个部分：一是国债发行市场；二是国债流通市场。

4. 国债管理的基本目标包括债务成本最小化和债务风险最小化两个层面。国债管理的最终目标包括经济增长、物价稳定、收入分配公平、资源有效配置和国际收支平衡，这与财政政策、货币政策的最终目标是一致的。包括内债管理和外债管理。

复习思考题

1. 简述国债的政策功能。
2. 简述国债的种类。
3. 如何认识国债规模？
4. 如何加强国债管理？
5. 李嘉图的等价定理对于财政政策的制定有何现实意义？
6. 试分析我国国债市场的现状及其有待完善的问题。

第 9 章

国有资产收益及管理

学习目标

通过本章的学习,学生应掌握国有资产、国有资产管理、国有资产管理体制、国有企业利润分配体制等基本概念;明确国有资产的分类、国有资产收入的形式、企业利润的构成、国家与国有企业利润分配制度的设置、目前参与国有企业税后利润分配的形式、国有资产管理的目标、国有资本运营的意义和作用及国有资本运营的操作方式;理解进一步深化改革,加强对国有资产的运营管理的方法及如何进行国有资产监督。

关键词汇

国有资产(National Property);国有资产管理(Management of National Property);国有企业利润(Profits of Nationalized Business);国有资产监督(National Property to Control)

从全球的范围来看,国有资产是国家生存和发展的重要物质基础,任何社会形态下的国家都有国有资产,只是在其表现形式、基本职能、阶级属性和国家占有的数量、范围及运用方式等方面有所不同。从我国的来看,一方面,我国的国有经济承担着调节的职能,在一些有战略意义的部门承担着主导的作用;另一方面,国有经济通过在新中国成立后的几十年的努力,形成了数以十万亿计的国有资产,是我国重要的物质基础,是国家的经济命脉和人民的财富,是我国政治经济稳定的基础和物质保证。据统计,截至 2007 年底,我国国有企业 11.2 万户,其中:中央部门企业 6 167 户,占 5.5%;中央管理企业 1.5 万户,占 13.8%;地方企业 9 万户,占 80.7%。2007 年国有企业资产总额(合并)34.7 万亿元,国有资产总量 11.2 万亿元。2007 年,国有企业实现利润总额 1.7 万亿元,实际上缴税金总额为 1.7 万亿元,占全国财政收入的 34%。国有经济的主导作用仍然明显,我国国有经济在国防、金融、邮电、航空航天、铁路等关键部门的比重超过 95%,在电力、石油、石化、冶金等基础行业中的比重也在 80% 以上,在电子、机械等部门的比重约为 60%。2007 中国企业 500 强中,国有及国有控股企业共有 349 家,占全部企业总数的 69.8%。因此,在我国,国有经济在现阶段所有制结构中仍然占有主体地位:国有资产在社会总资产中占有优势,国有经济控制着国民经济命脉,对经济发展起主导作用。

案例 9-1　　　　　　　　　　**中国公路建设 60 年**

新中国成立之初：1949 年末，全国铺有沥青和水泥路面的公路总共才 300 千米。

新中国成立 60 年：截至 2008 年年底，全国公路总里程达 373.02 万千米，是新中国成立初期的 46 倍。我国高速公路从无到有，从 0 千米到 6 万千米，实现通车里程居世界第二位的历史性突破，仅用了十几年的时间，便走过发达国家半个世纪走过的历程。同时，全国公路建设的结构，即路面技术等级和通达深度得到很大提高。其中，一级公路 54 216 千米，二级公路 285 226 千米，二级及以上公路占总里程的比例为 10.72%，而 1978 年二级及以上公路只有 1.2 万千米，比例只有 1.4%；高级、次高级路面里程达 199.56 万千米，全国公路路面铺装率达到 53.5%，而 1978 年为 16 万千米，比例只有 18%。公路密度由改革开放初期的 9.1 千米/百平方千米，提高到现在的 38.86 千米/百平方千米，是改革开放初期的 4.27 倍。

根据《国家高速公路网规划》，中国高速公路仍在快速建设中。到 2020 年，中国高速公路网将要达到 8.2 万千米，可以覆盖 10 多亿人口，接近高速公路世界第一的美国 8.8 万千米的规模，将为中华民族实现伟大复兴打下坚实的腾飞跑道。新路网由 7 条首都放射线、9 条南北纵向线和 18 条东西横向线组成，简称 "7918 网"。国家高速公路网规划建成后，可以形成 "首都连接省会、省会彼此相通、连接主要地市、覆盖重要县市" 的高速公路网络。这个网络能够覆盖 10 多亿人口，直接服务区域 GDP 占全国总量的 85% 以上；实现东部地区平均 30 分钟、中部地区平均 1 小时、西部地区平均 2 小时抵达高速公路，客货运输的机动性将有显著提升。

（资料来源：中国交通建设集团有限公司，2009.9.29.）

案例思考题

如何进一步强化基础设施建设与管理？

9.1　国有资产管理体制概述

9.1.1　国有资产的含义和分类

1. 国有资产的含义

对 "国有资产" 的概念，不同的学者有不同的定义方法，有的是从资产所有者的角度去定义，有的是从管理的角度去定义。目前存在两种比较流行的定义，见表 9-1。

表 9-1　国有资产的不同概念

序号	定　义	共同点	不同点
1	国有资产，指的是属于国家所有的全部财产以及各种自然资源财富	国有资产就是国有财产	从资产所有者的角度
2	国有资产是指国家或依据法律，或基于权力行使，或由于预算内或预算外支出，或由于接受馈赠，或由于资产收益，取得应属于国有的财产		从管理的角度

这两种定义虽然表述方式略有不同，但都有一个共同点，就是把"资产"与"财产"两个概念等同，认为国有资产就是国有财产。目前在使用中，人们也并未把二者明确区别开来。

"国有资产"概念的提出，同社会主义市场经济理论的提出有密切关系。按照市场经济的理论，"资产"与"财产"在含义上是有区别的。一般来讲只有作为生产要素投入生产经营活动的财产才叫"资产"，它一般具有增值的要求，而其他财产则不具有这种要求；所谓"财产"是一切物质财富的总称，它既包括经济资源，也包括自然资源和生活资料。《企业会计准则》规定："资产是企业拥有或者控制的，能以货币计量的经济资源，包括各种财产、负债和其他权利。"

国有资产的概念有广义和狭义之分。广义的国有资产可定义为属于国家所有的各种财产、物资、债权和其他权益。按照这一定义，结合我国现阶段的情况，我国国有资产的范围，从其形成过程来看，大致包括五个方面：依据国家法律取得的应属于国家所有的财产；基于国家行政权力行使而取得的应属于国家所有的财产；国家以各种方式投资形成的各项资产；由于接受各种馈赠所形成的应属于国家的财产；由国家已有资产的收益所形成的应属于国家所有的财产。此外，凡在我国境内所有权不明确的各项财产，除法律另有规定者外，也应属于国有资产。这样，国有资产不仅包括企业的经营性国有资产，还包括了政府机构、人民团体、军队等以及文化、教育、卫生、科研、新闻、法律、社会福利等行政单位或事业单位所占用的国有财产；不仅包括中华人民共和国境内的，也包括境外的属于国家所有的各项财产；不仅包括属于国家所有的土地、森林、矿藏、河流、海洋等自然资源和有形资产，还包括国家所有的版权、商标权、专利权等无形资产。

而根据2008年10月28日第十一届全国人民代表大会常务委员会第五次会议通过的《中华人民共和国企业国有资产法》，狭义的国有资产指国家对企业各种形式的出资所形成的权益。国有资产属于国家所有即全民所有。国务院代表国家行使国有资产所有权。国务院和地方人民政府依照法律、行政法规的规定，分别代表国家对国家出资企业履行出资人职责，享有出资人权益。国务院确定的关系国民经济命脉和国家安全的大型国家出资企业，重要基础设施和重要自然资源等领域的国家出资企业，由国务院代表国家履行出资人职责。其他的国家出资企业，由地方人民政府代表国家履行出资人职责。

2. 国有资产的分类

国有资产规模庞大，种类繁多，根据不同的分类方法，可以分为不同的种类。下面介绍几种主要的国有资产分类方法。

① 按经济用途不同，国有资产可分为经营性国有资产与非经营性国有资产两大类。

经营性国有资产是指各类企业经营使用的和按企业要求经营使用的国有资产。即包括从事第一、二、三产业生产经营活动中使用的国有资产，如在农业、林业、牧业、渔业、水利、气象等领域中的经营性国有资产；在工业、矿业、交通运输、邮电通信、建筑业等领域中的经营性国有资产；在商业、物资、金融、地产、旅游、科技开发等领域中的经营性国有资产。经营性国有资产能直接为国家创造新财富，以盈利为主要目标，自主经营、自负盈亏、自我发展、自我约束，但是其产权属于国家所有。在当前，我们要充分发挥国家出资人的角色，注意提高经营性资产的保值与增值，在提高其使用经济效益的同时也要注意其社会效益。

非经营性国有资产，是指用于事业、行政、公益服务而不直接参与生产、流通的国有资产。包括科学、教育、卫生、体育等机构使用的非经营性国有资产；国家机关、人民团体等机构使用的非经营性国有资产；部队、警察及其他直接供公共使用的非经营性国有资产。非经营性国有资产不直接参与生产经营过程，不能直接为国家创造物质财富，但是是维护社会正常运转的必要部门，具有重要的社会性和公益性性质。

② 按存在的形态不同，可以将国有资产分为有形资产和无形资产两大类。

有形资产有狭义的概念和广义的概念之分。狭义的有形资产通常是指企业的固定资产和流动资金。广义的有形资产则包括企业的资金、资源、产品、设备、装置、厂房、人才信息等一切生产要素在内。总的来说，有形资产就是有一定实物形态的资产。它包括：固定资产，如房屋、建筑物、机器设备、运输工具、铁路、桥梁等；流动资产，如原材料、辅助材料、燃料、在制品、半成品、产成品等；资源性资产，如基于自然资源的占有形成的土地使用权、租借所有权、采矿权及相当于上述权利的其他权利。

无形资产，指企业为生产商品、提供劳务、出租给他人，或为管理目的而持有的、没有实物形态的非货币性长期资产。无形资产可分为可辨认无形资产和不可辨认无形资产。可辨认无形资产包括专利权、非专利技术、商标权、著作权、土地使用权、特许权等；不可辨认无形资产是指商誉。

③ 按行政隶属关系不同，可以把国有资产分为国有中央政府管理的资产和国有地方政府管理的资产。前者是指中央政府管理的国有资产，后者是指地方政府管理的国有资产。

④ 按地域不同，可以把国有资产区分为境内国有资产和境外国有资产。

凡是在中华人民共和国国境内的国有资产，无论其经济用途、形态和行政隶属关系，都可以称为境内国有资产；凡是不在中华人民共和国国境内的国有资产，无论其经济用途、形态和行政隶属关系，都可以称为境外国有资产。境外国有资产又可以分为全部资本由国有资产投资的独资国有资产与国有资产和外方共同投资兴办的合资国有资产两种。

⑤ 按资产的表现形态不同，国有资产可以分为流动资产、固定资产、无形资产和长短期投资。

流动资产是指可以在一年或者超过一年的一个营业周期内变现或者耗用的资产，包括现金及各种存款、短期投资、应收及预付款项、存货等。固定资产是指使用年限在一年以上，单位价值在规定标准以上，并在使用过程中保持原来物质形态的资产，包括房屋及建筑物、机器设备、运输设备、工具器具等。长短期投资是指各种不同期限的有价证券投资及其他投资。

国有资产还可以按其他标准进行分类，如按预算管理体制的不同，可以分为预算内国有资产和预算外国有资产；按国家对国有资产的控制程度不同，可以分为国家直接所有资产与国家间接所有资产；按资产运动方式可分为国有动产与国有不动产；按资产的用途可分为生产性资产与非生产性资产等。

9.1.2 国有资产管理及国有资产管理体制的含义

1. 国有资产管理的含义

国有资产管理指的是在社会主义市场经济中，国家以对国有资产的所有权为基础，以提高国有资产效益性和更好的服务社会为目标而进行的经营管理活动。作为国有资产的所有者，政府管理国有资产的内容主要体现在行使下列权力上，即监督管理权、投资和收益权、资产处置权。

监督管理权是指有权对国有资产的经营管理通过立法和制定行政法规加以规范；有权对国有资产的增减变动和经营效益情况实施统计监督；有权对国有企业的资产运营过程进行统一的检查和监督。

投资和收益权主要是指国家以国有资产代表者的身份，对国有企业缴纳所得税后的利润拥有分配决策权、收益权和再投资权；对中外合资企业、合作企业、股份制企业交纳所得税后的利润拥有按国家投资份额或协议规定的相应的收益权和再投资权。

资产处置权是指根据国民经济发展的需要和企业的经营状况，对国有资产进行发包、出租、参股、兼并、拍卖、出售等处置，对资产评估价值予以确认，并取得和使用资产处置收入。

2. 国有资产管理体制的含义

国有资产管理体制是确定国有资产管理机构和国家行政（经济）管理机构之间、国有资产所有者之间以及国有资产管理体系内部各机构之间权责关系的根本制度，是国家所有制的具体实现形式。主要包括国有资产管理机构的组成、国有资产管理机构和国家一般行政管理机构之间的权责划分、国有资产管理机构作为国有资产所有者代表和企业作为国有资产经营者之间的权责划分及其制约关系、国有资产管理体系内部各机构之间的权责划分及其相互关系等内容。

9.2 国有企业利润分配制度

9.2.1 国有企业利润分配体制的含义及构成

1. 国有企业利润分配体制的含义

国有企业利润分配体制是国家与企业之间关于利润分配权限、分配形式的重要制度。

合理确定国有企业利润分配体制，关系到国家和国有企业之间的分配关系的形成和调整，涉及国家财力的充实、企业自我发展和自我积累的能力以及企业职工的物质利益，影响国有资产的保值增值。

2. 国有企业利润构成

市场经济条件下，企业利润必然要分解为不同部分，在不同的所有者或占用者之间进行分配。其分配模式大体如下：

① 企业实现利润必须按规定的税率，向国家财政缴纳所得税。

② 企业所有者按企业章程获得投资收益。收益分配方式取决于企业的组织形式及相应的所有者身份，如优先股股东获得股息，普通股股东获得红利。

③ 所有者权益。包括企业按规定提取的法定盈余公积金、公益金、任意公积金和未分配利润。

企业利润的构成如图 9-1 所示。

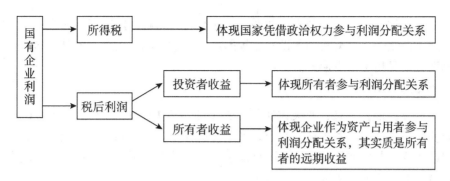

图 9-1 企业利润的构成

9.2.2 国家与国有企业利润分配制度的设置

在分析了企业利润的分解构成之后，下面以具有国有产权的企业作为重点进行分析。这类企业既包括国家作为唯一所有者的纯粹国有企业，也包括国家只作为众多所有者之一、但处于控股地位的企业，同时还包括国家所有者不成为控股者的企业。为了分析方便，这里将有国有产权的企业都称为国有企业。因此，以下所指的国有企业包括纯粹的国有企业，也包括具有国有成分的混合所有制经济。

国有资产收益分配制度，在微观上就是国有企业利润分配制度。在我国，国家与国有企业之间的利润分配关系成为财政参与剩余价值分割的难点。这是由于在社会主义制度下，国家以两种身份参与国有企业利润分配。第一，国家作为社会管理者参与企业的利润分配。国家作为社会管理者，要维持整个国家机器的正常运转，必须利用政治权力从企业职工创造的利润中取得必要的经费，这就是马克思在《哥达纲领批判》中讲的"社会扣除"。进行社会扣除，是所有企业应尽的社会义务，因为没有国家维持正常的社会秩序，创造企业生产经营所需的各种外部环境，企业就难以正常进行生产经营活动。第二，国家作为生产资料所有者参与国有企业的利润分配，取得国家产权收益。这一层次的分配关系是由国家与企业的财产关系派生的，其分配依据是财产权力。因此，国家与国有企业之间具有双重的分配关系。我们使用图 9-2 的企业利润分配图来说明国家与国有企业的双重分配关系。

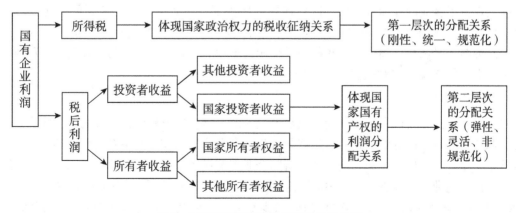

图 9-2 国家与国有企业的双重分配关系

国家与国有企业之间利润分配模式的设置与政治权力、财产权力两种权力的行使方式及其与之相适应的政治、经济体制密切联系、相互制约。因此,国家与国有企业之间的利润分配较之一般企业复杂,分配模式的设置也较困难。新中国成立以来,国家与国有企业之间利润分配制度大体经历了以下形式。

1. 统收统支制度

新中国成立初期,国有企业大体实行"统收统支"的分配制度,即企业利润全部上缴财政,企业所需资金由国家拨给。就当时来说,这种全额上缴的利润分配制度有利于国家统一安排财政收支,集中使用资金,保证重点建设。其弊端是国家对企业收支控制得过死,不利于调动企业和职工的积极性。

2. 企业奖励基金制度

我国先后两次实行过企业奖励基金制度。第一次是1952—1957年,第二次是1962—1977年。企业奖励基金制度的基本内容是:当企业完成产值、利润和上缴利润等经济指标后,可以从利润中提取一定比例的企业奖励基金,用于职工福利和奖励。

3. 企业基金制度

从1978年开始,实行了国有企业基金制度。该制度规定:国有工业企业在全面完成国家下达的产量、品种、质量、利润和供货合同等计划指标后,可以按工资总额的5%提取企业基金。企业基金主要用于举办职工集体福利设施,举办农副业,弥补职工福利基金的不足,以及发给职工社会主义劳动竞赛奖金等开支。

4. 利润留成制度

早在1958年,管理上下放权限,对国有企业实行利润留成制度,其主要内容是:企业实现利润,除上缴国家预算的部分外,按一定比例留给企业一部分。根据大部分用于生产、适当照顾职工福利的原则,企业留用的利润主要用于补充流动资金不足和用于经批准的基本建设项目的投资,小部分用于社会主义劳动竞赛和职工集体福利等方面的支出。1979年开始,为了扩大企业自主权,调动企业和职工的生产积极性,国有企业又实行了多种利润留成办法。如全额利润留成、基数利润留成加增长利润留成、利润上缴包干等。企业留用的利润按国家规定的比例建立生产发展基金、职工福利基金和职工奖励基金。利润留成制度在一定程度上扩大了企业的经营自主权,但仍存在一些弊端,主要表现在:利润留成比例的"弹性"太大,国家与企业之间的关系无法确定,严重地影响了国家财政收入的稳定性;企业按隶属关系上缴利润,强化了行政机关对企业的干预。于是,在国家与企业利润分配制度的改革方面,便出现了"利改税"的办法。

5. 利改税制度

利改税,是指将国有企业向国家交纳纯收入的上缴利润分配形式,改为向国家交纳所得税、调节税等税收的分配形式,从而把国家与国有企业的利润分配关系用税收的法律形式固定下来。企业纳税后剩余的利润,全部留归企业支配使用。第一步利改税自1983年起实行,以开征国有企业所得税为中心,对不同规模、不同行业企业采取了不完全相同的办法。从1984年第四季度开始,进行利改税的第二步改革,从税利并存逐步过渡到完全以税代利。以税代利的改革,成绩是巨大的,它打破了对全民所有制企业不能征收所得税的禁区。但"利改税"在指导思想上企图通过税收一种办法、一个手段一劳永逸地解决国家与全民所有制企业之间的分配关系,将国家层次上的政治权力和财产权力归一为政治权力,强化了税收形式的地位，否定了上缴利润形式，混淆了"利"和"税"两个不同的概念，实际上以新的方式强化了国家政治权力对企业的干预。因而"利改税"没有解决我国国有企业利润分配制度的根本问题。

6. 承包制度

承包经营责任制是经济体制改革不断深入过程中解决新矛盾和新问题的产物。在实施利改税遇到困难时，受农村包产到户的启示，人们把目光移向了企业承包经营责任制。承包制按照"包死基数、确保上缴、超收多留、欠收自补"的原则，确定国家与企业的利润分配关系，用承包上缴利润的办法取代了利改税中向国有企业征收所得税的办法。由于当时实行的是含税承包制，因此这一制度也没能解决税利不分的问题。

自20世纪70年代末以来先后实行的企业基金制度、利润留成办法、第一步和第二步利改税以及承包制等改革措施基本上都是循着放权让利的思路，围绕着调整国家与企业之间的利益分配格局、强化经济激励而进行的。从发展的眼光来看，这些措施的出台使长期以来国家集财过多、企业缺乏物质刺激的局面得到改观，对于涵养财源、提高企业的自我积累能力，在一定程度上起到了作用。然而，这些措施的共同缺陷是，它们始终未能把政府的双重身份同其参与企业利润分配的方式恰当地结合起来，跳不出税利混流的旧框架，因而政企不分、政府直接经营企业或过分干预企业日常生产经营活动的问题也就难免存在。

随着经济体制改革的不断深入，我们最终认识到，在市场经济条件下，国家作为社会管理者利用政治权力向所有企业进行社会扣除，这种扣除是强制性的、规范的，其基本形式是税收，国有企业也一样。国家作为生产资料所有者，其对企业所拥有的财产权力主要表现为参与企业的税后利润分配。这种分配主要采取有弹性的非税分配形式，具有多样性、非规范的特点。一句话，税收收入同国有资产收益分开——实行"税利分流"是国有企业利润分配的最佳模式。

7. 税利分流制度

所谓税利分流，是指国家在参与国有企业利润分配过程中，开征一道所得税（这一道所得税对所有经济成分企业而言都是一样的），而后再以适当的形式参与企业税后利润的分配。并且，通过降低税率，取消调节税和逐步解决税前还贷问题等办法，降低税收在企业纯收入分配中的比重，重新引入部分税后利润上缴机制，形成税收和利润的分渠分流，达到规范化的税收分配与非规范化的利润分配之间的统一。

税利分流改革于1988年在重庆市和厦门市率先试点，此后，税利分流试点克服了重重困难，不断发展壮大，直到1994年在全国全面推行。在试点中，各单位的基本做法是："税利分流、税后还贷、税后承包"。实施中的税利分流改革已经超过了把税收和利润区分开来的意义本身。实际上，它是从理顺国家与企业之间的财政分配关系入手，通过体现政府双重职能，实现政企分开，从而达到转换企业经营机制并使之有效运行的终极目标。

9.2.3 目前参与国有企业税后利润分配的形式

在国家与国有企业的双重分配关系中，第一层次的税收分配关系是规范化的、刚性的、统一的，这与其他企业并无区别。因此，税利分流全面推行之后，国家与国有企业利润分配关系的特殊点在于税后利润的分配上。

社会主义市场经济体制，要求规范国家与国有企业之间的分配关系，国家按投入企业的资本额享有所有者权益。建立现代企业制度，推行国有企业的股份制改革，是规范国家与国有企业分配关系的主要途径。按股分利、按资分红，是市场经济体制下利润分配的通行做法。但是，公有制的实现形式可以而且应该多样化，除了股份制，租赁、承包等形式也形成了现实的公有制实现形式。多样化的公有制实现形式，必然使国家参与国有企业的税后利润分配形式多样化。

1. 股份制与国有股分红

股份制是按一定的法规程序，通过发行股票或股权筹资，建立法人企业（公司），对生产要素实行联合使用，从事生产和经营，并按投资入股的份额参与企业的管理和分配的一种企业组织形式和财产制度。股份制是现代企业的一种资本组织形式。股份制企业的税后利润分配，必须依照公司法和公司章程的规定，遵循一定的程序进行：a. 弥补被没收的财产损失，支付各项税收的滞纳金和罚款。b. 弥补以前年度亏损。c. 按照法律规定的条件和比例在分配股利前，提取法定盈余公积金。公司公积金是公司为以后弥补亏损或其他特定的用途在每年年度决算时按一定比例提取的，不作为股利分配的那部分利润。而法定盈余公积金则是基于法律上的强制性规定，公司在依法缴纳各项税收后，必须提取法定盈余公积金，以弥补公司可能出现的亏损，保护债权人的利益，保证公司的信用，并且这部分公积金不能随意动用。公司如果不提取法定盈余公积金，法律上还规定了罚则，即使这部分利润已作为股利分掉，公司债权人也有权要求退还，并有权要求公司赔偿由此给债权人所造成的损失。d. 提取公益金。公益金是按国家规定或股东会决议，按税后利润的一定比例提取的用于本公司职工集体福利的一项盈余公积金。其主要用途是建造职工宿舍、托儿所、食堂等集体福利设施。

在完成以上 4 个步骤的分配之后，股东可以根据剩余利润的数额，享有股利的分配。股利的分配方案由公司董事会负责制定，公司是否要发放股利，发放多少股利，何时发放，以何种形式发放等，一般均应由公司董事会依照法律和公司章程，制定具体方法，并经股东大会通过。股利分配程序如下：a. 支付优先股股利。b. 提取任意盈余公积金。任意盈余公积金按照公司章程或股东会决议提取和使用。c. 支付普通股股利。股份制企业按照"股权平等，同股同利"的原则分配股息和红利。国家作为国家股的代表者，可以取得所占股份的股利。国家分取的股利由国家支配，可以用作国家股本增值，也可以上缴国库，作为国家建设性预算或国有资产预算收入。

2. 承包制与税后承包上缴利润

承包制是目前多数未实行股份制的国有企业所执行的利润分配办法。实行税利分流后，采用税后承包上缴利润，兼顾了国家与企业的利益，综合了利改税和承包制的合理内核。因此，可将承包制作为一种过渡性办法加以使用，但还需进一步完善。我们认为，应从以下几个方面着手。

（1）合理确定税后承包指标

通过税利分流，明确了只能把税后利润拿来承包，改变了过去把所得税也纳入承包的做法，这在一定程度上减轻了承包制的弊端。但税后利润承包照样有一个如何合理确定承包指标的问题。在选择解决问题的对策时，要避免两种倾向：一是承包指标过简，只承包利润等少数指标，会造成企业不注意技术进步和产品结构优化以及单纯追求产量与利润的结果。另一种是承包指标过繁，出现指标之间相互矛盾很难实行。我们认为，税后承包指标，可考虑在上缴利润指标基础上，再加上产品质量、物耗、技术进步、资产保值与增值等几个方面的指标，以促进企业注意技术进步，提高素质。

(2) **合理确定承包基数与分成比例**

在承包制中，企业上缴利润是由承包基数和分成比例决定的。承包基数与分成比例确定之后，在承包期内国家与企业的分配由递增率决定。实现利润递增率越高，企业在新增利润中的所得越大，上缴国家所占比例则相对缩小。因此，合理地核定承包基数、分成比例和科学地预测实现利润的递增速度，是决定承包期内国家与企业分配比例的三个决定性因素。财政部门或国有资产管理部门在参与承包方的谈判、协商时，应采取实事求是的态度，兼顾国家与企业的利益，既要进行横向比较，参照本地区、本行业的平均值，又要如实地分析承包制的变化情况和承包期内的发展趋势。承包指标必须是企业经过努力可以达到的，超额完成承包指标可以从新增利润中多留一些，但要适度。

(3) **克服企业短期行为，防止包盈不包亏**

承包制的宗旨，是通过企业可以从新增利润中多留的途径，从分配关系上促使企业提高整体效益。为了克服企业行为短期化，兑现包盈又包亏，首先要理顺分配关系和分配渠道，制止企业乱摊乱挤成本，杜绝各种名义的社会摊派，保护企业的合法利益。其次，企业必须严格遵守企业留利使用的规定，保证生产发展基金的增加与投入，完成技术改造任务，保证实现利润的递增目标。再次，必须建立承包风险基金，兑现欠收自补，对资金进行分账，即划分国家资金与企业资金，分别列账。企业资金包括：承包期内的留利以及留利投入形成的固定资产和补充流动资金；承包期内用留利归还贷款形成的固定资产；承包期内提取的折旧基金（按固定资产中国家资金与企业资金的比例折算）。企业资金属全民所有制性质，在承包期内作为企业负亏的风险基金。当企业完不成上缴任务时，先用企业当年留利抵还，不足时由企业资金抵还。

税后利润的承包，除了要解决以上问题外，还要通过合同明确发包人和承包人的责任和义务。在选择承包人时，应尽量引入投标招标竞争机制，选择优秀的承包人，采取公开招标、投标方式，借助竞争机制完善承包制。但是也应看到，由于承包制本身引发的短期行为问题、包盈不包亏问题等还将在一定范围内存在，而税后承包只能在一定程度上减轻其所产生的不良效应，还不能加以彻底根治。所以承包制既不是改革的目标，也不是唯一的办法，而只是一种过渡模式。

3. 租赁经营与租金

租赁经营，是在坚持全民所有制前提下，按照两权分离的原则，由国家授权出租方将国有企业有期限地出租给承租方经营，承租方向国家交纳租金并依照合同实行自主经营。租赁制适用于小型的国有企业，承租方是承租期间企业的法定代表人，将行使厂长或经理的职权。承租期不宜过长，一般为 3~5 年，且不得转租。承租方必须提供以下担保：个人承租或合伙承租、全员承租的承租成员，必须出具与租赁企业资产成一定比例的个人财产与现金作为担保，现金必须专款存入银行。个人承租还需不少于两名有相应财产担保的保证人；企业承租的，必须出具与租赁资产成一定比例的留用资金作为担保，并存入银行，除征得出租方同意可作为流动资金参加周转外，不得挪做他用。承租经营通过公开招标方式选择承租方。出租方在出租前必须会同有关部门对企业进行清产核资，清理债务，评估资产，并根据本行业和本企业资金利润率确定"标的"。标的就是出租方考虑各方面因素所测定的租赁指标，类似承包制的承包基数。

租金是指依靠出租某种财产而定期获得的收入。租金是企业租赁活动中难度最大、敏感性最强的问题。我国对部分国有企业实行租赁经营收取的租金，是企业税后利润的一部分，属于经营性租金，或者说是租赁者使用国有资产应缴纳的使用费。租金的计算与缴纳，可以采用固定租金法、浮动租金法、资产利润率租金法、基数递增租金法等多种形式，租金应缴纳给财政部门或国有资产管理部门，承租人的收入应在税后利润中列支，不应计入成本。

租赁经营这种分配形式，是对我国传统分配模式的重大改革，它具有明显的优越性。这是由于租赁企业上缴国家的税后利润，主要采取的是租金超强制方式，强有力地保障了所有者的利益。在各种承包经营责任制中，承包基数达不到，只能减少企业留利，扣发承包人和职工的奖金，实际上只是新创造价值分配的一种调整。而租赁企业一旦不能如数交纳租金，承租人就必须将企业收入以外的个人抵押财产作为赔偿，以保证所有者的收益。所以，在租赁经营下收取企业的租金，是国家参与小型国有企业税后利润分配的较好的一种方式。

总之，国家无论采用何种形式参与国有企业税后利润的分配，均体现国有资产所有权的分配关系。国家在参与国有企业税后利润分配时，应主要以在企业中占有国有资产的多少为依据。

9.3 国有资产管理与资本运营

9.3.1 国有资产管理的目标

与国有资产的理论概念提出的情形相似，国有资产管理是自国有资产一形成就存在的，但作为一个理论概念是近几年才提出的。国有资产管理指的是国家以产权为基础，以提高国有资产营运的经济效益和社会效益为目标，以资产的占有者和使用者为对象开展的管理活动。国有资产管理的主体也是国家，但它是以产权所有为基础的，资产所有者与资产经营者的身份是平等的，不具有超经济的强制性。

我国国有资产管理具有双重目标，首先，要维护国家所有者的权益，保障国有资产的保值和增值，增加财政收入；其次，要提高国有经济的整体质量，充分发挥国有经济的主导作用，促进整个国民经济健康发展。国有资产管理双重目标的实现，对于提高国有资产的整体收益能力具有重要意义。

国有资产管理目标的双重性，是由资产所有者利益即国家利益的多元性决定的。社会主义国家国有资产是实现全体人民共同利益要求的一种手段，如果国有资产不是为了实现这些目标，而只是为了盈利，为了获得更多的收入，它就失去了存在的必要性。从世界上其他国家国有经济发展的历史也可以看到，出于国家财政收入需要而建立国有经济的为数极少，大多数都是为了促进社会资源的最优化配置和社会目标得以更好地实现。

要实现国有资产管理的双重目标，就必须通过国有资产的资本化、国有资本的市场化来实现。国有资产的资本化是国家对国有资产所有权的体现，由特定的使用价值形态转化为价值形态，就是要把沉淀于生产领域的国有资产从单纯生产要素的地位中解脱出来，还其资本的属性。资本的市场化是资本本性的具体体现，资本的价值属性需要通过一定的外在形式表现出来，这种外在形式就是流通、交易的市场过程。国有资本的市场化意味着通过以产权交易为核心的资本运营,价值主体可以在实物资本形态和货币资本形态之间反复转换。通过这种市场化的价值运动实现国有资本的保值增值,从而更有效地发挥国有资本对社会经济发展方向和产业结构调整的主导作用。

9.3.2 国有资本运营的意义和作用

国有资本运营是实现国有资产管理双重目标的要求。目前,积极推动国有资本运营,对于提高国有资产的整体质量,从而提高国有资产的收益能力具有重要意义。

1. 有利于促进我国现代企业制度的建立,改善国有企业内部治理结构

我国目前正处于从计划经济向市场经济过渡的历史时期,企业组织形态将会发生根本变化。在计划经济下,国有企业只不过像一个个车间、班组而已;在市场经济条件下,通过资本运营,以资本所有权作为中心原则,将企业的一切要素资本化,以出资者的利益和权力为核心,建立起企业法人制度。企业成了独立的法人实体,是市场经济中自负盈亏、自我发展的拥有独立法人财产权的竞争实体。在这一过程中,企业职能范围也要重新界定,其资金来源、组织形式都将发生巨大变化。通过国有资本运营,按照现代企业制度的要求,通过融资和公司化改造,把原先的国有企业通过改组、改制、改造和加强管理变成为真正的市场经济中的企业。

2. 有利于调整国有资本的战略结构

在计划经济体制下形成了巨额的国有资产存量,它们被分割和沉淀在众多的行业和部门,不能作为资本在市场流转和交易。这导致了国有资产的分布过大又过于分散,企业技术水平低,设备产品老化,难以形成具有国际竞争力的企业。同时,由于国家投资不足,制约国民经济发展的"瓶颈"长期存在。通过资本运营活动,将企业一切有形和无形的存量资产资本化,投入市场交易,可以达到存量变现和增值的目的,进而实现国有资本的战略结构调整,优化国有经济的资源配置。一方面,重点加强关系国民经济命脉的行业和具有垄断性质的行业和领域,如基础设施、基础产业、高新技术产业等,使国有经济在这些领域占绝对支配地位。另一方面,在竞争性行业和一般性行业,通过资本优化重组,提高国有资本的整体质量。

3. 有利于发挥国有资本对其他资本的引导作用

通过股权转让、企业兼并等资本运营活动,将国有资本非国有化的过程,实际上也是国有资本吸收和利用非国有的社会资本的过程。这将有利于扩大国有资本的支配范围,充分发挥国有资本对其他社会资本的引导作用,确保国有经济的主导地位。利用较少的国有资本就能调动和支配大量的社会资本,按照特定产业发展的要求,实现社会资本在更大空间范围内的结构性和战略性调整,提高市场集中度,增强企业竞争能力。我国近年来的国有资本运营活动,在这方面取得了一定的成绩,据财政部统计,仅在1998年,我国国有企业吸纳非国有资本的数量达到3 930.3亿元,比1997年增加21%。

9.3.3 国有资本运营的操作方式

资本运营的具体方式可以借鉴成功的国际经验,但又必须充分考虑我国现阶段的实际状况,根据已有的实践经验和可能性,资本经营方式是多种多样、丰富多彩的。

1. 整体出售变现

现在的中小国有企业多数经营状况不佳，其中一部分甚至年年亏损，已经资不抵债。许多县级财政受所属国有小企业的拖累，也处于捉襟见肘的境地。而且中国的国有中小企业大多处于一般竞争性领域，规模小，技术含量低，没有明显的外部性。在这类行业、企业中，非国有经济能够并且已经很好地发挥着作用，而国有经济不仅没有优势，反而因体制原因效益明显低于民营企业。必须考虑通过将这类国有企业整体出售，实现国有资本从这些企业中撤退。具体操作方法是：通过资产评估确定国有资本的出售底价，然后在公平的条件下实行公开竞争招标的办法，较准确地找到国有资本出售价格，所得资金除用于职工养老、安置等问题外，全部投入国有资本应当投入的地方供水、供电、供气等公益性事业和地方交通等基础设施方面的企业。出售后，企业的经营管理层被大幅度调整，引入新的经营管理方式，转换了企业机制。同时，国有资本的重新投入又加强了基础设施等部门的建设，优化了国民经济结构。

2. 股份制改造

一些国有资本应当部分或逐步退出的大型企业，根据国有资本控股、参股的需要，由资本经营公司作为发起人对其进行股份制改造，通过对国内企业和个人以及国外企业和个人发行法人股、A股、B股、H股、N股，或者直接引入外国大企业的资金，使原先国有独资的产权结构改变为控股以至参股的产权结构。通过股份制改造，引入新的投资者，实现投资主体多元化，调整企业资本结构，同时引入新的经营机制和管理人才，改善企业内部治理结构，优化企业资产结构（包括企业人力资产与物质资产结构），为搞活企业打下坚实的基础。

3. 企业兼并

国际上通行的"购并"即"M&G"是一个内涵十分广泛的概念，它包括 Merger（兼并）、Consolidation（联合）、Acquisition（收购）以及 Take Over（接管或接收）等。兼并的一般含义是指两个或两个以上的公司通过法定方式重组，重组后只有一个公司继续保留其合法地位，即 A+B=A。兼并又可以分为横向兼并、纵向兼并和扩大市场兼并。联合的一般含义是指两个或两个以上的公司通过法定方式重组，重组后原有的公司都不再继续保留其合法地位，而是组成一新公司，即 A+B=C。收购是指一家公司在证券市场上用现金、债券或股票购买另一家公司的股票或资产，以获得对该公司的控制权，该公司的法人地位并不消失。收购有两种：资产收购和股权收购。股权收购又可分为三种情况：参股收购、控股收购和全面收购。严格地讲，"购并"概念在中国的出现是近几年来的事情。具体来说，随着上市公司股权收购现象的出现，"购并"概念逐步流行开来。而在相当长的一段时间内购并概念在中国是以"企业兼并"以及与此相联系的产权转让或产权交易形式出现的。我们认为，企业购并的实质是一种产权转让或交易行为，也就是一种资本经营形式，其结果是企业所有权和由此引起的企业控制支配权的转移。目前，存在国有资本的企业购并形式主要：a. 具有优势的上市公司购并非上市企业。b. 非上市的优势企业购并上市公司。c. 上市公司之间的购并。d. 将中资企业到国外（境外）注册、上市，融资后再来购并国内企业。e. 外资购并国有企业。f. 国有企业进入国外资本市场，到国外收购和兼并企业。

4. 优势企业对效益差的国有企业托管

托管的特点是在目标企业的产权不动的情况下，优势企业获得对目标企业资源的实际控制权。其好处是优势企业输出的主要是管理、技术、营销渠道、品牌等"软件"，基本不需要资金等"硬件"投入，降低了优势企业的扩展成本。在目前企业购并存在难度的情况下，托管的优点更加明显。对被托管方来说，可以减少抵触情绪和剧烈变动引起的摩擦。对许多国有企业来说，真正缺乏的不是资金，而是把资金用好的机制，托管不失为一剂对症良药。国际经验也表明，成功的托管往往成为购并的前奏。

5. 股权与债权互换

国有资本有股权和债权两种形式，对某些领域应当以股权形式进行独资、控股或参股，对某些领域应当以债权形式予以引导即可。过去我们多数采取国家独资的形式投资办企业，实践证明这是没有效率的。为此，在对某些国有企业进行股份制改造的同时，还可考虑国有股权和债权互换，由非国有资本取代国有资本获得对企业的控制权，原先的国有股权转化为国有债权，由相应的国家政策性银行来负责这些国有资本的保值增值。

6. 国家股权转让或增购

国有股权的转让是指国有股持股单位或股东为了降低或放弃对某一股份公司的国有股比例，将所持有的部分或全部国有股份按一定的价格出让给他人。国有股权的增购是指国有股持股单位或股东为了增加对某一股份公司的持股比例，收购该股份公司的股份，以实现国家对该股份公司具有绝对或相对的控制权。股权转让或增购既可以通过场外协议的形式进行，也可以通过股票交易市场进行。目前我国主要通过国有股股权转让实现减持国有股，转让的方式主要采用场外协议的方式。减持国有股的其他方法也在不断地探索之中，如1999年申能股份回购国家股的尝试，为实现国家减持上市公司的国有股打开了另一条通道。

9.3.4 进一步深化改革，加强对国有资产的运营管理

要想做好国有资产管理与资本运营，必须进一步深化改革，加强对国有资产的运营管理。

1. 加快构建企业信息化步伐，以实际行动落实科学发展观

科学发展观的第一要义是发展。要实现又好又快发展，必须加快转变经济发展模式，走中国特色新型工业化道路。信息化是走新型工业化道路的客观要求。新型工业化道路的精髓在于信息化与工业化的融合。中央企业要坚持以信息化带动工业化、以工业化促进信息化，以体制创新和机制创新为动力，积极推广和应用信息技术，开发利用信息资源，提高企业管理水平，提高集中管控能力，增强企业核心竞争力，促进中央企业持续、健康、快速发展，更好地实现国有资产的保值增值，大幅度缩小与世界先进水平在信息化方面的差距，争取在信息化上实现跨越式发展。

2. 加强企业文化建设，培育适合国有资产发展特点的企业文化

企业文化是个体在某个特定企业环境中的行为方式。企业文化是为企业的生存和发展服务的，企业文化是企业的深层内涵，是企业的个性，是企业发展和壮大的基石和源泉。良好、健康的企业文化能够提高效率，减少费用支出，提升品牌含金量，增加产品的价值，增强企业竞争力。因此，我们要加强企业文化建设，培育适合国有资产发展特点的企业文化，提高我国国有资产的竞争力。

3. 强化风险意识，加强风险管理

在全球化日益深化和市场竞争越来越激烈的今天，企业风险可以说是无时不在，国有资

产要在激烈的市场竞争中不断生存、发展、壮大并获得良好的收益，必须掌握规避风险的本领。一是要有较强的风险防范意识，要认识到风险无处不在，现在没有发生风险不意味着以后也不会有风险，要未雨绸缪，做好预防工作；二是把企业风险管控贯穿到企业生产经营管理的全过程和各个环节之中，调动企业经营管理团队的积极性，抓好企业生产经营管理的各个环节的风险管控工作；三是建立危机应对措施，在风险发生后要积极应对，力争把风险控制在最小范围并努力降低给国有资产带来的不良影响。

4. 加强创新，以创新谋发展

在日益竞争激烈的市场环境中，只有不断地创新才是企业在市场上站住脚并获得长足发展的重要保证。作为国民经济命脉的国有资产，要想发展节约型经济，实现产业升级，改变增长方式，必须进行创新，以创新谋发展。

9.4　国有资产监督

9.4.1　《中华人民共和国企业国有资产法》相关规定

根据 2008 年 10 月 28 日第十一届全国人民代表大会常务委员会第五次会议通过的《中华人民共和国企业国有资产法》，国务院国有资产监督管理机构和地方人民政府按照国务院的规定设立的国有资产监督管理机构，根据本级人民政府的授权，代表本级人民政府对国家出资企业履行出资人职责。而作为出资人的职责，最重要的一点就是对国有资产的经营和管理进行监督。以下是《中华人民共和国企业国有资产法》对于国有资产监督的各项规定。

第六十三条　各级人民代表大会常务委员会通过听取和审议本级人民政府履行出资人职责的情况和国有资产监督管理情况的专项工作报告，组织对本法实施情况的执法检查等，依法行使监督职权。

第六十四条　国务院和地方人民政府应当对其授权履行出资人职责的机构履行职责的情况进行监督。

第六十五条　国务院和地方人民政府审计机关依照《中华人民共和国审计法》的规定，对国有资本经营预算的执行情况和属于审计监督对象的国家出资企业进行审计监督。

第六十六条　国务院和地方人民政府应当依法向社会公布国有资产状况和国有资产监督管理工作情况，接受社会公众的监督。

任何单位和个人有权对造成国有资产损失的行为进行检举和控告。

第六十七条　履行出资人职责的机构根据需要，可以委托会计师事务所对国有独资企业、国有独资公司的年度财务会计报告进行审计，或者通过国有资本控股公司的股东会、股东大会决议，由国有资本控股公司聘请会计师事务所对公司的年度财务会计报告进行审计，维护出资人权益。

9.4.2　地方国有资产的管理与监督

国务院国有资产监督管理委员会于 2009 年 9 月 19 日颁布了《关于进一步加强地方国有资产监管工作的若干意见》，对深入贯彻落实党的十六大、十七大精神，加强地方国有资产监管工作，完善企业国有资产管理体制和制度意义重大。

1. 加强地方国有资产监督工作的重要意义

(1) 我国企业国有资产管理体制改革取得重大进展

党的十六大以来,根据党中央和国务院的统一部署,国务院和省、市(地)两级地方人民政府相继组建国资委,具有中国特色的国有资产管理体制基本建立。各级国资委按照政企分开、政资分开原则,准确把握出资人职责定位,企业国有资产监管工作普遍加强,企业国有资产实现保值增值,国有经济活力和效率大幅提升,主导作用得到有效发挥。

(2) 高度重视地方国有资产监管工作存在的薄弱环节

目前各地国有资产监管工作进展还不平衡,一些地方的企业国有资产监管方式还不完全适应新体制的要求,政企分开、政资分开原则和由地方人民政府依法确定本级国资委监管范围的规定还需要进一步落实;国资委作为政府特设机构的定位还需要准确把握,依法履行的出资人职责还没有完全到位,与国家出资企业的关系还没有完全理顺;国有企业公司制股份制改革和国有经济布局结构调整步伐还需要进一步加快,完善法人治理结构的工作力度还需要进一步加强。继续完善企业国有资产管理体制和制度、进一步加强地方国有资产监管工作的任务仍然十分繁重。

(3) 新形势下加强地方国有资产监管工作十分重要和紧迫

在应对国际金融危机挑战的新形势下,继续深入探索完善国有资产管理体制和制度,进一步加强地方国有资产监管工作,既是坚持党的十六大关于深化国有资产管理体制改革的基本原则、落实十七大关于完善各类国有资产管理体制和制度重要精神的重大战略举措,也是提高国有企业抵御金融危机能力、迎接后危机时代各项变革与挑战的迫切要求,同时对于充分发挥国有经济在当前保增长、扩内需、调结构、惠民生、保稳定中的重要作用,促进地方经济平稳较快发展具有重要意义。

2. 进一步加强地方国有资产监管工作的总体要求和基本原则

(1) 进一步加强地方国有资产监管工作的总体要求

各地国资委要以邓小平理论和"三个代表"重要思想为指导,深入学习实践科学发展观,认真贯彻党的十六大、十七大精神,在地方党委和政府的领导下,依据《公司法》《中华人民共和国企业国有资产法》和《企业国有资产监督管理暂行条例》,进一步完善地方国有资产管理体制,建立健全企业国有资产出资人制度,合理界定企业国有资产监管范围,按照出资关系规范监管方式,落实监管责任,不断优化地方国有经济布局和结构,增强地方国有企业的活力和效率,促进企业国有资产保值增值,充分发挥国有经济在促进地方经济又好又快发展中的主导作用。

(2) 进一步加强地方国有资产监管工作的基本原则

按照"国家所有,分级代表"的原则,规范各级人民政府国有资产监管工作的职责权限;按照政企分开、政资分开的原则,继续推进政府社会公共管理职能与国有资产出资人职能分开,处理好国资委与政府其他部门、机构及企业之间的关系;按照"权利、义务和责任相统一,管资产和管人、管事相结合"的原则,积极推进出资人三项主要职责的落实,依法规范出资人行权履责行为;按照所有权与经营权相分离的原则,加快推进国有企业公司制股份制改革,完善法人治理结构,不干预企业经营自主权。

3. 合理界定企业国有资产监管范围

(1) 界定企业国有资产监管范围的原则

在坚持国家所有的前提下,地方企业国有资产由地方人民政府代表国家履行出资人职责。地方国资委监管企业国有资产的范围,依法由本级人民政府按照政企分开、政资分开的原则确定,不受任何部门、机构的越权干预。

(2) 积极探索经营性国有资产集中统一监管的方式和途径

对各类经营性国有资产实行集中统一监管,有利于调整优化地方国有经济布局结构,提高企业国有资产配置效率。地方国资委可根据本级人民政府授权,逐步将地方金融企业国有资产、事业单位投资形成的经营性国有资产、非经营性转经营性国有资产纳入监管范围。对于新组建的国家出资企业和实现政企分开后的企业,应当建立健全企业国有资产出资人制度,明确出资人机构,确保监管责任的统一和落实。要积极配合做好党政机关、事业单位与所属企业的脱钩改革、划转接收工作,依法对移交到位的企业履行出资人职责。

(3) 根据授权对地方金融企业履行国有资产出资人职责

地方国资委对地方金融企业履行出资人职责的,要立足于企业国有资产安全和保值增值,依法加强出资人监管,正确处理与金融行业监管的职责分工关系。地方国资委监管企业出资设立或者与其他投资主体共同设立的地方金融企业转让国有股权的,依照企业国有资产转让的有关规定,由企业决定或者由地方国资委批准,或者由地方国资委报本级人民政府批准;涉及金融行业监管职能的,按行业监管规定执行。

(4) 建立健全公用事业企业国有资产出资人制度

对已经纳入地方国资委监管范围的公用事业企业,要坚持政企分开、政资分开原则,依法规范出资关系,确保出资人职责的落实。要加快推进公用事业企业公司制股份制改革,保障国有资本在公用事业领域的主导地位,充分发挥公用事业企业保障供应、服务民生的重要作用,提高服务效率和质量。要防止通过增设公用事业管理机构、加挂事业单位牌子等方式,影响企业国有资产出资人制度的建立和健全。

(5) 切实加强部分特殊领域的地方企业国有资产的监管

对特殊领域的地方企业国有资产,地方国资委应当根据本级人民政府授权依法履行出资人职责。当前确实需要由其他部门、机构在过渡阶段对部分特殊领域地方企业国有资产履行出资人职责的,应当依法由地方人民政府按照政企分开、政资分开的原则明确授权,落实国有资产保值增值责任,遵守国家统一的企业国有资产基础管理制度。

4. 国资委的机构性质和职能定位

(1) 依法坚持国资委作为本级人民政府直属特设机构的性质

依据《企业国有资产法》和《条例》的规定,地方国资委是本级人民政府授权的监管企业国有资产的出资人代表,要牢牢把握国有资产出资人职责定位,加强企业国有资产监管。要对本级人民政府负责,向本级人民政府报告履行出资人职责的情况,接受本级人民政府的监督和考核,承担国有资产保值增值责任。

(2) 按照"三统一、三结合"原则履行出资人职责

要在地方党委和政府的领导下,坚持"权利、义务和责任相统一,管资产和管人、管事相结合",建立健全企业国有资产出资人制度。继续推进解决管资产与管人、管事相脱节的问题,争取出资人职责到位,防止行权履责中出现缺位、错位和越位,逐步改变目前少数地方存在的部分企业由国资委管资产、有关部门管人管事的体制状况，依法实现对国家出资企业集中统一履行出资人职责。

(3) **进一步落实《公司法》《企业国有资产法》赋予出资人的三项主要权利**

要把党管干部原则和董事会依法选择经营管理者以及经营管理者依法行使用人权结合起来，建立适应现代企业制度要求的选人用人机制，继续推进公开招聘、竞争上岗等市场化选聘经营管理者的改革，同时建立健全经营管理者考核、奖惩和薪酬制度。要依法加强对国家出资企业重大事项的管理，严格规范决策权限和程序，建立健全"谁决策、谁承担责任"的企业重大事项决策机制。要根据国有资本经营预算制度的原则和出资人制度的要求，结合本地实际，在建立和完善企业国有资本经营预算制度过程中，依法维护和落实出资人的资产收益权。

(4) **依法处理与政府其他部门、机构的职能交叉问题**

在地方党委和政府的领导下，要加强与有关部门的沟通协调，进一步细化相关职能的分工与衔接，既要落实出资人职责，又要尊重其他部门依法履行社会公共管理职能。要注意将地方国资委的出资人监管与有关部门的行业监管、市场监管等社会公共监管区别开来，进一步明确与有关部门在经济责任审计、财务监督、企业负责人薪酬和工资总额管理、国有资本经营预算编制与执行等方面的具体职能分工，落实地方国资委的相应职责。

(5) **准确把握政府交办事项的工作定位**

对政府交办的维护稳定、安全生产、节能减排等工作，地方国资委要妥善处理好与政府主管部门的关系，注意从履行出资人职责、确保国有资产安全和保值增值的角度，督促企业严格执行国家有关法律法规和地方人民政府有关规定，积极承担社会责任。

(6) **做好国资委涉诉案件的应对工作**

在国资委依法行权履责中发生的法律纠纷，应当争取适用民事纠纷解决途径，不宜作为行政诉讼案件处理。一些地方司法机关将国资委在企业国有资产基础管理工作中发生的法律纠纷案件纳入行政诉讼程序审理的，地方国资委也应当妥善应对。

5. 依法规范国资委与国家出资企业之间的关系

(1) **国资委与国家出资企业之间要按照出资关系进行规范**

地方国资委要依据《企业国有资产法》的规定，坚持所有权与经营权相分离，严格依照法定权限和程序行使资产收益、参与重大决策和选择管理者等出资人权利，不干预企业依法自主经营。

(2) **积极探索完善履行出资人职责的方式**

地方国资委要高度重视制定或者参与制定国家出资企业的章程，保证章程充分体现出资人意志。要加快完善企业法人治理结构，重视建立规范的董事会，提高国家出资企业科学决策、防范风险的能力，切实维护出资人权益。要积极探索国资委直接持股方式，依法加强对上市公司国有股权的监管，规范对国资委委派的股东代表的管理，依法通过股东代表参加企业股东（大）会反映出资人意志，同时支持民间资本参与国有企业改革。要进一步明确国有独资公司董事会行使股东会部分职权的授权条件，依法监督其行权行为。要充分发挥国有企业监事会的监督作用，健全完善国有企业外派监事会制度。

(3) **重视发挥国有企业独特的政治优势**

要进一步完善国有企业领导体制和组织管理制度，把党的思想政治优势、组织优势和群众工作优势转化为国有企业的核心竞争力。要按照参与决策、带头执行、有效监督的要求，积极探索把企业党组织的政治核心作用融入到企业决策、执行和监督的全过程。要进一步发扬企业职工的主人翁精神，切实加强企业职工民主管理。

(4) **依法规范国资委与国有资产经营公司之间的关系**

国有资产经营公司是重要的国家出资企业。要根据出资关系，明确国资委是国有资产经营公司的出资人，充分发挥国有资产经营公司作为国资委推进企业重组和运营国有资本重要平台的作用。国有资产经营公司要对国资委负责，依法建立和完善法人治理结构，建立健全企业合并分立、重大投资、产权转让、债券发行、股权质押融资等方面的内部监督管理和风险控制制度。

(5) **加强对国家出资企业重要子企业的监管**

地方国资委要严格依据《企业国有资产法》和《条例》的规定，尽快明确国家出资企业重要子企业的范围，加强对其合并分立、增减资本、改制、解散、清算或者申请破产等重大事项的监管。要指导国家出资企业加强对其所出资企业的监管，加快探索完善国家出资企业对上市公司国有股权和境外企业国有资产的监管方式，层层落实出资人责任。

(6) **逐步规范国资委委托行业部门监管部分企业的行为**

根据本级人民政府授权，一些地方国资委委托行业部门监管部分企业的，应当依法规范国资委与行业部门以及委托监管企业之间的关系。地方国资委要通过办理工商登记等手续，明确与委托监管的国家出资企业的出资关系。要与行业部门订立委托监管协议，明确双方的职责权限。

6. *加强地方企业国有资产基础管理工作*

(1) **依法维护企业国有资产基础管理的统一性**

加强地方企业国有资产的基础管理，是地方国资委的一项重要职能。地方国资委要依法负责地方企业国有资产的产权登记、清产核资、资产统计、资产评估监管、综合评价等基础管理工作。要按照国家有关规定，逐步建立本地区统一的企业国有资产基础管理体系，积极探索覆盖本地区全部企业国有资产基础管理工作的方式和途径。

(2) **重视企业国有资产统计分析工作**

要注意与有关部门的衔接协调，统一做好地方国资委履行出资人职责的国家出资企业和地方其他企业国有资产的统计分析。要定期向本级人民政府报告本地区企业国有资产总量、结构、变动、收益等汇总分析情况，防止企业国有资产统计出现空白，同时避免重复统计、增加企业负担。

(3) **加强地方国有企业改制重组过程中的国有资产基础管理**

要依据《企业国有资产法》和《条例》有关规定，指导改制重组企业做好清产核资、财务审计、资产评估，准确界定和核实资产，客观公正地确定资产的价值，规范与关联方的交易、国有资产转让等重要环节，切实维护国有资产出资人权益，防止国有资产流失。

7. *加强对市（地）级、县级人民政府国有资产监管工作的指导监督*

(1) **依据《条例》有关规定，省级人民政府国资委要结合本地实际，切实加强对市（地）级、县级人民政府国有资产监管工作的指导和监督**

要把握国有资产管理体制改革的正确方向和基本原则，指导市（地）级人民政府合理界定企业国有资产监管范围，准确把握国资委的机构性质和职能定位，依法规范市（地）

级人民政府国资委与国家出资企业的关系,加强企业国有资产基础管理。要特别重视企业国有资产监管与运营合法合规性的监督,加强对市(地)级、县级人民政府所属国有企业改制、企业国有资产转让的监督,采取有力措施,维护国有资产出资人的合法权益,切实防止国有资产流失;维护企业职工的合法权益,注意做好改制企业职工的思想政治工作。要指导优化本地区国有经济布局和结构,推进地方国有企业改革和发展,进一步提高本地区国有经济的整体素质。

(2) 继续探索完善市(地)级人民政府国有资产管理体制和制度

要适应地方国有经济发展变化的新情况新要求,加快探索解决一些市(地)级人民政府国资委和政府其他部门、机构合署办公的现状与国资委作为特设机构定位的矛盾。要重视指导市(地)级人民政府国资委加强股权多元化企业的国有资本管理,维护好出资人权益。要总结近几年来各地对县级企业国有资产"有专门监管比没有专门监管好、集中监管比分散监管好"的经验,按照企业国有资产管理新体制的要求,指导县级人民政府明确县属企业国有资产的监管主体及其职责,加快落实监管责任,不断探索既符合改革要求又符合本地区实际的县属企业国有资产的监管方式和途径。对不同层级、不同区域国资委共同持有企业股权的,要坚持分级代表、同股同权或者按照章程约定,依法规范共同监管的途径和方式。

8. 加强国资委自身建设,提高依法履行出资人职责的能力和水平

进一步重视加强国资委的自身建设。要继续完善内部机构设置、职权划分,努力形成权责一致、分工合理、决策科学、执行顺畅、监督有力的运作机制。要加强国资委机关干部队伍建设,深入学习实践科学发展观,努力把握科学发展的规律、国有资产监管的规律、企业发展的规律和经济运行的规律,全面提高依法履行出资人职责的能力和水平。要按照"先立规矩、后办事"的要求,建立健全各项管理制度,大力培育机关合规文化,严格规范行权履责程序,重视加强国资委行权履责中的法律风险防范。

进一步加强企业国有资产监管工作,完善国有资产管理体制和制度,极具探索性,极具挑战性,是一项长期的战略任务。地方国资委要在地方党委和政府的领导下,根据本意见的要求,结合本地区实际,解放思想,与时俱进,努力开创地方国有资产监管工作的新局面,为不断发展壮大国有经济继续作出新的更大的贡献。

本章小结

国有资产指国家对企业各种形式的出资所形成的权益,它是国家生存和发展的重要物质基础。任何社会形态下的国家都有国有资产,只是在其表现形式、基本职能、阶级属性和国家占有的数量、范围及运用方式等方面有所不同。本章介绍了国有资产管理体制的一些基本概念;分析了企业利润的构成,我国国家与国有企业利润分配制度的历史沿革及目前参与国有企业税后利润分配的形式;阐述了国有资产管理的目标、国有资本运营的意义和作用及运营的操作方式以及如何进一步深化改革,加强对国有资产的运营管理;最后介绍了《中华人民共和国企业国有资产法》和《关于进一步加强地方国有资产监管工作的若干意见》里关于国有资产监督的内容。

复习思考题

1. 国有资产是如何分类的?
2. 企业利润的构成是怎样的?
3. 如何设置国家与国有企业利润分配制度?
4. 目前参与国有企业税后利润分配的形式是什么?
5. 国有资产管理的目标是什么?
6. 国有资本运营的意义和作用?
7. 国有资本运营的操作方式有哪些?
8. 如何进一步深化改革,加强对国有资产的运营管理?
9. 如何进行国有资产监督?

第10章

国家预算

学习目标

通过本章的学习，学生应掌握国家预算的概念和功能、类型和原则、编制与审批、分税制等方面的知识；明确国家预算是财政分配的主要制度形式；熟悉国家预算体制的基本理论和主要制度规定。

关键词汇

国家预算（Government Budget）；单式预算（Single Budget）；复式预算（Dual Budget）；绩效预算（Performance Budget）；零基预算（Zero Base Budget）

国家预算也叫政府预算，是政府参与分配国民生产总值的重要杠杆，是产生于税收、国债之后的一个财政范畴。从历史发展来看，资本主义以前尚未形成国家预算制度，财政范畴中还不包括预算，它是社会发展到封建社会末期和资本主义初期，作为新兴资产阶级与封建统治阶级进行斗争的一种经济手段而产生的。

现代国家预算制度最早出现在英国。早在1217年英国颁布的《大宪章》就规定课税必须得到贵族和大地主代表会议的同意；1689年英国通过的《权利法案》重申，不经议会批准通过，王室政府不得强迫任何人纳税或作其他缴纳，还规定了征税收入和财政支出都必须经过议会批准，并要求按年分配收支，在年前做出收支计划，提请议会审批和监督。1789年议会通过的《联合王国总基金法案》，把全部财政收支统一在一个文件中，至此有了正式的预算文件。美国国会在1921年通过了《预算审计方案》，正式规定总统每年要向国会提出预算报告。我国在清朝光绪三十四年（公元1908年），清政府颁布了《清理财政章程》，1910年正式编制了国家预算。到20世纪初，几乎所有国家都建立了国家预算制度。

案例10-1 俄罗斯国家储备基金2009年4月份缩水14%

新华网莫斯科电：俄罗斯财政部4日说，由于政府动用基金填补预算漏洞，俄罗斯国家储备基金 4 月份缩水 14%。

财政部在当天发表的一份声明中说，截至 5 月，国家储备基金余额为 1 068 亿美元，而上月同期的余额为 1 244 亿美元。

声明说，迄今为止，2009 年共有 303 亿美元基金被挪至国家预算中。

俄罗斯另一项由石油收入构成的主权基金"国家繁荣基金"4 月份缩水 1.58%，相当于 868 亿美元。

俄财政部长阿列克谢·库德林上月说，作为金融危机带来的后果之一，俄罗斯国家储备基金预计将于 2010 年用光。

（资料来源：环球视点 [J]，总第 260 期.）

案例思考题

金融危机对国家预算造成哪些方面的影响？

10.1 国家预算概述

国家预算作为经立法程序批准的政府财政收支计划，是现代财政体系中不可或缺的组成部分。

10.1.1 国家预算的定义

国家预算是指经法定程序批准的国家年度财政收支计划，是实现财政职能的基本手段。它的功能首先是反映政府的财政收支状况，体现国家的施政方针和社会经济政策，规定政府活动的范围和方向。同时，由于国家预算要通过国家权力机关的审批方才生效，因而又是国家的重要立法文件，体现了国家权力机构和全体公民对政府活动的制约和监督。

国家预算有具体的形式和内容。从形式上看，国家预算就是按一定标准将财政收入和支出分门别类地列入特定的表格，可以使人们清楚地了解政府的财政活动，成为反映政府财政活动的一面镜子。从实际经济内容来看，国家预算是政府施政计划的一部分，一般包括政府收入预算和政府支出预算两部分。其中预算收入包括各项税收收入、国有资产经营收益、专项收入、其他收入等；预算支出包括社会公益性基本建设支出、事业发展和社会保障支出、国家政权建设支出、政策性补贴支出、专项支出以及其他支出等。

10.1.2 国家预算的形成

近现代世界历史发展表明，一个良好的国家预算制度是建立高效、廉洁和公正的政府的必要条件，而一个高效、廉洁和公正的政府，又是一个国家得以发展的前提。英国之所以能在近代世界史上脱颖而出，在欧洲争霸战争中获胜，率先实现工业化的原因之一，在于它是现代公共预算制度的发源国。

"预算"一词是英语"Budget"的中文翻译。"Budget"一词来自于中世纪英语"Bouget"，意为皮袋子或背包。英王的司库官携带着一只装有说明国王财政需求文件的袋子，这个袋子被叫做 Bouget。随着时间的迁移，那些文件和用来编制并实行文件的体系被叫做预算或预算过程（Budget and Budgeting）。英国近代史就是一部国王和国会为争夺国家控制权的历史，而对预算权的争夺则是双方斗争的焦点。通过国会和国王对预算控制的漫长的斗争，英国财政逐渐从皇家财政转变成国家财政。

以英国为例，国家预算制度在英国的形成和发展过程，具有以下几个特点。

1. 国家预算制度是经济利益争夺的产物

国家预算制度体现出市场因素在其发展壮大的过程中，逐步形成的独立经济主体维护自身利益的根本要求。纳税人的钱应由纳税人选出的代表来控制，还是由花钱的政府来控制？这个问题的争论在英国曾持续了7个世纪。"非赞同毋纳税"原则在法律上的确立，就直接回答了这一问题，它是纳税人维护自身经济利益的集中体现，因而成为英国政府预算制度开始形成的最初标志。它表明，政府预算制度根本上看是争夺经济利益的产物，而不是单纯的政治斗争的结果，是市场这只"看不见的手"从根本上促成了政府预算制度在英国的形成和发展，促成了财政模式向公共财政的演进和转化，而不是"看得见的手"，即君主及其政府有意安排作用的结果。

2. 国家预算制度是英国政治格局变动的直接结果

国家预算制度具体表现为：以封建君主为代表的没落封建势力，和以议会为代表的新兴市场势力之间，经过长达数百年的政治角逐较量的结果。国家预算制度本身就是近现代国家政治制度的重要组成部分，因而其发展，与英国政治格局的变化就有着直接的联系，既受到政治格局变化的直接决定，又反过来强烈地影响着英国政治进程的走向与发展状态。英国国家预算制度的建立，正是直接依靠议会对于国王财政权的控制实现的，它又是英国议会尤其是下院取得权力的直接结果。

3. 国家预算制度的形成过程，就是议会对君主财政权的逐步剥夺和控制的过程

国家预算制度的形成史，也就是议会为控制政府的"钱包"，即为政府财政而斗争的历史。这是一个由点及面，逐步扩展的过程。政府预算制度的建立过程，从控制部分税收权开始，经历了：部分税收→军费支出→全部税收→拨款→陈述→王室年俸→王室收入→年度收支计划报告→审计……，逐步推进并最终完成的。

4. 国家预算制度反过来又积极地影响着市场经济体制和资本主义制度的形成和发展

这种相互作用具体表现为：国家预算制度的形成，市场因素的发展壮大虽然是根本决定因素，但又直接由议会对国王优势的确立所决定。反过来，国家预算制度的进展，则直接促进着政治制度的变化，又对经济关系的变化产生着关键性的影响。

总地来说，国家预算是经济发展和政治发展的必然产物，它体现出了特定时期下的经济关系和政治制度。

10.1.3 国家预算的原则

国家预算原则是指国家确定预算形式和编制预算的指导思想与准则。预算原则是伴随着现代预算制度产生的，并且随着社会经济和预算制度的变化而不断变化。

19世纪初，随着现代预算制度的初步确立，资产阶级经济学家提出了一些预算原则，包括完整性、统一性、年度性、可靠性、法律性和公开性等。这些原则与资本主义国家早期的健全财政观念是一致的。当资本主义走向垄断、垄断资本形成并控制了政府之后，政府行政机构的权力加强了。特别是20世纪30年代经济大危机以后，凯恩斯主义风行资本主义各国，国家干预经济成为一种社会潮流。这时，政府行政机构在政府预算决定上明显地表现出

主动权，能典型代表这一倾向的是 1945 年美国联邦政府预算局局长史密斯提出的八条预算原则。其中的主要观点是，政府预算必须反映行政计划，加强行政责任；同时还要求政府应配备足够的编制和执行预算的机构及其相应的人员等。

国家预算原则主要包括如下六点。

1. 公开性

政府预算应成为公开的文件，其内容应能被全社会所了解，除少数机密外，其数据都应向社会公布，而不是少数人随心所欲的私下活动。政府预算收支计划的制订、执行以及决算的全过程必须向公众全面公开。这一般是通过政府向权力机构提交预算报告的形式阐述预算编制的依据，执行过程中采取的措施以及如何保证政府预算的实现等，同时报告上一年度政府预算的执行情况（即决算报告），审议通过后并通过新闻媒体向全体公众公布，接受公众的监督。

例如，我国财政部部长在每年三月份召开的全国人民代表大会上做上一年度政府预算的执行情况（即决算）报告，通过新闻媒体向公众公布。

2. 法律性

国家预算的审议和批准权限属于立法机构，它通过一系列严格的政治程序来完成。即国家预算从草案提出、通过、执行、调整到决算的全过程，都在既定的政治程序监督和约束下进行，要改变该程序只有先改变已有的法律条文。国家预算通过相应的法律程序确立，既受到法律的约束和限制，其本身又是国家法律的组成部分，具有法律的权威性。预算一经审议通过，任何人均无权随意对其调整。遇有特殊事项需调整预算收支时，必须按法律规定的程序进行，以维护预算的权威性。

3. 年度性

预算年度也称财政年度，是国家预算收支起止的有效期间，它是编制和执行国家预算所必须依据的法定时间期限，通常以一年为标准。各国预算年度的起止日期不尽相同，有历年制、跨年制两种。

① 历年制：财政年度是从 1 月 1 日开始到 12 月 31 日为止，其中我国的财政年度属于历年制预算年度。

② 跨年制：即从每年某月某日开始至次年某月某日为止，中间历经 12 个月但却是跨越了两个年度。

大多数发达国家都采用跨年度预算。例如，日本、英国、加拿大，某年 4 月 1 日到次年 3 月 31 日为止；瑞典、澳大利亚，7 月 1 日到次年 6 月 30 日为止；美国，某年 10 月 1 日到次年 9 月 30 日为止。

4. 可靠性

要求国家预算每一收支项目的数字指标必须运用科学的方法，依据充分确实的资料精心测算、编制，所列数据必须符合实际，不得假定、估算，更不能任意编造。只有预、决算的数字准确、真实、可靠，才能保证政府预算的正确性，对经济社会正常、有序的发展具有深远的意义。

5. 完整性

完整性指的是国家预算必须是完整的，包括政府所从事的所有财政收入和支出的内容，以便全面反映政府的财政活动和政府的职能范围。所有法律准许的政府财政活动,都要在预算中清楚地列出,不属于政府的交易活动则必须排除在预算之外。同时不应在预算外另设其他的财政收支账目,也就是说政府所有的财政活动都不能脱离预算的管理。对于经立法机构批准的非预算资金的收支活动(预算外资金),也应在预算内有所反映,并接受预算管理。

6. 统一性

各级政府应编制统一的预算,其中所包含的预算收入和支出,要按统一科目、统一口径和统一程序加以测算和全额编列。

10.1.4 国家预算的作用

国家预算作为财政分配和宏观调控的主要手段,具有分配、调控和监督职能。国家预算的作用是国家预算职能在经济生活中的具体体现,它主要包括以下三个方面。

1. 财力保证作用

国家预算中明确规定了各种预算收入的取得形式、方法及数量,预算收入的组织入库既是保障国家机器运转的物质条件,又是政府实施各项社会经济政策的有效保证。

2. 调节制约作用

国家预算作为国家的基本财政计划,是国家财政实行宏观控制的主要依据和手段。如当宏观经济过热,出现通货膨胀时,政府可以通过增加税收以增加预算收入并消减预算支出的方法,降低社会总需求水平,抑制物价过快增长。

3. 反映监督作用

国家预算是国民经济的综合反映,预算收入反映国民经济发展规模和经济效益水平,预算支出反映各项建设事业发展的基本情况。因此,通过国家预算的编制和执行便于掌握国民经济的运行状况、发展趋势以及出现的问题,从而采取对策措施,促进国民经济稳定协调地发展。

10.1.5 国家预算体系

国家预算也就是政府收支预算,一般来说,有一级政府即有一级财政收支活动主体,也就相应有一级预算。在现代社会,大多数国家都实行多级预算,从而产生了国家预算的级次和组成即国家预算体系。我国国家预算组成体系是按照一级政权设立一级预算的原则建立的。

我国宪法规定,国家机构由全国人民代表大会、国务院、地方各级人民代表大会和各级人民政府组成。与政权结构相适应,并同时结合我国行政区域的划分,国家预算由中央预算和地方预算组成,地方预算由省(直辖市、区、计划单列市)、市、县、(市、自治县)和乡镇预算组成,如图 10-1 所示。

中央政府预算由中央各部门(含直属单位)的预算组成。地方预算由各省、自治区、直辖市总预算组成;地方各级总预算由本级政府预算和汇总的下一级总预算组成;地方各级政府预算由本级各部门(含直属单位)的预算组成;各部门预算由本部门所属各单位预算组成,单位预算是指列入部门预算的国家机关、社会团体和其他单位的收支预算。

我国的国家预算管理体制,实行中央和地方分税制,中央预算和各级地方预算按照复式

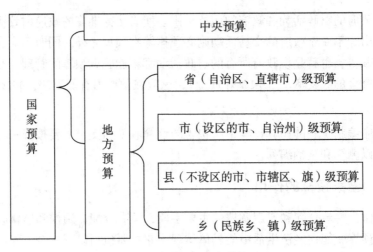

图 10-1 我国国家预算体系

预算编制。中央政府预算不列赤字,中央预算所必需的建设投资的部分资金,可以通过举借国内和国外债务等方式筹措,但借债应当有合理的规模和结构。地方各级预算按照量入为出、收支平衡的原则编制,不列赤字。各级政府预算应按本级政府预算支出额的 1%~3% 设置预备费,按照国务院规定设置预算周转金。

10.1.6 国家预算的种类

1. 按收支管理范围分类,国家预算可分为总预算和单位预算

总预算是各级政府的基本财政计划,它由各级政府的本级预算和下级政府总预算组成。

单位预算是国家政府预算基本组成部分,是各级政府的直属机关就其本身及所属行政事业单位的年度经费收支所汇编的预算,它是机关本身及其所属单位履行其职责或事业计划的财力保证,是各级总预算的构成的基本单位。根据经费领拨关系和行政隶属关系,单位预算可分为一级单位预算、二级单位预算和基层单位预算。

2. 按编制形式分类,国家预算可分为单式预算和复式预算

(1) **单式预算**(Single Budget)

单式预算是传统的预算组织形式,其做法是在预算年度内将全部的财政收入与支出汇编在一个统一的总预算内,而不区分各类预算收支的经济性质。

单式预算把全部预算收入和支出汇总到一个平衡表内,便于了解政府财政的全貌,完整性强,便于立法机构的审议和社会公众的了解和监督,其结构简单,便于操作,比较容易编制和审批。

但单式预算没有按税收收入和债务收入不同的性质安排经常性支出和建设性支出,容易造成经常性支出和建设性支出相互挤占,不利于考核资金尤其是经济建设资金的使用效益,不利于经济分析和宏观调控。而且把债务收入列为正常预算收入,人为地扩大了预算收入的规模,掩盖了预算赤字的真实状况。

(2) **复式预算**(Dual Budget)

复式预算是在单式预算的基础上发展演变而成的,是指在预算年度内,把全部的预算收支按经济性质汇总编入两个或两个以上的收支对照表,从而编成两个或两个以上的预算。复

式预算的产生和推广，是与政府职能扩大联系在一起的。1927 年丹麦率先创立复式预算，但直到 1929—1933 年世界经济大危机和凯恩斯主义流行后，瑞典又设计了新的复式预算方案，才引起其他国家注意和纷纷采用，但各自的具体形式有所不同。

复式预算的特点如下。

① 在形式上，复式预算表现为用两个或两个以上的收支表格，反映政府全部的收支活动，便于考核预算资金的来源和用途。

② 两个或两个以上的预算收支表是相互独立的预算，各个预算以各自收入应付各自的支出，自成一体，自求平衡，但结余和赤字可以结转。

③ 每一个独立的预算表中的收支项目是按照各类资金的不同性质划分的，这样可以使预算收入与支出之间具有明晰的对应关系。

④ 几个预算的内容相互补充，预算的平衡相互管理；几个预算不仅相互独立、自成体系，同时又必须在一定的规则上相互流通，共同构成一个科学、完整的预算体系。

通常的做法是把预算分为经常性预算和资本性预算两部分。

经常性预算又称经费预算或普通预算，主要反映政府一般行政上的经常性收支项目，收入方以各项税收为主，支出方为各种公共服务，体现政府的社会管理职能。经常预算一般不列赤字，应基本平衡或略有结余。

资本性预算又称投资预算或建设性预算，主要反映政府投资性收支，收入方包括经常预算转来的结余额、国债收入和国外借款收入等，支出方主要反映政府的各项资本性支出，如政府对公共工程项目的投资、对国有企业的投资以及物资储备等，体现政府的生产资料所有者职能。

复式预算具有较强的综合功能，能够全面地反映当年财政收入的总体情况，有利于全面掌握政府财政状况，但不能有效地反映财政收支的结构和经济项目的效益，也不便于进行年度间和部门间的比较。

3. 按编制方法分类，国家预算可分为增量预算和零基预算

增量预算是指财政收支计划指标在以前财政年度的基础上，按新的财政年度的经济发展情况加以调整之后确定的。

零基预算是指对所有的财政收支，完全不考虑以前的水平，重新以零为起点而编制的预算。零基预算起源于美国，在国际上具有较强的代表性。它强调一切从计划的起点开始，不受以前各期预算执行情况的干扰，尽可能找出更好的方法，使未来年度的预算一开始就建立在一个科学、合理的基础之上，避免不必要的浪费。

零基预算制的推行，首先要求各基层预算单位每年根据下达计划，重新编制预算，并要求提出改善可能多的方案，进行择优选择，然后上级主管部门对基层预算单位上报的方案必须进行认真的审查和评估，提出意见供下级单位根据最后选定的最优方案，结合上级提出的修正意见。

零基预算的优点是对编制预算的各级单位赋予一定的权力，从而能够充分发挥各级管理人员的积极性和创造性，按照轻重缓急确定优先项目，使预算管理工作更符合节约和效益原则。同时，零基预算也大大加强了主管部门和执行单位的责任感和成本意识。

4. 按投入项目能否直接反映其经济效果分类，国家预算可分为项目预算和绩效预算

项目预算是指只反映项目的用途和支出金额，而不考虑其支出经济效果的预算。

绩效预算就是以项目的绩效为目的，以成本——效益分析确定的支出费用为基础而编制和管理的预算。绩效预算的特点是按照计划决定预算，按预算计算成本，按成本分析效益，然后根据效益来衡量其业绩。在编制绩效预算时，要求政府各部门先制定有关的事业计划和工程规划，计算出每项施政计划的成本和效益，然后择优把项目列入预算。在绩效预算执行后，要用对比计划和实际、本期及前期成本效益的方法，考核行政部门使用预算资金的每项工作或业务的绩效。

绩效预算的优点是：以成本的观念来衡量工作成果，对每个项目都必须经过科学论证和评估，这对于监督和控制财政支出，提高支出效益，防止浪费有积极作用；重视了对预算支出效益的考察，使预算支出反映支出所产生的预计效益。

10.2 国家预算的编制、执行与国家决算

10.2.1 国家预算的编制

预算编制是整个预算工作程序的开始。国务院应及时下达关于编制下一年度预算草案的指示，具体事项由财政部门部署。各地方政府应按国务院规定的时间，将本级总预算草案报国务院审核汇总。各级政府财政部门应在每年本级人民代表大会会议举行的前一个月，将本级预算草案的主要内容提交本级人民代表大会的专门委员会进行初审，在人民代表大会举行会议时作关于预算草案的报告。预算草案经人民代表大会审查和批准，中央预算由全国人民代表大会批准，地方各级政府预算由本级人民代表大会审查和批准。

国家预算的编制要遵循一定的程序。我国现行的预算编制，仍然实行"二上二下"的编制办法，即在部门编制预算建议数的基础上，财政部门会同有预算分配权的部门审核预算建议数后下达预算控制数，然后部门再根据预算控制数编制本部门预算报送财政部门；财政部门根据人代会批准的本级政府预算草案批复部门预算。

国家预算的编制，还应按照一定的方法进行。在编制国家预算之前，各级财政部门都要事先对计划年度预算的各项收支进行测算，以确定各项收支的具体数字。主要采取算大账、综合匡算的方法，确定下一年度的各项预算收支的数额。具体测算是在匡算的基础上，根据有关的经济指标和预算定额，分别对各部门、各单位、各项预算收支指标逐项进行具体测算，以求得更加确定的预算指标数额。预算国家预算收支指标的方法主要有以下几种。

① 基数法。它是以报告年度的预算收支预计执行数为基数，分析影响计划年度预算的各种有利和不利因素，并分别测定各种因素对预算收支的影响程度，从而测算计划年度预算收支指标的一种方法。这种方法计算简便，测算时又考虑了各方面的既得利益，不会在制定预算时遇到大的阻力，是财政部门测算收支指标时常用的方法之一。

② 系数法。它是按一定年份预算收入（或支出）的统计数占同期有关经济（或事业）指标的比率，来测算计划年度预算收支的一种方法。

③ 比例法。它是在已知局部预算收支的情况下，利用局部占全部的比例关系，测算计划年度全部预算收支，或者在已知全部预算收支的情况下，利用局部占全部的比例关系，测算计划年度局部预算收支的一种方法。

④ 定额法。它是利用各项预算定额和有关经济事业指标测算计划年度某项预算收支的

一种方法。

⑤ 综合法。综合法是在报告年度预算收支基数的基础上，既使用系数法计算计划年度经济和事业增长速度，又考虑各种影响计划年度财政收支的因素，综合分析测算计划年度预算收支指标的一种方法。

国家预算的编制、批准、执行如图 10-2 所示。

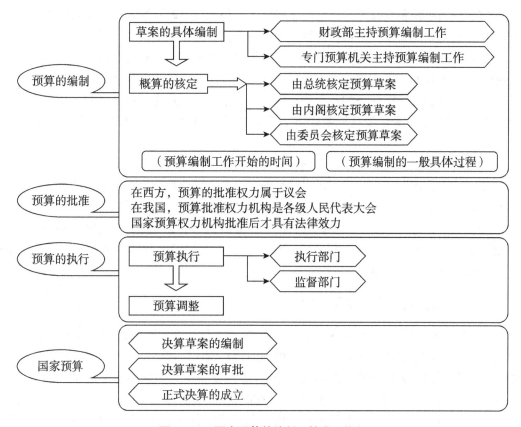

图 10-2 国家预算的编制、批准、执行

10.2.2 国家预算的执行

国家预算草案经过人大的立法程序审批后，就成为了正式的法案，进入预算的执行阶段。国家预算的执行，是指各级财政部门和其他预算主体在组织政府预算收入、安排政府预算支出、组织预算平衡和行使预算监督中的实践性活动。政府预算的执行是实现政府预算收支任务的最为重要的一环，是把国家预算由可能变为现实的必经步骤，关系到党和国家一系列方针政策的贯彻实施以及国民经济和社会发展计划的完成。

预算收支任务的完成主要取决于组织预算的正确执行，相应的组织管理机构的建立，计划实施方法以及预算调整方法的确定，对预算的执行情况及时进行检查分析，及时发现、解决问题等。我国的《预算法》规定，各级预算由本级政府组织执行，具体工作由本级政府财政部门负责。政府预算执行的各个机构既相互独立，又相互协调制约，在预算执行中都起着非常重要的作用。

在中央预算执行中，财政部国库司是负责预算执行的机构。其主要职责是：管理部门预算指标；负责总预算会计工作，办理预算内、外资金收支结算划拨；汇总批复中央部门的决算，编制中央财政总决算；统一管理中央财政的银行开户；负责用于平衡预算的政府内债的发行、兑付及二级市场的管理，拟定政府相应政策和管理制度；统一负责政府采购工作，对全国政府采购信息进行统计分析，研究和推行国库集中收付制度。

各级财政、税务、海关等预算收入征收部门，必须依照有关法律、行政法规和财政部的有关规定，积极组织预算收入，按照财政管理体制的规定及时将预算收入缴入中央国库和地方国库；未经财政部批准，不得将预算收入存入在国库外设立的过渡性账户。

各项预算收入的减征、免征或者缓征，必须按照有关法律、行政法规和财政部的有关规定办理。任何单位和个人不得擅自决定减征、免征、缓征应征的预算收入。

一切有预算收入上缴任务的部门和单位，必须依照有关规定将应当上缴的预算收入，按照规定的预算级次、预算项目、缴库方式和期限缴入国库，不得截留、占用、挪用或者拖欠。

国库是办理预算收入的收纳、划分、留解和库款支拨的专门机构。国库分为中央国库和地方国库。中央国库业务由中国人民银行经理。未设中国人民银行分支机构的地区，由中国人民银行商财政部后，委托有关银行办理。地方国库业务由中国人民银行经理。未设中国人民银行分支机构的地区，由上级中国人民银行分支机构商有关的地方政府财政部门后，委托有关银行办理。具备条件的乡、民族乡、镇，应当设立国库。具体条件和标准由省、自治区、直辖市政府财政部门确定。

10.2.3 国家预算的调整

按《预算法》规定，预算调整是指"经全国人民代表大会批准的中央预算和经地方各级人民代表大会批准的本级预算，在执行中的因特殊情况需要增加支出或减少收入，或者使原批准的预算举借债务的数额增加的部分变更"。这就是说，预算调整是指在执行预算过程中，因追加支出或追减收入，动用全部预算费弥补，收支仍不能平衡而需要对原批准的预算进行的部分修改。这是狭义的预算调整，也是本章所称谓的预算调整概念。广义的预算调整则是指在预算执行过程中，所有对预算收支数额、范围、方式的修改、补充活动。它除了包括以上因追加支出或追减收入而需要修改预算收支总额外，还包括以下两种情况：一是不变更原批准预算收支总额，只是部分改变支出用途或收入来源，而不影响收支平衡；二是由于某些收支在上下级之间或地区、部门之间的互相转移，而影响到上下级之间或者地区、部门之间预算收支变化，但不影响各级总预算收支平衡。

预算调整过程中，一般采用两种方式：

① 全局调整。在预算执行过程中，如遇特大自然灾害、战争或遇国民经济发展过分高涨或过分低落，以及对原定国民经济和社会发展计划进行较大调整时，就有必要对预算进行全面调整。

② 局部调整。具体而言，包括动用预备费、追加追减预算、经费流用[①]和预算划转四种形式。

各级政府对于必须进行的预算调整，应当编制预算调整方案，预算调整方案应当列明调

---

① 经费流用是指预算资金在不同用途之间的再分配，通常通过预算科目之间的调出和调入来完成。

整的原因、项目、数额、措施及有关说明。中央预算的调整方案必须提请全国人民代表大会常务委员会审查和批准；县级以上地方各级政府预算的调整方案必须提请本级人民代表大会常务委员会审查和批准；乡、民族乡、镇政府预算的调整方案必须提请本级人民代表大会审查和批准。未经批准，不得调整预算。

在预算执行中，因上级政府返还或给予补助而引起的预算收支变化，不属于预算调整。接受返还或者补助款项的县级以上地方各级政府应当向本级人民代表大会常务委员会报告有关情况；接受返还或者补助款项的乡、民族乡、镇政府应当向本级人民代表大会报告有关情况。

各部门、各单位的预算支出应当按照预算科目执行。不同预算科目间的预算资金需要调剂使用的，必须按照国务院财政部门的规定报经批准。地方各级政府预算的调整方案经批准后，由本级政府报上一级政府备案。

10.2.4 政府决算

政府决算是指经过法定程序批准的年度预算执行结果的会计报告，是政府预算执行效果的总结。根据预算法规定，各级政府、各部门和各预算单位在每年预算年度终了后都要按国务院规定的时间和有关要求编制决算，它是国家或地区经济与社会事业活动在财政上的集中反映。政府决算由中央决算和地方决算组成。中央决算由中央各主管部门汇总所属的行政事业单位决算、企业财务收支决算和中央直接掌握的收支决算所组成。地方决算是指各级政府的决算。

决算草案由各级政府、各部门、各单位，在每一预算年度终了后按国务院规定的时间编制，具体事项由国务院财政部门部署。按照我国《预算法》及其实施条例的有关规定，财政部应当在每年第四季度部署编制决算草案的原则、要求、方法和报送期，制发中央各部门决算、地方决算及其他有关决算的报表格式。县级以上地方政府财政部门根据财政部的部署，编制本级政府各部门和下级政府决算草案的原则、要求、方法和报送期限，制发本级政府各部门决算、下级政府决算及其他有关决算的报表格式。各单位应当按照主管部门的布置，认真编制本单位决算草案，在规定期限内上报。各部门在审核汇总所属各单位决算草案基础上，连同本部门自身的决算收入和支出数字，汇编成本部门决算草案并附决算草案详细说明，经部门行政领导签章后，在规定期限内报本级政府财政部门审核。

决算草案的审批和预算草案的审批程序相同，财政部应当根据中央各部门决算草案汇总编制中央决算草案，报国务院审定后，由国务院提请全国人民代表大会常务委员会审查和批准。县级以上地方各级政府财政部门根据决算草案汇总编制本级决算草案，报本级政府审定，由本级政府提请本级人民代表大会常务委员会审查和批准。乡、民族乡、镇政府根据财政部门提供的年度预算收入和支出的执行结果，编制本级决算草案，提请本级人民代表大会审查和批准。县级以上各级政府决算草案经本级人民代表常务委员会批准后，本级政府财政部门应当自批准之日起 20 日内向本级各部门批复决算。各部门应当自本级政府财政部门批复本部门决算之日起 15 日内向所属各单位批复决算。县级以上地方各级政府应当自本级人民代表大会常务委员会批准本级政府决算之日起 30 日内，将本级政府决算及下一级政府上报备案的决算汇总，报上一级政府备案。

政府决算的编制，将有利于各级政府掌握预算执行的结果，便于总结政府预算管理经验,也有利于积累政府预算统计资料,为政府宏观经济调控提供极为重要的参考依据。

10.2.5 监督与法律责任

全国人民代表大会及其常务委员会对中央和地方预算、决算进行监督,县以上地方各级人民代表大会及其常务委员对本级和下级政府预算、决算进行监督,乡、民族乡、镇人民代表大会对本级预算、决算进行监督。各级政府审计部门对本级各部门、各单位和下级政府的预算执行和决算实行审计监督。

各级政府未经依法批准擅自变更预算,使经批准的收支平衡的预算的总支出超过总收入,或者使经批准的预算中举借债务的数额增加的,对负有直接责任的主管人员和其他直接责任人员追究行政责任。

10.3 国家预算管理体制

10.3.1 国家预算管理体制概述

1. 国家预算管理体制的含义及原则

(1) 含义

国家预算管理体制是国家经济体制的重要组成部分,是确定中央和地方以及地方各级政府之间的分配关系的根本制度。它规定了财政分级管理的原则,划定各级政权在财政管理方面的权限和收支范围,正确处理财政分配中各方面的责、权、利关系,实现财政管理和财政监督,是国家财政管理体制的重要组成部分。

(2) 原则

我国预算管理体制的基本原则是"统一领导、分级管理"。两者是辩证统一的关系,分级管理必须服从于统一领导,统一领导解决中央集权的问题,分级管理解决地方分权方面的问题,集权和分权反映着中央和地方的利益关系,两者在根本利益上是一致的。统一领导体现在全国性的财政预算方针政策、国家的财政收支计划以及全国性的财政预算规章制度,要由中央统一制定,分级管理是在中央的统一领导的前提下,地方有权统筹安排预算收支和机动财力,有权具体制定地方性的财政预算规章制度。

在不同时期,由于体制不同,"统一领导、分级管理"有不同的侧重点,有时候集中多一些,有时候分散多一些,但强调集中的时候也要重视地方的正当权益,而强调分权的时候也不能削弱中央的集中领导,这样才能真正实现"统一领导、分级管理"原则。

2. 西方国家预算管理体制的类型

西方国家预算管理体制根据各国的国体基本上可以分为两种类型。

① 联邦制国家。其特点是地方政府具有相对的独立性,拥有较大的自主权,中央和地方的财政收支划分明确,地方政府对中央政府的依赖小,中央和地方各自自求平衡。

② 单一制国家。其特点是中央政府拥有较大的权限,地方政府虽然也有一定的自主权,但其财政在相当大程度上依赖于中央预算的拨款或补助。

从历史发展趋势看,过去高度集权的国家正在逐步走向权力适当分散,而过去权力极端分散的国家,却逐步加强了中央的权利,出现了在处理中央与地方之间财政关系上寻求集中和分散适度结合的倾向。如法国、日本，国内实行单一制的政体，原来中央财政占有优势，国家预算高度集中化，但在"集中化"达到一定程度后，又逐步实行"适度分权"。而作为联邦制国家的美国，其预算管理体制明显表现为由分散独立到集中统一的过程，20 世纪初期，美国联邦政府预算支出只占政府预算支出总额的 36%，到 1982 年，此比重上升到 70.6%。

3. 国家预算管理体制的内容

国家预算管理体制的核心是各级预算主体的独立自主程度以及集权和分权的关系问题。它是国家编制、执行、决算以及实施预算监督的制度依据和法律依据，是财政管理体制的主导环节。其主要内容包括：

① 确定预算管理主体和级次，一般是一级政权构成一级预算管理主体。

② 预算收支的划分原则和方法。其原则包括事权和财权相一致、保证中央的宏观调控、保证地方有稳定收入等；收支划分的方法包括收支两条线和收支挂钩、分类分成方法、总额分成方法等。

③ 预算管理权限的划分。

④ 预算调节制度和方法。

4. 我国国家预算管理体制的演变

新中国成立以来，我国预算管理体制经过了多次重大改革。

(1) **高度集中的"统收统支"制度**

这种制度在 1950—1953 年实施，是国民经济恢复时期所采取的一种中央高度集权的办法。当时新中国刚刚成立，由于战争的影响，物价飞涨，整个国民经济支离破碎，国家财政收不抵支，因而实行高度集中的"统收统支"制度。这种制度的特点是制定各项财政政策和制度的权限全部集中于中央，全国所有收入一律上缴中央金库，地方一切开支需经中央核定，按月拨付。

(2) **统一领导、分级管理体制**（1953—1978 年）

特征：第一，在中央统一政策、统一计划和统一制度的前提下，按国家行政区划来划分预算级次，实行分级管理，在分级管理体制下，地方预算的收支支配权和管理权相对较小，并不构成一级独立的预算主体。第二，按中央政府和地方政府职责分工并按企事业和行政单位的隶属关系确定各级预算的支出范围。第三，主要税种的立法权、税率调整权和减免权集中于中央，并由中央确定地方的收入指标。第四，由中央统一进行地区间的调剂，凡收大于支的地方，向中央财政上解收入；凡支大于收的地方，由中央财政给予补助。第五，地方预算的收支平衡。第六，体制的有效期是"一年一定"或"几年不变"，不是长期相对稳定的。

(3) **划分收支、分级包干体制**（1979—1993 年）

十一届三中全会以来开始对计划经济管理体制逐步进行全面改革，并选择以预算体制作为突破口。1979—1993 年，政府之间搞的是财政包干，这是改革开放初期中央政权在推行放权让利的改革时所采用的主要方式。划分收支、分级包干体制的具体做法：a. 明确划分中央预算和地方预算的收支范围；b. 分级包干，按照划分的收支范围，给地方财政确定一个收入和支出的包干基数实行包干。财政包干型预算管理体制的具体形式多样化，包括收入递增包干办法、总额分成办法、总额分成加增长分成办法、上解额递增包干办法、定额上解办法和定额补助办法等。使地方政府有了自己的财政收支范围，有了稳定的税收及相应的预算管理权，地方政府在"分级管理"中的预算主体地位逐步形成。

（4）**分税制预算管理体制的建立与完善**（1994年至今）

随着社会主义市场经济改革目标的确立，要求建立规范的公共财政体制与之相适应，1994年的预算管理体制改革与此是一致的。这次改革初步建立了中央税收和地方税收体系，分设中央与地方两套税务机构分别征管，改进了预算编制办法，建立了适应分税制需要的国库体系和税收返还制度等措施，调整了中央与地方的分配关系，初步建立了规范的分级预算管理制度。

10.3.2 分级分税预算管理体制

分级分税预算管理体制是根据市场经济的原则和公共财政的理论确立的一种财政管理制度，是国际上市场经济国家通行的一种财政分配体制，也是市场经济国家运用财政手段对经济实行宏观调控较为成功的做法。分税制的实施，既是一国政府法制建设和行政管理的需要，是一国以法治税思想在财政、税收制度建设方面的体现，又是一个国家财政政策、税收政策在税收管理方面的体现，也是一国财政管理体制在税收方面的体现。

1. 分税制的概念和特点

（1）**分税制的概念**

分税制是指在国家各级政府之间明确划分事权及支出范围的基础上，按照事权和财权相统一的原则，结合税种的特性，划分中央与地方的税收管理权限和税收收入，并辅之以补助制的预算管理体制模式。具体而言，可以从如下几个方面加以理解。

① 分税制是一种涉及多种财政要素、多种财政行为的财政管理体制。分税制的完整含义不仅指划分税种，而且涉及分税的依据、分税的形式、分税的结果等财政分配的各个方面。

② 分税制是分设机构、划分事权与划分财权相统一的财政管理体制。完整的分税制不仅限于税种的划分，而且与财权、事权的划分密不可分。划分税种的目的是使各级政府具备与其事权相称的财力，决定各级政府财力大小的依据是依法划分的各级政府的事权。

③ 分税制是市场经济体制国家共同选择的分权式财政管理体制。市场经济体制国家无论是在政治上还是经济上都实行不同程度的分权，这是分税制实施的前提。在中央高度集权的计划经济体制之下，地方没有独立的财政权，分税制的经济基础不具备。

④ 分税制是一种有配套齐全的法律体系加以保障的规范化财政管理体制。许多国家在宪法中明确规定实行分税制，并在宪法或其他专门法中明确各级政府的职能及相应的事权，为分税制提供基本法上的依据。在此基础上，通过各个相关立法将分税制各方面的制度以法律形式固定下来。

（2）**分税制的特点**

① 各级政府的事权和支出范围划分较明确。财政的集权与分权视政体而定，联邦制国家一般实行地方分权制，单一制国家一般实行中央集权制。尽管集权和分权的程度、方法和形式有所不同，但其共同特点是中央与地方的职权划分互不干预，支出范围比较明确。中央政府一般负责国防、外交、社会福利、大型公共工程、农业补贴、对地方补助等支出。地方政府一般负责维持地方社会治安、发展地区文化教育、兴办地方公共服务事业以及本地区范

围内的对外交往等支出。

② 中央与地方具有相互独立的税收体系，包括独立的税收征管机构、税收管理权限和稳定的收入体系。中央和地方各级政府一般都有各自的税务机构，分别组织各自的税收，互不干预。在税收管理权限上，尽管各国地方税收管理权的大小有所不同，但都具有根据实际需要开征某些地方税种，调整地方税率和减免地方税收的权力。虽然大部分国家在税种划分上有交叉，但交叉的比重不大，且交叉部分税收的变动需要经过法律程序的批准，使税收划分比较明确，具有一定的稳定性。按税种特点划分财政收入，形成了各级政府相对稳定的收入体系。

③ 在税收划分上，凡是对国民经济有重大影响或有利于中央宏观调控的税种划归中央，且长期保持稳定。中央通过对地方财政补助的形式调节地区之间的差别。

2. 分级分税制预算管理体制设立的标准和依据

（1）经济标准：社会公共需要或公共物品的层次性

在分级分税预算管理体制下，由不同预算主体分级执行财政职能，为满足社会公共需要提供财力。公共需要是分层次的，因而公共需要的层次性是划分收支的基本依据之一。区分公共需要层次性的基本标准是它的受益范围。按受益范围，公共需要分为全国性公共需要和地方性公共需要。全国性公共需要的受益范围覆盖全国，凡本国的居民或公民都可以无差别地享用它所带来的利益，适于由中央提供。

由于划分收支的标准不同，一般会形成如下的分配格局：支出方面偏重于地方，收入方面偏重于中央，或者说中央收大于支，地方支大于收。因此必须由中央通过转移支付弥补地方财政缺口，均衡地区间的差距。

（2）政治标准：集权和分权关系

由于各国的政治体制和国情决定的集权与分权关系不同，各国的收支划分也不同，有的差别还很大，所以集权与分权关系也是划分收支的基本依据之一。从人类社会的历史经验证明，集权和分权关系是不断调整和变化的。但始终是以集权为轴心，分权是围绕集权进行调整的，分权具有客观必然性。这种必然性来源于地方的相对独立的经济利益，也是国家经济职能不断强化的内在要求。一般而言，联邦制国家侧重分权，单一制国家侧重集权，集权与分权关系在预算体制上体现为中央与地方间收支划分的比例，几乎所有国家，无论是联邦制还是单一制，中央收入均占主导地位这是共同的。但通过转移支付后的中央收入或支出的比重则有较大的差别，转移支付后的中央收入比重英国为71%，美国为42%，印度为44%，印度尼西亚为82%。

（3）分税制的依据

分税制得以确立的依据主要有以下三个方面。

第一，以各级政府的事权范围为依据。

政府行使事权，必须有相应的财力保障和政策工具。实行分税制，应当界定各级政府的事权范围，让地方政府拥有一定的税权，拥有法定的固定收入来源和财力保障。因此，应当根据权责对等的原则，建立中央和地方两套税制，中央税由中央立法，地方税由地方参照中央税立法，中央政府和地方政府对中央税和地方税分别管理，分别征收，分别使用。

第二，以各类税种的自身特征为依据。

分税制要以税种自身的特征为依据来划分税种的归属级次。在税种设置合理的前提下，原则上应把收入大、对国民经济调控功能较强、与维护国家主权关系紧密、宜于中央集中掌握和征收管理的税种或税源划为中央税；把宜于发挥地方优势、税源分散不宜统一征收管理的税种或税源划为地方税；把征收面宽、与生产和流通直接相联系、税源波动较大、征管难度大、收入弹性大的税种划为中央地方共享税。这种以税种特性为依据划分中央税、地方税和中央地方共享税的方法，有利于加强税收的征收管理和强化税收功能。

第三，以加强和方便税收征管为依据。

分税制作为一种税收管理制度，其税种的划分，应方便税务机关进行征管和纳税人履行纳税义务。

3. 分税制的类型

从世界各国分税制的情况来看，目前国际上常见的分税制类型主要包括以下几种。

（1）以分税级次为标准分为两级和两级以上的分税制类型

根据分配级次的不同，分税制类型常见的有两种，一种是中央政府与地方政府两级分税制，一种是中央政府、州（省、自治区、直辖市）政府、县（府、郡、自治州、盟、旗）政府三级分税制。

（2）以分税的完善程度为标准分为彻底型和不彻底型的分税制类型

彻底分税制（亦称"完全分税制"）是指彻底划分中央和地方税收管理权限，不设置中央地方共享税的一种分税制制度。采取这种分税制的，大多是联邦制国家，如美国等。它具有如下特点：政府事权明晰，税权和事权对应密切，税收管理权限划分清楚，中央与地方税务机构分设。一般来说，实行这种制度需要有良好的法制环境作为支撑。如果社会公众没有对立法、执法的有效建设和监督权力，实行彻底分税制只会带来官本位下的腐化和短期行为，使地方经济受到损害。因此，在法制建设不太完善的国家和时期，设想实行彻底分税制，是行不通的。

不彻底分税制（亦称"不完全分税制"）是指税收管理权限交叉，设置中央税、地方税以及中央和地方共享税的一种分税制制度。它既具有固定性的特点又具有灵活性的特征。采用这种分税制的，大多是管理权限比较集中的国家，如英国、日本及当前我国采用的分税制等。

（3）以税权分配程度为标准分为集权为主的、分权为主的、集权和分权相结合的分税制类型

① 集权为主的分税制。这种类型以英国、法国、瑞典为代表。它们的共同特点是：政治集权、经济干预、税权集中、以中央税收为主体。这些国家的中央税收占绝对优势，如在英国，以所得税、公司税为主要税种的中央税收占税收总额的75%以上，以财产税为主要税种的地方税收仅占税收总额的25%以下。高度集中的税收管理体制，虽然有利于集中财力实现预期经济目标，有利于运用税收杠杆调节经济，但却较严重地压抑了地方政府组织收入和促进市场竞争，推动经济发展的主动性和积极性。

经济发展水平比较低的发展中国家在近几年的税制改革中也大多采用了这种模式。

② 分权为主的分税制。这种类型以德国、原南斯拉夫为代表，其特点是：三级政府、三级预算，相对独立；共享税是主体，共享税收入占全部税收总额的70%；要求严格贯彻"一级政府、一级财政"，自求平衡的原则。这种分成分税制能较充分地发挥各级政府理财办事和推动市场自由竞争的主动性和积极性，有利于宏观管理。

③ 集权与分权相结合的分税制。这种类型以美国、日本为代表，经济发展水平较高的发展中国家也多采取这种模式。此类国家在沿袭各自历史传统和信奉的经济理论的基础上，形成了大致相同的分税制特点：有比较完善的中央和地方两个税收管理体系；有比较灵活的中央财政对地方财政的调控措施；有比较健全的税收管理体系。

4. 我国的分税制改革

（1）我国分税制的现状

1994 年实行的"分税制"改革，从我国的实际出发，借鉴市场经济国家的分级预算体制，初步形成具有中国特色的多级预算体制。根据 1994 年分税制改革方案，我国现行分税制的原则和主要内容是：按照中央与地方政府的事权划分，合理确定各级财政的支出范围；根据事权与财权相结合的原则，按税种合理划分中央和地方收入；科学核定地方收支数额，逐步实行比较规范的中央财政对地方的税收返还和转移支付制度；建立和健全分级预算制度，硬化各级预算约束；维持原来分配格局基本不变，原体制中央对地方的补助继续按规定执行，原体制地方上解仍按不同体制类型实施。从 1994 年到现在，分税制已经实行 16 年了。总体上说，这项改革是基本成功的，达到了预期目的，收到了较好的成效。如统一了税法，公平了税负；简化了税制；进一步理顺了分配关系；强化了中央的调控能力；保证了税收收入的连续增长；促进了国民经济的发展；加快了我国税制与国际税收惯例接轨的步伐。

但我国目前实行的分税制还有许多不尽如人意之处，需要继续深化改革。从世界各国分税制的实践来看，真正意义上的分税制，其基本内容可概括为"税种分开，税权分立，机构分设，转移支付"。与此相比，我国的分税制有一定差距，存在许多问题，有待进一步完善和规范。

（2）我国分税制的主要问题

① 事权和支出范围越位。目前实施的分税制没有重新界定政府职能，各级政府事权维持不甚明确的格局，存在越位与错位的现象，事权的错位与越位导致财政支出范围的错位与越位。

② 税权过于集中。我国现行的分税制不仅中央税、共享税，而且绝大部分地方税的立法权限全部集中在中央，地方政府只能制定一些具体的实施细则、征税办法、补充规定和说明。这种高度集中的税权划分模式，不符合社会主义市场经济和分税制的要求。

③ 地方税收体系不健全。目前，地方税种除营业税、所得税外，均为小额税种，县、乡级财政无稳定的税收来源，收入不稳定。地方税种的管理权限高度集中在中央，地方对地方税种的管理权限过小。

④ 省级以下分税制财政管理体制不够完善。主要是地方各级政府间较少实行按事权划分财政收支的分权式财政管理体制。县级财政没有独立的税种收入，财政收入没有保障。

⑤ 转移支付不规范。我国现行转移支付制度主要有以下缺陷：一是目前的转移支付方式还受到原有的包干体制的影响，中央对地方上划的税收按基期年如数返还，"基数法"把财政包干体制下形成的财力不均带入新的分税制体制中，使地区之间财力不平衡问题将长期存在并难以解决。二是目前的转移支付还带有相当大的随意性，没有建立一套科学、完善的计算公式测算办法。三是转移支付形式繁多，管理分散。我国转移支付种类较多，补助对象涉及各行各业。掌握和分配这种补助拨款的单位有财政部的专业司局，也有国务院部委。这些补助拨款的来源既有预算拨款，也有预算外资金。四是转移支付缺乏有效的约束和监督机

制。五是转移支付缺乏法律依据。

（3）完善我国分税制的对策

① 明确划分中央政府与地方政府的事权。

事权的正确界定是实施科学分税制模式的条件，也是确定中央与地方财政支出与收入的依据。根据事权与财权相统一的原则，在事权界定的基础上可相应划分财权。即按照各级政府的事权，可划分出各级政府的财政支出，再根据各级政府的财政支出，确定和划分出各级政府的财政收入，而财政收入则又主要按税种性质进行划分。目前我国政府事权，大部分是比较明确的，不够明确的主要是经济权限，这与政府与企业之间分工不明确密切相关。许多该由政府办的事由企业承担，该由企业办的事又由政府包揽。当前我国划分中央与地方、政府与企业之间的事权，核心问题应该是投资权划分问题。各投资主体在投资权上的分工应该是，中央政府主要承担对国民经济全局有较大影响的大型企业、能源、交通建设，微利或无利的基础设施，新兴产业和风险投资。省级政府主要承担对本地区经济全局有较大影响的上述有关投资。把那些关系局部利益或直接为居民服务的项目，如地方基础设施和公用事业投资等，纳入县市镇的事权范围。政府应逐步从个人、企业或社会完全有能力承担并对整个经济发展不至于产生难以控制的冲击的经济建设领域和事业中退出来。同时，改变按投资规模大小来划分中央与地方投资管理权限的做法，除了特别重要的项目和中央负责的项目由中央投资外，绝大部分项目应按受益范围由所在地方政府承担投资。

② 优化税种配置，健全中央税制和地方税制体系。

优化税制结构方面包括合并重复设置的税种；停征部分老税种和适时开征新的税种；要进一步完善增值税，调整消费税、稳定营业税、深化所得税改革和扩大资源税。

③ 合理划分税权。

正确划分中央与地方的财权，使中央和地方都拥有主体税种和较为充足的税源。将维护国家权益、涉及全国范围、实施宏观调控所必需的税种划归中央；将只涉及地方范围、适合地方征管的税种划归地方，并进一步加强地方税种的建设。

④ 完善转移支付制度。

财政转移支付体现了上级政府对下级政府的财政返还与补助，即各级政府之间的财力转移，包括体制补助、税收返还和专项拨款等。而要使其规范化，必须坚持"兼顾效益与公平"的原则：一方面要优先考虑经济效益高的省（市、县），效益越高，人均建设性转移支付就应越多，即"办事钱"要体现差别，转移支付要向"高效益"地区倾斜；另一方面又要充分考虑缩小地区间差异和人均收入差异，人均收入越低，人均建设转移支付也就应越多，即"吃饭钱"要大体相同，达不到基本标准就要实施重点转移支付。

本章小结

国家预算是社会发展到封建社会末期和资本主义初期，作为新兴资产阶级与封建统治阶级进行斗争的一种经济手段而产生的。国家预算反映的是政府活动的范围、方向和政策。国家预算制度的进展，则直接促进着政治制度的变化，又对经济关系的变化产生着关键性的影响。国家预算的原则包括公开性、法律性、年度性、可靠性、完整性和统一性。国家预算作为财政分配和宏观调控的主要手段，具有分配、调控和监督职能。在现代社会，大多数国家都实行多级预算，从而产生了国家预算的级次和组成的问题。我国国家预算组成体系是按照一级政权设立一级预算的原则建立的。

国家预算按收支管理范围可分为总预算和单位预算；按编制形式可分为单式预算和复式预算；按编制方法可分为增量预算和零基预算；按投入项目能否直接反映其经济效果可分为项目预算和绩效预算。

预算编制是整个预算工作程序的开始。政府预算的执行是实现政府预算收支任务的最为重要的一环，是把国家预算由可能变为现实的必经步骤。预算调整是指在执行预算过程中，因追加支出或追减收入，动用全部预算费弥补收支仍不能平衡而需要对原批准的预算进行的部分修改。政府决算指的是经过法定程序批准的，对年度预算执行结果的总结，它是国家或地区经济与社会事业活动在财政上的集中反映。

国家预算管理体制是国家经济体制的重要组成部分，是确定中央和地方以及地方各级政府之间的分配关系的根本制度。它规定了财政分级管理的原则，划定各级政权在财政管理方面的权限和收支范围。我国预算管理体制的基本原则是"统一领导、分级管理"。

分级分税预算管理体制是根据市场经济的原则和公共财政的理论确立的一种财政管理制度，它是国际上市场经济国家通行的一种财政分配体制，是市场经济国家运用财政手段对经济实行宏观调控较为成功的做法。

复习思考题

1. 什么是国家预算？其原则包括哪些方面？
2. 什么是单式预算和复式预算？它们各有何优点及不足？
3. 我国国家预算体系的组成包括哪些内容？
4. 如何理解零基预算的概念？其主要特征是什么？
5. 国家预算的程序包括哪些？
6. 什么是国家决算？
7. 什么是分税制？分税制的理论依据是什么？
8. 试述分税制的类型。
9. 应怎样进一步完善我国的分税制？

第11章

财政管理体制

学习目标

通过本章的学习，了解财政管理体制的一般概念，掌握财政管理体制特别是预算管理体制的主要内容，进一步明确我国分税制财政管理体制的特点和改革趋势。

关键词汇

财政管理体制（Financial Management System）；预算管理体制（System of Budget Control）；税收管理体制（Taxation Management System）；分税制（System of Dividing Taxes）

案例 11-1　财政部深化财政管理体制改革，打造"透明财政"

几年来，财政部打造透明公共财政，使拨款、花钱有了"铁"规矩，资金管理走向规范化，较大程度地杜绝了资金浪费。

1. "中转"变"直达"筑起制度屏障

长期以来，财政性资金缴库和拨付都要通过有关部门自行设置的账户"中转"，使资金管理链条过长，漏洞较多。补漏洞，成为财政部门近年来迫在眉睫的大事。

从2001年起，财政部全面推行国库集中收付制度改革，到2006年，中央部门所属6 100多个基层预算单位实施了国库集中支付改革，纳入改革的预算资金达4 600多亿元；地方36个省（自治区、直辖市、计划单列市）本级、270多个地市、1 000多个县（区）、超过16万个基层预算单位实施了国库集中支付改革。2006年通过中央非税收入收缴管理系统实现收入579亿元，超出了上年收入的3.7倍。同时，2006年农村义务教育中央专项资金纳入国库集中支付管理，在中央补助地方专项资金支付管理方面取得了重大突破，为全面加强专项资金管理奠定了基础。

国库集中收付制度改革，使财政资金由"中转"变"直达"，财政资金的收缴、使用和投向更加透明，提高了资金的使用效率，从制度上筑起了滋生腐败的屏障，建立起了新型财政资金运转机制，基本形成了事前、事中和事后相结合的动态监控机制；增强了预算单位的财务管理意识和管理能力，转变了"重分配、轻管理"的传统财务管理观念，使财务管理水平比以往有了根本性的提高。

2. "阳光下的交易"规范采购行为

2003年以来，财政部依据政府采购法不断推进政府采购制度改革，将财政管理从预算资金分配环节延伸到了支出使用环节，努力把采购活动变成"阳光下的交易"。

近年来财政部根据政府采购法的规定，先后制定了涉及政府采购程序、信息发布、评审专家管理、代理机构资格认定、集中采购机构考核、投诉处理等各环节的制度规定，对采购过程中容易发生问题的环节，弥补制度缺失的漏洞，为规范管理、增强采购资金使用的透明度提供了有力保障。据统计，近五年来平均每年采购资金节约率达到11%，累计节约资金1360亿元。

全方位监督体系的形成，使供应商权益得到保障。政府采购法促进了监督体系的成熟。到目前，全国各地政府采购部门分别建立起了财政监督、审计和监察部门专业监督、国务院有关部门的行业监督、社会监督等多个层次的政府采购监督制约机制，有力地维护了政府采购当事人的合法权益和政府采购市场的正常秩序。

3. "收支两条线"改革

据不完全统计，目前全国政府非税收入规模超过1万亿元。这笔收入却进不了国库，这既是巨大浪费，也是出现腐败的漏洞。近年来，财政部党组加强"收支两条线"，通过深化财政管理改革，建立起了资金管理的新机制，堵住了财政资金体外循环的窟窿。从2002年起，改革围绕五大重点先后推开：全面清理和取消乱收费，规范收费基金管理；将预算外资金逐步纳入预算管理，增强国家财政预算的完整性；完善预算制度，实行"收支脱钩"管理；改变征管方式，实行"收缴分离"；清理整顿银行账户，规范账户设置。

"收支两条线"改革的有力推进，使财政资金管理实现"三大效应"：银行账户设置规范化，堵住了一些部门自己收费自己花的漏洞；部门和单位自行支配的预算外资金纳入国家财政预算管理，增强了国家财政预算的完整性；"收支脱钩"管理的实现，既保障了部门和单位履行职能的正常需要，又避免了部门不合理开支。

(资料来源：中国财经报. 宁新路.)

案例思考题

如何进一步完善我国预算管理体制？

11.1 财政管理体制概述

11.1.1 财政管理体制的内涵及实质

1. 财政管理体制的内涵

财政管理体制是一个国家经济管理体制的重要组成部分，也是财政管理的一项根本制度，只有确立了财政管理体制，一个国家的财政管理才有明确的管理方式和方法。总的来说，财政管理体制研究的是在财政管理权限和财政资金划分上的责权利关系，是规定国家管理财政的组织体系、管理权限和管理制度的总称。通常具有法律性和规范性。

广义的财政管理体制是国家在各级财政之间及国家政权与企业、事业单位之间在财力分派上的责权制度,包括国家预算管理体制、税收管理体制、国有资产收益管理体制、行政事业单位财务管理体制等。狭义的财政管理体制就是预算体制本身。

财政管理体制是国民经济管理体制的组成部分。在整个国民经济管理体制中,财政管理体制占有重要的地位,因为各项经济事业的发展都要有财力、物力的支持。正因为如此,财政管理体制必须适应经济体制的要求。由于财政管理体制属于上层建筑,它反映社会主义经济基础并由其决定。因此,财政管理体制要为社会主义经济基础和生产力的发展服务,并要适应国民经济发展的要求。

2. 财政管理体制的实质

财政管理体制的实质是正确处理国家在财政资金分配上的集权与分权问题。所谓集权与分权,就是在中央统一领导下,通过职责权限的划分,分工负责,充分发挥各个方面的积极性,保证国家经济建设和各项事业持续、稳定、协调地发展。因此,制定符合我国发展需要的财政管理体制,必须正确处理中央与地方、地方各级政府之间以及国家与各部门、企事业单位之间在财政资金分配上的关系问题。在我国,国家的各项职能是由各级政府共同承担的,为了保证各级政府完成一定的政治经济任务,就必须在中央与地方政府、地方各级政府之间,明确划分各自的财政收支范围、财政资金支配权和财政管理权。一般地说,各级政府有什么样的行政权力(事权),就应当有相应的财权,以便从财力上保证各级政府实现其职能。

我国是以生产资料公有制为基础的社会主义国家,各单位之间的根本利益是一致的,但由于它们所处地位不同,所承担的政治经济任务及各项职能不同,必然产生利益矛盾,这些矛盾实际上反映了集权与分权的矛盾。当然,集中和分散的程度要根据不同时期国家政治经济形势和任务来定,既不是集中得越多越好,也不是分散得越多越好。现阶段,我国在建立健全社会主义市场经济体制过程中,财权宜适当集中在中央。提高中央财政收入的比重,有利于中央政府的统一领导和各项政令的实施,有利于发挥财政的宏观调控作用,有利于缩小我国东西部间经济发展不平衡的差距,以适应和促进国民经济实现生产方式的根本性的转变。

11.1.2 财政管理体制建立的原则

要建立正确的国家财政管理体制,必须遵循下列原则。

1. 统一领导、分级管理的原则

统一领导、分级管理是财政管理体制的基本原则,这是与当前我国的政治制度和经济制度相一致的,也是与我国社会经济发展的现状相适应的。

首先,与实行联邦制和松散管制的国家不同,我国在政治上是一个统一的社会主义国家,因而财政管理作为国民经济的一个方面,同样应当保证党与国家的路线、方针和政策在全国范围内必须统一贯彻执行,促进国民经济的协调发展。第二,我国要建立以公有制为主体多种所有制经济共同发展的社会主义市场经济,就必须有计划地进行我国的经济发展,按照《国民经济和社会发展规划纲要》的内容和要求发展社会经济建设。而进行经济的宏观调控需要财力的支持,因此财政必须有计划地筹集和分配资金,以提高资金的使用效率。第三,财政管理体制必须适应我国政权体制的要求。一级政府有一级施政范围,就必须相应地建立一级财政,因此必须实施财政的分级管理。第四,我国幅员辽阔,各地的经济基础和自然条件相差悬殊,目前仍然存在着比较严重的城乡差距、东西部地区发展差异、沿海与内地发展差异等,如果财政全部统一起来显然是不符合中国国情的。因此,在统一领导的前提下,必须从我国国情出发,实行分级财政,以利于因地制宜统筹安排地方的各级经济建设和文化建设事业。

统一领导的基本内容包括以下三个方面。

① 统一的财政政策。全国必须有统一的财政政策,国家的财政方针政策要由国家统一确定。

② 统一的财政计划。全国必须有统一的财政计划,要严格按国家预算的要求安排财政计划。

③ 统一的财政制度。全国必须有统一的财政制度,全国重要的财政规章制度,如国家预算管理制度、税收管理制度、国债管理制度、国有资产收益管理制度等,都由中央统一制定,各地区和部门必须严格执行,不得随意改动。

分级管理的基本内容包括以下三个方面。

① 地方政府有统筹权。为了使地方政府更好地完成辖区内的治理工作,中央要在赋予其一定的财力的基础上,赋予其一定的管理权限,使其可以根据本地实际,统筹安排地方的各项建设事业,充分发挥资金的使用效果。

② 地方政府有机动财力使用权。地方的机动财力,指的是中国财政管理体制规定由地方财政自行支配、在当年预算中未安排具体使用项目、根据预算执行情况灵活运用的一部分财政预算资金。通常指地方财政按财政管理体制规定,在财政收入预算中安排的总预备费、上年度超收分成或增收分成未安排部分,以及上年度的财政支出结余。

地方预算机动财力的所有权和使用权均归地方财政。这部分资金由于在预算中没有指定具体用途,地方财政可以根据本地区需要,因地制宜地安排项目或用于解决特殊性开支。但是必须在国家统一政策指导下统筹兼顾。

③ 地方政府有制定本地区的实施办法权。在不违背中央制定的财政政策、法令和法规的前提下,地方有权结合本地区的实际情况,制定具体的实施办法。

我国财政级次划分如图11-1所示。

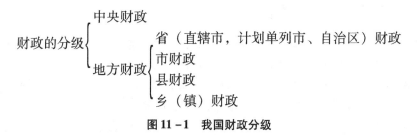

图11-1 我国财政分级

2. 财政管理体制必须与国家政权结构和国家的经济管理体制相适应的原则

首先,财政管理体制必须确定分几级管理,财政的分级管理必须与我国的国家政权结构和行政区划相一致。因为一级政权及相应的行政管理机构承担着它们职权范围内的经济和社会文教等方面的权力和责任,必须赋予相应的管理财政收支的权力和财力,才能保证其职能的实现。

其次,财政管理体制既然是整个国民经济管理体制的一个重要组成部分,那么财政管理体制就必须随着国民经济管理体制的发展变化而变化。因为,第一,国民经济管理体制的变革都涉及财力和财权的分配问题,如企业改革、价格改革等,都和财力的分配分不开,也要求财政管理体制加以相应变革。第二,财政问题直接关系到各地方、各部门、各企事业单位和广大群众的经济利益,必须随着国民经济管理体制的变革而相应的调整财政管理体制,从而相应的调节经济利益关系,才有利于调动各方面的积极性。

3. 财权与事权统一、权责结合的原则

财权和事权要统一反映在财政体制上,就是说各级政府的收入来源和支出范围,应按各级政府和部门的职责范围确定。有什么样的事权,相应地就要配备什么样的财权以达到责权一致。只有权与责相结合了,才能切实保证财权与事权的统一。

11.2 财政管理体制的构成

案例 11-2　　美国联邦预算的编制过程

美国联邦预算编制依赖四驾马车——财政部、总统预算管理办公室、经济顾问委员会和联邦储备银行。总统预算管理办公室负责具体编制工作,财政部从收入概算和税收政策等方面参与预算编制的策划,总统经济顾问委员会从经济形势的分析、预测及经济政策等方面参与预算编制的策划,联邦储备银行提供有关资料。预算技术比较复杂、细致,采用复式预算,对预算收支进行科学分类,并实行分类管理;在支出控制方面主要是绩效预算;在收支数额确定采用零基预算,以零为基数,从根本上重新评估各项预算;在收支时间衔接方面主要是多年预算,还列出过去年度和若干未来年度的一系列预算数据。最后,总统预算管理办公室以"总统预算咨文"的形式提交国会审议。国会经过一系列的辩论,由参议院和众议院审查批准,形成联邦政府年度预算法。

(资料来源:财经网——中国审计报,2008年04月24日.)

按照财政管理体制的内容分类,财政管理体制可以分为国家预算管理体制、税收管理体制、国债管理体制、国有资产收益管理体制等几个方面。

11.2.1 国家预算管理体制

国家预算管理体制是国家预算管理的一项根本制度,也是财政体系的主导环节,是财政管理体制的一个重要组成部分,在财政管理体制中居主导地位。通过预算管理,国家有计划地集中和分配资金,调节社会经济活动,体现主要的财政管理和财政资金的分配活动。同时,对财政体制的其他环节,预算管理体制也有重要的制约作用。

财政机关是专门管理财政、财务活动的职能部门,预算管理是各级政府财政部门的一项经常性的重要工作。它贯穿在预算编制、预算执行和预算监管的全过程。根据我国1994年3月22日第八届全国人民代表大会第二次会议通过的《中华人民共和国预算法》规定,各级政府具体编制本级预算草案,提交各级人民代表大会审查批准,并组织预算的执行。各级财政机关,应根据国家预算法和预算管理体制的权限进行预算管理。

构建一个运行良好的预算管理体制,要遵循以下几个原则。

(1) 量入为出,尽力而为的原则

在预算管理的全过程,始终要正确处理需要与可能的矛盾,坚持"量入为出,尽力而为"的原则与财政收支平衡的原则,同时也要考虑到客观经济环境的要求和承受能力,要通过合理的财政收支管理来促进经济社会的发展和前进而不是扼杀或限制社会经济发展。

(2) **依法管理的原则**

进行预算管理,要严格按照我国现行有关预算管理的法律法规进行,要依法行事,正确、及时、定额地组织预算收入,按照预算规定的用途、方向和数额,合理供应预算资金。要贯彻执行预算管理,必须坚持依法管理原则。只有健全法制,严格按照《中华人民共和国预算法》和《中华人民共和国预算法实施条例》进行预算管理,才能建立正常的预算管理工作秩序,保证预算管理的正确方向,避免财政管理中政出多门,各行其是。

(3) **开源节流,增收节支的原则**

在预算执行中,注意开源节流,大抓增收节支。要注意提高财政资金的使用效率,争取"少花钱,多办事"。要严格按预算集中和分配财政资金,在必要时,合理进行预算调整,组织预算新平衡。同时要处理好预算内资金和预算外资金的关系,特别要注意加强预算外资金的管理。该列入国家预算的一切财政收支都要反映在预算中,不得打埋伏、造假账。国家允许的预算外收支,也要在预算中有所反映。要注意提高预算外资金的使用效率,加强对预算外资金的管理和监督。

(4) **加强监管的原则**

国家预算取之于民,用之于民,是一个国家社会经济健康发展的有力保证,只有加强对国家预算的监管,才能更好地发挥国家预算的重要作用。

11.2.2 税收管理体制

税收管理体制是指国家对税收管理工作,在中央和地方之间划分税收管理权限的一种制度。税收管理体制作为国家税收制度的重要组成部分,也是国家财政管理体制的重要内容。税收管理体制对于正确处理税收管理上的集权与分权的关系,保证各项税收任务的完成和国家财政收入的实现,对平衡国家财政收支都有重要的作用。科学地建立税收管理体制,在中央和地方之间合理地划分税收管理权限,对国家各项税收政策、法令的贯彻执行,对提高税收征管工作的质量和效率以及充分调动中央和地方组织收入的积极性具有重要意义。

建立税收管理体制最重要的是确定税收管理部门的各项权力,税权的划分有纵向划分和横向划分两种。纵向划分是指税权在中央与地方国家机构之间的划分;横向划分是指税权在同级立法、司法、行政等国家机构之间的划分。如果按大类划分,可以简单地将税收管理权限划分为国家权力机关的税收立法权和行政管理部门的税收管理权两个方面。而税收立法权又包括税法制定权、审议权、表决权、批准权、公布权等,税收管理权则包括税种的开征与停征权、税法的解释权、税目的增减与税率的调整权、减免税的审批权等。

1. **税收立法权**

税收立法权是制定、修改、解释或废止税收法律、法规、规章和规范性文件的权力。它包括两方面的内容:一是什么机关有税收立法权;二是各级机关的税收立法权是如何划分的。税收立法权的明确有利于保证国家税法的统一制定和贯彻执行,充分、准确地发挥各级有权机关管理税收的职能作用,防止各种越权自定章法、随意减免税收现象的发生。

我国税收立法权划分的现状如下。

第一,中央税、中央与地方共享税以及全国统一实行的地方税的立法权集中在中央,以保证中央政令统一，维护全国统一市场和企业平等竞争。

其中，中央税是指维护国家权益、实施宏观调控所必需的税种，具体包括消费税、关税、车辆购置税、海关代征增值税和消费税等。中央和地方共享税是指同经济发展直接相关的主要税种，具体包括增值税、企业所得税、外商投资企业所得税、个人所得税、资源税、证券交易印花税。地方税具体包括营业税、资源税、土地增值税、印花税、城市维护建设税、土地使用税、房产税、车船使用税等。

第二，依法赋予地方适当的地方税收立法权。我国地域辽阔，地区间经济发展水平很不平衡，经济资源包括税源都存在着较大差异，这种状况给全国统一制定税收法律带来一定的难度。因此，随着分税制改革的进行，有前提地、适当地给地方下放一些税收立法权，使地方可以实事求是地根据自己特有的税源开征新的税种，促进地方经济的发展。这样，既有利于地方因地制宜地发挥当地的经济优势，同时便于同国际税收惯例对接。

具体地说，我国税收立法权划分的层次如下。

① 全国性税种的立法权，即包括全部中央税、中央与地方共享税和在全国范围内征收的地方税税法的制定、公布和税种的开征、停征权，属于全国人民代表大会（简称全国人大）及其常务委员会（简称常委会）。

② 经全国人大及其常委会授权，全国性税种可先由国务院以"条例"或"暂行条例"的形式发布实行。经一段时期后，再行修订并通过立法程序，由全国人大及其常委会正式立法。

③ 经全国人大及其常委会授权，国务院有制定税法实施细则、增减税目和调整税率的权力。

④ 经全国人大及其常委会的授权，国务院有税法的解释权；经国务院授权，国家税务主管部门（财政部和国家税务总局）有税收条例的解释权和制定税收条例实施细则的权力。

⑤ 省级人民代表大会及其常务委员会有根据本地区经济发展的具体情况和实际需要，在不违背国家统一税法，不影响中央的财政收入，不妨碍我国统一市场的前提下，开征全国性税种以外的地方税种的税收立法权。税法的公布，税种的开征、停征，由省级人大及其常务委员会统一规定，所立税法在公布实施前须报全国人大常务委员会备案。

⑥ 经省级人民代表大会及其常务委员会授权，省级人民政府有本地区地方税法的解释权和制定税法实施细则、调整税目、税率的权力，也可在上述规定的前提下，制定一些税收征收办法，还可以在全国性地方税条例规定的幅度内，确定本地区适用的税率或税额。上述权力除税法解释权外，在行使后和发布实施前须报国务院备案。

地区性地方税收的立法权应只限于省级立法机关或经省级立法机关授权同级政府，不能层层下放。所立税法可在全省（自治区、直辖市）范围内执行，也可只在部分地区执行。

2. 税收执法权

根据国务院《关于实行财政分税制有关问题的通知》等有关法律、法规的规定，我国新税制下税收执法管理权限的划分大致如下。

① 首先根据国务院关于实行分税制财政管理体制的决定，按税种划分中央和地方的收入。将维护国家权益、实施宏观调控所必需的税种划为中央税；将同国民经济发展直接相关的主要税种划为中央与地方共享税；将适合地方征管的税种划为地方税，并充实地方税税种，增加地方税收收入。同时根据按收入归属划分税收管理权限的原则，对中央税，其税收

管理权由国务院及其税务主管部门（财政部和国家税务总局）掌握，由中央税务机构负责征收；对地方税，其管理权由地方人民政府及其税务主管部门掌握，由地方税务机构负责征收；对中央与地方共享税，其管理权限按中央和地方政府各自的收入归属划分，由中央税务机构负责征收，共享税中地方分享的部分，由中央税务机构直接划入地方金库。

② 地方自行立法的地区性税种，其管理权由省级人民政府及其税务主管部门掌握。

③ 根据《国务院关于取消集市交易税、牲畜交易税、烧油特别税、奖金税、工资调节税和将屠宰税、筵席税下放地方管理的通知》的有关规定，省级人民政府可以根据本地区经济发展的实际情况，自行决定继续征收或者停止征收屠宰税和筵席税。继续征收的地区，省级人民政府可以根据《屠宰税暂行条例》和《筵席税暂行条例》的规定，制定具体征收办法，并报国务院备案。

④ 属于地方税收管理权限，在省级及其以下的地区如何划分，由省级人民代表大会或省级人民政府决定。

⑤ 除少数民族自治区和经济特区外，各地均不得擅自停征全国性的地方税种。

⑥ 经全国人大及其常委会和国务院的批准，民族自治地方可以拥有某些特殊的税收管理权，如全国性地方税种某些税目税率的调整权以及一般地方税收管理权以外的其他一些管理权等。

⑦ 经全国人大及其常委会和国务院的批准，经济特区也可以在享有一般地方税收管理权之外，拥有一些特殊的税收管理权。

⑧ 上述地方（包括少数民族自治地区和经济特区）的税收管理权的行使，必须以不影响国家宏观调控和中央财政收入为前提。

⑨ 涉外税收必须执行国家的统一税法，涉外税收政策的调整权集中在全国人大常委会和国务院，各地一律不得自行制定涉外税收的优惠措施。

⑩ 根据国务院的有关规定，为了更好地体现公平税负、促进竞争的原则，保护社会主义统一市场的正常发育，在税法规定之外，一律不得减税免税，也不得采取先征后返的形式变相减免税。

11.2.3 国有资产收益管理体制

国有企业收益管理体制，是处理国家和国有企业之间，在资金分配的集中与分散和财务管理的集权与分权关系上的一项重要制度，是国家财政管理体制的一个基本构成部分。它具体规定了组织与管理企业财务收支活动的权限、责任和利益。

要搞好国有资产收益管理必然要求要搞好国有企业的财务管理。财务活动与生产经营活动存在着相互依存的密切关系，企业再生产过程中的生产、交换、分配和消费等活动，会综合反映在财务活动上面。我国国有资产的相当大比重以各种形式存在于企业。实现国有资产的保值增值目标也要求加强企业的财务管理。

经济体制改革的不断推进，要求国家改变以往对企业管得过多过细的做法。适应实践的需要，财政部对《企业财务通则》（财政部令第 4 号）进行了修订，修订后的《企业财务通则》自 2007 年 1 月 1 日起施行。

根据《企业财务通则》规定，企业财务管理体制包括以下内容。

① 企业实行资本权属清晰、财务关系明确、符合法人治理结构要求的财务管理体制。

企业应当按照国家有关规定建立有效的内部财务管理级次。企业集团公司自行决定集团内部财务管理体制。

② 企业应当建立财务决策制度，明确决策规则、程序、权限和责任等。法律、行政法规规定应当通过职工（代表）大会审议或者听取职工、相关组织意见的财务事项，依照其规定执行。

企业应当建立财务决策回避制度。对投资者、经营者个人与企业利益有冲突的财务决策事项，相关投资者、经营者应当回避。

③ 企业应当建立财务风险管理制度，明确经营者、投资者及其他相关人员的管理权限和责任，按照风险与收益均衡、不相容职务分离等原则，控制财务风险。

④ 企业应当建立财务预算管理制度，以现金流为核心，按照实现企业价值最大化等财务目标的要求，对资金筹集、资产营运、成本控制、收益分配、重组清算等财务活动，实施全面预算管理。

⑤ 投资者的财务管理职责主要包括：

a. 审议批准企业内部财务管理制度、企业财务战略、财务规划和财务预算。

b. 决定企业的筹资、投资、担保、捐赠、重组、经营者报酬、利润分配等重大财务事项。

c. 决定企业聘请或者解聘会计师事务所、资产评估机构等中介机构事项。

d. 对经营者实施财务监督和财务考核。

e. 按照规定向全资或者控股企业委派或者推荐财务总监。

投资者应当通过股东（大）会、董事会或者其他形式的内部机构履行财务管理职责，可以通过企业章程、内部制度、合同约定等方式将部分财务管理职责授予经营者。

⑥ 经营者的财务管理职责主要包括：

a. 拟订企业内部财务管理制度、财务战略、财务规划，编制财务预算。

b. 组织实施企业筹资、投资、担保、捐赠、重组和利润分配等财务方案，诚信履行企业偿债义务。

c. 执行国家有关职工劳动报酬和劳动保护的规定，依法缴纳社会保险费、住房公积金等，保障职工合法权益。

d. 组织财务预测和财务分析，实施财务控制。

e. 编制并提供企业财务会计报告，如实反映财务信息和有关情况。

f. 配合有关机构依法进行审计、评估、财务监督等工作。

11.2.4 行政事业单位财务管理体制

行政事业单位财务管理体制也是财政管理体制的组成部分。它规定了行政、文教、国防、科学、卫生事业单位财务收支活动的权限和使用范围。

行政、文教、国防、科学、卫生事业经费，属于非生产性支出，但是与个人、社会和国家的发展息息相关。随着同社会主义市场经济相适应的满足公共需要的公共财政模式的形成，这部分支出的比重将越来越大。因此，必须加强行政事业单位的财务管理，提高经费的使用效益，用较少的钱办较多的事。行政事业单位财务管理的内容如下：

① 健全预算管理，编好单位预算。根据事业发展的需要和财力的可能，编好本单位的

收支预算,并付诸认真执行。在编制预算时要注意短期利益与长期利益相结合的原则,既要根据实际需要编制年度预算,注意预算的年度平衡,同时在制定预算时也要兼顾行政事业单位财务管理的长期性和社会效益性。

② 加强定员定额管理。定员定额是编制预算和核定支出的重要依据,又是考核经费开支是否节约的标尺,必须进行深入调查研究,按照行政事业单位财务管理的需要和社会经济发展的需求定员定额。

③ 加强对行政经费支出的监管。要加强对行政经费支出的监管以严格财政纪律,防止铺张浪费。我们可以通过建立一系列行政经费支出的考核指标体系来加强对行政经费支出的监管。该指标体系包括总额指标、人均指标、行政人员与当地总人口的比例、行政人员与车辆比例以及其他与行政经费有关联的因素。

国家财政通过上述管理体制,实现财政的分配和再分配,促进社会主义经济建设和生产力的迅速发展。同时国家也应该根据社会经济不断发展和进步的需要,不断调整和改革财政管理体制,以适应客观环境的需求,更大限度地发挥财政的作用。

11.3 我国财政管理体制的历史沿革

案例 11-3 新中国成立以来我国财政体制的沿革

发展阶段	实行时间	财政体制简述
统收统支阶段	1950	高度集中、统收统支
	1951—1957	划分收支,分级管理
	1958	以收定支,五年不变
	1959—1970	收支下放,计划包干,地区调剂,总额分成,一年一变
	1971—1973	定支定收,收支包干,保证上缴(或差额补贴),结余留用,一年一定
	1974—1975	收入按固定比例留成,超收另定分成比例,支出按指标包干
	1976—1979	定收定支,收支挂钩,总额分成,一年一变,部分省(市)试行"收支挂钩,增收分成"
分灶吃饭阶段	1980—1985	划分收支,分级包干
	1985—1988	划分税种、核定收支、分级包干
	1988—1993	财政包干
分税制阶段	1994 年至今	按照统一规范的基本原则,划分中央地方收支范围,建立并逐步完善中央对地方财政转移支付制度

(资料来源:国家财政部网站.)

自新中国成立以来,我国财政管理体制经历过多次变动,总的趋势是根据"统一领导、分级管理"的原则,由高度集中的管理体制逐步过渡到实行各种形式的在中央领导下的分级管理的体制。尽管分级管理的形式有许多种,集中和分散的程度有所不同,但总的说来,各个时期实行的财政管理体制多数是同当时的政治经济形势及其发展变化的需要相适应的。

1. 新中国成立初期

1949 年,全国各地相继解放,中华人民共和国成立以后,面临着国民党政府遗留下的生产停顿、职工失业、长期恶性通货膨胀等残破不堪的烂摊子。在这种百废待举的情况下，当务之急是战胜财政困难，医治战争创伤，争取财政收支平衡。而新中国刚成立时国力有限，为了完成摆在国家面前巨大的政治经济任务，克服财政困难，只能从根本上改变长期革命战争形成的财经工作分散管理的状况，实行高度集中的财政管理体制，保证革命的胜利。

1950年，在全国统一财政经济管理的重大决策下，对财政管理体制实行了高度集中的统收统支的办法。高度集中的财政管理体制，是把国家收入和支出的支配权集中在中央，即"统收统支"制度。实行这样的财政体制，促进了国民经济的恢复，很快就制止了通货膨胀，稳定了金融形势，平衡了财政收支，取得了财经战线上的伟大胜利。实践证明，在当时的历史条件下，实行高度集中的财政管理体制，收到了良好的效果。

1951年，全国财政经济状况开始好转，为了照顾地方发展经济的需要，调动地方的积极性，下放了一些权限。将国家财政分为中央、大区、省（市）三级管理，按企事业单位的隶属关系，划分各级财政的收支范围，把收入划分为中央收入、地方收入和中央与地方比例分成收入，调动了地方的积极性。但财政管理权仍在中央，划给地方的收入，实际是抵充中央的拨款，地方财权仍然很小。

2. "一五"时期

1953年，我国进入了第一个五年计划时期，从恢复国民经济转到有计划进行大规模的经济建设，财政状况已经根本好转。在新的形势下，高度集中财政管理体制已不适应国家建设的客观要求。此时，与国民经济发展变化相适应，财政下放了权限，实行中央、省（市）和县（市）三级财政，进一步扩大了地方的财政管理权限。

1954年，在财政管理上中央提出财政工作六条方针：归口管理；支出包干；自留预备费；控制人员编制；动用总预备费要中央批准；加强财政监督。根据六条方针，改进财政管理体制。这一体制，既强调了分工管理，逐级负责，责权结合，又增加了地方一定的机动财力和管理权限，调动了地方的积极性。当时把地方收入划分为三类：第一，地方固定收入，包括地方企业事业收入、地方税收和其他收入；第二，固定比例分成收入，主要是农业税、工商营业税和工商所得税；第三，调剂收入，主要是商品流通税和货物税。支出大体上按照企业、事业和行政单位的隶属关系，划分各级财政支出范围。采取这样的体制，地方财政有了比较稳定的财政收入来源。1955—1956年，在社会主义改造高潮中，又进一步扩大了地方财政管理权限。

第一个五年计划时期，由于采取了在中央统一领导下分级管理的财政管理体制，既集中了国家的主要财力，进行了以156项建设为中心的重点建设，又适当地分权，让地方因地制宜地发展本地区的经济、科学、文化、教育等事业。对于促进第一个五年计划时期财政经济任务的完成起到了很好的作用。

3. 1958—1960年

1958年我国国民经济进入了第二个五年计划时期，经济管理体制作了较大的改革。改革的中心是扩大地方的权限。随着经济体制的变化，财政管理体制也相应作了重大的改革。即中央企业下放给地方，收入归地方，支出也相应地下放，实行以收定支，确定收支比例，五年不变。但是当时在"大跃进"的背景下，在经济工作上的"左"倾思想支配下，急躁冒进，急于求成，违背了客观规律，搞"高指标""瞎指挥"，破坏了合理的规章制度。在体制改革中下放企业数量过多，特别是把不应下放给地方管理的大型企业也都下放了，从而削弱了国家统一计划，造成了经济秩序的混乱，使生产大幅度的下降。其次，从财政上说，也同样受"左"倾思想的影响，一方面由于体制下放使财力过于分散，另一方面由于"高指标"和"浮夸风"造成了财政的虚假。因此，这一体制只坚持了一年就无法进行了。

1959—1960年，开始实行"收支下放，计划包干，地区调剂，总额分成，一年一变"的财政管理体制，简称"总额分成，一年一变"。这一体制在继续下放收支项目的同时，适当收缩了部分地方的机动财力。凡属地方组织的收入都划归地方，支出则按隶属关系划分。地方的总收支经中央核定后，确定中央和地方的分成比例，一年核定一次。

4. 1961—1966年

这一时期是财政管理体制的调整与恢复时期。从1961年起，为解决三年"大跃进"中经济指导上的失误，中央确定了在国民经济调整时期实行"调整、巩固、充实、提高"的方针。经济管理大权集中在中央、中央局和省（市）三级，特别是集中到中央和中央局。与国民经济调整想适应，财政管理体制作了必要的改进，主要采取集中财政，加强财政管理，强调"全国一盘棋"、上下一本账；要求各级财政预算必须逐级落实，既要积极，又要实事求是；坚持"当年收支平衡、略有结余"，不准打"赤字预算"，整顿预算外资金。在财政管理体制上加强集中统一，对克服当时的经济困难是很有成效的。

1962—1964年，财政管理体制继续实行比较集权的方法，并采取了一系列行之有效的措施，继续实行在中央统一领导下分级管理的财政管理体制，使恢复经济的任务在三年内就完成了。从1964—1965年经济发展迅速，这两年是历史上国民经济发展最好的时期。在此基础上，又适当下放了一部分权限，为改革财政管理体制作了准备，但受"文化大革命"冲击，并没有进行下去。

总的来说，这一时期的财政管理体制，是在总结了1958年、1959年经验教训的基础上，强调了集中，从而形成了经济战线上的大好形势，使国民经济发展出现了历史上的最好时期。

5. "十年动乱"时期

从1966年起，开始了"文化大革命"。在"十年动乱"时期，我们国家的经济管理、财政管理处于半计划、半无政府状态。1966—1970年，除1968年外，其余年份基本继续执行"总额分成，一年一变"的办法。在这样一个特殊的历史条件下，国务院于1970年提出了第四个五年计划纲要，对经济体制进行改革。1971年开始实行企业下放，财政收支实行大包干，这种体制下扩大了地方的收支范围，同时按绝对数包干，超出部分全部留地方，扩大了地方增收节支的积极性。但在"文化大革命"中以"政治斗争为纲"的指导下，这种财政管理体制也难以进行。

1974—1975年，由于"文化大革命"的动乱，国民经济受到很大的破坏，财政收入减少。为了达到财政收支平衡，实行"收入按固定比例留成，超收另定分成比例，支出按指标包干"的财政管理体制。

1976—1979年，财政管理体制开始实行"定收定支，收支挂钩，总额分成，一年一变"，简称"收支挂钩，总额分成"体制，实际上就是1959—1970年的总额分成体制，做了一些修改。部分省（市）则试行"收支挂钩，增收分成"的管理体制。

6. 1980—1984年

为了加速进行社会主义现代化建设，贯彻"调整、改革、整顿、提高"的方针，在总结试点经验的基础上，从 1980 年起，再一次下放财权，实行"划分收支、分级包干"（"分灶吃饭"）的财政体制，这个体制的主要内容是：按照经济管理体制规定的隶属关系，明确划分中央和地方财政的收支范围，中央所属企业的收入、关税收入和中央其他收入，归中央财政，作为中央财政的固定收入；中央的基本建设投资、中央企业的流动资金、国防战备费、对外援助、中央级的事业费等归中央支出。地方所属企业的收入、盐税、农牧业税、工商所得税、地方税和地方其他收入，归地方财政，作为地方财政的固定收入。地方的基本建设投资、地方企业的流动资金、支援农业支出、地方各项事业费、抚恤和社会救济及地方行政管理费等，由地方财政支出。

经国务院批准，上划给中央部门直接管理的企业，其收入作为固定比例分成收入，80%归中央财政，20%归地方财政。工商税作为中央和地方的调剂收入。确定地方财政收支的包干基数，凡是地方收入大于支出的地区，按比例上交；支出大于收入的地区，从工商税中按比例留给地方，作为调剂收入。如果有的地区，工商税全部留给地方，收入仍然小于支出的，不足部分由中央财政给予定额补助，分成比例或补助数额确定以后，原则上 5 年不变，地方多收可以多安排支出。

后来，把"划分收支、分级包干"的办法，逐步改为"总额分成、比例包干"的办法。按地方收入总额同支出基数，求出一个分成比例，按此比例划分中央收入和地方收入，实行地方包干。

1980 年开始的"划分收支、分级包干"的财政体制，与以前各种财政体制相比，有以下几个特点：a. 由过去全国"一灶吃饭"，改变为"分灶吃饭"，地方财政收支的平衡也由过去中央一家平衡，改变为各地自求平衡。b. 各项财政支出，不再由中央归口下达，均由"块块"统筹安排，调剂余缺。c. 包干比例和补助数额由一年一定改为一定 5 年不变。实践证明，1980 年的财政体制，真正做到了财权、事权统一，责权利相结合，收支挂钩。"分灶吃饭"更好地调动了地方当家理财、增收节支的积极性。同时，体制"一定 5 年"，地方财力相对稳定，这对共同克服当时的财政困难，实现财政状况的逐步好转，保证国民经济的持续发展，起到了重要作用。

1980 年的财政体制在执行中也存在一些问题：

① 中央财政的负担较重，收支难以平衡。因为这次改革是在国家财政收支严重不平衡的基础上进行的，又没有充分考虑到在中央与地方财力分配上中央要有适当的集中，使得中央财政掌握的财力过少，而中央财政承担的支出任务过重。

② 这次财政体制改革与整个经济体制改革没有同步进行，而是先行一步，而以后经济上的每一次改革都会涉及财政，使原来"划分收支、分级包干"办法的执行发生了困难，因而逐步改变为"总额分成、比例包干"的办法。

③ 实行"划分收支、分级包干"的办法后，一些地方为了争取财源，在一定程度上助长了画地为牢、盲目建设、重复建设，从而影响了整个国民经济效益的提高。

7. 1985—1993 年

1985 年，根据党的"关于经济体制改革的决定"精神，在财政管理体制上，对大部分地区实行"划分税种、核定收支、分级包干"的财政体制，基本上按照利改税第二步改革后的税种设置，按隶属关系划分中央财政收支和地方财政收支，根据地方的收支基数，计算确定地方新的收入分成比例和上解、补助数额，一定 5 年不变。

福建、广东两省实行"大包干"的体制。国务院于 1979 年决定在福建、广东两省对外经济活动中实行特殊政策和灵活措施,在广东的深圳、珠海、汕头和福建的厦门划定范围,试办经济特区,吸收侨资、合资等外资,积极引进先进技术和管理经验,在财政方面也给予较多的财力和财权。对于两省的财政管理体制,国务院决定从 1980 年起,福建省实行"划分收支、定额补助、5 年不变";在广东省实行"划分收支、定额上交、5 年不变"的体制。在财政收支方面,除中央直属企业、事业单位的收支和关税划归中央外,其余收支均由地方管理。

从 1985 年起,国务院对大部分省、自治区、直辖市实行"划分税种、核定收支、分级包干"的财政管理体制,也是有利也有弊。有利的是调动了地方增产节约、增收节支的积极性。但是,也存在一些问题。主要是收入较多、上交比例大的地区组织收入的积极性不高,个别地区甚至出现收入下降的情况。要从根本上解决这个问题,比较好的办法是实行分税制,并把包干的机制吸收到分税制中来。但考虑到当时条件还不成熟,因此,在实行分税制的财政体制之前,作为一种过渡,从 1988 年起,国务院对收入上缴较多的江苏、辽宁、北京、重庆等 13 省、市实行财政包干、一定 3 年不变的办法,以便进一步调动这些地方增收节支的积极性,更好地处理中央与地方的财政分配关系。

11.4 我国现行的财政管理体制

11.4.1 分税制财政体制改革的必要性及指导思想

国务院于 1993 年 12 月 15 日决定,从 1994 年 1 月 1 日起改革当时的地方财政包干体制,对各省、自治区、直辖市和计划单列市实行分税制财政管理体制。由于旧的财政包干制弊端明显,诸如税收调节功能弱化,影响统一市场的形成和产业结构优化;国家财力偏于分散、制约财政收入合理增长,特别是中央财政收入比重不断下降,影响到中央政府的宏观调控能力,可见对财政体制的改革已刻不容缓,分税制改革正是在这个背景下出台的。

实行分税制改革,是中央作出的重大决策,是发展社会主义市场经济的客观要求,是经济体制改革的重要内容。以前实行的财政包干体制,虽然在前些年对促进各地发展经济、开发财源、增收节支曾起过积极作用,但随着形势的发展,各级财力发生了较大变化,财政包干体制在实行中显现出了一些弊端,如税收调节功能弱化,影响统一市场的形成和产业结构优化;国家财力偏于分散,制约财政收入合理增长,特别是中央财政收入比重不断下降,影响到中央政府的宏观调控能力;财政分配体制类型过多,不够规范。所有这些都说明,原有的财政体制已经不适应我国经济建设、改革开放和社会主义市场经济发展的需要,必须尽快加以改革。从市场经济国家的实践来看,分税制能较好地适应市场经济搞发展的要求,对此,立足我国国情,同时借鉴国外成功做法,实行分税制改革是可行的。

分税制改革的原则和主要内容是:按照中央与地方政府的事权划分,合理确定各级财政的支出范围;根据事权与财权相结合原则,将税种统一划分为中央税、地方税和中央地方共享税,并建立中央税收和地方税收体系,分设中央与地方两套税务机构分别征管;科学核定地方收支数额,逐步实行比较规范的中央财政对地方的税收返还和转移支付制度;建立和健全分级预算制度,硬化各级预算约束。

分税制财政体制改革的指导思想如下。

① 正确处理中央与地方的分配关系，调动两个积极性，促进国家财政收入合理增长。既要考虑地方利益，调动地方发展经济、增收节支的积极性，又要逐步提高中央财政收入的比重，适当增加中央财力，增强中央政府的宏观调控能力。为此，中央要从今后财政收入的增量中适当多得一些，以保证中央财政收入的稳定增长。

② 合理调节地区之间财力分配。既要有利于经济发达地区继续保持较快的发展势头，又要通过中央财政对地方的税收返还和转移支付，扶持经济不发达地区的发展和老工业基地的改造。同时，促使地方加强对财政支出的约束。

③ 坚持统一政策与分级管理相结合的原则。划分税种不仅要考虑中央与地方的收入分配，还必须考虑税收对经济发展和社会分配的调节作用。中央税、共享税以及地方税的立法权都要集中在中央，以保证中央政令统一，维护全国统一市场和企业平等竞争。税收实行分级征管，中央税和共享税由中央税务机构负责征收，共享税中地方分享的部分，由中央税务机构直接划入地方金库，地方税由地方税务机构负责征收。

④ 坚持整体设计与逐步推进相结合的原则。分税制改革既要借鉴国外经验，又要从我国的实际出发。在明确改革目标的基础上，办法力求规范化，但必须抓住重点，分步实施，逐步完善。当前要针对收入流失比较严重的状况，通过划分税种和分别征管堵塞漏洞，保证财政收入的合理增长；要先把主要税种划分好，其他收入的划分逐步规范；作为过渡办法，现行的补助、上解和有些结算事项继续按原体制运转；中央财政收入占全部财政收入的比例要逐步提高，对地方利益格局的调整也宜逐步进行。总之，通过渐进式改革先把分税制的基本框架建立起来，在实施中逐步完善。

11.4.2 分税制财政管理体制的具体内容

1. 中央与地方事权和支出的划分

根据现在中央政府与地方政府事权的划分，中央财政主要承担国家安全、外交和中央国家机关运转所需经费，调整国家经济结构、协调地区发展、实施宏观调控所必需的支出以及由中央直接管理的事业发展支出。具体包括：国防费，武警经费，外交和援外支出，中央级行政管理费，中央统管的基本建设投资，中央直属企业的技术改造和新产品试制费，地质勘探费，由中央财政安排的支农支出，由中央负担的国内外债务的还本付息支出，以及中央本级负担的公检法支出和文化、教育、卫生、科学等各项事业费支出。

地方财政主要承担本地区政权机关运转所需支出以及本地区经济、事业发展所需支出。具体包括：地方行政管理费，公检法支出，部分武警经费，民兵事业费，地方统筹的基本建设投资，地方企业的技术改造和新产品试制经费，支农支出，城市维护和建设经费，地方文化、教育、卫生等各项事业费，价格补贴支出以及其他支出。

2. 中央与地方收入的划分

根据事权与财权相结合的原则，按税种划分中央与地方的收入。将维护国家权益、实施宏观调控所必需的税种划分为中央税；将同经济发展直接相关的主要税种划分为中央与地方共享税；将适合地方征管的税种划分为地方税，并充实地方税税种，增加地方税收收入。具体划分如下。

中央固定收入包括：关税，海关代征消费税和增值税，消费税，中央企业所得税，地方银行和外资银行及非银行金融企业所得税，铁道部门、各银行总行、各保险总公司等集中交纳的收入（包括营业税、所得税、利润和城市维护建设税），中央企业上缴利润等。外贸企业出口退税，除 1993 年地方已经负担的 20% 部分列入地方上缴中央基数外，以后发生的出口退税全部由中央财政负担。

地方固定收入包括：营业税（不含铁道部门、各银行总行、各保险总公司集中交纳的营业税），地方企业所得税（不含上述地方银行和外资银行及非银行金融企业所得税），地方企业上缴利润，个人所得税，城镇土地使用税，固定资产投资方向调节税，城市维护建设税（不含铁道部门、各银行总行、各保险总公司集中缴纳的部分），房产税，车船使用税，印花税，屠宰税，农牧业税，对农业特产收入征收的农业税（简称农业特产税），耕地占用税，契税，遗产和赠予税，土地增值税，国有土地有偿使用收入等。

中央与地方共享收入包括：增值税、资源税、证券交易税。增值税中央分享 75%，地方分享 25%。资源税按不同的资源品种划分，大部分资源税作为地方收入，海洋石油资源税作为中央收入。证券交易税，中央与地方各分享 50%。

3. 中央财政对地方税收返还数额的确定

为了保持现有地方既得利益格局，逐步达到改革的目标，中央财政对地方税收返还数额以 1993 年为基期年核定。按照 1993 年地方实际收入以及税制改革和中央与地方收入划分情况，核定 1993 年中央从地方净上划的收入数额（即消费税 + 75% 的增值税 - 中央下划收入）。1993 年中央净上划收入，全额返还地方，保证现有地方既得财力，并以此作为以后中央对地方税收返还基数。1994 年以后，税收返还额在 1993 年基数上逐年递增，递增率按全国增值税和消费税的平均增长率的 1:0.3 系数确定，即上述两税全国平均每增长 1%，中央财政对地方的税收返还增长 0.3%。如若 1994 年以后中央净上划收入达不到 1993 年基数，则相应扣减税收返还数额。

4. 原体制中央补助、地方上解以及有关结算事项的处理

为顺利推行分税制改革，1994 年实行分税制以后，原体制的分配格局暂时不变，过渡一段时间再逐步规范化。原体制中央对地方的补助继续按规定补助。原体制地方上解仍按不同体制类型执行：实行递增上解的地区，按原规定继续递增上解；实行定额上解的地方，按原确定的上解额，继续定额上解；实行总额分成的地区和原分税制试点地区，暂按递增上解办法，即按 1993 年实际上解数，并核定一个递增率，每年递增上解。

原来中央拨给地方的各项专款，该下拨的继续下拨。地方 1993 年承担的 20% 部分出口退税以及其他年度结算的上解和补助项目相抵后，确定一个数额，作为一般上解或一般补助处理，以后年度按此定额结算。

11.4.3 配套改革和其他政策措施

1. 改革国有企业利润分配制度

根据建立现代企业制度的基本要求，结合税制改革和实施《企业财务通则》《企业会计准则》，合理调整和规范国家与企业的利润分配关系。从 1994 年 1 月 1 日起，国有企业统一按国家规定的 33% 税率交纳所得税，取消各种包税的做法。考虑到部分企业利润上缴水平较低的现状，作为过渡办法，增设 27% 和 18% 两档照顾税率。企业固定资产贷款的利息列

入成本，本金一律用企业留用资金归还。取消对国有企业征收的能源交通重点建设基金和预算调节基金。逐步建立国有资产投资收益按股分红、按资分利或税后利润上缴的分配制度。作为过渡措施，近期可根据具体情况，对 1993 年以前注册的多数国有全资老企业实行税后利润不上交的办法，同时，微利企业交纳的所得税也不退库。

2. 同步进行税收管理体制改革

建立以增值税为主体的流转税体系，统一企业所得税制。从 1994 年 1 月 1 日起，在现有税务机构基础上，分设中央税务机构和地方税务机构。在机构分设过程中，要稳定现有税务队伍，保持税收工作的连续性，保证及时、足额收税。

3. 改进预算编制方法，硬化预算约束

实行分税制之后，中央财政对地方的税收返还列中央预算支出，地方相应列收入；地方财政对中央的上解列地方预算支出，中央相应列收入。中央与地方财政之间都不得互相挤占收入。改变目前中央代编地方预算的做法，每年由国务院提前向地方提出编制预算的要求。地方编制预算后，报财政部汇总成国家预算。

4. 建立适应分税制需要的国库体系和税收返还制度

根据分税制财政体制的要求，原则上一级政府一级财政，同时，相应要有一级金库。在执行国家统一政策的前提下，中央金库与地方金库分别对中央财政和地方财政负责。实行分税制以后，地方财政支出有一部分要靠中央财政税收返还来安排。为此，要建立中央财政对地方税收返还和转移支付制度，并且逐步规范化，以保证地方财政支出的资金需要。

5. 建立并规范国债市场

为了保证财税改革方案的顺利出台，1994 年国债发行规模要适当增加。为此，中央银行要开展国债市场业务，允许国有商业银行进入国债市场，允许银行和非银行金融机构以国债向中央银行贴现融资。国债发行经常化，国债利率市场化，国债二级市场由有关部门协调管理。

6. 妥善处理原由省级政府批准的减免税政策问题

考虑到有的省、自治区、直辖市政府已经对一些项目和企业作了减免税的决定，为了使这些企业有一个过渡，在制止和取缔越权减免税的同时，对于 1993 年 6 月 30 日前，经省级政府批准实施的未到期地方减免税项目或减免税企业，重新报财政部和国家税务总局审查、确认后，从 1994 年起，对这些没有到期的减免税项目和企业实行先征税后退还的办法。这部分税收中属中央收入部分，由中央财政统一返还给省、自治区、直辖市政府，连同地方收入部分，由省、自治区、直辖市政府按政策规定统筹返还给企业，用于发展生产。这项政策执行到 1995 年。

7. 各地区要进行分税制配套改革

各省、自治区、直辖市以及计划单列市人民政府要根据本决定制定对所属市、县的财政管理体制。凡属中央的收入，不得以任何方式纳入地方收入范围。在分税制财政体制改革的过程中，各地区要注意调查研究，及时总结经验，解决出现的问题，为进一步改进和完善分税制财政管理体制创造条件。

11.5 我国财政管理体制的改革

11.5.1 我国现行财政管理体制存在的弊端

我国现有的分税制财政管理体制起源于1994年，它对于增强政府尤其是中央政府在市场经济中的宏观调控能力，起到了积极的作用。分税制通过大量的中央对地方的财政返还，强化了中央在上下级财政分配中的主导地位，通过对收入增量的调整，形成了有利于中央财政收入适度增长的运行机制，增强了中央财政的经济实力，使中央财政建立和完善转移支付制度，实施有效的横向和纵向经济调节成为可能。但十多年过去了，我国的社会经济发展情况随着改革开放的进一步深入发生了翻天覆地的变化，现行财政管理体制已经不适应社会经济发展的需要了。我国现行财政管理体制存在的弊端如下。

1. 中央与地方事权划分不清

多年来，政府与市场的职能一直没有界定清楚，政府包揽太多的状况始终没有改变，中央与地方的事权也划分不清。分税制改革的重点是划分收入，但中央与地方事权划分不清的问题并没有得到解决。现行分税制只是确定了中央和地方的收入基数及收入分成比例等数量关系，而对于各级政府的事权的划分做得不够。彻底的分税制必须建立在明确界定各级政府事权的基础之上，各级政府需要做些什么，这些职权的履行需要多少开支，而后在此基础上划分收入来源。一般来说，中央政府主要负责提供满足全国性"公共需要"的"公共产品"，如国防、外交等，而地方政府应提供的主要是满足地方性"公共需要"的"公共产品"，如基础设施建设等。

2. 过多采用共享税模式、从财政分权化重新走向财政集权化

按照1994年的改革思路，分税制财政体制的最终目标是通过逐渐完善中央税与地方税体系，逐步取消非规范的共享税。然而，自1994年实行分税制财政体制以来，我国的地方税体系不但没有发展壮大，反而日渐萎缩。1994年中央与地方的共享税种只有3个，即增值税、资源税率和证券交易（印花税率，占税种总数的10%，而目前共享税种数量则扩大到12个，占税种总数的31%；共享税收占全国税收的比重也由1994年的55%增至2003年的70%左右，净增约15个百分点；共享比例也朝着向中央政府集权的一方攀升，如证券交易税和所得税中央政府就逐步提高了分享比例）。

这说明，十多年来，中央政府为满足财权集中的需要，凡是有可能成为地方预算收入主体的地方税种，如个人所得税、企业所得税，都先后改为由中央和地方共享收入。同1980年至1993年的改革相比，1994年以来的财政体制改革发生了大逆转：从财政分权化重新走向财政集权化。从某种角度上来分析判定，呈现了向原来"比例分成"模式的简单复归。

3. 地方财政体系薄弱，形成"小地方税，大转移支付"的格局

随着中央与地方共享税种数量的增多、共享比例的提高和共享比重的加大，弱化了本已十分脆弱的地方税体系。分税制改革以来，一些属于地方的税种，如固定资产投资方向调节税、农业税（含农业特产税、牧业税）等先后被中央政府取消，土地增值税、屠宰税、宴席税等税种形同虚设，遗产税尚未开征。虽说从数量上看地方税有13个税种，占29个税种的

45%，但目前真正属于地方主税种的只有营业税、房产税、契税等。分税制改革初期，地方税占全国税收总量一般为20%~30%，到2003年这一比重降至10%左右。地方税体系的严重缺失，违背了分税制改革时所确定的"财权与事权相统一的原则"，违背了国际惯例。政府间财权、财力的不均衡，在中央政府和地方政府之间分别出现了"大马拉小车"和"小马拉大车"的失衡格局。

由于地方政府的财政收入不足以满足地方社会经济发展的需要，地方政府近1/3财政支出是通过中央政府规模巨大的转移支付来弥补的。而作为有条件转移支付的各类专项，实质上是"财权部门化"的体现，即各部门作为第二财政再参与国民收入的二次分配，过多地体现为部门利益，加之需要地方政府层层配套，是中央各部门"条条"干预地方政府"块块"的重要载体，难以有效体现中央政府施政意图，多数是无效或效果不显著的"上解下划"。上级政府通过集中财权，建立了让下级政府高度依赖上级政府的财政体制，下级政府通过各种或明或暗的在上级财政部门的"活动"，积极争夺本应属于地方的财政收入。

而地方财政体系的薄弱，也使财政收入入不敷出的各级地方政府想方设法地扩大收入来源，出现乱收费屡禁不止，不顾经济发展规律大搞房地产建设等有利于地方税收的建设等怪现象。因此，这种"小地方税，大转移支付"的格局，与"统一领导、分级管理"的基本原则相去甚远。

4. 省以下财政体制不完善，基层财政有演变为上级财政附属物的可能性

1994年分税制财政体制改革，主要确定了中央与省级政府之间的财政关系。但事实上，在省以下这种分税模式只能是名存实亡，仍然延续着财政包干时期的做法。其时，市场经济体制尚处于起步阶段，在几千年"大一统"思想和长期计划经济思维方式双重作用下，政府与市场的关系、政府与政府的关系、事权与财权的关系、分税制与转移支付的关系、分税制与其他配套改革的关系等，都没有得到科学、合理的划分和界定。从目前的情况看，财权层层上收，事权层层下移，转移支付链条过长，上级政府过多财政管制，动摇了基层政府行使职权的物质基础。

分税制财政体制改革以来，在我国地方各级财政，一个非常普遍的现象，就是下级政府经常要面对来自上级的财政管制。即"上出政策，下出资金"，支出政策在上，资金供应在下，上级政府制定统一政策，直接影响着下级支出规模和支出方向，影响着下级政府的预算平衡。根据财政分权的具体要求，"一级政府，一级事权，一级财权，相对独立，自求平衡"，在既定的法制化的事权划分格局下，根据所承担的政府事权，各级政府具有决定政府支出规模及支出方向的权力。但财政管制的存在，破坏了各级政府间事权划分的基本格局，直接导致地方政府缺乏必要的财政自主权，在一些农村地区，基层财政陷入财力困境就成为必然。

11.5.2 改革我国现行财政管理体制的原则

要改革我国现行的财政管理体制首先必须要有明确的指导思想和原则。

1. 转变观念、依法行政，合理划分中央和地方的收支范围的原则

政府是社会经济的管理者，更是服务者，要建立更科学的财政管理体制，必须转变财政管理观念，改变过去计划经济下自上而下的管理方法，走向法制，加快依法管理规范化进程。在此基础上，应该明晰各级政府的事权，根据事权定支出，根据支出确定各级政府应得

的收入。

要坚决按照"统一领导、分级管理"的原则划定各级政府的权限和财力,只有事权与财权相一致、相适应,政府履行职能才有物质保证。而事权的划分与政府的职能紧密相连。因此,完善分税制,一是转变政府职能,明确政府与市场的职能。将那些政府部门不该管、管不了或管不好的微观经济活动及其相关事务,那些本来可由市场机制去解决的问题,逐步从财政的供给范围中剥离出去,并以此为依据重新界定国家财政的支出范围。二是从中央与地方政府的职能划分和公共产品的受益范围这两个层面,合理划分各级政府的事权,并把各级政府的事权用法律形式固定下来;然后根据财权与事权相统一的原则,确定各级政府的支出。这就要求中央政府要从自身做起,增收节支,科学界定职能,不能包揽一切,无限扩大支出。要取消不应由地方政府负担的支出项目,合并各级政府间的重复支出项目,适当下放部分税权,最终把中央与地方政府的分配关系纳入法制化的轨道。这是分税制财政体制正常运行不可缺少的重要前提。

在收入的划分上,除了要考虑中央的宏观调控外,还应考虑满足地方政府行使职能的需要,更重要的是要有利于全国统一市场的形成,有利于生产要素的合理流动和资源的合理配置。因此,应在完善现行税制的基础上重新合理划分收入:统一内外资企业所得税,将其确定为分享税种,采用税源式分享或地方征收附加的方法;实现增值税由生产型向消费型的转变,扩大税基;调整消费税的征收范围。完善地方税收体系;改革农业税,完善个人所得税,适时开征环境保护税、遗产税、赠予税、社会保障税、城乡维护建设税等。在不违背统一税法的前提下,对不需要全国统一的、地方特征特别明显的一些地方税的税权下放地方。与此同时,还要稳妥推进税费改革,规范税费关系,把税收作为政府收入的主要来源;实现政府收入机制的规范化;依靠培植税源,加强征管,提高征收效率,实现收入的稳定增加。这样,中央和地方都将有较为稳定的财政收入来源来保证其履行职能的需要。

2. 宏观与微观相结合的原则

案例 11-4

什么是幸福

英国"新经济基金"组织近日公布了 2009 年度《幸福星球报告》,哥斯达黎加荣膺世界最幸福、最环保的国家。中国内地排名第 20 位,中国香港则位列第 84 位,美国排在 114 位,幸福指数比伊拉克及伊朗都更低。前 10 名国家中有 9 个来自拉美。其中哥斯达黎加高居榜首,人民对生活满意度为 8.5 分(最高 10 分,即 85% 的居民满意),幸福指数则有 76.1 分,远远抛离第 2 名的多米尼加。越南排名第 5 位,是前 10 名内唯一的非拉美国家。

经合组织成员国的状况比 20 世纪 60 年代还恶劣,因为虽然预期寿命和幸福感增加了,但幅度远不及对自然资源过度开发的增幅。其中美国、中国内地及印度整体评分均逊于 20 年前。但相对污染度高达 9.4 分,中国内地污染度只有 2.1 分,故能跻身前 20 名。中国香港居民预期寿命达 81.9 岁,满意度也有 7.2 分,污染度却有 5.7 分,因此只排在第 84 位。津巴布韦由于预期寿命及满意度均低于其他发展中或发达国家,故位列榜尾。

"新经济基金"成员马克斯说,"幸福星球指数"有助推动大国观念转变,发达国家政府应放弃将幸福感与不考虑环境代价的宏观经济数字联系一起的做法,而应将注意力集中在"长久、幸福和有意义"的生活和福利上。

(资料来源:英国"新经济基金"组织 2009 年度《幸福星球报告》.)

宏观与微观，全局与局部是对立统一的关系，两者既有联系，又有区别。宏观经济运行必须立于微观基础上，必须充分反映微观经济主体的行为和动机，这是新凯恩斯主义学派在经济理论上着力说明的理论要旨。

宏观经济是以政府为主体的一国或一个地区经济运行状况的总称。宏观经济中政府的目标主要有四个：经济增长、充分就业、稳定物价和国际收支平衡。这些宏观经济指标的完成，都需要政府的财政予以支持。而政府通过集中社会财富于财政，进行宏观调控，希望最终达到"民富国强"的目标，实现社会福利的最大化。

因此，我们在进行财政管理体制的改革时，在考虑宏观层面的需求时，必须考虑微观主体的诉求和承受能力，在扩张政府目标的同时要时刻关注居民社会福利最大化的目标，少一些"长官意志"，多一些听取微观主体的意见和要求，以达到宏观与微观的统一。

3. 公平与效率相结合的原则

案例 11-5　社科院调查报告显示中国城乡收入差距世界最高

经过数年跟踪所做出的一份全国性调查报告显示，近年来，中国城乡收入差距在不断拉大，如果把医疗、教育、失业保障等非货币因素考虑进去，中国的城乡收入差距世界最高。报告指出，城镇居民的可支配收入没有涵盖城市居民所享有的各种实物补贴，比如城镇居民很多享受公费医疗，而农村居民却没有这种待遇。

城镇的中小学能够获得国家大量财政补贴，而农村学校得到的补贴非常少，农民还要集资办学。城镇居民享受养老金保障、失业保险、最低生活救济，这些对于农村居民来说却可望而不可即。如果把这些因素都考虑进去，估计城乡收入差距可能要达到四倍、五倍，甚至是六倍。

调查报告就如何缩小城乡收入差距提出建议，必须形成一体化的劳动力市场，使农民有更多的进城机会，享有平等就业和公平的收入待遇。

分析结果显示，如果把所有农户的所有税费全部减免，他们的人均收入将增加 5.4%，也就是说他们与城镇居民之间的收入差距将会缩小 13 个百分点。报告还建议由中央财政担负农村教育和医疗，通过建立覆盖面广的社会保障体系，促进城乡收入差距缩小。

（资料来源：中国社会科学院经济研究所调研报告.）

效率与公平是人类社会发展追求的两大价值目标，两者的结合性质与方式反映了社会的进步和人类的发展水平，在各国政府制定和实施财政政策的过程中，都必然包含了对效率与公平的理想与追求。然而，效率与公平两者的矛盾性，使政府在对两者组合的原则选择中产生了很大的困难。

如果经济发展没有效率，缺乏竞争，这种经济必然是一潭死水，缺乏活力的。在这样的经济发展体制下，人民生活水平难以提高，国力难以增强，政府执政的业绩也就难以体现出来，人民群众对政府的认同度、信任度和支持度就会大为下降；但是如果竞争过于激烈甚至于出现恶性竞争，导致收入差距过大，则会使社会产生种种矛盾与冲突，大大冲销政府在经济上取得的成效，甚至会从根本上动摇社会基础。

当前，我国的经济体制正处在转型时期。一方面，市场经济的作用优化了资源的配置，调动了人们的积极性，解放了生产力；另一方面，社会成员在收入方面的差距也在拉大，效率与公平的矛盾比较突出。正确认识这些问题有利于改革的深化、社会的稳定。当我们在制定我国的财政管理体制时,要注意公平与效率相结合,通过有差别和有倾向的国家预算管理体制、税收管理体制、国债管理体制、国有资产收益管理体制等,实现缩小贫富差距、东西差距、城乡差距,达到公平与效率的统一。

4. 加强财政资金监督,提高财政运行质量的原则

要切实提高财政运行质量,必须加强对财政资金的监管,要实现预算执行与财政监督工作的法制化、制度化、科学化、民主化和公开化水平,本着依法公开、全面真实、注重实效、有利监督、促进发展的原则,积极探索公共财政管理监督的措施途径,认真学习领会在我国新时期财政制度建设规划的基础上,根据实践以及国家和政府有关政策法规,规范工作秩序,明确支付监督依据,切实做好监督与依法理财工作。

加强财政资金监管,可以从以下几个方面进行:一是要严格执行《中华人民共和国预算法》,严格依法办事,严格执行预算,充分发挥人大、政协机关、社会媒体的监督作用,接受社会的监督。要完善上级财政部门对下级的财政监督机制,建立一整套财政支出效益的考核指标,逐步实现财政由供给型向效益型转变。二是要控制财政支出的方向,优化支出结构。特别要明确转移支付资金的使用方向;确实将该部分资金用于有利于落后地区的综合发展能力提高的项目上。三是加大增收节支的力度,特别要注重节约政府开支,控制支出总量,避免因财力拮据而使财政管理和监督流于形式;将财政监督置于法制化建设中,使财政监督变为一种以法制为基础的有效的监督。各级政府要厉行节约,反对铺张浪费,要从制度上抓落实,从舆论上抓监督,从自律上抓约束,从领导干部带头做起,切实提高财政资金的使用效率。四是要规范政府收入分配机制。一方面要完善税制,加强征管,强调集中,纠正财力分散化的趋势,另一方面要对税外收费逐步清理、规范,该取消的坚决取消。率先实现中央一级政府收入机制的规范化,由此将"费改税"和"规范费"延伸到地方各级政府,从而在全国范围内逐步推开。五是积极采取措施提高政府财政管理水平。要坚持财行政人员的考核培训,进一步加强政府财政队伍建设。同时要进一步推进电子化政府采购,有效地预防和治理腐败。

本章小结

财政管理体制研究的是在财政管理权限和财政资金划分上的责权利关系,它是规定国家管理财政的组织体系、管理权限和管理制度的总称。财政管理体制是一个国家经济管理体制的重要组成部分,也是财政管理的一项根本制度,只有确立了财政管理体制,一个国家的财政管理才有了明确的管理方式和方法。本章介绍了财政管理体制的实质和建立的原则以及财政管理体制的构成;分析了我国财政管理体制的历史沿革及目前我国的财政管理体制;最后,在阐述我国现行财政管理体制存在的弊端的基础上,提出了改革我国现行财政管理体制的原则。

复习思考题

1. 什么是财政管理体制?财政管理体制的实质是什么?
2. 财政管理体制建立的原则有哪些?
3. 什么是统一领导、分级管理?它们分别包括哪些内容?

4. 财政管理体制的构成有哪些？
5. 国财政管理体制的历史沿革？
6. 税制财政体制改革的指导思想是什么？
7. 分税制财政管理体制的具体内容有哪些？
8. 我国现行财政管理体制存在的弊端有哪些？
9. 改革我国现行财政管理体制的原则有哪些？
10. 如何在财政管理体制的建设中达到宏观与微观的平衡？

第 12 章

财政平衡与风险控制

学习目标

通过本章的学习,了解财政平衡的基本状态、计算口径,掌握财政平衡的基本理论和经济影响,明确财政风险的产生原因、控制途径。

关键词汇

财政平衡(Balance of State Revenue and Expenditures);财政赤字(Financial Deficit);财政风险(Fnancial Risk);风险控制(Risk Control)

案例 12-1　　全球出现"赤字潮"

多国赤字超越"警戒线"

如果说 2009 年各国担心全球经济还未"触底"的话,那么进入 2010 年以来,各国开始担忧因经济刺激计划带来的全球性赤字问题。从迪拜到希腊,从希腊到欧元区,从英国到美国,欧美核心发达经济体国家的巨额政府赤字,就像慢性发展的恶性"肿瘤",侵蚀着尚未全面复苏的全球经济。

赤字危机蔓延欧元区

按照欧盟制定的《稳定与增长公约》,欧元区成员国必须遵守赤字控制在 GDP 的 3% 这样的标准。尽管这只是一个灵活的参考数值,但自去年应对金融危机以来,欧元区以及美国等发达经济体的政府赤字都超过、甚至远超 GDP 的 3% 的参考"警戒线"。

相关数据显示,希腊 2009 年政府赤字占 GDP 比例超过 12%,爱尔兰 2009 年政府赤字占 GDP 比例约为 10.75%,西班牙 2009 年政府赤字占 GDP 比例也超过 10%,位居欧元区赤字前三位。而从目前看,三国赤字危机似乎有向整个欧元区蔓延之势。此外,法国 2010 年预算赤字将占 GDP 的 8.2%;德国 2010 年预算赤字将占 GDP 的 5.5%,2010 年欧元区总体赤字可能会超过 GDP 的 7%,欧盟 27 个成员国中有 20 国出现赤字超标问题,欧盟为此频频发出预警信号。

同样，自奥巴马提出 2010—2011 年财政预算以来，美国的巨额赤字也备受关注。白宫预计，联邦政府 2010 财年赤字将达 1.6 万亿美元，占 GDP 的 10.6%，这是自第二次世界大战以来的最高比例。

穆迪投资公司 2010 年 2 月 3 日警告称，若美国经济增长低于预期，或政府不采取更严措施解决赤字，美国所处最高级 AAA 级主权信用评级将承受压力。

（资料来源：www.eastmoney.com，2010.02.07，广州日报.）

案例思考题
1. 如何看待全球出现的"赤字潮"？
2. 政府财政赤字对经济发展会产生什么影响？

12.1 财政收支矛盾与平衡

1. 财政收支矛盾

财政收入与财政支出是财政分配活动的两个环节，两者经常处于对立统一之中。一方面，财政收入与财政支出相互制约；另一方面，财政收支之间经常出现不一致，在一个财政年度内，财政收支在数量上几乎总是不相等的，经常出现收入大于支出或支出大于收入。财政收支之间存在相互对立又相互制约的辩证关系，使得财政收支之间的矛盾有可能向相对的平衡转化。

2. 财政收支的基本状态

一定时期内一国财政收入和财政支出之间的数量对比关系主要表现为三种情况：财政结余、财政赤字和财政平衡。

① 财政结余，即国家预算执行后财政收入大于财政支出的余额。
② 财政赤字，即财政支出大于财政收入的差额。
③ 财政平衡，即财政收入与支出在总量上大体相等。
④ 与财政赤字相关的概念：

预算赤字，指在编制预算时就出现的预算支出大于预算收入的差额。
决算赤字，指预算执行结果收不抵支的差额。
赤字财政，指国家有意识地用赤字来调节经济的一种政策，即在编制年度国家预算时就安排了列有赤字的财政收支计划的一种政策。

3. 财政平衡的计算口径

计算财政结余或赤字，通常有以下两种口径：
① 硬赤字：赤字（结余）=（经常收入 + 债务收入）-（经常支出 + 债务支出）
② 软赤字：赤字（结余）= 经常收入 - 经常支出

4. 如何理解财政平衡

由于财政赤字现已成为一种世界性经济现象，并且其规模呈日益扩大的趋势，当前各国政府纷纷采取措施以期缩小财政赤字，实现财政平衡。所谓财政平衡，按我国统计口径，是指当年国家预算收支在量上的对比关系，对其理解应从以下几个角度着手。

① 财政平衡是相对的，而不是绝对的。在实际生活中，财政收支正好相等的情况几乎不存在。略有结余或略有赤字都是基本平衡的表现形式，因此，财政平衡的目标是基本平衡或大体平衡。

② 财政平衡是动态的，而不是静态的。理解财政平衡应考虑时间因素，考虑年度之间的联系与衔接，例如，动用财政结余的当年虽在统计上表现为赤字，如果结合有盈余的年份从动态上看，财政收支仍有可能是平衡的。因此，必须研究财政收支的发展趋势，研究经济周期对财政的影响，以及财政对经济周期的调节作用，以求得一个时期的内在平衡。

③ 财政平衡应从全局角度理解，财政收支作为一种货币收支，同国民经济货币收支体系中其他货币收支是相互交织，相互转化的。财政部门作为一个经济部门，它的收支同家庭部门，企业部门以及对外部门的收支有密切联系，且互补余缺，因此必须从国民经济全局出发研究财政平衡。

④ 财政平衡应从中央预算平衡和地方预算平衡角度分别理解，随着分税制的建立，地方政府成为一级独立的财政主体，因此，必须分别考察中央和地方政府各自的收支对比情况，从中央和地方两个方面理解财政平衡。

⑤ 理解财政平衡，应注意财政收入的真实性，由于商品的自然损耗或商品质量不合格，品种不对路形成商品积压，使生产部门上交的税收和利润成为一种没有物质保证的虚假收入，用虚假收入抵补真实支出，形成虚假的收支平衡，即假平衡真赤字，因此，理解财政赤字，必须考虑其真实性。

12.2 财政平衡理论的发展

1. 财政平衡思想与实践

（1）古典经济学的财政平衡思想

古典经济学反对国家干预，主张经济自由。这种思想在预算的基本准则上表现为预算平衡。至第一次世界大战前，实现预算平衡一直是各国制定预算的基本准则，预算出现赤字则被认为是财政管理不善。实际上，各国的预算支出也通常能够保持平衡。

（2）凯恩斯关于财政平衡的思想

凯恩斯理论主张通过财政政策对总需求进行管理，打破传统的预算平衡原则，用预算赤字的增减来调节经济，实现充分就业这一宏观经济目标。这意味着当出现经济衰退时，政府不应考虑如何实现预算平衡，而应减少税收和增加公共支出，使社会购买力和有效需求相应增加，阻止经济衰退的继续恶化。事实上，各国政府为了从经济危机中尽快复苏，相继采取了扩张性财政政策，产生了庞大的财政赤字。

（3）新古典综合派关于财政平衡的思想

货币主义学派认为，政府预算赤字由中央银行的借款来弥补，将导致庞大的信用扩张，并促使价格上涨，导致利率上升，对私人投资产生挤出效应，在经济中不能产生新的就业机会，故实施赤字财政是得不偿失。

供给学派认为，从预算赤字对供给的影响看，如果预算赤字是由减税引起的，则有助于生产力的提高和供给的扩大，对经济将产生长远的扩张效应；如果预算赤字是因政府的公共支出扩张而引起的,由于政府部门的效率一向低于私人部门,政府部门的扩张会降低总体的生产力,从而对经济将产生长远的停滞或紧缩效应。因此,解决滞胀的关键是要减税和削减财政开支,增加社会产品的供给,增加就业和对产品的需求。

理性预期学派认为,政府预算赤字的扩大相当于公众未来税负的提高,有理性预期的公众会减少目前的消费支出,私人部门紧缩的效果,刚好抵消掉预算赤字的扩张效果,因此,赤字政策对社会产出和所得的影响极其有限。

2. 不同的财政平衡理论

(1) 年度预算平衡理论

年度预算平衡理论是以量入为出为中心的理论,作为政府预算的基本理论延续了一个多世纪。该理论主张实行严格的预算平衡,即每个财政年度的收支都要保持基本平衡,而且预算规模要小,财政支出要节俭。该理论的基本观点如下。

① 政府对私人经济部门发行公债,会使得原本是私人部门用作生产投资的资本被挪作政府花费,从而延缓私人经济部门的发展。

② 政府支出是非生产性的,用发行公债支持的赤字会造成巨大的浪费。

③ 政府的赤字支出必然导致通货膨胀。

④ 年度预算平衡是控制政府支出增长的有效手段。

(2) 周期预算平衡理论

周期预算平衡理论主张在发挥财政政策熨平经济周期波动时,实现预算收支在一个经济周期内保持基本平衡,而不是在某一个财政年度内保持平衡。该理论的基本观点如下。

① 在经济衰退时期,政府应该减少税收,增加支出,主动使预算产生赤字,目的在于直接扩大财政投资和社会消费,并间接刺激私人部门的投资和消费的扩大,从而提高社会有效需求水平。

② 在经济繁荣时期,政府应该增加税收,减少支出。主动使预算产生盈余,目的在于直接压缩财政投资和社会消费,并间接抑制私人部门的投资和消费的扩大,从而降低社会有效需求水平。

③ 在上述情况下,政府财政不仅发挥了反经济周期的功能,而且还能使预算保持平衡。但这时的平衡,不是年度平衡,而是周期平衡。

(3) 功能财政理论

功能财政理论是把稳定经济作为第一目标的财政政策理论。该理论的核心思想是政府财政的基本功能是稳定经济,财政政策的运用应着眼于其对经济所产生的结果,而不应过多考虑这些政策是否遵循了既定的传统学说。该理论的基本观点如下。

① 无论是年度的还是周期的平衡预算,只具有第二位的重要性。

② 政府预算的首要目的是实现充分就业和物价稳定。

③ 政府的债务只有在需要时才能发生。

④ 政府的货币支出超过政府的货币收入的差额,若不能用私人部门持有的、用来购买公债的货币弥补,政府则应印刷新货币。

3. 中国的财政平衡学说

"三平"理论即财政收支、信贷收支和物资供求三者之间的综合平衡,它是创造性地运用马克思主义的社会再生产理论对我国实践经验的总结，是计划经济体制下的财政平衡理论，在当时对我国经济建设发挥了重要指导作用。在市场经济条件下，须对这一理论进行重新认识和更新。这主要表现在以下几方面。

① 随着统收统支体制的破除，财政收入占 GDP 比重急剧下降，相应地信贷资金来源急剧增加，因而"财政是关键"这一论点已难成立，需要重新认识和协调财政、银行关系。

② 随着统购统销的物资供应体制转换为市场流通体制，计划价格转换为市场价格，政府已不再直接协调资金运动和物资运动的关系，而是通过对市场的间接调控来调控物资供求关系。

③ 随着筹资主体和资金筹集方式的多元化、市场化，在当前体制下，不仅要直接安排好预算内投资规模和结构，而且要协调运用各种经济杠杆间接调控社会投资和结构，国民经济综合平衡的对象应由物资供求平衡转为社会总供给与总需求的平衡。

④ 传统体制下，企业自主支配的财力较少，居民货币收入水平和储蓄倾向较低，企业和居民收支在综合平衡中作用很小，在市场经济体制下，企业的行为倾向以及居民储蓄均对宏观经济产生重大影响。

⑤ "三平"后来又加入外汇收支平衡，构成"四平"理论。随着对外经济交往的不断扩大，国际收支平衡已成为经济稳定的重要因素，在综合平衡中发挥重要作用。

12.3 财政赤字理论

12.3.1 财政赤字的分类

1. 硬赤字和软赤字

政府预算收支有广义和狭义之分。广义的预算收入包含政府的一切收入，如税收收入、非税收入等无偿收入和公债收入等有偿收入，预算支出则是包含了债务支出，依照这种计算口径计算出的赤字就称为硬赤字。

狭义的预算收入和支出不包含政府的债务收支，其差额称为软赤字。软赤字的计算方法是国际上通行的计算方法。

2. 结构性赤字和周期性赤字

结构性赤字是经济处于充分就业状态，政府取得相应的充分就业收入水平下发生的预算赤字，也称充分就业赤字。结构性赤字将赤字作为外生变量来看待，假定赤字不受经济周期的影响。

周期性赤字是实际的预算赤字超过结构性赤字的差额。周期性赤字将赤字作为内生变量来看待，它的数量随经济周期波动而变动。

12.3.2 财政结余和赤字的处理

1. 财政结余的处理

① 让盈余资金闲置，不准它进入私人部门。

② 偿还以前的政府债务。

③ 把盈余资金分配给社会有关部门。

2. 财政赤字的弥补

(1) 动用历年财政结余

用往年财政结余弥补财政赤字，不会引起国民收入超经济分配，对国民经济影响不大，是弥补财政赤字的理想方法。但随着政府职能的扩张，各国大部分年份都是赤字，用往年财政结余弥补财政赤字是不大现实的。

(2) 发行国债

发行国债可以使政府在短时间里有偿集到巨额资金，让暂时闲置的货币资金聚集到国库而不改变社会货币资金供给总量，不会立即引起信用膨胀，是各国弥补财政赤字的切实可行的办法。

(3) 向银行借款

向中央银行借款弥补财政赤字，一般是在动用结余和发行国债还不能弥补赤字的情况下被迫采取的措施。财政向银行借款时，实际操作方法就是在财政借款账户的借方和国库存款账户的贷方各记上一笔相等的数额，借出的货币通过各种用途分别形成企业存款、居民储蓄或手持现金。《中国人民银行法》颁布后，财政不能向中央银行透支，财政透支从而转为财政借款。

(4) 发行货币

当一国财政赤字过大或财政形势严峻时，政府可以通过印刷一定数量的钞票的形式弥补财政赤字。一方面，政府从扩大基础货币发行而获取更多的归政府支配的实际资源量；另一方面，当货币发行量超过经济需要造成通货膨胀时，使货币持有者蒙受实际货币余额损失，并使政府所欠的国内债务价值降低。以这种形式的"征税"来增加财政收入要比直接增加税收隐蔽得多。但是，这种形式极易产生通货膨胀预期，导致政府债务信誉下降，最终加剧经济波动，甚至产生恶性通货膨胀。

12.3.3 财政赤字的经济影响

1. 财政赤字与货币供给

财政赤字是影响一国货币供给的重要因素，但财政赤字并不一定必然导致货币供给增加，财政赤字对货币供给的影响主要是由财政赤字的弥补方式及其规模决定的。

① 通过银行透支或借款弥补财政赤字的方式，一般会增加中央银行的准备金从而增加基础货币，但财政借款并不一定引起货币供给过度。一方面，随着经济的增长，货币需要必然增加，从而要求增加货币供给量，因此，只要财政借款控制在由货币系数决定的基础货币增量的限度内，就不会有通货膨胀的后果，另一方面，如果银行在向财政贷款的同时，控制贷款的总规模，则也不会发生货币供给过量的问题。

② 用发行公债弥补财政赤字的货币效应，依认购者的不同而不同。居民个人或企业以及商业银行购买公债，一般说只是购买力的转移或替代，不产生增加货币供给的效应，但因居民或企业的购买资金不同，具体的货币效应也有所不同。一是用现钞或活期存款购买，意味着 M_1 相应缩减，财政再用于支出，又形成 M_1 的供给，因而 M_1 的供给规模不变；二是用储蓄或定期存款购买，意味着 M_2 中的准货币减少，而财政支出形成 M_1 时，虽然货币供给

总规模不变，但 M_1 的规模增加，对市场均衡必将产生一定影响。

由中央银行认购国债，通常会扩大货币供给量。中央银行认购国债后，财政金库存款增加，当财政用于支出时，使商业银行账户上居民和企业存款增加，从而商业银行的存款也相应增加，商业银行有了超额准备，往往扩大贷款规模，从而增加货币供给。虽然理论上商业银行在存款增加时并不扩大贷款，或中央银行在认购国债时压缩对商业银行的贷款，就不会增加货币供给，但实际上却不具有现实性。

总之，判断财政赤字的货币效应，必须根据实际情况，区别对待。

2. 财政赤字扩大总需求的效应

财政赤字对需求的总量和结构都可能产生影响。一方面由政府扩大购买性支出和转移性支出造成的财政赤字可以作为新的投资需求和消费需求叠加在原有总需求水平上，增加总需求规模。另一方面，也可以通过不同的弥补方式，使得财政赤字只是替代其他部门需求而构成总需求的一部分，从而仅改变总需求结构，并不增加总需求规模。

3. 财政赤字的挤出效应和挤入效应

实行扩大政府投资的扩张性财政政策导致的财政赤字，将会产生挤出效应，亦即由于政府投资的扩大，一部分社会财富由民间部门转移到政府部门掌握使用，产生了政府部门对民间部门在资源占有与使用量上的挤出。财政赤字还可能产生挤入效应，当政府支出增加，可能带动投资需求和消费需求的增长，使得国民收入和私人投资有所增加。

4. 财政赤字与国债发行

财政赤字与国债相互影响，发行国债是弥补财政赤字的主要手段，也是增大财政赤字的主要因素。在政府财政收入未形成有效增长机制的情况下，用国债来弥补财政赤字，债务会随着财政赤字的增长而增长，而债务利息也会进一步增加，加重财政负担，使财政赤字与国债陷入恶性循环。由此可见，发行国债是弥补财政赤字的一种可靠来源，但国债规模和结构对财政赤字有非常重要的影响。

12.4 财政平衡与社会总供求平衡

1. 社会总供给和社会总需求的含义

① 社会总供给：一个国家或地区在一定时期内由物质生产部门和非物质生产部门提供的最终产品和服务的总量。将全社会范围内各个厂商的供给（收入）加总，形成社会总供给，即 $C+S+T$。

② 社会总需求：一个国家或地区在一定时期内在有支付能力的范围内使用和消费的商品和服务的总量，企业、个人将其所得收入用于各种支出，形成市场需求，将全部需求（支出）加总，形成社会总需求，即 $C+I+G+(X-M)$。

③ 总量平衡意味着在一定时期内作为总供给的收入流量恒等于作为总需求的支出流量。

2. 财政平衡与总量平衡

可以通过对总量平衡的恒等式的理解来考察财政平衡与总量平衡、非政府部门平衡和对外贸易平衡之间的关系。

在封闭经济条件下，总量平衡的恒等式是：
$$C + S + T \equiv C + I + G$$
在开放经济条件下，总量平衡的恒等式是：
$$C + S + T + M \equiv C + I + G + X$$
恒等式的左边代表总供给的收入流量，由消费 C、储蓄 S、税收 T 和进口额 M 组成；恒等式的右边代表总需求的支出流量，由消费 C、投资 I、政府支出 G 和出口额 X 组成。可以列出描述财政赤字的预算恒等式：
$$G - T \equiv (S - I) + (M - X)$$
$G - T$ 表示预算收支平衡状况，当 $G > T$ 时，预算出现赤字；当 $G < T$ 时，则有财政结余。

等式的右边实际上是两个不同的账户，S 和 I 是储蓄、投资账户，M 和 X 是对外贸易经常账户。当 $S > I$ 时，非政府部门的储蓄大于投资，有结余资金；反之，非政府部门储蓄、投资账户出现赤字。当 $M < X$ 时，对外贸易经常账户有结余；当 $M > X$ 时，则出现贸易赤字。这个预算恒等于可以理解为：

财政赤字 ≡ 非政府部门储蓄、投资账户结余 + 贸易账户经常赤字

为使该恒等式表达的经济含义更容易解释清楚，以一个封闭型经济为例。即 $M - X = 0$，则有：
$$G - T \equiv S - I$$
即 财政赤字 ≡ 非政府部门储蓄、投资账户结余

这个公式表达了一个重要的经济学原理：一个部门的赤字正是另一个部门的盈余，政府预算的赤字，可以由非政府部门的储蓄结余来抵补。财政赤字的增加，可以不影响需求总量，因为弥补赤字的资金可以来源于民间部门的储蓄结余。这种情况下，政府多支出的那一部分正是非政府部门少支出的那一部分。

在开放经济条件下，弥补财政赤字，不仅可以动用民间储蓄，还可以动用国外资源。假定 $M - X > 0$，即贸易经常账户处于赤字状态，这表明一部分国外资源流入国内补充了国内总供给。在其他条件不变的情况下，谁动用了这部分资源，则取决于 S 和 I 的关系，大体可以分以下几种情况。

当 $S > I$ 时，表示非政府部门有结余，资源净流出。政府既动用了国外资源，也动用了国内结余资金。赤字同时以两种方式加入总需求：用国外资源弥补赤字，会以新的总需求方式叠加在原有总需求之上，使总需求扩张；用国内结余资金弥补赤字，会以替代支出的方式嵌入原有总需求，总需求结构会被改变，但总量不变。

当 $S = I$ 时，表示非政府部门的储蓄等于投资，这个部门既不占用其他部门的资源，也不为其他部门提供结余资源。政府动用了从国外流入的资源，且国外流入的资源数量与财政赤字相等。国内政府的赤字由国外结余弥补，全部赤字都会以新的需求叠加在原有总需求之上。

当 $S < I$ 时，表明非政府部门储蓄、投资账户也出现赤字，需要资金弥补。由于政府财政也是赤字，因此，两个部门必须从国外筹集资金，所有的赤字使得总需求扩张。

对财政平衡和社会总供求的关系可以得出以下三点认识：

① 财政平衡是社会总供求平衡的一部分，研究财政平衡，必须结合国民经济整体平衡，

就财政本身研究财政平衡难以得出全面的正确的结论；

② 国民经济整体平衡的目标是社会总供求的大体平衡，财政平衡不过是其中的一个局部平衡，因而对社会总供求平衡而言，财政平衡本身不是目的，而是实现社会总供求平衡的一种手段；

③ 财政收支平衡是政府进行宏观调控的重要手段，财政平衡可以直接调节社会总需求，间接调节社会总供给。

12.5　我国的财政赤字

1. 我国财政赤字的现状与成因

我国财政现状如图 12-1～图 12-5 所示。

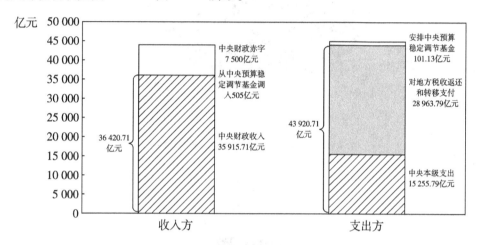

图 12-1　2009 年中央财政平衡关系

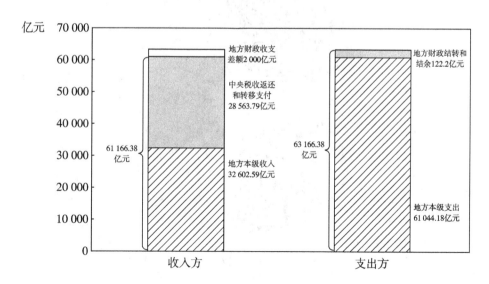

图 12-2　2009 年地方财政平衡关系

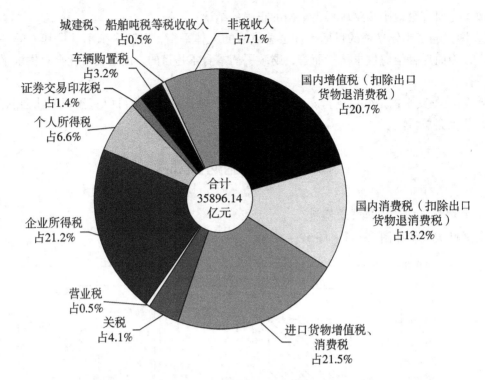

图 12-3　2009 年中央财政收入结构

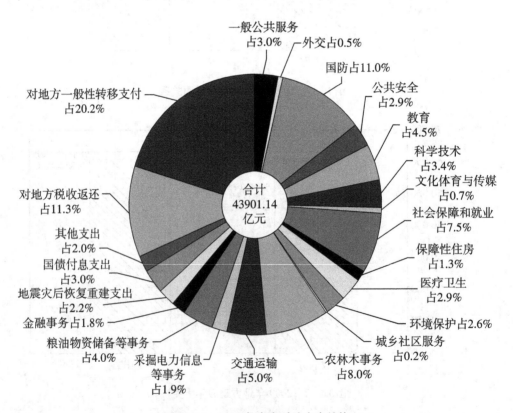

图 12-4　2009 年中央财政支出结构

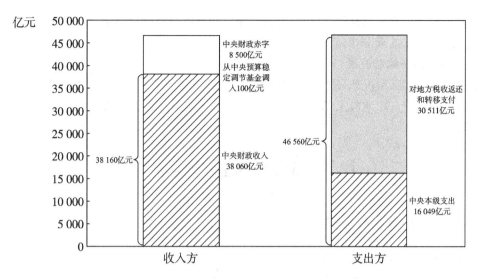

图 12-5 2010 年中央财政预算平衡关系

(1) 与我国财政赤字的现状与下列因素有关。经济周期有关

当经济繁荣时,由于税收收入大幅度增长,财政出现盈余或赤字规模缩小。当经济衰退时,税收收入下降,由于财政支出的刚性特征,财政支出仍保持以前的规模,因此,在经济衰退时期出现财政赤字。

(2) 政府职能不断扩大

计划经济体制下政府投资是社会总投资的主渠道,基建规模过大,重复建设,盲目投资是导致财政赤字的主要原因。经济体制改革后,产生财政赤字的主要原因是政府为经济体制改革的变迁所付出的成本。

(3) 与税收征管和财政资源分配的信息不对称有关

由于信息上的不对称,财政资源的使用缺乏足够的监督,财政支出容易超出合理规模,而纳税制度设置上的疏漏,使得税务机关不能将税收应收尽收。这种财政支出的增加和财政收入的减少在很大程度上影响了我国财政赤字的形成。

(4) 外部冲击

在国家遭遇天灾人祸和政治冲突时,抗洪救灾、反恐怖支出、国防支出等开支都会导致财政支出规模上升。

2. 财政赤字的控制

(1) 规范政府行为,控制支出规模

加强政府机构改革,削减过多的行政事业性经费和福利费开支,严格控制国防支出、合理发放国债,政府退出盈利性投资领域等措施成为控制财政支出、缩小财政赤字的当务之急。

(2) 提高经济运行效率,实现效益型经济增长

财政状况的改善有赖于经济基础的改善。在财政支出规模和税率不变的情况下,经济效率提高,财政收入也提高,财政赤字就会缩减。

(3) 强化税收征管,推行"费改税"

一切提高财政收入的措施,都是减少财政赤字的办法。加强税收征管以增加税收收入是

控制财政赤字的一个辅助途径。把一部分"费"和制度外资金适当地改为"税",则有利于扩大正常的财政收入来源和减少赤字。

(4) 推进经济体制改革

依据经济的实际情况渐进地推行经济体制改革,特别是税收体制、社会保障体制、投资管理体制等财政收支影响较大的制度改革,降低体制改革带来的机会成本,将有助于减少财政赤字。

12.6 财政风险的分类与控制

12.6.1 财政风险分类

1. 强化财政风险控制是大势所趋

许多难以进行有效控制的干扰因素都会导致政府收入减少,支出增加,费用或损失上升,这使政府(或组织)面临财政风险。所有的政府或机构都在不同程度和范围上从事一些与风险相关的活动和交易,因而或多或少地存在着财政风险。许多转轨国家和发展中国家,经济、金融和社会政治领域中的风险都有最终集中导向政府的趋势。由此削弱了财政的可持续性、政府的施政能力和可信性。在我国有种种迹象表明,20世纪90年代中期以来,中央和多数地方政府都面临着日趋加剧的财政风险。最近几年许多乡镇财政因负债累累、困难重重而名存实亡并向上级财政蔓延,就是典型的例子。在这种情况下,管理财政风险已成为改进和强化财政管理的一项关键性课题。

当政府面临严重的财政风险时,唯一有效的办法就是对财政风险进行及时而全面的鉴别和控制。没有这种鉴别和控制,要想全面评估政府的财政状况,实现长期的政策目标,避免随时都可能降临的财政不稳定性,实际上是不可能的。

与发达国家相比,发展中国家和转轨国家的政府(包括中央和地方各级政府)通常更容易遭遇财政风险,而且它们承受财政风险打击的能力也更为脆弱。在这些国家中,最大的问题是财政风险不能得到及时鉴别和控制。由于缺乏预先的鉴别和控制机制,当决策者或管理者发现并试图控制已经降临的风险时,一切都为时已晚,而在此之前,政府对于自己承受的财政风险及其变化情况,一般是不了解的,尽管这些风险意味着政府随时都可能遭受巨大损失。

之所以如此,部分原因在于传统的政府会计、预算和报告均采用现金制。现金制虽然在有些方面有其优势,但却无法在财政风险发生的时候就确认和计量风险,而此时正是控制财政风险的最佳时机。错失这一时机后,一旦潜在的财政风险转化为现实的损失即政府收入的减少和(或)支出的增加,政府就无法控制了。

与现金制相比,权责制基础在适时地确认、计量、报告和控制财政风险方面要好得多。但这并不意味着只有转向权责制,财政风险才能得到适当的鉴别和控制。实际上,在现金制下,及时鉴别和控制财政风险仍然是可能的。目前OECD国家中已有超过一半的成员已不同程度和范围地转向了权责发生制,而且追随的国家将越来越多,但从中国的情况看,转向权责发生制的条件远未成熟。因此,当前我们面临的问题是在不改变传统的现金制基础的前提下,鉴别和控制财政风险。

2. 管理财政风险的第一步是在财政风险发生的时候就鉴别这些风险

鉴别风险要求阐明财政风险的来源和类别，尽可能量化风险，并通过适当的方式予以报告和披露，这是控制风险的前提。

财政风险可以定义为"政府财政收入、支出（或费用）因各种原因产生出乎意料变动的可能性"。这是一个相当宽泛的定义，它表明财政风险可以是消极的，即政府可能遭遇收入减少、支出或损失增加；也可以是积极的，即政府可能遭遇收入增加、支出减少，或获得其他形式的利益（例如在诉讼中获胜而获得赔偿）。

财政风险的来源是多样化和复杂的。许多干扰因素及其综合作用，很容易将政府财政推向高风险的环境中，破坏财政稳定并使政府难以实现其财政政策目标。这些干扰因素很少受到政府财政控制，有些则完全不受财政控制。按照控制程度依次递减排序，引发财政风险的干扰因素一般可以区分为以下四个方面。

① 法定的财政义务，典型的是养老保障支出，这些开支没有固定的限额，因为它们受人口年龄（老龄化）、现有工资水平及其调整、预期通货膨胀以及经济周期等一系列复杂因素的影响。

② 或有财政义务，典型的如政府对第三方的贷款担保和赔偿（包括对金融机构遭受损失的赔偿），这些财政义务发生与否，只能由特定事项的发生或者不发生予以证实。

③ 经济周期性波动，许多重要类别的财政收入和支出对经济周期高度敏感，一旦经济陷入衰退和高失业中，这些类别的收入可能大量减少而支出则会大大增加，导致财政不稳定。

④ 其他可以对政府造成严重负面影响的意外变故，例如重大自然灾害、战争、罢工或政治动荡等。

以上四个方面的因素是交织在一起的，但其重要性却因不同国家和时期而异。在中国的地方财政中，人们关注最多的是或有财政义务形式的财政风险，这些义务的一部分得到法律、合约或其他正式契约的明确承认，但也有相当一部分来自政府基于"道德义务"或"公众期待"而向那些遭受财务损失者提供的援助，例如政府可能通过提供财政拨款，对陷入困境的金融机构施以援手。

3. 财政风险分类的提出

目前得到广泛认可的财政风险分类方法是由哈那波拉克科娃（Hanspoackova，1998）建立的。这一分类的基础是财政预见性。具体包括：

① 明确的和隐含的财政义务。两者的界限在于：明确的财政义务由一项法律或具有法律效力的合约所确认，隐含的财政义务则产生于政府基于公众期待或利益集团压力而承担的道德义务，这些道德义务虽不具有法律效力，但很可能导致政府支出增加或收入减少。

② 确定的和或有的财政义务。确定的财政义务意味着无论如何都将发生的财政支付，或有的财政义务意味着只有在特定事项发生时才会出现财政支付。

根据以上标准，财政风险一般被分为四类。

① 明确的负债和承诺。无论特定事项是否发生，偿付这些负债和履行这些承诺都是政府必须承担的财政义务，例如已纳入预算安排的支出项目，已纳入预算安排的多年期投资合同，已纳入预算安排的公务员薪金、养老金和负债。

② 明确的或有负债。由可能发生或不发生的孤立事项触发的法定义务或合约性义务，

例如政府的贷款担保和政府对金融机构的存款保险。

③ 隐含的负债。由公众期待而非法律引起的支付义务或者预期的财政负担。例如公众一般会期待政府维修基础设施，支持社会保障计划，即便法律并不要求政府这样做。

④ 隐含的或有负债。这类财政义务具有最低的可预见性，是由可能发生（或不发生）的特定事项引起的"非法定的"财政义务，例如当大的金融机构破产或大的自然灾害发生时，人们预期政府会进行干预。

在以上四类财政风险中，各国的政府预算和财政决策集中关注第一个类别中的支出项目，部分关注的是多年期法定承诺，例如偿付政府到期债务。多数国家的政府预算并不关注其他长期财政义务以及隐含的和或有的财政义务。只是当政府陷入严重的财政困难或必须做出重大的财政调整时，才去检查未来的和或有的财政风险。有时为了克服当前的困难，政府会做出更多的在未来解决当前问题的承诺，这会使未来的财政状况变得更加糟糕。

由此看来，许多国家的政府预算只是覆盖了很小一部分财政风险，大部分的财政风险都未能在预算中得到明确的考虑，而且没有适当的机制来评估、报告和披露这些风险。我国的情形也大体如此。这种回避主要财政风险的政府预算文件，远不能提供有关政府全面的财政状况和财政可持续性的完整画面，也不能为预算评估（例如评估预算的宏观经济影响）和政策制定提供适当的基础。

4. 财政风险评估

现在国际流行的看法是，为了有效地防范和控制风险，由政府当前的或者新的支出项目和政策措施（包括承诺）引起的财政义务，都必须加以真实地评估和报告，无论其性质是隐含的还是明确的，是直接的还是或有的，而财政风险是评估和报告的重要组成部分。在确定财政政策目标，制定预算和决定各项政策或支出项目的优先排序时，对包括财政风险在内的全部财政义务进行定真实的评估起着关键性作用。

明确的负债和或有负债都应在政府或机构的财务报表中予以披露。从定义上讲，隐含的和或有负债不能被量化或精确地预知，因而对此采取谨慎态度是非常重要的，而且当特定事项发生时，必须有适当的决策机制能够作出快速而适当的反应。

许多发达国家借助多年期支出框架来评估和披露财政风险。这一工具有助于评估政府部门现有政策承诺在中期（3～5年或更长）内的财政可持续性，以及某些类别的隐含负债（比如前期投资项目的当前成本）。采用（修正的或完全的）权责制会计可以较好地评估明确的（包括确定的和或有债务）政府负债，但对于评估财政风险而言，权责制会计既不是必需的也不是充分的。处理财政风险最重要的是要求决策者和管理者必须做到：充分地意识到财政风险的存在；评估风险；报告和被罚风险；在制定预算过程中对风险予以明确的考虑。

5. 随着财政风险的加剧，一些具有重要影响的国际性组织已日益关注财政风险的鉴别与控制问题

国际货币基金组织（IMF）在其发布的《财政透明度手册》中建议，政府的财政风险应在年度预算中加以鉴别，而且凡是可能应予以量化，被鉴别和量化的财政风险应包括经济假设和特定支出承诺的不确定性成本。

准备年度预算的两个关键性步骤是经济预测和财政预测，这两个步骤中都包含了一系列的财政风险，包括经济假设（如 GDP 增长率）、财政参数（比如有效税率）的变动所产生

的效应,以及特定支出承诺产生的成本的不确定性。

作为最低要求,这些被鉴别和量化的财政风险需要通过"财政风险报表"予以报告,并随预算文件一并呈递。风险报表应覆盖影响政府收入和支出估算数的所有重要财政风险类别,但那些已经被特别允许建立了预算或有储备的风险除外。此外,风险报表中阐述的风险可以是消极的也可以(同时)是积极的风险,并尽可能予以合理地量化。然而,一般地讲,风险报表中不应包括某项隐含性质的潜在负债(例如可能支持的保释金)。

12.6.2 财政风险控制

前面的讨论主要涉及财政风险鉴别和分类问题,但最终的目标是要控制财政风险,包括政府转移、消减和承担财政风险三种情形。

① 政府转移财政风险,也就是将风险转移给市场或第三方承担,转移风险的措施包括一个长长的清单,例如出售经营不善、财务脆弱的国有企业,撤销对金融机构的担保,拒绝对陷入严重财务困境的投资者进行赔偿,从而把风险推向市场。

② 政府消减财政风险,即消除或减少(降低)自己承担的风险。对贷款担保实施严格的监督和管理是典型的消减风险的措施。政府有必要为申请担保者规定清楚而严格的条件,包括要求被担保的项目必须与政府的财政目标密切关联,被担保者具有较低的违约风险。政府也有必要定期对担保的贷款和项目进行定期评估检查,要求当事人提供与被担保项目相关的专门财务报告。如果没有满足规定的标准,政府可以明确地告知将取消担保。政府不轻易作出将导致沉重财政义务的承诺(例如对提高公务员工资、放宽失业救济和养老保障领取资格或标准持谨慎态度),对于消减风险也非常重要。

③ 政府承担财政风险,即通过风险融资由自己承担风险。风险融资的目的在于为自己承担的风险建立风险储备,或者用来购买再保险,以便一旦风险转化为实际损失时,可拟用这些储备或由保险公司来冲销全部或部分损失。

向受益人(接受政府担保者)收取的担保费应依据风险大小确定,这就要求对政府面临的风险进行确切的评估。但在发展中国家,有两个障碍使风险评估变得困难。首先,例如在中国这样的国家,大部分风险集中于为数有限的大型金融机构和大型国有企业(或企业集团),而不是如同许多发达国家那样广泛分布于大量的风险投机者,使收取基于风险的担保费难以合理确定,而政府与这些大型企业(包括金融机构)之间那种"剪不断、理还乱"的关系,进一步加剧了合理收费的困难。

其次,许多类别的财政风险评估,在技术上仍然存在困难。不过,利用相对简单的技术计算预期损失,例如政府几年内出具了大量同一类担保并记录了有关的违约信息,按照汽车保险费的计算方法,担保的预期代价就能被准确估计出来;在其他情况下,建立经济模型或者根据不同情况做多方案模拟的方法,也具有较高的可行性;在20世纪80年代中期发展起来的金融衍生工具的定价技术,也能用来测定担保和其他或有财政义务的价值,进而计算出政府的预期损失和需要收取的相应费用。与拒绝对蒙受损失者进行赔偿一样,要求受益者支付担保费用,也是一种基于市场的解决(风险控制)办法,这种做法一般在私营保险业相对完善的发达国家中得到采用,但它对于那些不想采取妨碍私营保险发展的政策的发展中国家或转轨国家也是有效的。

从中国目前的情况看,控制财政风险最重要的措施之一是在年度预算中建立或有储备。

目前的政府预算（和财务报告）没有针对或有财政风险的任何控制措施，只是当或有风险转化为实际损失冲击，这样做是非常危险的。因为"临时抱佛脚"的办法没有设置预先的防范机制，当招致大量损失的特定事项发生后，不仅风险控制为时已晚，而且政府财政将承受巨大冲击而变得脆弱不堪，甚至触发严重的财政危机。在政府预算中预先建立了或有储备，情况就会好得多，对那些在缺乏可预见性环境下进行运作的地方财政来讲，建立或有储备对防范财政风险尤其重要。一般地讲，这些储备应区分为"技术储备"和"政策储备"两大类，前者针对由经济参数（如通货膨胀率）和现有项目（已在预算中安排但其成本可能出现难以预料的变化）引起的财政风险，后者针对由新的政策（或承诺）引发但又未在预算中加以确认的财政义务。

本章小结

　　财政收支平衡是指财政收入与财政支出在数量上的对比关系。

　　财政赤字是一种世界性经济现象，并且其规模呈日益扩大趋势。当前，各国政府纷纷采取相关措施以期缩小财政赤字，实现财政平衡。

　　财政平衡包括动态平衡与静态平衡、中央预算平衡与地方预算平衡，财政真实平衡与虚假平衡等。

　　财政平衡理论包含年度预算平衡理论、周期预算平衡理论和功能预算平衡理论等。

　　发行国债是弥补财政赤字的主要手段。

　　强化财政风险控制是大势所趋。财政风险可以分为四类：明确的负债和承诺、明确的或有负债、隐含的负债和隐含的或有负债。

　　财政风险控制的目标包括政府转移财政风险、政府削减财政风险和政府承担财政风险。

复习思考题

1. 如何正确理解财政平衡？
2. 财政平衡理论包括哪些？
3. 财政风险的一般类型。
4. 结合实际分析我国财政平衡状况。
5. 如何有效控制财政风险？

第13章

财政政策

学习目标

通过本章学习,掌握财政政策的含义和功能,了解财政政策的主体,熟悉财政政策的目标和工具,掌握财政政策的类型,熟悉财政政策的乘数效应。了解财政政策与货币政策协调配合的必要性及其组合类型,了解我国财政政策的实践。

关键词汇

财政政策(Fiscal Policy);财政政策目标(Objectives of Fiscal Policy);财政政策类型(Type of Fiscal Policy);货币政策(Monetary Policy)

案例 13-1　国务院常务会议出重拳:十大措施 4 万亿元投资

国务院总理温家宝 2008 年 11 月 5 日主持召开国务院常务会议,研究部署进一步扩大内需促进经济平稳较快增长的措施。会议认为,近两个月来,世界经济金融危机日趋严峻,为抵御国际经济环境对我国的不利影响,必须采取灵活、审慎的宏观经济政策,以应对复杂多变的形势。当前要实行积极的财政政策和适度宽松的货币政策,出台更加有力的扩大国内需求措施,加快民生工程、基础设施、生态环境建设和灾后重建,提高城乡居民特别是低收入群体的收入水平,促进经济平稳较快增长。

会议确定了当前进一步扩大内需、促进经济增长的十项措施。一是加快建设保障性安居工程。加大对廉租住房建设支持力度,加快棚户区改造,实施游牧民定居工程,扩大农村危房改造试点。二是加快农村基础设施建设。加大农村沼气、饮水安全工程和农村公路建设力度,完善农村电网,加快南水北调等重大水利工程建设和病险水库除险加固,加强大型灌区节水改造。加大扶贫开发力度。三是加快铁路、公路和机场等重大基础设施建设。重点建设一批客运专线、煤运通道和西部干线铁路,完善高速公路网,安排中西部干线机场和支线机场建设,加快城市电网改造。四是加快医疗卫生、文化教育事业发展。加强基层医疗卫生服务体系建设,加快中西部农村初中校舍改造,推进中西部地区特殊教育学校和乡镇综合文化站建设。五是加强生态环境建设。加快城镇污水、垃圾处理设施建设和重点流域水污染防治，加强重点防护林和天然林资源保护工程建设，支持重点节能减排工程建设。六是加快自主创新和结构调整。支持高技术产业化建设和产业技术进步，支持服务业发展。七是加快地震灾区灾后重建各项工作。八是提高城乡居民收入。提高2009年粮食最低收购价格，提高农资综合直补、良种补贴、农机具补贴等标准，增加农民收入。提高低收入群体等社保对象待遇水平，增加城市和农村低保补助，继续提高企业退休人员基本养老金水平和优抚对象生活补助标准。九是在全国所有地区、所有行业全面实施增值税转型改革，鼓励企业技术改造，减轻企业负担1 200亿元。十是加大金融对经济增长的支持力度。取消对商业银行的信贷规模限制，合理扩大信贷规模，加大对重点工程、"三农"、中小企业和技术改造、兼并重组的信贷支持，有针对性地培育和巩固消费信贷增长点。初步匡算，实施上述工程建设，到2010年底约需投资4万亿元。为加快建设进度，会议决定，2008年四季度先增加安排中央投资1 000亿元，明年灾后重建基金提前安排200亿元，带动地方和社会投资，总规模达到4 000亿元。

会议要求，扩大投资出手要快，出拳要重，措施要准，工作要实。要突出重点，认真选择，加强管理，提高质量和效益。要优先考虑已有规划的项目，加大支持力度，加快工程进度，同时抓紧启动一批新的建设项目，办成一些群众期盼、对国民经济长远发展关系重大的大事。坚持既有利于促进经济增长，又有利于推动结构调整；既有利于拉动当前经济增长，又有利于增强经济发展后劲；既有效扩大投资，又积极拉动消费。要把促进增长和深化改革更好地结合起来，在国家宏观调控下充分发挥市场对资源的配置作用；发挥中央和地方两个积极性。

(资料来源：http：//www.sina.com.cn，2008年11月10日.)

案例思考题
1. 中国出台4万亿投资的背景是什么？
2. 积极的财政政策对于中国应对国际金融危机发挥了什么作用？

13.1 财政政策概述

13.1.1 财政政策的含义

在现代经济理论中，人们一致认为，政府为达到一定的经济目标而对经济进行干预最主要是通过财政政策和货币政策。因此，财政政策是国家或政府干预经济的最主要的经济政策之一。财政政策的概念有广义和狭义之分。广义的财政政策是政府为了实现一定时期的宏观调控目标而制定的指导财政活动、处理财政分配关系的基本准则和措施的总和，它所规范的范围是整个财政活动领域，体现政府财政活动的取向和行为规范。狭义的财政政策是政府为了实现社会总供求平衡的目标，对财政收支总量和结构进行调整的准则和措施的总和。

财政政策贯穿于财政工作的全过程，体现在收入、支出、预算平衡和国家债务等各个方面。因此，财政政策由支出政策、税收政策、预算平衡政策、国债政策等构成一个完整的政策体系。在市场经济条件下财政功能的正常发挥，主要取决于财政政策的适当运用。财政政策运用得当，就可以保证经济的持续、稳定、协调发展，财政政策运用失当，就会引起经济的失衡和波动。

财政政策、财政理论与财政实践三者之间存在着密切的联系。财政理论作为一种精神财富,是服务于财政实践的,并通过实践来验证理论的正确与否。财政理论要转化为财政实践,必须通过财政政策这个中介环节。因此,财政政策既是对财政理论科学性、正确性的检验,又是财政实践活动的指导方针。

财政政策与财政原则、财政制度、财政法律法规等概念也既有联系,又有区别。财政原则是政府制定财政政策时必须遵循的基本指导思想,是评价财政政策效应的标准。财政制度及财政法律法规则是从程序上体现并规范财政政策的内容,它们是财政政策的载体。

13.1.2 财政政策的功能

财政政策在宏观经济管理与调控中主要有以下四方面的功能。

1. 导向功能

财政分配和管理涉及人们的物质利益,从而影响人们的经济行为。财政政策的导向功能正是通过调节物质利益,来对个人和企业的经济行为以及国民经济发展方向发挥导向作用。财政政策的导向功能主要表现在:

① 配合国民经济总体政策和各部门、各行业政策,提出明确的调节目标。如,在某一时期,宏观经济政策目标是稳定经济发展,为实现这一总目标,财政政策就要确定抑制通货膨胀的目标。

② 财政政策不仅规定什么应该做、什么不应该做,同时还通过利益机制,告诉人们怎样做更好。如,政府为了增加社会投资规模,就要刺激私人投资欲望。当这一政策出台后,投资者可能就要利用这一政策。这时,财政政策可提供较多的方式以便投资者选择,如加速折旧、免税期、投资税收抵免、补助等。

财政政策的导向功能的作用形式有两种:直接导向与间接导向。直接导向是财政政策对其调节对象直接发生作用。例如,加速折旧的税收政策,可以大大提高私人的设备投资欲望,加速固定资产的更新改造。间接导向是财政政策对非直接调节对象的影响。例如,对某些行业施以高税政策,不但会抑制这一行业的生产发展,同时还有两项间接影响:一是影响其他企业和新投资的投资选择;二是影响消费者对这一行业的产品的消费数量。

2. 协调功能

协调功能主要表现在对社会经济发展过程中的某些利益失衡状态的制约、调节能力,它可以协调地区之间、行业之间、部门之间、阶层之间的利益关系。财政政策协调功能的主要特征表现在三个方面。

① 多维性。财政政策所要调节的对象以及实现的目标不是单一的,而是多方面的。例如,为协调个人收入,以免走向两极分化,就需要通过财政投资政策,增加社会就业机会;通过税收政策,降低高收入者的边际收入水平;通过转移支出政策,提高低收入者的收入水平。因此,特定的财政政策在实施过程中,要注意调节对象的选择和调节目标之间的兼容性。

② 动态性。财政政策在协调过程中,可以依据国民经济的发展阶段和国家总体经济政策的要求,不断改变调节对象、调节措施和调节力度,最终实现国民经济的协调发展。

③ 适度性。财政政策在协调各经济主体的利益关系时,应掌握利益需求的最佳满足界

限和国家财政的最大承受能力，做到"取之"有度，"予之"有节，使国家或政府以尽量少的财政投入和调节对象的利益损失，取得尽量大的影响效果。

3. 控制功能

控制职能是指政府通过财政政策对人们的经济行为和宏观经济运行的制约或促进，实现对整个国民经济发展的控制。财政政策之所以具有控制功能，主要是由政策的规范性决定的，无论财政政策是什么类型，都含有某种控制性的因素，它们总是通过这种或那种手段，让人们做某些事情，或不做某些事情。

4. 稳定功能

稳定职能是指政府通过财政政策，调节总支出水平，使货币支出水平大体等于产出水平，实现国民经济的稳定发展。财政政策稳定功能的主要特征是反周期性和补偿性。反周期性主要体现在财政政策应对经济波动方面。当经济繁荣时，生产兴旺，国民收入水平提高。在繁荣和衰退的变化过程中，财政政策稳定功能的反周期性在自动地发挥作用。在繁荣时期，随着国民收入水平的提高，税收收入自动增加，而转移支出自动下降，相对减少了居民的可支配收入，减轻通货膨胀压力；在衰退时期，随着国民收入水平的下降，税收收入自动减少，而转移支出自动增加，相对提高了居民的可支配收入，增加有效需求。补偿性主要体现在公共支出对私人部门支出的补充。根据总供给对于总需求的原则，一定的国民收入水平来自一定数额的有效需求（总支出）。当私人部门支出不足，以至于降低国民收入水平时，政府通过财政政策措施，或增加公共支出，或减少税收收入，以维持总需求不变。如果私人部门支出过多，有产生通货膨胀的危险，政府的财政政策是一方面减少公共支出，延缓公共投资；另一方面尚需增加税收，以吸收社会的剩余购买力。

13.1.3 财政政策的主体

财政政策主体指的是政策的制定者和执行者，具体指中央政府和地方政府。政策主体行为是否规范，对于财政政策功能的发挥和政策效应的大小具有重要影响。实际上，在我国现行体制下，各级政府的行为与偏好，对于政策的制定与执行起着决定的作用。比如，改革开放以来，地方政府已具有较好的自主权，不仅是一个政策的执行者，同时也是一个地区的政策制定者。这种双重地位，要求地方政府不仅要执行好中央的财政政策，而且要提高政策水平，制定、执行好地方的财政政策。不过，这种双重地位，使得地方政府在地方利益的驱动下，对中央政府政策的态度发生了微妙变化。表现之一是地方政府的政策"抵制"行为。"上有政策，下有对策"是地方对政策态度变化的生动写照。表现之二是政策的攀比行为。中央根据既定的发展战略，对不同地区或不同产业实行倾斜政策是完全必要和正确的。但政策一旦出台，往往会在全国掀起竞相攀比、竞相争取的浪潮，从而使局部优惠扩大化，普遍化。这种政策的变化并非政策制定者的主动行为，在很大程度上是一种迫不得已的事后认账。因此，在财政政策原理研究中重视对政策主体行为规范的分析，有助于说明许多政策偏差现象，有助于提高政策的执行水平。

13.1.4 财政政策的目标体系

1. 财政政策目标的含义

财政政策目标，是指财政政策所要实现的期望值。通常来说，这个期望值在时间上具有连续性。一个在较长时间内发挥作用的财政政策,即为基本财政政策,也称为长期财政政策。在一个特定时期内发挥作用的财政政策即为一般性财政政策,也称为中短期财政政策。财政政策目标在时间上的连续性特征,要求中短期政策必须与基本财政政策保持一致。财政政策在空间上还具有一致性要求。它要求微观财政政策与宏观财政政策的目标取值方向在总体上一致。这就是我们通常所讲的保持财政政策的连续性,这是财政政策目标确定的一般性要求。另外,财政政策作为一种期望值,其取值受社会、政治、经济、文化等环境和条件的影响,同时也取决于公众的偏好与政府的行为。因此,财政政策目标的确定是一个科学、民主的决策过程,应根据社会经济发展的需要以及财政的基本特征加以分析确定。

2. 财政政策的目标体系

财政政策作为政府运用国家财力调节宏观经济运行的手段,是国家经济政策的有机组成部分。所以,财政政策目标首先要服从一定时期内的经济政策目标。经济政策目标是财政政策目标确立的基准。经济政策目标不是单一的,特别是"凯恩斯革命"之后,突破了目标单一型的传统模式,转向多目标模式。经济政策目标由多元目标和一系列指标体系所组成。这些指标体系涉及社会经济福利生活的各个方面。经济政策目标的多元化决定了财政政策目标的多元化。经济政策是政府干预经济的产物,而财政政策又是政府干预经济的主要政策手段。只有财政政策目标与经济政策目标相一致,财政政策的实施才能有利于经济运行的稳定和经济的持续增长。

(1) 经济稳定目标

经济稳定分为内部稳定和外部稳定。内部经济稳定的含义有两点:一是价格水平的稳定;二是产出或国民收入的稳定。物价稳定与否,主要取决于社会总需求和货币量的变动;产出稳定与否,则视整个经济发展的情形而定。价格水平的稳定是指物价总水平的基本稳定,即物价水平在短期内没有显著或急剧的波动,但并不是要求物价固定不动,而是说应把物价总水平控制在社会经济稳定发展可以容纳的限度内。物价的波动表示经济体系的不稳定,它对社会财富的分配、商品和服务的生产等都有重大影响,故稳定价格的重要措施在于防止过度通货膨胀或通货紧缩的发生。产出变动与生产要素的投入具有直接的函数关系,故产出稳定就是充分就业的实现。当然,充分就业并不意味着消除失业。因为任何国家的任何时期,即使就业机会与愿意就业人数相等,也会由于工作的转换、职业的挑选等因素使一部分人暂时处于失业状态。因此,一般认为,当失业率控制在一定程度内,这个社会就处于充分就业状态。这个具体程度应由各国根据具体情况而定。外部经济稳定是指对外均衡,即本国对外国商品和服务的需求与外国对本国商品和服务的需求保持平衡,故外部经济稳定主要是指国际收支的平衡。一国的国际收支平衡状况不仅可以反映该国的对外经济交流情况,还可以反映该国的经济稳定状况。国际收支中不同项目的收支平衡对国内经济的影响是不一样的。例如,国际经常项目出现大量逆差,说明该国出口能力下降,这会影响国内经济的增长和就业水平。如果说经常项目出现大量顺差,则说明出口增长,这样会增加国民收入,提高国内就业水平,但是国内通货膨胀会产生压力,引起其他国家的贸易保护。随着国际经济交往日益密切和各国经济发展的相互依赖性的提高,一国的国际收支同时反映着许多有关国家的经济状况。财政政策不仅要把国际收支均衡作为一个战略性目标,而且,各国在实现国际收支均衡时要进行财政政策措施的相互协调,否则,世界经济就不会顺利发展。因此,在经济稳定目标体系中,价格稳定目标、充分就业目标和国际收支平衡目标是最重要的三个子目标。

(2) 经济发展目标

经济增长一般用来表示一个国家的产品和实际劳务数量的增加，更恰当地说，是表示按人口平均的实际产出的增加。经济发展则是一个综合的概念，是指伴随经济结构、社会结构和政治结构变革的经济增长。它不仅包括量的增加，也包括质的提高。具体说来，经济发展表现在国民生产总值中，就是农业的比重下降，而制造业、公用事业、财政机构、建筑和政府管理机构的比重相应提高；伴随着经济结构的变化，带来劳动力就业结构的变化，以及教育和培训程度的提高；不仅职业的类型，而且其地理分布也发生变化，大部分新的就业机会都集中在城市等。在财政政策上，促进经济发展的目标，主要包括保持经济适度增长目标、合理有效配置资源目标以及反周期波动目标。

(3) 公平收入分配目标

公平分配指的是一国社会成员收入分配公平程度的提高或收入差距的缩小，它是在一定的社会道义规范下的有差距、有均衡和有协调的分配，而并非是收入的平均分配。引起收入分配不公平的因素很多，如劳动者禀赋、培训教育的机会、财产持有水平等。从理想目标来看，收入分配应达到最优状态。但是，实现收入的最优分配存在着技术上和价值判断上的种种困难。从政策目标来看，公平并不是一个纯经济目标，它是经济的、道德的、社会的以及政治历史的统一。

(4) 平衡预算目标

预算平衡是指在一定时期内，国家预算的基本收支保持平衡。在自由资本主义经济时期，各国追求的是年度预算平衡。"凯恩斯革命"爆发后，政府的干预职能得到加强，许多经济学家主张周期预算平衡。年度预算平衡是指每个财政年度的收支都要保持基本平衡；周期预算平衡是指在一个经济周期内收支保持基本平衡。当然，在现代经济社会里，预算平衡目标服从于前三类目标。

(5) 提高生活质量目标

经济发展的最终需要是满足全体社会成员的需要。这种公共需要的满足，最终会促进社会生活质量的提高。因此，财政政策的目标之一，就是把社会生活质量提高。

需要注意的是，如果要同时实现财政政策的上述目标是不太现实的，有些目标之间存在相互干扰和矛盾的一面。充分就业与物价稳定是矛盾的。因为要实现充分就业，就必须运用扩张性财政政策和货币政策，而这些政策又会由于财政赤字的增加和货币供给量的增加而引起通货膨胀。充分就业与经济增长有一致的一面，也有矛盾的一面。这就是说，经济增长一方面会提供更多的就业机会，有利于充分就业；另一方面经济增长中的技术进步又会引起资本对劳动的替代，相对地缩小对劳动的需求，使部分工人，尤其是文化技术水平低的工人失业。充分就业与国际收支平衡之间也有矛盾。因为充分就业的实现引起国民收入增加，而在边际进口倾向既定的情况下，国民收入增加必然引起进口增加，从而使国际收支状况恶化。在物价稳定与经济增长之间也存在矛盾。因为经济增长过程中，通货膨胀是难以避免的。

因此，在政府制定、实施运用宏观经济政策时，既要受自己对各项政策目标重要程度的理解，考虑国内外各种政治因素，又要受社会可接受程度的制约。

13.1.5 财政政策的工具

财政政策工具主要包括税收、购买性支出、转移性支出、国债和预算。由于不同的财政政策工具具有不同的功能,而且经济形势不断发生变化,有些政策工具可能有利于这种政策目标的实现,而有些政策工具只能用来实现另外一种政策目标。有些政策工具可能在一段时期内能发挥相当大的威力,但却不能长远地作为应付各种局面的唯一工具;一旦经济状况发生变化,为实现财政政策目标,政策工具就要予以权衡取舍。

1. 税收

税收既是政府组织收入的基本手段,也是调节经济的重要杠杆。作为经济杠杆,税收的调节功能主要体现在两方面。第一,调节社会总需求和总供给,主要是通过自动稳定政策和相机抉择政策发挥作用。前者主要通过累进税制来体现,即当经济快速增长时,税收收入的增加会快于经济增长的幅度,导致个人可支配收入的增长低于经济的增长,以减轻需求过旺的压力。相反,在经济萧条时,税收收入自动减少的幅度也大于经济下降的幅度,相对增加了个人可支配收入,可缓解有效需求不足的矛盾。后者则是通过扩大或缩小税基、提高或降低税率、增加或减少税收优惠来调节社会总供求的关系。第二,调节个人收入和财富,实现公平分配。主要是通过所得税和财产税来抑制高收入者的收入,通过税收优惠和财政补助来解决低收入者及其家庭的困难。

税收政策工具具有如下特点。

① 需要经过一定的法律程序,决策时滞较长。一国政府的税收增减都是通过调整税法来实现的,而税法是需要经过一定的政治程序才能通过、付诸实施的。

② 对于政府来说减税容易增税难,增税易遭到纳税人的反对。

③ 税收直接影响人们的可支配收入,而且是无偿的永久性的影响。当政府以增加税收的办法来弥补财政赤字时,实质是将资金从个人或企业手中转移到政府手中,如果政府所扩大的支出效率不高或无效益时,对需求的抑制作用将是双重的。

④ 政府的减税政策是通过增加居民的可支配收入实现的,而这又依赖于居民的边际消费倾向,对于政府来说是不确定因素。

2. 购买性支出

购买性支出是政府利用财政资金购买商品和劳务的支出,它遵循市场经济规律,实行等价交换,侧重于发挥资源配置职能。购买商品的支出会直接增加消费总量,购买劳务的支出会通过增加个人收入而间接增加消费总量。消费总量的增加又会引起国民收入的增加。因此,购买支出对国民收入的形成和增加具有重要的影响,因而通过购买支出的增加或减少,就成为需求管理的一种有效办法。当社会总需求超过总供给时,政府削减购买支出,可直接减少需求;而当社会总供给大于总需求时,政府扩大购买支出,可以直接增加需求。

购买性支出的特点在于:

① 必须遵循等价交换的原则,即在购买性支出活动中,政府作为市场商品和劳务的购买者,在付出资金的同时必须得到等价的经济补偿。

② 政府的购买性支出是为了满足全社会的公共需要,而不是为了满足个人或居民群体的需要。

③ 政府的购买性支出能够确保履行政府基本职能,保证社会经济生活的正常运转。

3. 转移性支出

转移性支出又称转移支付,是指政府不直接进行购买,而是将财政资金转移到社会保障和财政补贴等方面，由接受转移资金的企业和个人去购买商品和劳务，它是一种价值的单向无偿转移。转移性支出主要包括社会保障支出和财政补贴。社会保障支出可以发挥社会"安全阀"和"减震器"的作用。当经济萧条，失业人口增加时，政府增加社会保障支出，可以增加贫困阶层的收入，增加社会购买力，有助于供求恢复平衡；当经济繁荣，失业减少时，政府减少社会保障支出，可以减缓需求过旺的势头。财政补贴分为生产性补贴和消费性补贴两大类，其政策效应各不相同。前者可直接增加生产者的收入，进而提高供给能力；后者主要是增加消费者的可支配收入，进而增加消费需求。

与购买性支出不同，转移性支出主要具有以下特点。

① 对国民收入分配的影响功能较强。转移支出本身具有直接影响国民收入分配的功能，政府增加对低收入者的支出，可缩小贫富之间的差距。

② 转移支付政策对需求的扩张作用更大。低收入者的边际消费倾向要比高收入者的边际消费倾向大，增加对低收入者的财政补贴支出，对社会总需要的刺激作用更大。

③ 积累性差。转移支付资金转化为积累资金的可能性要比上述两项支出政策要小，其用于消费的部分将更大。

④ 对需求的影响与受益者的层次关系重大。如从年龄结构看，通常年轻人的边际消费倾向最大，中年人其次，老年人的边际消费倾向最低。

4. 国债

国债是国家按照有偿的信用原则筹集财政资金的一种形式，同时也是实现宏观调控和财政政策的重要手段。公债的调节作用主要表现在：

① 公债可以调节国民收入的使用结构。国民收入从最终使用来看，分为积累基金和消费基金两部分。公债可以在调节积累和消费的比例关系方面发挥一定的作用。例如，国家向居民发行公债，是在不改变所有权的条件下，将居民尚未使用的消费基金转化为积累基金，用于生产建设需要。

② 公债可以调节产业结构。企业投资和银行投资更多地注重投资项目的微观效益和偿还能力，这往往同宏观经济目标发生矛盾，而国家通过财政信用形式筹集的资金可以投到那些微观效益不高，但社会效益和宏观经济效益较高的项目上。例如，用于农业、能源、交通和原材料等国民经济的薄弱部门和基础产业的发展。这就能够调节投资结构，促进国民经济结构的合理化。

③ 公债可以调节资金供求和货币流通。在发达国家中，公债是调节金融市场的重要手段，通过增加或减少公债的发行，以及调整公债的利率和贴现率，可以有效地调节资金供求和货币流通量。这是货币政策手段中公开市场业务的主要内容。

国债政策工具的作用必须通过国债制度来体现，它涉及国债发行方式、发行规模、发行价格、利率水平、品种结构、还本付息及国债市场管理等具体的国债管理措施。但是，无论从哪个方面来看，国债不仅是财政政策的工具，也是货币政策的载体。它可以作为一种独立的政策，但同时也是财政政策与货币政策的耦合点。因此，国债政策作为财政政策工具实施，除了与财政的其他政策工具协调之外，还必须与货币政策进行一定的协调。

5. 预算

作为政策工具的预算主要是指中央预算。通过中央预算收支规模的制定和差额的调整可以发挥对经济的调节作用。收支规模可以决定政府生产性投资的规模和消费总额，可以影响经济运行中的货币流通量，进而对社会总需求和总供给发挥重大影响。收支差额一般表现为三种形态：赤字预算、盈余预算和平衡预算，它们分别体现着扩张性财政政策、紧缩性财政政策和中性财政政策，是针对社会总需求与总供给的不同状况而制定的。

政府预算的调控作用，主要表现在：首先，通过预算收支规模的变动及其平衡状态可以有效地调节社会总供给与总需求的平衡关系。这种调节作用，是根据各个时期供求总量平衡状况，通过调整预算收支之间的对比关系来实现的。当社会总需求大于社会总供给时，可以通过实现预算收入大于预算支出的结余政策进行调节；而当社会总供给大于社会总需求时，可以通过实现预算支出大于预算收入的赤字政策进行调节；在社会总供求大体平衡时，预算应实行收支平衡的中性政策与之相配合。其次，通过调整政府预算支出结构可以调节国民经济中的各种比例关系和经济结构。因政府预算支出增加对某个部门资金的供应，就能促进该部门的发展，而减少对某个部门资金的供应，就能限制该部门的发展。因此，调整政府预算支出结构就能起到调节各种比例关系和经济结构的作用。这种调节具有直接、迅速的特点。

13.1.6 财政政策的类型

1. 按调节经济周期的作用划分

财政政策按调节经济周期的作用，可分为自动稳定财政政策和相机抉择财政政策。

自动稳定的财政政策，是指那些无须借助外力即可根据经济波动状况而自动发挥调控效果，起到稳定经济作用的政策。例如累进税制和失业救济金政策都具有自动稳定性的功能，可以随着经济运行的起伏自动缓解社会总需求与总供给不平衡的状况。图13-1显示了转移支付对经济的自动稳定作用。

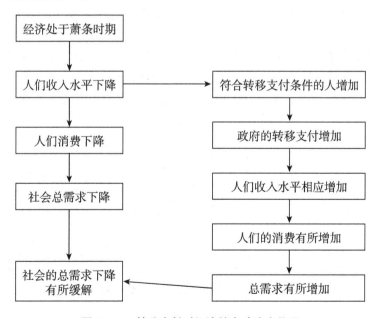

图13-1 转移支付对经济的自动稳定作用

相机抉择的财政政策，是指根据实际情况的变化而主动采取的财政政策。换句话说，当自动稳定财政政策不能发挥作用时,就必须采取相机抉择的财政政策,以便对经济产生必要的调节。西方学者汉森提出的汲水政策和补偿性政策就是典型的相机抉择财政政策。所谓汲水政策,是指在经济萧条时,通过财政投资来启动社会需求,使经济恢复活力的办法,如同水泵启动时因里面缺水而无法抽水,必须先注入少量水才能使水泵正常运转一样。汲水政策有四个特点:

① 它以市场经济所具有的自发机制为前提,是一种诱导经济复苏的政策;
② 它以扩大公共投资规模为手段,启动和活跃社会投资;
③ 财政投资规模具有有限性,即只要社会投资恢复活力、经济实现自主增长,政府就不再投资或缩小投资规模;
④ 如果经济萧条的状况不存在,这种政策就不再实行,因而它是一种短期财政政策。

补偿性财政政策,是指政府用繁荣年份的财政盈余来补偿萧条年份的财政赤字,以缓解经济的周期性波动。实际上是将财政收支平衡的目标从年度平衡转向周期性平衡。汲水政策和补偿政策的区别主要表现在:

① 汲水政策只是借助公共投资以补偿民间投资的减退,是医治经济萧条的处方;而补偿政策是一种全面的干预政策,它不仅在使经济从萧条走向繁荣中得到应用,而且还可用于控制经济过度繁荣。
② 汲水政策的实现工具只有公共投资,而补偿政策的载体不仅包括公共投资,还有所得税、消费税、转移支付、财政补偿等。
③ 汲水政策的公共投资不能是超额的,而补偿政策的财政收支可以超额增长。
④ 汲水政策的调节对象是民间投资,而补偿政策的调节对象是社会经济的有效需求。

2. 按调节经济总量的要求划分

财政政策按调节经济总量的不同要求,可分为扩张性财政政策、紧缩性财政政策和中性财政政策。

扩张性财政政策是指通过财政分配活动来增加或刺激社会总需求,从而促进经济的增长。一般在总需求不足时采用。扩张性财政政策主要通过减税、增加支出的方式来实现,实施结果往往导致财政赤字的扩大,因而许多人认为扩张性政策总是与赤字财政政策相联系的。图13-2 所示为扩张性财政政策的作用机理。

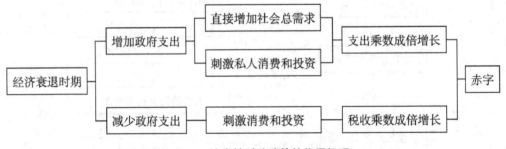

图 13-2 扩张性财政政策的作用机理

紧缩性财政政策是指通过财政分配活动来减少或抑制社会总需求,从而减缓通货膨胀的压力,促进供求平衡。一般在总需求过旺,通货膨胀较严重时采用。紧缩性财政政策主要通过增加税收、削减支出进而压缩赤字等方式来实现。其作用机理如图13-3 所示。

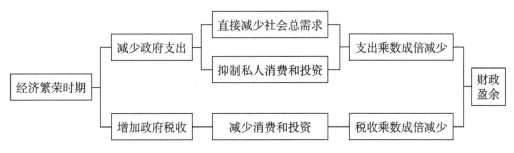

图 13-3 紧缩性财政政策的作用机理

中性财政政策是指财政收支活动对社会总需求的影响保持中性,既不产生扩张效应,也不产生紧缩效应。在一般情况下,中性财政政策要求财政收支保持平衡。在经济政策理论中,一般把通过增加盈余或减少盈余以及增加赤字或减少赤字的形式表现出来的财政政策称为非均衡财政政策,而把以收支均衡的形式表现出来的财政政策称为均衡财政政策。均衡财政政策的目的在于避免预算盈余或预算赤字可能带来的消极后果。但是,预算收支平衡或均衡财政政策并不等同于中性财政政策。因为通过支出结构的调整和税收政策的调整,同样可以对经济发挥调节作用,而且平衡预算本身也具有乘数效应。

3. 按作用空间划分

按财政政策的作用空间,可分为宏观财政政策和微观财政政策。

宏观财政政策侧重于对经济的总量调控,通过税收、支出等政策工具的变化,影响总需求和总供给,以达到经济的稳定和增长。而微观财政政策则侧重于资源的配置和收入分配目标,通过税率、征税范围、补贴对象、财政支出结构的变化来影响需求结构和供给结构,解决产业结构、经济效益及收入分配的问题。

4. 按作用时间划分

按财政政策的作用时间,可分为短期财政政策和中长期财政政策。

短期财政政策是指在一个特定时期内(1~3)发挥作用的政策,通常是指经济稳定、解决经济周期波动方面的政策。中长期财政政策是指在一个较长的时期内(3年以上)发挥作用的政策,主要是促进经济增长、优化资源配置、公平分配方面的政策。实际上,财政政策目标一般要保持一贯性和连续性,因此,短期和中长期的划分是相对的。

13.1.7 财政政策的效应

1. 财政政策的挤出效应

所谓财政政策的挤出效应,一般是指政府通过财政支出进行投资对非政府投资产生的抑制或削弱效应。可分为两种情况,一是在市场经济发达及利率放开的情况下,财政支出进行投资会带来需求增加,利率上升,进而抑制其他投资的增加。二是在市场经济欠发达及利率管制的情况下,投资不受利率约束而受资源约束,在社会资源一定的条件下,以财政支出进行投资动用的社会资源增加,其他投资可利用的社会资源就会相应减少,进而抑制其他投资。如图 13-4 所示。

扩张性的财政政策(比如政府增加投资)导致 IS 曲线向右上方平行移动,在货币供给量不变时,利率上升。即 IS 曲线从 IS_1 移到 IS_2,利率从 R_1 上升到 R_2。利率的上升导致部

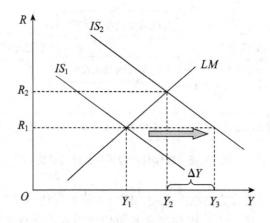

图 13-4　财政政策的挤出效应

分投资（主要是私人投资）减少，从而使国民收入的增加没有达到 Y_3，只达到 Y_2。利率上升导致国民收入相应的减少 ΔY，这就是挤出效应。

2. 财政政策的乘数效应

乘数是指经济运行中经济变量之间的一种函数关系，用来说明国民收入的变动量和注入量之间的比例关系。一般用来表示经济运行中国民收入增量和引起国民收入变动的变量之间的倍数关系，即某一变量增加一单位时所导致的国民收入的增加量。所谓的财政政策效应就是指财政政策导致的需求变化所引致的国民收入以乘数变化的情况，主要包括财政支出乘数、税收乘数和平衡预算乘数。

（1）政府购买支出乘数

政府购买支出乘数是指国民收入变化量与引起这种变化量的最初政府购买支出变化量的倍数关系，或者说是国民收入变化量与促成这种变化量的最初政府购买支出变化量的比例。

① 在没有税收时

$$AD = C + I + G = C_0 + bY + I + G = Y$$

$$Y = \frac{C_0 + I + G}{1 - b}$$

$$K = \frac{\partial Y}{\partial I} = \frac{\partial Y}{\partial G} = \frac{1}{1 - b}$$

② 在有税收且税率为 t，即 $T = tY$ 时

$$AD = C + I + G = C_0 + bY_d + I + G = C_0 + b(Y - tY) + I + G = Y$$

$$Y = \frac{C_0 + I + G}{1 - b(1 - t)}$$

$$K = \frac{\partial Y}{\partial I} = \frac{\partial Y}{\partial G} = \frac{1}{1 - b(1 - t)}$$

由此可见，有税收的情况下的政府支出乘数小于没有税收的情况下的政府支出乘数。

（2）转移支付乘数

转移支付乘数是指国民收入的变动量与引起这种量变的转移支付变动量之间的倍数关系，或者说是国民收入变化量与促成这种量变的政府转移支付变化量之间的比例。

① 在没有税收时

$$AD = C + I + G = C_0 + b(Y + TR) + I + G = Y$$

$$Y = \frac{C_0 + I + G + bTR}{1 - b}$$

$$K_{TR} = \frac{\partial Y}{\partial TR} = \frac{b}{1 - b}$$

② 在有税收且税率为 t，即 $T = tY$ 时

$$AD = C + I + G = C_0 + bY_d + I + G = C_0 + b(Y - tY + TR) + I + G = Y$$

$$Y = \frac{C_0 + I + G + bTR}{1 - b(1 - t)}$$

$$K_{TR} = \frac{\partial Y}{\partial TR} = \frac{b}{1 - b(1 - t)}$$

由此可见政府购买支出乘数大于转移支付乘数

（3）税收乘数

税收乘数是指因政府增加（或减少）税收而引起的国民生产总值或国民收入减少（或增加）的倍数。由于税收是对纳税人收入的一种扣除，税收高低会影响到投资并进而影响到国民收入。税收变动与国民收入呈反方向变化，即税收减少，国民收入增加；税收增加，国民收入减少。因此，税收乘数是负值。

$$AD = C + I + G = C_0 + bY_d + I + G = C_0 + b(Y - T) + I + G = Y$$

$$Y = \frac{C_0 - bT + I + G}{1 - b}$$

$$K_T = \frac{\partial Y}{\partial T} = \frac{-b}{1 - b}$$

对于税收乘数而言，需要注意以下几个问题。

① 并非所有的税收都具有相同的乘数，此处主要考虑的是所得税。因为间接税负容易转嫁，它的变化同乘数理论并不完全符合，必须采用其他方法分析。

② 此处假设每个纳税人都具有相同的消费倾向或支出倾向，并假设每个单位的税收都用于财政支出，即在一个预算平衡水平上，财政支出和税收以统一数额增加。

③ 不考虑税收变动引起的超额负担问题。

（4）平衡预算乘数

平衡预算乘数指政府收入与支出同时以相等数量增加或减少时国民收入对政府收支变动的比率。计算公式如下：

$$\frac{\partial Y}{\partial T} + \frac{\partial Y}{\partial G} = \frac{-b}{1 - b} + \frac{1}{1 - b} = 1$$

平衡预算乘数说明，即使增加税收也会减少国民收入，但若同时等额地增加支出，国民产出也会等额地增加。换言之，即使实行平衡预算政策，仍具有扩张效应，它的效应等于1。

3. 财政政策的整体效应

财政政策效应取决于挤出效应，挤出效应大，财政政策效应小，即财政政策的效果差；挤出效应小，财政政策效应大，即财政政策的效果好。影响政策效应和挤出效应的主要因素是 IS 和 LM 曲线的斜率或弹性。

(1) IS 曲线对财政政策的影响

在 LM 曲线不变的情况下，IS 曲线的弹性大或斜率小，财政政策效果差；IS 曲线的弹性小或斜率大，财政政策的效果好。

(2) LM 曲线对财政政策的影响

在 IS 曲线不变的情况下，LM 曲线的弹性大或斜率小，财政政策的效果好；LM 曲线的弹性小或斜率大，财政政策的效果差。

13.2 财政政策与货币政策的协调配合

13.2.1 财政政策与货币政策配合的必要性

财政政策与货币政策具有紧密的联系，这种紧密联系从根本上说植根于双方政策调控最终目标的一致性。两大政策调控的着眼点，都是针对社会供需总量与结构在资金运动中表现出来的有悖于货币流通稳定和市场供求协调正常运行状态的各种问题；两大政策调控的归宿，都是力求社会供需在动态过程中达到总量的平衡和结构的优化，从而使经济尽可能实现持续、稳定、协调发展。两大政策的紧密联系还来源于双方政策手段的互补性以及政策传导机制的互动性，一方的政策调控过程，通常都需要对方的政策手段或机制发挥其特长来加以配合策应，经济学理论对此可以做出很好的阐释（如蒙代尔—弗莱明模型）。从社会总资金的运动来看，财政政策对资金运动的影响和货币政策对资金运动的影响，相互间必有千丝万缕的联系和连锁反应，各自的政策实施及其变动，必然要牵动对方，产生协调配合的客观要求。

财政政策和货币政策虽然都能对社会的总需求和总供给进行调节，但二者在消费需求和投资需求形成中的作用是不同的，而且这种作用是互相不可替代的。财政政策与货币政策的不同点如下。

1. 两者的政策工具不同

财政政策所使用的工具一般与政府产生税收和收支活动相关，主要是税收和政府支出、政府转移性支出和补贴；而短期内强有力的调节手段是增加或者削弱政府支出，通过平衡的、有盈余的或有赤字的财政政策来调节总需求。财政政策运用是否得当，不仅与财政收支在总量上是否平衡有关，而且也受财政收支结构是否合理的影响。货币政策使用的工具通常与中央银行的货币管理、业务活动相关，主要有存款准备金率、再贴现率或中央银行贷款利率、公开市场业务。

2. 两者调节的方式和途径不同

财政政策可以由政府通过直接控制和调节来实现，如要控制总需求，可通过提高税率，增加财政收入，压缩财政支出，特别是基本建设支出等措施，可立见成效；而要刺激需求，则可通过减税，扩大国债发行规模，增加固定资产投资等手段较快实现政策目标。货币政策首先是中央银行运用各种调节手段，调节存款准备金和对商业银行贷款数量，以影响商业银行的行为。若抑制总需求则调高法定存款准备金比率及再贴现比率，若刺激总需求则降低比率，商业银行则立即做出反映，相应调整对企业和居民的贷款规模，影响社会需求，从而利于政策目标的实现。

3. 两者调节的侧重点不同

财政政策直接作用于社会经济结构，间接作用于供需总量平衡；而货币政策则直接作用于经济总量，间接作用于经济结构。从财政政策看，它对总供给的调节，首先表现为对经济结构的调节，财政政策对总需求的调节主要通过扩大或缩小支出规模，达到增加或抑制社会总需求的目的，但这种调节从根本上说也是以调节社会经济结构为前提的。货币政策则通过货币投放和再贷款等措施控制基础货币量，通过存款准备金率和再贴现率等手段控制货币乘数，实现对社会总需求的直接调节，达到稳定货币和稳定物价的目的。当然货币政策也可以根据国家产业政策，通过选择贷款方向，间接对结构发生调节作用。

4. 两者在国民收入分配中所起的作用不同

财政直接参与国民收入的分配，并对集中起来的国民收入在全社会范围内进行再分配。因此，财政可以从收入和支出两个方面影响社会总需求的形成。当财政收入占 GDP 的比重基本确定下来，且财政收支的规模也基本确定时，企业、单位和个人的消费需求和投资需求也就基本确定了。银行是再分配货币资金的主要渠道，这种对货币资金的再分配，除了收取利息外，并不直接参加 GDP 的分配，而只是在国民收入分配和财政分配的基础上的一种再分配。信贷资金是以有偿的方式集中使用的，主要是在资金盈余部门和资金短缺部门之间进行余缺调剂。这就决定了银行信贷主要是通过信贷规模的伸缩影响消费需求和投资需求的形成。

5. 两者对需求调节的作用方向不同

从消费需求的形成来看，包括社会消费和个人消费。社会消费需求主要是通过财政支出形成的，因而财政在社会消费中起决定作用。如果财政在支出中对社会消费性支出进行适当压缩，则会减少社会集团的购买力，社会消费需求的紧缩就可立即见效。而银行信贷在这方面却显得无能为力。个人消费需求的形成要受财政、信贷两方面的影响。财政通过个人所得税制度直接影响个人消费需求的形成。而银行对个人消费需求的形成只有间接影响。因居民的储蓄存款可以随时提取，所以银行信贷对形成个人消费需求的影响弱于财政。再从投资需求的形成看，虽然财政和银行都向社会再生产供应资金，但二者的侧重点不同。在我国现有的体制下，固定资产的投资主要由财政承担，而流动资金投资主要由银行供应。虽然随着银行信贷资金来源的不断扩大，银行也发放一部分的固定资产投资贷款，但银行资金运用的重点仍然是保证流动资金供应。因此，财政在形成投资需求方面的作用主要是调整产业结构，国民经济结构的合理化；而银行的作用则主要在于调整总量和产品结构。

6. 两者在扩大和紧缩需求方面的作用不同

财政赤字可以扩张需求，财政盈余可以紧缩需求，但财政本身并不具有直接创造需求即"创造"货币的能力，唯一能创造需求、"创造"货币的是银行信贷。因此，财政的扩张和紧缩效应一定要通过信贷机制的传导才能发生。如财政发生赤字或盈余时，银行压缩或扩大信贷规模，完全可以抵消财政的扩张或紧缩效应，只有财政发生赤字或盈余，银行也同时扩大或收缩信贷规模，财政的扩张或紧缩效应才会真正发挥作用。同时银行自身还可以直接通过信贷规模的扩张和收缩起到扩张或紧缩需求的作用。可以说，银行信贷是扩张或紧缩需求的总闸门。

7. 两者的政策时滞性不同

财政政策和货币政策的时滞一般包括以下五种：认识时滞、行政时滞、决策时滞、执行时滞和效果时滞。其中，认识时滞和行政时滞属于内在时滞，决策时滞、执行时滞和效果时滞属于外在时滞。就财政政策与货币政策的时滞长短比较而言，内在时滞只涉及经济问题的发现与对策研究，这对财政政策和货币政策而言基本一致。两者时滞的差别主要体现于外在时滞。由于财政政策措施要通过立法机构，经过立法程序，从确定到实施，过程比较复杂，因而，财政政策的决策时滞较长；而货币政策可以由中央银行的公开市场业务直接影响货币数量，费时较少，决策时滞比较短。财政政策措施在通过立法之后，由有关单位具体实施；而货币政策在中央银行决策之后，可以立即付诸实施。所以，财政政策的执行时滞一般比货币政策要长。但从效果时滞来看，财政政策就可能优于货币政策。这主要是由于财政政策工具直接影响社会的有效需求，从而使经济活动发生有力的反应；而货币政策主要是影响利率水平的变化，通过利率水平的变化，引导经济活动的改变，不会直接影响社会有效需求。因此，财政政策的效果时滞要短。

正是由于财政政策与货币政策在以上这些方面的不同作用，所以要求财政政策与货币政策必须配合运用，才能更好地发挥对宏观经济的调控作用。否则，财政政策与货币政策各行其是，互相不予配合，政策之间就必然发生摩擦与碰撞，彼此抵消作用，从而减弱宏观调控的效应。

13.2.2 财政政策与货币政策的政策组合

由于财政政策和货币政策各有所长，也各有其短，因此，在进行宏观调控时应该通过两者的有机搭配实现"扬长避短"。针对不同的宏观经济形势，财政政策与货币政策可以形成不同的搭配模式。在一般情况下，更为关注的是扩张性财政政策、紧缩性财政政策与扩张性货币政策、紧缩性货币政策之间的不同组合以及中性财政政策与中性货币政策的配合模式。

1. 扩张性财政政策与扩张性货币政策的配合使用

在这一搭配模式中，财政政策主要运用增支减税的措施，货币政策则主要采用增加货币供应量或降低利率等措施，如降低法定存款准备金率，或调低再贴现率，或在公开业务市场上买入有价证券，投放货币。这种"双扩张"政策搭配模式主要适用于经济严重萧条的情况，可以强有力地扩大社会总需求，促使经济复苏。但是由于这种模式的政策效应过于猛烈，一般不宜长期使用，否则容易引发严重通货膨胀，造成经济出现过热态势。

2. 紧缩性财政政策与紧缩性货币政策的配合使用

这一组合方式与"双扩张"政策搭配模式相比，在政策手段和政策效应上正好相反。在通货膨胀严重的情况下，为严格抑制社会总需求，促进经济增势回落，财政政策以减支增税为主，货币政策则着力于减少货币供应量或提高利率。同"双扩张"政策搭配模式一样，这种"双紧缩"政策搭配模式也是由于政策效应过于猛烈，而不宜长期使用，否则会产生社会总需求不足、经济增长减缓以至停滞等问题。

3. 扩张性财政政策与紧缩性货币政策的配合使用

在这一搭配模式中，财政政策主要采取增支减税的措施，货币政策则主要采取减少货币供应量或提高利率等措施。一般而言，在经济增长减缓以至于停滞而通货膨胀压力又很大，或者经济结构失调与严重通货膨胀并存的情况下,这种政策搭配模式能够更好地发挥财政政策与货币政策各自的优势,有效实现宏观经济调节的政策目标。

4. 紧缩性财政政策与扩张性货币政策的配合使用

这一搭配模式的突出特点是,在采取减支增税等财政政策措施的同时,采用旨在扩大货币供应量或降低利率等货币政策措施。这种政策搭配模式比较适用于财政赤字较大与总需求不足并存的情况,同样可以产生财政政策与货币政策优势互补的调控效果。

5. 中性财政政策与中性货币政策的配合使用

在这一搭配模式中,强调两大政策工具的"稳健"取向,通常也被经济学家形象地概括为"双稳健"模式。在财政政策措施方面,主要致力于保持财政收支的基本平衡或增量平衡;在货币政策措施方面,则力图保证货币供应量或利率的稳定。这种"双稳健"的政策搭配模式主要适用于社会总供求基本均衡、经济运行比较平稳而经济结构调整成为主要任务的情况。但是,由于经济波动是市场经济发展的客观规律,所以一旦经济运行发生变化,就应对"双稳健"的政策搭配模式及时做出调整。

在理论和实践中,人们对财政政策和货币政策的运用已经走出非此即彼的偏见,因而,我们不应该将财政政策和货币政策对立起来考虑,讨论谁在经济运行中扮演重要角色,重要的是两者作为宏观调控的工具,在使用方式、时间和范围上如何优化搭配、有机配合。一般来说,在经济运行的常规调控中,以货币政策调控偏多;在启动经济的扩张政策中,即使政府坚持直接参与基础设施等具有"公共支出"性质的投资活动,也要考虑到由此对利率的影响。而且,财政政策和货币政策协调运用不存在固定模式,随着经济形势的变化,两者要在一致的宏观目标控制下,遵循"次优原则"形成不同的协调组合。即利用搭配运用的财政政策和货币政策对同一调控对象的不同影响,一方面要积极发挥各种政策的正向推动作用,另一方面要尽可能减少政策的不确定性和副作用,不求一步到位,只求渐近目标。如在经济萧条时期,政府在实施转移支付的增加及减税等财政政策措施时,不能只看到由此带来的消费的增加和总需求的扩大,还要考虑到人们可能把收入用于储蓄,而非用于购买商品的可能性,相应财政政策的操作时,要采取有剩余的调节,同时,配合实施减低利率等货币政策,鼓励消费和投资。这样,财政政策和货币政策实施都为对方也为自己留有余地,有利于高效率地调控经济运行。

13.2.3 财政政策与货币政策协调配合模式的国际比较

20 世纪 30 年代以后,凯恩斯主义的政府干预理论广泛地为市场经济国家所接受,财政政策与货币政策成为西方发达国家宏观调控不可或缺的基本工具,并且十分注重两者的协调配合,提高宏观调控的整体效应,取得了许多值得借鉴的成功经验。

1. 美国的实践

在经历 1929—1933 年经济大萧条之后,美国政府非常注重财政政策与货币政策的综合使用。例如,在大萧条后期,罗斯福政府采取了财政政策与货币政策"双扩张"的搭配模式,使经济免于崩溃。20 世纪 80 年代,里根政府采取了扩张性财政政策与紧缩性货币政策的组合,在其第一任期内基本解决了"滞胀"问题,既有效控制了通货膨胀,又促进了经济增长和失业率降低。在里根第二任期及其之后的数年里,由于财政政策过松并与货币政策搭配不当，导致了高利率、高赤字和高负债的后果。

克林顿政府上台后，采取了适度从紧的财政政策和偏松的货币政策组合。1993年克林顿政府推出增收节支的财政政策时，美联储为减轻这一紧缩政策可能产生的消极影响，及时降低利率以刺激企业投资，如30年期国债利率由7.6%降到6%，特别是1995年5月20日，美联储公开市场委员会召开会议时，经济增长5%，失业率降到4.8%，如果按照传统经济理论，失业率低于5%时将可能出现通货膨胀。所以，当时许多与会银行家都倾向于提高利率，但美联储认为，对新技术产业发展年复一年的大量投资刚刚取得回报，不能马上刹车，决定暂不提高利率。事实证明，这一决定对于当时美国经济稳定增长起到了积极作用，使得1996—1997年美国经济增长5%左右。

2001年，美国经济开始出现衰退，消费物价指数创45年来最大跌幅，为此布什政府采取财政政策和货币政策的"双扩张"搭配模式。在当年开始采取减税和增加军费支出等扩张性财政政策的同时，美联储连续11次降息，特别是"9.11"事件后，放松银根125个基点（相当于利率下调1.25个百分点），联邦基金利率降到46年来的最低水平1%。这一期间，两大政策的有效搭配，促使美国经济较快地走出了阴影。

2. 日本的实践

20世纪50至70年代初，为刺激经济发展，日本政府采取了财政政策和货币政策的"双扩张"搭配模式，既减免税收、增加社会福利等财政支出，又对重点产业实行优惠贷款政策，对促进经济稳定增长发挥了重要作用。进入20世纪70年代，日本采取先治"胀"后去"滞"的策略，首先采取财政货币"双紧"政策。当通货膨胀得到明显缓解后，及时调整政策取向，用扩张性的财政政策和货币政策解决经济停滞问题，促使经济迅速复苏。

日本实施财政调控也有一些深刻的启示。1994年经济开始出现回升势头，1995年和1996年GDP分别增长1.4%和3.5%以后，1997年由于对经济走势判断不当，急转弯实行了紧缩性财政政策，主要包括取消特别减税、将消费税税率由3%提高到5%、增加医疗个人负担部分等措施，导致前功尽弃，出现了严重的经济衰退和通货紧缩，最终迫使内阁集体辞职。

3. 英国的实践

在财政政策与货币政策协调配合方面，英国有着与美国几乎同样的历程。第二次世界大战后初期，英国政府把恢复经济增长作为主要任务，侧重于用财政政策调节经济。20世纪50年代后，经济增长明显加快，货币政策有所加强。70年代后，特别是1979年撒切尔夫人执政后，为了医治"滞胀"，英国政府把控制货币供应量的增长提高到经济与金融战略的核心地位，主要采取"双紧缩"的反通货膨胀政策，即控制货币供应量、紧缩信贷和削减财政支出。1997年布莱尔政府上台后，英格兰银行频繁调整货币政策，加强与财政政策的协调配合。1997—1998年，先后五次调高利率，由6.25%提高到7.50%，并配合采取紧缩性财政政策；此后，适当放松货币政策，多次下调利率，2003年调至3.5%，形成与财政政策的松紧搭配。从2004年起，货币政策又转为适度从紧，几次提高利率，与宽松的财政政策相搭配。英国历史上任职时间最长的财政大臣布朗，把英国财政政策与货币政策的协调配合实现经济连续47个季度稳定增长称为"英国模式"（British Model），并作为一个经济增长的成功范例推荐给其他国家。

从美国、日本、英国在财政政策与货币政策搭配组合的实践中，可以看出，财政政策与货币政策组合能否取得成效的关键,一是要准确地判断宏观经济走势及微观经济态势,以确定合理的政策取向。二是在政策执行一段时间后,要及时评估政策效果,以便适时适度地进行调整或转换。三是要注意财政政策与货币政策的有效协调配合,提高两大政策的协同效果。

13.3 我国财政政策的实践

新中国成立以来,财政为了服务于国家不同时期的政治和经济任务的需要,财政政策经历了若干不同的阶段,为我国完善财政管理,规范经济行为积累了不少有益的经验和失误教训。本节主要对我国20世纪90年代末以来财政政策的演变历程进行梳理。

13.3.1 1998—2003年的财政政策

1997年初我国经济出现物价走低,内需不旺的局面,东南亚金融危机又使我国外贸业受到打击。1998年上半年,党中央、国务院针对当时国内外严峻的经济形势,在货币政策效应递减情况下,为了进一步扩大内需,确保当年经济增长8%目标的实现,审时度势,果断地做出较大力度地调整宏观经济政策的决策,即实施积极的财政政策。在党中央、国务院做出重大决策后,1998年7月27日至31日,当时的国务院总理朱镕基在内蒙古、山西考察工作时,首次公开披露我国要实施积极的财政政策。1998年8月,全国人大常委会第四次会议审议通过了财政部的中央预算调整方案,决定增发1 000亿元国债,同时,配套1 000亿元银行贷款,全部用于基础设施专项建设资金。于是,正式确立了扩大内需的积极财政政策,从此以增发国债为核心的积极财政政策走上宏观调控的前台。

关于积极财政政策体现出了以下几个政策要点。

① 积极财政政策是以增加财政支出为主的扩张性政策。

② 增发国债是积极财政政策的主要措施,也是启动措施,增发国债主要用于农业基础设施建设。

③ 没有实行扩张性财政政策惯用的减税政策,同时加强税收征管,适度提高税收占GDP的比重。

④ 优化支出结构,增加的收入主要用于教育、科技、社会保障和提高公教人员工资等公共需要。

⑤ 实行紧中有松的稳健货币政策与松中有紧的积极财政政策相配合,保证国民经济的稳定、健康和快速发展。

积极的财政政策,促进了国民经济持续稳定增长。据有关部门统计分析:1998年积极财政政策及其引导的各方面投资和消费,拉动国民经济增长1.5个百分点,使当年国内生产总值增长达到7.8%,这在亚洲各国经济普遍负增长的情况下不失为一大奇迹。1999年国民经济保持了稳定增长的势头,各项需求稳步回升,全年国内生产总值增长7.1%,其中积极财政政策及其带动的各方面投资和消费拉动经济增长达2个百分点。2000年积极财政政策继续有效地发挥了扩大内需的宏观调控作用,拉动经济增长1.7个百分点,使我国国民经济出现重要转机,国内生产总值增长达到8%。2001年,积极财政政策的实施不仅保证了青藏铁路、西电东送等西部开发重大项目的及时启动和建设,完成了一大批重大在建项目,而且对于拉动经济增长也起到了至关重要的作用，当年国债投资拉动经济增长 1.8 个百分点，国内生产总值增长 7.3%。

积极的财政政策，为国民经济的长期可持续发展奠定了坚实基础。在实施积极财政政策过程中，安排使用国债资金主要向基础设施建设、中西部地区经济的发展、结构调整和技术升级有重大影响的项目、生态环境建设倾斜，也都取得了很好的效果。而且，积极的财政政策创造了宽松的经济环境，提高了我国的国际地位。实施积极的财政政策不仅促进了经济稳定增长，还具有重要的国际政治和社会意义。一是为我国维护人民币汇率的稳定创造了条件，为维护亚洲乃至世界范围内经济的稳定与发展做出了积极贡献，得到了国际上的广泛赞誉，提高了我国的国际地位，也为澳门顺利回归创造了良好的氛围。二是增加了大量就业机会，缓解了就业压力，保持了社会稳定，为我国进一步深化改革、扩大开放创造了宽松的社会环境。三是提高了我国的综合国力，增强了国际社会对中国经济稳定和可持续发展的信心，为我国申奥成功，加入世界贸易组织等做出了积极贡献。

13.3.2　2004—2008 年的稳健财政政策

始于 1998 年的积极财政政策取得了显著效果，但一段时间以来过快的投资增长速度和信贷扩张引发了经济过热的现象，宏观经济形势出现了新的变化。经济增长进入新一轮周期的上升阶段。一是经济增长接近潜在水平。2003 年 GDP 增长 9.3%，2004 年增长 9.5%，部分行业瓶颈约束或资源约束的出现，表明 GDP 增幅已接近潜在产出水平。二是物价趋于上升。2003 年居民消费价格和商品零售价格指数分别上涨 1.2% 和 -0.1%，2004 年则分别上涨 3.9% 和 2.8%。三是失业率升势趋缓。2003 年全国城镇就业增加 859 万人，城镇登记失业率为 4.3%；2004 年城镇新增就业人员 980 万人，城镇登记失业率为 4.2%，比上年下降 0.1 个百分点。四是国际收支保持盈余。2003 年实现外贸顺差 255 亿美元，年末国家外汇储备达 4 033 亿美元；2004 年贸易顺差 320 亿美元，国家外汇储备增加到 6 099 亿美元。与此同时，经济运行中的深层次问题凸现。一是"五个统筹"成为结构调整的基本目标。财政政策作为政府配置资源和宏观调控的主要手段，要在优化结构方面发挥重要作用，这将是今后一个时期财政政策的主要任务。二是经济增长方式与资源、环境约束的矛盾更加尖锐。目前我国石油、天然气、煤炭、铁矿石、铜和铝等重要矿产资源人均储量分别相当于世界人均水平的 11%、4.5%、79%、42%、18% 和 7.3%，特别是 2003 年我国 GDP 占世界的 4%，但消耗占世界的比重：石油为 7.4%，原煤为 31%，铁矿石为 30%，钢铁为 27%，氧化铝为 25%，水泥为 40%，说明促进经济增长方式转变已成为宏观调控的一项紧迫任务。三是体制改革滞后已成为影响科学发展观落实的根本性掣肘因素。主要表现在：政府职能转变不到位，仍过多地介入竞争性领域的资源配置；要素市场价格机制不完善，使投资的私人成本严重低估，成为经济增长粗放的重要因素；企业改革相对滞后，预算约束软化，经营行为存在扭曲。因此，支持改革，消除体制性障碍，将是财政政策优先考虑的重点。基于上述背景，党中央、国务院决定 2005 年实行稳健财政政策。

稳健财政政策是"中性"财政政策，也就是财政收支保持平衡，不对社会总需求产生扩张或紧缩影响。我国实行稳健财政政策就是宏观上既要防止通货膨胀苗头继续扩大，又要防止通货紧缩的趋势重新出现；既要坚持控制投资需求膨胀，又要努力扩大消费需求；既要对投资过热的行业降温，又要着力支持经济社会发展中的薄弱环节。稳健财政政策的内容概括起来就是"控制赤字、调整结构、推进改革、增收节支"。

13.3.3 2008年末开始实施的积极财政政策

2008年前三季度，我国GDP同比增长9.9%，保持了平稳快速增长。然而之后的形势却急转直下。美国金融危机在2008年9月中旬全面恶化，并迅速波及全球实体经济。随着国际金融危机对实体经济影响的逐步加深，世界经济增长继续放缓，对我国的出口造成严重的冲击。据海关总署统计，11月份，我国出口额同比出现7年以来的首次负增长，幅度达2.2%，而10月份还曾是19.2%的较大幅度增长；进口额则下降达17.9%，而10月份还曾是15.6%的增长。外需的急剧回落给我国的经济增长带来了严重的冲击。与此同时，下半年以来CPI涨幅不断下降，7月份CPI涨幅回落到6.3%，到11月份，CPI涨幅只有2.4%，通货膨胀压力缓解速度的加快暗示着通缩的风险。迫于严峻的形势，我国宏观调控政策迅速进行了调整，保持经济平稳较快发展成为当前宏观调控的首要任务。11月9日，国务院常务会议宣布对宏观政策进行重大调整，财政政策从"稳健"转为"积极"。这是时隔十年之后，我国再次重启积极财政政策。

1. 积极财政政策的主要内容

(1) 扩大政府公共投资，着力加强重点建设

2008年11月国务院召开常务会议研究部署着力扩大国内需求，促进经济平稳、较快地增长。其政策要点是大量增加政府财政性支出，扩大政府投资。这也是积极财政政策实施以后最为引人注目的措施。政府投资重点主要有七个方面：一是加快建设保障性安居工程。加大对廉租住房建设支持力度，加快棚户区改造，实施游牧民定居工程，扩大农村危房改造试点。二是加快农村基础设施建设。加大农村沼气、饮水安全工程和农村公路建设力度，完善农村电网，加快南水北调等重大水利工程建设和病险水库除险加固，加强大型灌区节水改造，加大扶贫开发力度。三是加快铁路、公路和机场等重大基础设施建设。重点建设一批客运专线、煤运通道和西部干线铁路，完善高速公路网，安排中西部干线机场和支线机场建设，加快城市电网改造。四是加快医疗卫生、文化教育事业发展。加强基层医疗卫生服务体系建设，加快中西部农村初中校舍改造，推进中西部地区特殊教育学校和乡镇综合文化站建设。五是加强生态环境建设。加快城镇污水、垃圾处理设施建设和重点流域水污染防治，加强重点防护林和天然林资源保护工程建设，支持重点节能减排工程建设。六是加快自主创新和结构调整。支持高技术产业化建设和产业技术进步，支持服务业发展。七是加快地震灾区灾后重建各项工作。初步匡算，实施上述工程建设，到2010年底约需投资4万亿元，其中中央财政安排投资1.18万亿元。为加快建设进度，会议决定，2008年四季度先增加安排中央投资1000亿元，2009年灾后重建基金提前安排200亿元，带动地方和社会投资，总规模达到4000亿元。

(2) 优化财政支出结构，大力保障和改善民生

优化财政支出结构是此次积极财政政策的突出特点之一。其重点是严格控制政府一般性支出，增加公共服务领域投入，建立健全保障和改善民生的长效机制。强调要根据公共服务的层次性，相对动态地划分基本与非基本公共服务。整合各种财政资源，增加对公共服务领域的投入，重点加大教育、就业和社会保障、医疗卫生、保障性安居工程、生态环境等方面的投入，特别要促进相关机制的建立。开始实施积极财政政策以后，2008年四季度政府有关部门在认真落实促进就业政策，保障企业退休人员、城乡低保对象等低收入群众基本生活的同时，进一步完善有关政策措施，加大资助困难学生、优抚救济、住房保障等方面的支持力度，加大保障民生投入力度，切实保障低收入群众和特殊群体的基本生活。2009年财政工作安排进一步加强了对公共服务领域的投入和支持。

(3) **积极进行税费政策调整，实行结构性减税**

积极财政政策中的税收政策的重点主要是减轻企业、居民税赋，支持消费活动，特别是汽车和住房的购买活动，稳定出口增长，促进资源节约和环境保护，完善全面对外开放背景下的内外资税收制度等。主要举措包括：

① 全面实施增值税转型改革。自2009年1月1日起，我国增值税由生产型全面转向消费型，其主要内容是，对增值税一般纳税人允许新购进机器设备所含增值税进项税金在销项税额中抵扣，相应调整小规模纳税人标准及其征收率，促进企业投资和扩大内需，推动产业结构调整和技术升级。

② 减轻居民税负、扩大居民需求。主要举措包括提高个人所得税免征额、对储蓄存款利息所得暂免征收个人所得税、调整证券交易印花税税率及征收方法、降低住房交易税费等。

③ 调整完善出口退税政策，稳定出口增长。经国务院批准，财政部和国家税务总局通知自2008年11月1日起，提高纺织品、服装、玩具等商品的出口退税率。这次出口退税调整主要包括两个方面的内容：一是适当提高纺织品、服装、玩具等劳动密集型商品出口退税率，将部分纺织品、服装、玩具出口退税率提高到14%；将日用及艺术陶瓷出口退税率提高到11%；将部分塑料制品出口退税率提高到9%；将部分家具出口退税率提高到11%、13%；二是提高抗艾滋病药物等高技术含量、高附加值商品的出口退税率，将艾滋病药物、基因重组人胰岛素冻干粉、黄胶原、钢化安全玻璃、电容器用钽丝、船用锚链、缝纫机、风扇、数控机床硬质合金刀等商品的出口退税率分别提高到9%、11%、13%。此次出口退税调整一共涉及3 486项商品，约占海关税则中全部商品总数的25.8%。此次调整后，出口退税率为5%、9%、11%、13%、14%和17%六档。

④ 统一内外资企业税收制度，公平税负。为统一内外税制，2007年和2008年，中国分别废止了对外资征收的车船使用牌照税、外商投资企业和外国企业所得税。自2009年1月1日起废止《城市房地产税暂行条例》，外商投资企业、外国企业和组织以及外籍个人（以下简称外资企业和外籍个人）与内资企业相同，依照《中华人民共和国房产税暂行条例》缴纳房产税。

⑤ 推进资源税制改革。2008年12月，财政部和国家税务总局联合发布了《财政部、国家税务总局关于资源综合利用及其他产品增值税政策的通知》和《财政部、国家税务总局关于再生资源增值税政策的通知》，分别从鼓励资源的回收和利用两个环节着手，促进资源的综合利用和再生资源的循环利用，推动循环经济发展，促进产业结构的调整和经济发展方式的转变。

⑥ 实施燃油税费改革。国务院决定自2009年1月1日起实施成品油税费改革，取消原在成品油价外征收的公路养路费、航道养护费、公路运输管理费、公路客货运附加费、水路运输管理费、水运客货运附加费等六项收费，逐步有序取消政府还贷二级公路收费。

⑦ 取消和停征100项行政事业性收费。决定自2009年1月1日起，在全国统一取消和

停止征收 100 项行政事业性收费。此次取消和停征的行政事业性收费项目包括行政管理类收费、证照类收费、鉴定类收费、教育类收费和考试类收费等。涉及教育、劳动就业、人才流动、执业资格、工程建设、外贸出口、药品生产、家禽养殖、农业生产等多个领域，总的减免金额约 190 亿元。连同自 2008 年 9 月 1 日起停征的集贸市场管理费和个体工商户管理费约 170 亿元，国家采取的减费措施可直接减轻企业和社会负担约 360 亿元。

(4) 积极推进财政体制改革

重点是在保持分税制财政体制基本稳定的前提下，围绕推进基本公共服务均等化和主体功能区建设，使中央和地方财力与事权相互匹配；加快推进省以下财政体制改革，优化转移支付结构，形成统一、规范、透明的财政转移支付制度，完善公共财政体系。

2. 积极财政政策的效果

(1) 扩大政府公共投资，有效拉动了投资需求

截至 5 月 31 日，2009 年中央政府公共投资预算已累计下达 5 620 亿元，完成预算的 61.9%。为了保障扩大投资政策效果，财政部建立工作协调机制，推进科学决策；严格预算审核，着力优化投资结构；改进资金分配机制，切实提高政府投资的效益。随着一批重点工程陆续开工，政府投资的杠杆引导作用得到充分发挥，带动全社会固定资产快速增长。2009 年 1~5 月份，城镇固定资产投资完成 53 520.32 亿元，比 2008 年同期增长 32.9%，增速高于 2008 年同期 7.3 个百分点，高于 2009 年 1~4 月份 2.4 个百分点。投资成为拉动经济增长最主要的动力源。

(2) 促进消费的政策效果日益体现

扩大消费有利于改善我国投资与消费的比例关系，优化经济结构。一方面，中央财政切实加大对低收入群体补助力度，截至 3 月底，预拨城乡低保补助资金 275 亿元、基本养老保险补助资金 700 亿元；另一方面，在全国范围内实施"家电下乡""汽车摩托车下乡"等补贴政策，实施房地产交易税收优惠政策等，更为直接、主动地扩大消费。上述政策措施有效地拉动了消费需求。2009 年 5 月份，全国社会消费品零售总额同比增长 15.2%；汽车销售旺盛，国产汽车产销双超 110 万辆，同比分别增长 29.6% 和 34.02%。5 月份，农村消费增速比城市高 0.6 个百分点，已累计 5 个月超过城市，长期以来城市消费快于农村的态势正在扭转。

(3) 稳定外需的政策得到有效落实

为了尽量缓解国际金融危机对出口的影响，财政部 2009 年进一步提高纺织、服装、石化、电子信息等产品的出口退税率，调整相关进出口关税政策，继续执行 2008 年已出台的一系列税费减免政策等。稳定外需的财税政策，对遏制出口过快下降起到了积极作用。

(4) 民生保障水平进一步提升

针对就业形势严峻和人民群众关心的教育、医疗问题，进一步加大支持力度。2009 年一季度，全国财政社会保障和就业支出 1 861.94 亿元，同比增长 55.9%；医疗卫生支出 464.1 亿元，增长 37.8%；教育支出 1 848.84 亿元，增长 18.8%；文化体育与传媒支出 172.04 亿元，增长 22.9%。

(5) 结构调整取得新进展

财政部先后实施了"节能与新能源汽车的示范推广试点""节能产品惠民工程""太阳能屋顶计划"等，抢占未来发展制高点，培育新的经济增长点；采取预拨等方式，加快实

施重大科技专项,提升我国科技实力。2009年,中央财政在促进粮食增产、农民增收等方面,又采取了一系列新的举措,如进一步加大补贴农民力度、进一步完善补贴政策、较大幅度提高粮食最低收购价、大力支持农业生产等。为了支持实施十大产业调整和振兴规划,中央财政出台了一系列财税扶持政策。目前,各项财税支持政策得到较好的落实。

3. 两轮积极财政政策措施的异同点

1998年我国出台积极财政政策,10年之后的2008年,积极的财政政策在我国再次启动。两轮积极财政政策措施既有相似之处,也存在一定差异。

(1) 两轮积极财政政策措施的相似点

两轮积极财政政策措施的相似之处,体现在政策理念、总体框架、内在逻辑、主要内容等方面。从政策理念来说,无论是1998年积极财政政策还是当前积极财政政策,都立足于短期内通过政府投资迅速刺激经济增长,长期内促进经济结构调整和发展方式转变,这一点是相同的。只不过今天看来,1998年积极财政政策最终没能很好地解决经济结构调整和发展方式转变的问题。从总体框架来说,两轮积极财政政策都包括了扩大投资、税费改革、优化收入分配格局等方面,综合运用预算、税收、贴息、减费、增支、投资等手段。从内在逻辑来说,两轮积极财政政策实施的目的都在于实现"投资拉动—经济总量扩大—消费启动—经济自主增长"的传导,这种逻辑关系是一致的。但事实上1998年积极财政政策基本只完成了上述逻辑关系的前半部分,即由投资直接拉动经济总量增长,消费始终难以启动。从主要内容来说,两轮积极财政政策措施有许多相互交叉的部分,如重大基础设施建设、减免部分税费、提高部分社会成员收入、完善社会保障制度等。

(2) 两轮积极财政政策措施的不同点

一是本轮积极财政政策出手快、力度大。本轮积极财政政策的重点显得更丰富,基础设施和产业升级、技术改造和科技创新、民生改善和节能减排等事项在政策一开始就已有通盘考虑,措施体系比1998年积极财政政策更显成熟。这有利于保证政策在实施中统筹速度与效益、增长与持续、当前与长远。

二是本轮积极财政政策主动着眼于税制改革,这与1998年积极财政政策立足于保持税制相对稳定截然不同。受财力限制、体制约束、税制结构等因素影响,1998年积极财政政策只出台税收减免政策,没有出台税制改革措施。本轮积极财政政策则以"增值税全面转型"等改革措施为主要亮点,体现出统筹经济短期增长和长期发展的战略意图。

三是改善民生与转变发展方式在本轮积极财政政策中被置于更突出的位置。与1998年前零散的、力度较小的促进民生改善和转变发展方式的措施相比,当前积极财政政策体系更重视经济发展对人民生活改善的作用,更重视全面、协调、可持续的科学发展。

四是政策实施的工具和手段不同。1998年开始实施的积极财政政策的主要特点是以发行国债、扩大政府支出规模为主要政策手段,通过财政支出总量的扩张,把扩大内需与经济结构的调整和优化相结合;在税收政策的运用上,没有明显的总量减税措施,而是通过调整部分税收政策,扩大消费,促进出口;在主要运用财政政策的同时,注重了与货币政策的协同配合;虽然采用了多种正常工具,但实践中基本是以投资为主,各种政策工具没有充分发挥出组合效应。新一轮积极财政政策工具多,一开始就将预算、税收、贴息、减费、增支、投资、国债、转移支付等若干财政政策工具组合起来使用,放大了政策效应,使财政政策更积极。

案例 13-2　中美救市不可同日而语

2008年11月12日，美国财政部长保尔森在记者会上宣布，经过数星期的评估，美国政府改变计划，7 000亿美元救市基金将不会买入银行业的与房地产按揭相关的不良资产，而是更广泛地支持金融市场，向有信誉的借款者提供汽车贷款、学生贷款及其他借贷；但仍会拨2 500亿美元购买有问题银行股票，向银行注入资金。他称，不会用救市基金来资助美国汽车业。他表示，财政部的Troubled Asset Relief Program（TARP）会向非银行金融机构注资。金融市场对于美国政府调整7 000亿美元救市基金的用途颇感意外，但稍做分析便发现，其中透露关于美国金融危机的最新官方评估，即十分深重。

动用政府财力来收购美国银行业所持有的与房地产按揭相关的不良资产，可以说是保尔森主导的救市计划之初衷，借此来减轻美国各大银行的负担而维持美国金融体系。美国政府后来决定动用一部分资金收购若干大银行的股份，是受英国等欧洲国家政府同类计划的推动，自然，归根到底取决于美国银行体系的现状。如今，将救助的重点转向了更广泛地支持金融市场，直接向有信誉的借款者提供消费信贷，表示美国政府开始直接刺激美国消费，似乎有利于美国金融稳定和经济复苏。但是，深入分析，情形却大谬而不然。

第一，美国政府不出手收购美国银行业的与房地产按揭有关的不良资产，不是因为经深入调查发现这一类资产的数额小了，而是其规模之大，远非7 000亿美元救市基金扣除已收购若干银行股份的金额之余所能应付。

第二，美国银行业未因美国政府出手相救、情形有所改善而向有信誉的客户提供信贷。如果美国政府再收购它们的不良资产，则不啻只救银行而予整体经济无补。保尔森在11月12日记者会上表示，美国当局"期望所有银行履行其在经济中作为信贷与商业机构、消费者及其他有信誉借款者之间的中介的基本职能"。这被解读为美国政府对美国银行界求自保态度的批评。

第三，保尔森重申，美国政府将向非银行金融机构注资。事实是，就在保尔森发表上述讲话前两天，美联储和美国财政部共同宣布，将向美国保险业巨头美国国际集团（AIG）提供新的财政援助，包括注资400亿美元收购AIG部分控股权，使美国政府对AIG的救援金额总数达到了1 500亿美元。这项救援措施属于7 000亿美元救市计划的一部分。

正是因为美国投资者很快识别美国政府调整7 000亿美元救市基金用途所包含的不利信息，11月12日，道琼斯指数、标准普尔指数和纳斯达克均大跌。

相比较，中国政府于11月9日公布的庞大刺激经济方案和11月12日公布的4项具体措施，就显示中国经济金融形势的确与美国的不可同日而语。

就金额而论，未来两年中国政府将投资4万亿元人民币，相当于5 860亿美元，远不如美国的7 000亿美元救市金额再加1 500亿美元的退税和增加联邦存款保险金额。然而，全球财经界却有不同评价。因为，美国的救市计划旨在遏制本国金融体系危机深化，中国的方案旨在刺激经济以确保平稳而较快增长。

中国经济也遭受全球金融危机打击，增长率也呈现放缓，以至2008年11月6日国际货币基金组织（IMF）在其《世界经济展望》（修订）中把不到一个月前关于中国2009年国内生产总值将增长9.3%的预测下调至8.5%。

然而，中国政府不仅及时调整宏观经济目标及政策配合，采取积极的财政政策和适度宽松的货币政策以确保经济平稳较快增长，而且，动用巨额资金直接推动内部需求——消费和投资，金额虽不如美国政府的救市基金，却能对经济增长产生美国的不能望其项背的效果。

全球经济主要部分——美国、欧元区、日本已经或正在步入衰退，这已是众所周知的事实。这些国家政府业已采取的措施至多遏制金融危机深化而无法刺激经济增长。中国金融体系只是受全球金融危机冲击而未陷入危机，所以，能够直接针对消费和投资下"重药"。这表明中国和美国以及其他发达国家处于经济周期不同阶段。

（资料来源：周八骏．中美救市不可同日而语［N］．香港商报，2008年11月20日．）

本章小结

财政政策是一国宏观经济政策的重要组成部分，其基本概念有广义和狭义之分。广义的财政政策是政府为了实现一定时期的宏观调控目标而制定的指导财政活动、处理财政分配关系的基本准则和措施的总和，它所规范的范围是整个财政活动领域，体现政府财政活动的取向和行为规范。狭义的财政政策是政府为了实现社会总供求平衡的目标，对财政收支总量和结构进行调整的准则和措施的总和。财政政策的功能包括导向、协调、控制和稳定，其目标包括经济稳定和发展、公平收入分配、平衡预算和提高生活质量，其工具包括税收、购买性支出、转移性支出、国债和预算。财政政策具有不同的类型，按调节经济周期的作用，可分为自动稳定财政政策和相机抉择财政政策；按调节经济总量的不同要求，可分为扩张性财政政策、紧缩性财政政策和中性财政政策；按财政政策的作用空间，可分为宏观财政政策和微观财政政策；按财政政策的作用时间，可分为短期财政政策和中长期财政政策。财政政策的效应包括挤出效应、乘数效应和整体效应。

财政政策和货币政策作为宏观经济政策最重要的组成部分，既有相似点，也有很大不同，在实践操作中必须注意两者的协调配合。在一般情况下，更为关注的是扩张性财政政策、紧缩性财政政策与扩张性货币政策、紧缩性货币政策之间的不同组合以及中性财政政策与中性货币政策的配合模式。

从我国财政政策的实践来看，自1998年以来，财政政策的类型经历了"积极财政政策——稳健财政政策——积极财政政策"的演变历程，不同类型的财政政策在不同时期为宏观经济的稳定发展发挥了重要作用，特别是2008年四季度开始实施的积极财政政策为中国成功应对国际融危机发挥了举足轻重的作用。

复习思考题

1. 什么是财政政策？财政政策的功能是什么？
2. 财政政策的目标和工具分别有哪些？
3. 财政政策有哪些类型？其作用机理分别是什么？
4. 简述财政政策的乘数效应。
5. 为什么财政政策与货币政策需要协调配合？两种政策的组合方式有哪些？
6. 结合美国次贷危机引发的全球金融危机，试述我国的积极财政政策。

参 考 文 献

[1] 陈共. 财政学（第四版）[M]. 北京：中国人民大学出版社，2004.
[2] 张馨，陈工，雷根强. 财政学 [M]. 北京：科学出版社，2006.
[3] 邓子基，林致远. 财政学 [M]. 北京：清华大学出版社，2005.
[4] 安秀梅. 财政学 [M]. 北京：中国人民大学出版社，2006.
[5] 寇铁军. 财政学教程 [M]. 哈尔滨：东北财经大学出版社，2006.
[6] 苑广睿. 政府非税收入的理论分析与政策取向 [J]. 财政研究，2007，4.
[7] 王志刚，龚六堂. 财政分权和地方政府非税收入研究：基于省级财政数据 [J]. 世界经济文汇，2009，5.
[8] 谭建立，闫俊斌. 论我国财政收入规模与结构的科学化及实现途径 [J]. 现代财经，2006，9.
[9] 姚绍学，成军. 最优财政收入规模的探讨 [J].（2005 - 09 - 26）新知税收网。
[10] 刘涵，毕美家. 制度外收入的理论诠释与测算方法改革 [J]. 现代财经，2008，9.
[11] 夏杰长. 中国政府收入体系研究 [J]. 广东商学院学报，2001，3.
[12] 张德勇. 中国政府预算外资金管理：现状、问题与对策，财贸经济，2009，10.
[13] 陈共. 财政学（第六版）[M]. 北京：中国人民大学出版社，2009.
[14] 李友元，等. 财政学 [M]. 北京：机械工业出版社，2009.
[15] 龙卫洋. 财政与金融 [M]. 北京：清华大学出版社，2004.
[16] 代桂霞. 财政政策货币政策协调配合的几点认识 [J]. 财政研究，2005 年 7 月.
[17] 金人庆. 中国财政政策：理论与实践 [M]. 北京：中国财政经济出版社，2005 年.
[18] 余斌、张立群. 积极财政政策的主要内容及对经济运行的影响 [J]. 中国发展评论（中文版），2009，11（1）.
[19] 王宇龙. 1998 年以来我国两轮积极财政政策的比较研究 [N/OL].（2009 - 5 - 21）. http：//www.crifs.org.cn.
[20] 陈共. 财政学（第六版）[M]. 中国人民大学出版社，2009.
[21] 李友元，等. 财政学 [M]. 北京：机械工业出版社，2009.
[22] 龙卫洋. 财政与金融 [M]. 北京：清华大学出版社，2004.